U0589424

本书得到河南理工大学河南省中国特色社会主义理论体系研究中心和河南理工大学河南省一级重点学科——马克思主义理论的联合资助

中国地方立法条例选编

SELECTED LOCAL LEGISLATION OF CHINA

主 编／马伟阳

副主编／刘成杰 李灿伟

—————— 参 编 ——————

刘建新 熊志伟 鲍莲杰

余树华 徐宜可 盛革宇

中国政法大学出版社

2017·北京

声　明　　1. 版权所有，侵权必究。

　　　　　　2. 如有缺页、倒装问题，由出版社负责退换。

图书在版编目（ＣＩＰ）数据

中国地方立法条例选编/马伟阳主编.—北京：中国政法大学出版社，2017.8
ISBN 978-7-5620-7702-2

Ⅰ.①中…　Ⅱ.①马…　Ⅲ.①地方法规－立法－条例－中国　Ⅳ.①D927

中国版本图书馆CIP数据核字(2017)第194171号

出 版 者	中国政法大学出版社
地　　址	北京市海淀区西土城路 25 号
邮寄地址	北京 100088 信箱 8034 分箱　邮编 100088
网　　址	http://www.cuplpress.com（网络实名：中国政法大学出版社）
电　　话	010-58908289(编辑部)　58908334(邮购部)
承　　印	固安华明印业有限公司
开　　本	720mm×960mm　1/16
印　　张	30.25
字　　数	543 千字
版　　次	2017 年 8 月第 1 版
印　　次	2017 年 8 月第 1 次印刷
定　　价	79.00 元

党的十五大提出"依法治国"目标，依法治国稳步推进。党的十八大以来，尤其以 2014 年 10 月 23 日十八届四中全会通过《中共中央关于全面推进依法治国若干重大问题的决定》和 2015 年 3 月 15 日全国人民代表大会通过的《关于修改〈中华人民共和国立法法〉的决定》为标志，全国各省（自治区、直辖市）、副省级城市与计划单列市以及省会市、较大市高度重视立法工作，相继制定、修改并颁布了各自的立法条例，形成了规范地方立法的法规体系，极大地促进了地方立法的健康发展和中国特色社会主义法律体系的形成与完善，对推动和进一步加快依法治国进程具有十分重要的意义和影响。

地方立法体系的形成，既对"立法"具有规范与引领的功能，更是中国特色社会主义法治建设的重要成果。为促进地方立法的交流、借鉴、比较、完善以及从事法律理论研究的专家学者开展深入系统的理论与实践研究，课题组通过收集、整理和分类，形成了《中国地方立法条例选编》（以下简称《选编》）。

此外，为了便于研究和借鉴，课题组把全国现行有效的省、自治区、直辖市和较大市的地方立法条例作为附录附后。同时，为了更加深入地开展地方立法研究，更直接服务于地方立法工作，课题组将根据地方立法取得的进展、成果以及立法工作的现实需要陆续进行相关专题的地方法规收集、整理和汇编出版工作。

最后，对原河南理工大学党委书记王少安教授对本《选编》的出版给予的精心指导和无私支持表示由衷的敬意和感谢，感谢河南省重点社会科学研究基地——河南理工大学河南省中国特色社会主义理论体系研究中心和河南理工大学河南省一级重点学科——马克思主义理论的联合资助。

编　者

2017 年 5 月 11 日

Contents 目录

二、副省级城市和计划单列市（6 个）

三、省会城市（9 个）

四、经济特区市与较大市（3个）

一、省、自治区、直辖市*
（22个）

中国地方立法条例选编

*不包括香港特别行政区、澳门特别行政区和台湾地区。

天津市地方性法规制定条例*

（2001年1月16日天津市第十三届人民代表大会第四次会议通过，根据2008年5月22日天津市第十五届人民代表大会常务委员会第二次会议《关于修改〈天津市地方性法规制定条例〉的决定》第一次修正，根据2016年9月28日天津市第十六届人民代表大会常务委员会第二十九次会议《关于修改〈天津市地方性法规制定条例〉的决定》第二次修正）

目　录

第一章　总　则

第一条　为了规范地方性法规的制定活动，完善立法程序，提高立法质量，发挥立法的引领和推动作用，根据《中华人民共和国宪法》、《中华人民共和国地方各级人民代表大会和地方各级人民政府组织法》、《中华人民共和国立法法》的有关规定，结合本市实际情况，制定本条例。

第二条　本市地方性法规的制定、修改、废止及解释，适用本条例。

---

*　来源：天津人大网（http://www.tjrd.gov.cn），http://www.tjrd.gov.cn/flfg/system/2016/09/28/030007716.shtml（2017/5/11）.

第三条　制定地方性法规应当遵循宪法的基本原则，坚持从本市的具体情况和实际需要出发，坚持不与宪法、法律、行政法规相抵触，维护社会主义法制的统一和尊严。

第四条　制定地方性法规应当体现人民的意志，发扬社会主义民主，坚持立法公开，保障人民通过多种途径参与地方立法活动。

第五条　制定地方性法规应当适应经济社会发展和全面深化改革的要求，科学合理地规定公民、法人和其他组织的权利与义务、国家机关的权力与责任。

制定地方性法规应当明确、具体，具有针对性和可执行性，对法律、行政法规已经明确规定的内容一般不作重复性规定。

第六条　市人民代表大会和市人民代表大会常务委员会依照法律规定行使地方性法规制定权。

规定本市特别重大事项的地方性法规，应当由市人民代表大会通过。

市人民代表大会及其常务委员会可以根据改革发展的需要，决定就行政管理等领域的特定事项授权在一定期限内在本市部分区域暂时调整或者暂时停止适用地方性法规的部分规定。

第二章　市人民代表大会制定地方性法规程序

第七条　市人民代表大会主席团可以向市人民代表大会提出地方性法规案，由市人民代表大会会议审议。

市人民代表大会常务委员会、市人民政府、市人民代表大会专门委员会可以向市人民代表大会提出地方性法规案，由大会预备会议或者主席团决定列入会议议程。

第八条　市人民代表大会代表十人以上联名，可以向市人民代表大会提出地方性法规案，由主席团决定是否列入本次会议议程，主席团也可以先交市人民代表大会有关专门委员会审议，提出意见，再决定是否列入本次会议议程。主席团决定不列入本次会议议程的，交由市人民代表大会有关专门委员会在大会闭会期间进行审议，提出审议结果的报告，提请常务委员会会议审议。

专门委员会审议地方性法规案时，应当邀请提案人列席会议，发表意见。

第九条　市人民政府、市人民代表大会专门委员会向市人民代表大会提出地方性法规案，在市人民代表大会闭会期间，可以先向常务委员会提出，经常务委员会依照本条例第三章规定的有关程序审议后，决定提请市人民代表大会审议，由常务委员会或者提案人向大会全体会议作说明。

常务委员会依照前款规定审议地方性法规案，应当通过多种形式征求市人民代表大会代表的意见，并将有关情况予以反馈；专门委员会和常务委员会工作机构进行立法调研，可以邀请有关的市人民代表大会代表参加。

第十条　常务委员会决定提请市人民代表大会审议的地方性法规案，应当在会议举行的一个月前将地方性法规草案发给代表。

第十一条　列入市人民代表大会会议议程的地方性法规案，大会全体会议听取提案人的说明后，由各代表团审议。

各代表团审议地方性法规案时，提案人应当派人听取意见，回答询问。

各代表团审议地方性法规案时，根据代表团的要求，有关机关、组织应当派人介绍情况。

第十二条　列入市人民代表大会会议议程的地方性法规案，在各代表团审议时，市人民代表大会有关专门委员会可以同时进行审议，向主席团提出意见，并印发会议。

专门委员会审议地方性法规案时，应当邀请提案人列席会议，发表意见。

第十三条　列入市人民代表大会会议议程的地方性法规案，由法制委员会根据各代表团和有关专门委员会的审议意见，对地方性法规案进行统一审议，向主席团提出审议结果报告和地方性法规草案修改稿，对重要的不同意见，应当在审议结果报告中予以说明，经主席团会议审议通过后，印发会议。

第十四条　列入市人民代表大会会议议程的地方性法规案，必要时，主席团常务主席可以召开各代表团团长会议，就地方性法规案中重大的问题听取各代表团的审议意见，进行讨论，并将讨论的情况和意见向主席团报告。

主席团常务主席也可以就地方性法规案中重大的专门性问题，召集代表团推选的有关代表进行讨论，并将讨论情况和意见向主席团报告。

第十五条　向市人民代表大会提出的地方性法规案，在未列入大会会议议程前，提案人有权撤回。

列入市人民代表大会会议议程的地方性法规案，在交付表决前，提案人要求撤回的，应当说明理由，经主席团同意并向大会报告，对该法规案的审议即行终止。

第十六条　地方性法规案在审议中有重大问题需要进一步研究的，经主席团提出，由大会全体会议决定，可以授权常务委员会根据代表的意见进一步审议，作出决定，并将决定情况向市人民代表大会下次会议报告；也可以授权常务委员会根据代表的意见进一步审议，提出修改方案，提请市人民代表大会下次会议审议。

第十七条　地方性法规草案修改稿经各代表团审议，由法制委员会根据各代表团提出的审议意见进行修改，提出地方性法规草案表决稿，由主席团提请大会全体会议表决，由全体代表的过半数通过。

第十八条　市人民代表大会通过的地方性法规，由市人民代表大会主席团发布公告，予以公布，并由市人民代表大会常务委员会报全国人民代表大会常务委员会和国务院备案。

第三章　市人民代表大会常务委员会制定地方性法规程序

第十九条　主任会议可以向常务委员会提出地方性法规案，由常务委员会会议审议。

市人民政府、市人民代表大会专门委员会，可以向常务委员会提出地方性法规案，由主任会议决定列入常务委员会会议议程，或者先交市人民代表大会有关专门委员会审议，提出意见，再决定列入常务委员会会议议程。如果主任会议认为地方性法规案有重大问题需要进一步研究，可以建议提案人修改完善后再向常务委员会提出。

第二十条　常务委员会组成人员五人以上联名，可以向常务委员会提出地方性法规案，由主任会议决定是否列入常务委员会会议议程，或者先交市人民代表大会有关专门委员会审议，提出意见，再决定是否提请常务委员会会议审议。决定不提请常务委员会会议审议的，应当向常务委员会会议报告或者向提案人说明。

专门委员会审议地方性法规案时，应当邀请提案人列席会议，发表意见。

第二十一条　提请常务委员会审议的地方性法规案，一般应当按计划在常务委员会会议举行的一个月前提出。

列入常务委员会会议议程的地方性法规案，除特殊情况外，应当在会议举行的七日前将地方性法规案印发常务委员会组成人员。

常务委员会根据需要，可以在常务委员会会议前召开会议，由有关部门对列入常务委员会会议议程的地方性法规案的立法背景等情况作出说明。常务委员会组成人员、有关专门委员会组成人员和市人民代表大会代表可以对需要深入了解的情况提问，由有关部门进行解答。

常务委员会组成人员、列席常务委员会会议的市人民代表大会代表在常务委员会会议审议地方性法规案前，可以就地方性法规案中的有关问题进行必要的调查研究，准备审议意见，有关方面应当予以协助。

第二十二条　常务委员会会议审议地方性法规案时，应当邀请有关的市人民代表大会代表列席会议。

常务委员会会议审议地方性法规案时，可以安排公民旁听。

第二十三条　列入常务委员会会议议程的地方性法规案，一般应当经两次常务委员会会议审议后再交付表决。

常务委员会会议对地方性法规案进行第一次审议时，在全体会议上听取提案人的说明，一般由分组会议审议。

常务委员会会议对地方性法规案进行第二次审议时，在全体会议上听取法制委员会关于地方性法规草案修改情况的汇报或者审议结果的报告，由全体会议或者分组会议对地方性法规草案修改稿进行审议。

地方性法规案经常务委员会两次会议审议后，各方面意见比较一致，可以交付表决；仍有重大问题需要进一步研究的，暂不付表决，由主任会议决定提请常务委员会以后的会议继续审议、表决。

调整事项较为单一或者部分修改的地方性法规案，各方面意见比较一致的，也可以经一次常务委员会会议审议即付表决。

第二十四条　常务委员会会议审议地方性法规案，应当安排合理的时间，保证常务委员会组成人员和列席会议人员充分发表意见。

第二十五条　常务委员会会议审议地方性法规案时，提案人应当派人听取意见，回答询问。

常务委员会分组审议地方性法规案时，根据小组的要求，有关机关、组织应当派人介绍情况。

第二十六条　列入常务委员会会议议程的地方性法规案，由市人民代表大会有关专门委员会审议，提出意见，印发常务委员会会议。

市人民代表大会有关专门委员会审议地方性法规案时，根据需要可以邀请有关机关、组织负责人说明情况，也可以邀请市人民代表大会其他专门委员会的成员、市人民代表大会代表和有关专家列席会议，发表意见。

第二十七条　列入常务委员会会议议程的地方性法规案，由法制委员会根据常务委员会组成人员的审议意见、市人民代表大会有关专门委员会的审议意见以及其他各方面提出的意见，对地方性法规案进行统一审议，提出修改情况的汇报或者审议结果的报告和地方性法规草案修改稿。对重要的不同意见，应当在修改情况的汇报或者审议结果的报告中予以说明。对有关专门委员会的重要意见没有采纳的，应当予以反馈。

法制委员会统一审议之前，常务委员会法制工作委员会应当组织有关方面，研究各方面对地方性法规草案提出的意见，向法制委员会提出对地方性法规草案的修改建议。

第二十八条　法制委员会审议地方性法规案时，应当召开全体会议审议，邀请市人民代表大会有关专门委员会主任委员或者其他组成人员列席会议，发表意见；根据需要可以邀请常务委员会工作机构负责人、市人民代表大会代表和有关专家列席会议，发表意见；也可以要求有关机关、组织派负责人说明情况。

第二十九条　法制委员会与市人民代表大会有关专门委员会之间对地方性法规草案的重要问题意见不一致时，应当向主任会议报告。

第三十条　列入常务委员会会议议程的地方性法规案，市人民代表大会专门委员会和常务委员会的有关工作机构应当听取各方面意见。听取意见可以采取座谈会、论证会、听证会等形式。

地方性法规案有关问题专业性较强，需要进行可行性评价的，应当召开论证会，听取有关专家、部门和市人民代表大会代表等方面的意见。论证情况应当向常务委员会报告。

地方性法规案有关问题存在重大意见分歧或者涉及利益关系重大调整，需要进行听证的，应当按照有关规定召开听证会，听取社会有关方面的意见。听证情况应当向常务委员会报告。

常务委员会工作机构应当将地方性法规草案发送相关的市人民代表大会代表、区县人民代表大会常务委员会、有关部门、社会组织、专家学者和有关基层单位征求意见。地方性法规案涉及区域协同发展的，还可以征求相关省、自治区、直辖市人民代表大会常务委员会有关工作机构意见。

第三十一条　列入常务委员会会议议程的地方性法规案，按照有关规定将地方性法规草案及说明通过天津市人大常委会网站向社会公示征求意见，公示时间一般不少于三十日。经主任会议同意，还可以将地方性法规草案通过《天津日报》等媒体向社会公示征求意见，公示时间一般不少于十日。征求意见的情况应当向社会通报。

第三十二条　常务委员会工作机构应当收集整理常务委员会审议意见和各方面提出的意见，分送常务委员会组成人员、法制委员会和有关专门委员会。

第三十三条　拟提请常务委员会会议审议通过的地方性法规案，在法制委员会提出审议结果报告前，根据需要，常务委员会法制工作委员会可以会同常务委员会有关工作机构，对地方性法规草案中主要制度规范的可行性、法规出台时机、法规实施的社会效果和可能出现的问题等进行评估。评估情况由法制委员会在审议结果报告中予以说明。

第三十四条　向常务委员会提出的地方性法规案，在未列入常务委员会会议议程之前，提案人有权撤回。

列入常务委员会会议议程的地方性法规案，在交付表决前，提案人要求撤回的，应当说明理由，经主任会议同意，并向常务委员会报告，对该法规案的审议即行终止。

第三十五条　列入常务委员会会议审议的地方性法规案，因各方面对制定该法规的必要性、可行性等重大问题存在较大意见分歧搁置审议满两年的，或者因暂不付表决经过两年没有再次列入常务委员会会议议程的，由主任会议向常务委员会报告，该法规案终止审议，并向提案人反馈。

第三十六条　地方性法规草案修改稿经常务委员会会议审议，由法制委员会根据常务委员会会议审议意见和各方面提出的意见进行修改，提出地方性法规草案表决稿，由主任会议提请常务委员会全体会议表决，由常务委员会全体组成人员的过半数通过。

地方性法规草案表决稿交付常务委员会会议表决前，主任会议根据常务委员会会议审议的情况，可以决定将个别意见分歧较大的重要条款提请常务委员会会议单独表决。

单独表决的条款经常务委员会会议表决后，主任会议根据单独表决的情况，可以决定将地方性法规草案表决稿交付表决，也可以决定暂不付表决，交法制委员会和有关的专门委员会进一步审议。

第三十七条　对多部地方性法规中涉及同类事项的个别条款进行修改，一并提出地方性法规案的，经主任会议决定，可以合并表决，也可以分别表决。

第三十八条　常务委员会通过的地方性法规由常务委员会发布公告，予以公布，并报全国人民代表大会常务委员会和国务院备案。

第四章　地方性法规解释

第三十九条　地方性法规的解释权属于市人民代表大会常务委员会。

第四十条 有下列情形之一的,由市人民代表大会常务委员会进行解释:

(一) 地方性法规需要进一步明确具体含义的;

(二) 地方性法规制定后出现新的情况,需要明确适用地方性法规依据的。

第四十一条 市人民政府、市高级人民法院、市人民检察院、市人民代表大会专门委员会和区、县人民代表大会常务委员会,可以向市人民代表大会常务委员会提出解释地方性法规的要求。

第四十二条 地方性法规解释草案由常务委员会工作机构研究拟订,由主任会议决定列入常务委员会会议议程。

第四十三条 地方性法规解释草案经常务委员会会议审议,由法制委员会根据常务委员会会议的审议意见进行审议、修改,提出地方性法规解释草案表决稿。

第四十四条 地方性法规解释草案表决稿由主任会议提请常务委员会全体会议表决,由常务委员会全体组成人员的过半数通过,由常务委员会发布公告,予以公布。

第四十五条 市人民代表大会常务委员会作出的地方性法规解释同地方性法规具有同等效力。

第五章 其他规定

第四十六条 市人民代表大会及其常务委员会加强对立法工作的组织协调,发挥在立法工作中的主导作用。

第四十七条 市人民代表大会常务委员会编制年度立法计划,应当认真研究代表议案和建议,广泛征集意见,充分开展论证评估,根据经济社会发展和民主法治建设的需要确定立法项目,提高立法的及时性、针对性和系统性。

第四十八条 市人民代表大会有关的专门委员会、常务委员会工作机构应当提前参与有关方面的地方性法规草案起草工作;综合性、全局性、基础性的重要地方性法规草案,可以由有关的专门委员会或者常务委员会工作机构组织起草。

专业性较强的地方性法规草案,可以吸收相关领域的专家参与起草工作,或者委托有关专家、教学科研单位、社会组织起草。

第四十九条 提出地方性法规案,应当具备下列内容:

(一) 提请审议地方性法规草案的议案;

(二) 地方性法规草案;

(三) 关于地方性法规草案的说明。

关于地方性法规草案的说明应当包括制定或者修改地方性法规的必要性、可行性和主要内容，以及起草过程中对重大分歧意见的协调处理情况。对地方性法规提出的修正案，还应当附修改前后的对照文本。

第五十条 地方性法规草案与其他地方性法规相关规定不一致的，提案人应当予以说明并提出处理意见，必要时应当同时提出修改或者废止其他地方性法规相关规定的议案。

法制委员会和有关的专门委员会审议地方性法规案时，认为需要修改或者废止其他地方性法规相关规定的，应当提出处理意见。

第五十一条 交付市人民代表大会或者常务委员会全体会议表决未获通过的地方性法规案，如果提案人认为必须制定该法规，经修改后可以按照本条例第二章或者第三章规定的程序重新提出，由主席团或者主任会议决定是否列入会议议程；其中，未获市人民代表大会通过的地方性法规案，仍须提请市人民代表大会审议决定。

第五十二条 地方性法规应当规定施行日期。

第五十三条 公布地方性法规的公告应当载明该法规的制定机关、通过和施行日期。

地方性法规及解释公布后，应当及时在市人民代表大会常务委员会公报和网站以及《天津日报》上刊载。

在常务委员会公报上刊登的地方性法规文本为标准文本。

第五十四条 地方性法规的修改和废止程序适用本条例第二章、第三章有关规定。

地方性法规被修改的，应当公布新的法规文本。

地方性法规被废止的，除由其他地方性法规规定废止该地方性法规的以外，应当依照本条例第十八条、第三十八条予以公布。

第五十五条 地方性法规根据内容需要，可以分章、节、条、款、项、目。

章、节、条的序号用中文数字依次表述，款不编序号，项的序号用中文数字加括号依次表述，目的序号用阿拉伯数字依次表述。

地方性法规标题的题注应当载明制定机关、通过日期。经过修改的地方性法规，应当依次载明修改机关、修改日期。

第五十六条 地方性法规明确要求市人民政府等有关国家机关对专门事项作出配套的具体规定的，有关国家机关应当自地方性法规施行之日起一年内作出规定，地方性法规对配套的具体规定制定期限另有规定的，从其规定。有关国家机关未能在期限内作出配套的具体规定的，应当向市人民代表大会常务委员会说明情况。

第五十七条　市人民代表大会有关的专门委员会、常务委员会工作机构可以组织对有关地方性法规或者地方性法规中有关规定进行立法后评估。评估情况应当向常务委员会报告。

第五十八条　市人民代表大会常务委员会应当根据法律、行政法规或者经济社会发展需要，及时组织市人民代表大会专门委员会、常务委员会工作机构、市人民政府有关部门和相关组织清理地方性法规。

第六章　附　则

第五十九条　本条例自公布之日起施行。

1986年4月28日天津市第十届人民代表大会第五次会议通过的《天津市地方性法规制定程序若干规定》同时废止。

山西省地方立法条例[*]

（2001 年 2 月 21 日山西省第九届人民代表大会第四次会议通过，根据 2015 年 11 月 26 日山西省第十二届人民代表大会常务委员会第二十三次会议《关于修改〈山西省地方立法条例〉的决定》修正）

目 录

第一章 总 则

第一条 为了规范地方立法活动，健全地方立法制度，提高立法质量，发挥立法的引领和推动作用，根据立法法和其他有关法律的规定，结合本省实际，制定本条例。

第二条 省人民代表大会及其常务委员会制定、修改、废止和解释地方性法规，以及省人民代表大会常务委员会批准设区的市的地方性法规和审查地方政府

＊ 来源：中国法律法规信息库（http://law.npc.gov.cn/FLFG/index.jsp），http://law.npc.gov.cn/FLFG/flfgByID.action? flfgID=35384396&showDetailType=QW&keyword=&zlsxid=03（2016/9/27）.

规章的活动，适用本条例。

设区的市的人民代表大会及其常务委员会制定、修改、废止和解释地方性法规，以及省人民政府和设区的市人民政府制定、修改、废止规章，依照本条例有关规定执行。

第三条　本条例所称地方性法规（以下简称法规），是指按照法定职权和程序，由省人民代表大会及其常务委员会制定，以及由设区的市的人民代表大会及其常务委员会制定、经过省人民代表大会常务委员会批准的条例、规定、实施办法等规范性文件。

本条例所称地方政府规章（以下简称规章），是指按照法定职权和程序，由省人民政府和设区的市人民政府根据法律、行政法规、本级和上级人民代表大会及其常务委员会制定的法规制定的实施细则、规定、规则、办法等规范性文件。

第四条　地方立法必须遵循立法法确立的基本原则；防止不适当地强调地方和部门利益，避免不合理地规定公民、法人、其他组织的义务和国家机关的权力；除规范机构编制的专项法规外，不得规定机构设置、人员编制等内容。

制定法规、规章，应当从实际出发，突出地方特色；内容应当明确、具体，具有针对性和可操作性；对上位法已经明确规定的内容，一般不作重复性规定。

第五条　编制立法规划和计划，起草、审议、修改法规和规章草案，应当深入实际调查研究，广泛听取各方面意见，保障人民通过多种途径参与立法活动。

第六条　省人民政府、设区的市人民政府应当将立法经费列入本级财政预算，并予以保障。

第二章　立法权限

第七条　下列事项应当由省人民代表大会制定法规，但立法法第八条规定的事项除外：

（一）法律规定由省人民代表大会制定法规的事项；

（二）本省行政区域内政治、经济、教育、科学、文化、卫生、环境和资源保护、民政、民族等工作中涉及全局且需要制定法规的特别重大事项；

（三）规范省人民代表大会的自身活动，需要制定法规的事项；

（四）对本级人民代表大会代表履行职务的问题，需要通过立法作出具体规定的事项。

第八条　省人民代表大会常务委员会可以就下列事项制定法规，但立法法第八条和本条例第七条规定的事项除外：

（一）为实施法律、行政法规，根据本省实际需要作出具体规定的事项；

（二）国家尚未制定法律、行政法规而需要根据本省实际先行制定法规的事项；

（三）属于本省行政区域内的地方性事务，需要制定法规的事项；

（四）法律、行政法规规定由省人民代表大会常务委员会制定法规的事项；

（五）规范省人民代表大会常务委员会自身活动，需要制定法规的事项；

（六）需要由常务委员会制定法规的其他事项。

在省人民代表大会闭会期间，常务委员会可以对省人民代表大会制定的法规进行部分修改或者补充，但不得同该法规的基本原则相抵触。

第九条 设区的市的人民代表大会及其常务委员会根据本市的具体情况和实际需要，在不同宪法、法律、行政法规和本省的地方性法规相抵触的情况下，可以对城乡建设与管理、环境保护、历史文化保护等方面的事项制定地方性法规，法律对设区的市制定地方性法规的事项另有规定的，从其规定。

太原市和大同市已经制定的地方性法规，涉及前款规定事项范围以外的，继续有效。

第十条 省人民政府、设区的市人民政府可以根据法律、行政法规、本级和上级人民代表大会及其常务委员会制定的法规制定规章。

省人民政府、设区的市人民政府法制机构按照国务院《规章制定程序条例》的规定负责规章制定的具体工作。

规章可以就下列事项作出规定：

（一）为实施法律、行政法规、本级和上级人民代表大会及其常务委员会制定的法规，需要制定规章的事项；

（二）属于本行政区域的具体行政管理事项。

设区的市人民政府制定地方政府规章，限于城乡建设与管理、环境保护、历史文化保护等方面的事项。已经制定的地方政府规章，涉及上述事项范围以外的，继续有效。

除太原市和大同市以外，其他设区的市人民政府开始制定规章的时间，与省人民代表大会常务委员会确定的本市开始制定地方性法规的时间同步。

应当制定地方性法规但条件尚不成熟的，因行政管理迫切需要，可以先制定地方政府规章。规章实施满两年需要继续实施规章所规定的行政措施的，应当提请本级人民代表大会或者其常务委员会制定地方性法规。

没有法律、行政法规、地方性法规的依据，地方政府规章不得设定减损公民、法人和其他组织权利或者增加其义务的规范。

第三章　立法准备

第十一条　省人民代表大会常务委员会应当在本届任期第一年的上半年编制五年立法规划，在每年的第四季度编制下年度立法计划，加强对立法工作的统筹安排。

第十二条　省人民代表大会常务委员会法制工作委员会负责编制立法规划和拟订年度立法计划。

编制立法规划和拟订年度立法计划，应当认真研究代表议案和建议，广泛征集意见，科学论证评估，根据经济社会发展和民主法治建设的需要，确定立法项目，提高立法的及时性、针对性和系统性。

立法规划和年度立法计划由主任会议通过。

立法规划和年度立法计划应当向社会公布。

第十三条　立法规划和计划在实施过程中需要调整的，有关机关或者组织应当提出报告，由省人民代表大会常务委员会法制工作委员会会同有关机构进行研究，提出是否调整的意见，提交主任会议审定。

第十四条　列入立法计划的法规项目，按照法规的性质和内容，由提案人负责组织起草。

专业性较强的法规草案，可以吸收相关领域的专家参与起草工作，或者委托有关专家、教学科研单位、社会组织起草；综合性、全局性、基础性的重要法规草案，可以由有关的专门委员会或者常务委员会工作机构组织起草。

承担法规起草工作的组织，应当按照立法计划的要求完成起草任务；不能如期完成起草任务的，应当向主任会议提出书面报告。

第十五条　省人民代表大会专门委员会、常务委员会工作机构应当提前参与有关方面的法规草案起草工作。

第十六条　法规案在提请省人民代表大会或者其常务委员会审议前，应当做好重大问题不同意见的协调工作。

常务委员会向省人民代表大会、主任会议向常务委员会、专门委员会向省人民代表大会或者其常务委员会提出的法规案，应当分别经常务委员会、主任会议、专门委员会全体会议讨论通过。

省人民政府向省人民代表大会或者其常务委员会提出的法规案，应当经省人民政府全体会议或者常务会议讨论通过，并由省长签署。

向省人民代表大会或者其常务委员会提出法规案，应当同时提出法规草案及其说明，并提供必要的资料。法规草案的说明，应当阐明立法的必要性、指导思想、依据和主要内容以及对重大问题不同意见的协调情况。

第四章　省人民代表大会立法程序

第十七条　省人民代表大会主席团可以向省人民代表大会提出法规案，由省人民代表大会会议审议。

省人民代表大会常务委员会、省人民政府、省人民代表大会各专门委员会，可以向省人民代表大会提出法规案，由主席团决定列入会议议程。

第十八条　省人民代表大会代表十人以上联名，可以向省人民代表大会提出法规案，由主席团决定是否列入会议议程，或者先交有关专门委员会审议、提出是否列入会议议程的意见，再由主席团决定是否列入会议议程。

专门委员会审议时，可以邀请提案人列席会议，发表意见。

第十九条　向省人民代表大会提出的法规案，在列入会议议程前，提案人有权撤回。

第二十条　拟向省人民代表大会提出的法规案，在省人民代表大会闭会期间，可以先向常务委员会提出，经常务委员会依照本条例第五章规定的有关程序审议后，决定提请省人民代表大会审议。常务委员会会议对法规草案的审议意见，应当印发省人民代表大会会议。

第二十一条　常务委员会决定提请省人民代表大会会议审议的法规案，常务委员会法制工作委员会应当在会议举行的三十日以前将法规草案及其说明和有关资料发给省人民代表大会代表。代表可以对法规草案的有关问题进行调查研究。

第二十二条　列入省人民代表大会会议议程的法规案，在大会全体会议上听取提案人的说明后，由各代表团进行审议。

各代表团审议时，提案人应当派人听取意见，回答询问；根据代表团的要求，有关机关、组织应当派人介绍情况。

第二十三条　列入省人民代表大会会议议程的法规案，由有关专门委员会进行审议，向主席团提出审议意见，并印发会议。

第二十四条　列入省人民代表大会会议议程的法规案，由法制委员会根据各代表团和有关专门委员会的审议意见进行统一审议，向主席团提出审议结果的报告和草案修改稿；重要的不同意见，应当在审议结果的报告中予以说明。审议结果的报告和草案修改稿经主席团会议通过后印发会议，由各代表团进行审议。

第二十五条　列入省人民代表大会会议议程的法规案，必要时，主席团常务主席可以召开各代表团团长会议，就法规案中的重大问题听取各代表团的审议意见，进行讨论，并将讨论的情况和意见报告主席团。

主席团常务主席也可以就法规案中重大的专门性问题，召集代表团推选的有关代表进行讨论，并将讨论的情况和意见报告主席团。

第二十六条　列入省人民代表大会会议议程的法规案，在交付表决前提案人要求撤回的，应当说明理由，经主席团同意，并向大会报告，终止该法规案的审议。

第二十七条　列入省人民代表大会会议议程的法规案，审议中有重大问题需要进一步研究的，经主席团提出，由大会全体会议决定，可以授权常务委员会进一步审议，作出决定，并将决定情况向省人民代表大会下次会议报告；也可以授权常务委员会进一步审议，提出修改方案，提请省人民代表大会下次会议审议决定。

第二十八条　法规草案修改稿经各代表团审议后，由法制委员会根据各代表团的审议意见进行修改，提出表决稿。表决稿由主席团提请全体会议表决。表决采用无记名方式，以全体代表的过半数通过。

第二十九条　省人民代表大会制定的法规，由大会主席团发布公告予以公布。

第三十条　经省人民代表大会全体会议表决未获得通过的法规案，如果提案人认为必须制定该法规，应当按照本章规定的程序重新提出。

第五章　省人民代表大会常务委员会立法程序

第三十一条　省人民代表大会常务委员会主任会议可以向常务委员会提出法规案，由常务委员会会议审议。

省人民政府、省人民代表大会各专门委员会，可以向常务委员会提出法规案，由主任会议决定列入常务委员会会议议程，或者先交有关专门委员会审议、常务委员会有关工作机构研究，提出报告，再决定列入会议议程。主任会议认为法规案有重大问题需要进一步研究的，可以建议提案人修改后再向常务委员会提出。

第三十二条 常务委员会组成人员五人以上联名，可以向常务委员会提出法规案，由主任会议决定是否列入常务委员会会议议程，或者先交有关专门委员会审议、常务委员会有关工作机构研究，提出是否列入会议议程的意见，再决定是否列入会议议程。不列入会议议程的，应当向提案人说明，并向常务委员会报告。

专门委员会审议或者常务委员会工作机构研究时，可以邀请提案人列席会议，发表意见。

第三十三条 拟提请常务委员会会议审议的法规案，提案人应当在会议举行的三十日以前将法规案送交常务委员会。

向常务委员会提出的法规案，在列入会议议程前，提案人有权撤回。

第三十四条 列入常务委员会会议议程的法规案，由有关专门委员会审议或者常务委员会有关工作机构研究，向常务委员会会议提出审议或者研究意见的报告。

专门委员会审议或者常务委员会工作机构研究时，可以邀请其他有关专门委员会的成员、常务委员会有关工作机构的负责人列席会议，发表意见。

第三十五条 列入常务委员会会议议程的法规案，除特殊情况外，应当在会议举行的七日以前将法规草案及其说明发给常务委员会组成人员。组成人员应当对法规草案的有关问题进行调查研究。

第三十六条 列入常务委员会会议议程的法规案，一般应当经两次常务委员会会议审议后再交付表决；涉及面广、内容复杂或者在常务委员会会议第二次审议时，对法规案中的重大问题意见分歧较大的，经主任会议决定，可以经三次常务委员会会议审议后再交付表决；内容比较简单或者属于部分修改的法规案以及废止法规的议案，经主任会议决定，可以经一次常务委员会会议审议即交付表决。

第三十七条 常务委员会会议第一次审议法规案时，在全体会议上听取提案人的说明、有关专门委员会审议意见的报告或者常务委员会有关工作机构研究意见的报告后，由分组会议进行审议。

第三十八条 法规案经常务委员会会议第一次审议后，由法制委员会根据各方面的意见进行统一审议，提出审议结果的报告和草案修改稿。有关方面重要的不同意见，应当在审议结果的报告中予以说明。对有关专门委员会、常务委员会有关工作机构的重要意见没有采纳的，应当予以反馈。

法制委员会统一审议时，可以邀请有关专门委员会的成员或者常务委员会有关工作机构的负责人、人民代表大会代表、有关专家列席会议，发表意见。

第三十九条　常务委员会会议第二次审议法规案时，在全体会议上听取法制委员会审议结果的报告后，由分组会议、联组会议或者全体会议对法规草案修改稿进行审议。

第四十条　法规案经两次常务委员会会议审议，仍有重大问题需要进一步研究的，由主任会议提出，经联组会议或者全体会议同意，可以暂不交付表决，交法制委员会进一步审议，并交有关专门委员会审议或者常务委员会有关工作机构研究。

第四十一条　需要经常务委员会会议第三次审议的法规案，常务委员会会议第三次审议时，在全体会议上听取法制委员会审议结果的报告后，由分组会议、联组会议或者全体会议进行审议。

第四十二条　拟经一次常务委员会会议审议即交付表决的法规案，在常务委员会会议分组审议后，由法制委员会根据各方面的意见进行统一审议，提出审议结果的报告和草案修改稿。

前款规定的法规案在审议时有重大问题需要进一步研究的，按照本条例第四十条的规定办理。

第四十三条　常务委员会在审议法规案时，根据需要，可以召开联组会议或者全体会议，对法规草案中的主要问题进行辩论。

第四十四条　常务委员会会议审议法规案时，提案人应当派人听取意见，回答询问。

第四十五条　专门委员会审议或者常务委员会工作机构研究法规案时，应当召开全体会议；根据需要，可以要求有关机关、组织的负责人说明情况。

第四十六条　列入常务委员会会议议程的法规案，法制委员会、有关专门委员会和常务委员会有关工作机构应当听取人民代表大会代表和有关方面的意见。听取意见可以采取座谈会、论证会、听证会、实地考察等多种形式。

举行听证会的，应当在听证会举行的十日以前将听证会的内容、时间、地点、参加听证会的组织和人员等在媒体上予以公告。

第四十七条　列入常务委员会会议议程的法规案，应当在常务委员会会议第一次审议并修改后，将法规草案及其起草、修改的说明在山西人大网等媒体上向社会公布，征求意见，但是经主任会议决定不公布的除外；征求意见的时间一般不少于三十日。

第四十八条　列入常务委员会会议议程的法规案，常务委员会法制工作委员会应当对各方面的意见进行收集、整理，分送法制委员会和有关专门委员会、常务委员会有关工作机构，并根据需要印发会议。

第四十九条 列入常务委员会会议议程的法规案，在交付表决前，提案人要求撤回的，应当说明理由，经主任会议同意，并向常务委员会报告，终止该法规案的审议。

第五十条 拟提请常务委员会会议审议通过的法规案，在法制委员会提出审议结果报告前，法制工作委员会可以对法规案中主要制度规范的可行性、法规出台时机、法规实施的社会效果和可能出现的问题等进行评估。评估情况由法制委员会在审议结果报告中予以说明。

第五十一条 列入常务委员会会议议程的法规案，因各方面对制定该法规的必要性、可行性等重大问题意见分歧较大，搁置审议满两年的，或者因暂不交付表决经过两年没有再列入常务委员会会议议程审议的，由主任会议向常务委员会报告，终止该法规案的审议。

第五十二条 法规草案修改稿经常务委员会会议审议后，由法制委员会根据常务委员会组成人员的审议意见进行修改，提出表决稿。

表决稿应当在交付全体会议表决前一天发给常务委员会组成人员。

第五十三条 常务委员会组成人员在收到法规草案表决稿后，五人以上联名可以书面提出对表决稿的修正案，由主任会议决定是否提请常务委员会会议审议；不提请常务委员会会议审议的，应当向提出修正案的组成人员说明，并向常务委员会会议报告。

修正案应当写明修正的条款、依据和理由等，并附修正案草案。

第五十四条 对多部法规中涉及同类事项的个别条款进行修改，一并提出修正案的，经主任会议决定，可以合并表决，也可以分别表决。

第五十五条 常务委员会全体会议对法规草案进行表决时，有修正案的，先表决修正案。修正案应当在表决前宣读。

经主任会议决定，常务委员会全体会议可以对法规草案中有重大争议的条款先行表决。

表决以常务委员会全体组成人员的过半数通过。

第五十六条 省人民代表大会有关的专门委员会、常务委员会工作机构可以适时组织对有关法规或者法规中有关规定进行立法后评估。评估情况应当向常务委员会报告。

第五十七条 省人民代表大会常务委员会制定的法规和对法规作出的立法解

释，由常务委员会发布公告予以公布。

第五十八条　经常务委员会全体会议表决未获得通过的法规案，如果提案人认为必须制定该法规，可以按照本章规定的程序重新提出。

第六章　设区的市的法规批准程序

第五十九条　报请批准的法规，应当在该法规草案交付表决的三十日以前，送省人民代表大会常务委员会法制工作委员会征求意见，并由法制工作委员会向省人民代表大会有关专门委员会或者常务委员会有关工作机构和其他有关机关、组织征求意见。

第六十条　法规报请批准时，应当同时提交报请批准的书面报告和法规文本的说明。

第六十一条　报请批准的法规，在提请省人民代表大会常务委员会会议审议前，先由法制工作委员会进行研究并提出意见，经法制委员会统一审议后，提出审议结果的报告。

法制委员会审议时，可以邀请其他有关专门委员会的成员、常务委员会有关工作机构的负责人列席会议，发表意见。

第六十二条　报请批准的法规，由省人民代表大会常务委员会主任会议决定列入常务委员会会议议程。

第六十三条　报请批准的法规，列入省人民代表大会常务委员会会议议程后，由分组会议进行审议。法制委员会审议结果的报告印发会议。

第六十四条　报请批准的法规，省人民代表大会常务委员会应当对其合法性进行审查，同宪法、法律、行政法规和省人民代表大会及其常务委员会制定的法规不抵触的，应当在四个月内予以批准；抵触的，不予批准，或者退回报请机关修改后另行报批，也可以在修改后予以批准。

第六十五条　报请批准的法规，省人民代表大会常务委员会在审查过程中发现同省人民政府制定的规章抵触时，认为规章不适当的，应当批准该法规，并责成省人民政府修改规章，或者撤销该规章；认为法规不适当的，应当在批准该法规时提出修改意见，由报请机关修改后予以公布。

常务委员会认为报请批准的法规和省人民政府制定的规章均不适当的，分别按照前款规定予以处理。

第六十六条　报请批准的法规，在列入省人民代表大会常务委员会会议议程前，报请机关有权撤回；在列入会议议程后、交付表决前要求撤回的，应当说明理由，经省人民代表大会常务委员会主任会议同意，并向常务委员会报告，终止该法规的审议。

第六十七条　报请批准的法规，经省人民代表大会常务委员会会议审议后，拟决定予以批准的，由主任会议提请全体会议表决，以常务委员会全体组成人员的过半数通过。

第六十八条　报请批准的法规，省人民代表大会常务委员会办公厅应当在该法规表决后七日内将表决结果函告报请机关。

第六十九条　设区的市的人民代表大会及其常务委员会制定的法规和对法规作出的立法解释，由该市的人民代表大会常务委员会发布公告予以公布。

第七十条　设区的市的人民代表大会及其常务委员会修改、废止法规，按照本章规定的程序报请批准。

第七章　法规解释

第七十一条　省人民代表大会及其常务委员会制定的法规，由省人民代表大会常务委员会进行立法解释。

第七十二条　省人民代表大会及其常务委员会制定的法规，有下列情形之一的，省人民政府、省高级人民法院、省人民检察院、省人民代表大会各专门委员会以及县级以上人民代表大会常务委员会，可以向省人民代表大会常务委员会书面提出立法解释要求：

（一）法规的规定需要进一步明确具体含义的；

（二）法规制定后出现新的情况，需要明确适用依据的。

第七十三条　省人民代表大会常务委员会法制工作委员会应当对依照本条例第七十二条规定提出的立法解释要求进行审查，认为有必要解释的，应当拟订解释草案，由主任会议提请常务委员会会议审议。

第七十四条　列入常务委员会会议议程的法规解释案，在全体会议上听取关于解释草案的说明后，由分组会议进行审议。

第七十五条　法规解释草案经常务委员会会议审议后，由法制委员会根据常务委员会组成人员的审议意见进行审议、修改，提出表决稿。

表决稿以常务委员会全体组成人员的过半数通过。

第七十六条　省人民代表大会常务委员会对法规作出的立法解释，同法规具有同等的法律效力。

第七十七条 省人民代表大会常务委员会法制工作委员会，可以对省人民代表大会及其常务委员会制定的法规有关具体问题的询问予以答复，并报常务委员会备案。

第七十八条 省人民代表大会及其常务委员会制定的属于行政管理事项方面的法规，在实施过程中出现具体应用问题的，由省人民政府进行解释；具体应用问题的解释，应当报省人民代表大会常务委员会备案。没有出现具体应用问题的，不得解释。

省人民代表大会常务委员会认为具体应用问题的解释不适当的，应当责成原解释机关予以纠正，或者依法予以撤销。

第七十九条 设区的市的人民代表大会及其常务委员会制定的法规，由该市的人民代表大会常务委员会进行立法解释，解释程序由该市的人民代表大会或者其常务委员会规定。

设区的市的人民代表大会常务委员会对法规作出的立法解释，应当报省人民代表大会常务委员会备案。

第八章　适用与备案

第八十条 省人民代表大会及其常务委员会制定的法规的效力，高于省人民政府、设区的市人民政府制定的规章。

设区的市的人民代表大会及其常务委员会制定的法规经批准后，在该市行政区域内与批准机关制定的法规具有同等的法律效力。省人民政府制定的规章的效力，高于设区的市人民政府制定的规章。

第八十一条 设区的市的法规与省人民代表大会或者其常务委员会新制定的法规不一致时，适用省人民代表大会及其常务委员会新制定的法规，但省人民代表大会或者其常务委员会新制定的法规另有规定的除外。

第八十二条 法规、规章有下列情形之一的，由有关机关依照本条例第八十三条规定的权限予以改变或者撤销：

（一）超越权限的；

（二）下位法违反上位法规定的；

（三）规章之间对同一事项的规定不一致，经裁决应当改变或者撤销一方的规定的；

（四）规章的规定被认为不适当，应当予以改变或者撤销的；

（五）违背法定程序的。

第八十三条 改变或者撤销法规、规章的权限是：

（一）省人民代表大会有权改变或者撤销其常务委员会制定和批准的不适当的法规；

（二）省、设区的市的人民代表大会常务委员会有权撤销本级人民政府制定的不适当的规章；

（三）省人民政府有权改变或者撤销设区的市人民政府制定的不适当的规章。

第八十四条 省人民代表大会及其常务委员会制定的法规，应当在公布后三十日内，报全国人民代表大会常务委员会和国务院备案；设区的市的人民代表大会及其常务委员会制定的法规，由省人民代表大会常务委员会报全国人民代表大会常务委员会和国务院备案。

第八十五条 省人民政府、省高级人民法院、省人民检察院和县级以上人民代表大会常务委员会，认为设区的市的法规同宪法、法律、行政法规、省人民代表大会及其常务委员会制定的法规相抵触，或者不适当的，可以向省人民代表大会常务委员会书面提出进行审查的要求，由省人民代表大会法制委员会进行审查，并提出意见。

前款规定以外的机关、组织和公民，认为设区的市的法规同宪法、法律、行政法规、省人民代表大会及其常务委员会制定的法规相抵触，或者不适当的，可以向省人民代表大会常务委员会书面提出进行审查的建议，由常务委员会法制工作委员会进行研究；必要时，送法制委员会进行审查，提出意见。

第八十六条 省人民代表大会法制委员会在依照本条例第八十五条规定进行审查时，认为设区的市的法规同宪法、法律、行政法规、省人民代表大会及其常务委员会制定的法规相抵触，或者不适当的，可以向制定机关提出书面审查意见。制定机关应当在接到意见后六十日内提出是否修改的意见，并向法制委员会反馈。

省人民代表大会法制委员会经审查认为设区的市的法规，同宪法、法律、行政法规、省人民代表大会及其常务委员会制定的法规相抵触，或者不适当的，而制定机关不予修改的，应当向常务委员会主任会议报告，由常务委员会提请省人民代表大会予以撤销。

第八十七条 省人民政府和设区的市人民政府制定的规章的备案审查，按照《山西省各级人民代表大会常务委员会规范性文件备案审查条例》的规定执行。

第九章 其他规定

第八十八条 法规应当明确规定施行日期，并向社会公布；未经公布的，不具有法律效力。

第八十九条 省人民代表大会及其常务委员会制定的法规和对法规作出的立法解释公布后，在其常务委员会公报、《山西日报》和本行政区域内普遍发行的其他报纸上刊登，也可以在互联网上发布。《山西日报》和本行政区域内普遍发行的其他报纸应当在法规通过之日起十日内刊登公布法规的公告及法规全文。

设区的市的法规和对法规作出的立法解释公布后，应当及时在该市人民代表大会常务委员会公报和本市普遍发行的报纸上刊登。

在常务委员会公报上刊登的法规文本为标准文本。

第九十条 法规部分条文被修改或者废止的，必须公布新的法规文本。

第九十一条 公布法规的公告，应当载明该法规的制定机关、通过和施行日期；经过批准的法规，公告中还应当载明该法规的批准机关和批准日期。

第九十二条 省人民代表大会及其常务委员会制定的法规的修改和废止程序，按照本条例有关规定执行。

第九十三条 省人民代表大会及其常务委员会制定的法规公布后，该法规规定必须制定的实施性的规范性文件，应当在该法规生效之日起九十日内公布，并在公布后三十日内报常务委员会备案。

第九十四条 设区的市的法规案的提出、审议和表决程序，由本级人民代表大会规定。

第九十五条 省人民政府和设区的市人民政府制定规章的程序，执行国务院的规定。

第十章 附 则

第九十六条 本条例自 2001 年 3 月 1 日起施行。1998 年 11 月 30 日山西省第九届人民代表大会常务委员会第六次会议通过的《山西省人民代表大会常务委员会制定地方性法规的规定》和 1998 年 5 月 29 日山西省第九届人民代表大会常务委员会第三次会议通过的《山西省人民代表大会常务委员会关于批准太原市和大同市制定的地方性法规的规定》同时废止。

本条例施行前省人民代表大会及其常务委员会制定的法规的有关规定与本条例规定不一致的，按本条例规定执行。

内蒙古自治区人民代表大会及其常务委员会立法条例*

（2001 年 2 月 24 日内蒙古自治区第九届人民代表大会第四次会议通过，根据 2016 年 1 月 29 日内蒙古自治区第十二届人民代表大会第四次会议《关于修改〈内蒙古自治区人民代表大会及其常务委员会立法条例〉的决定》修正）

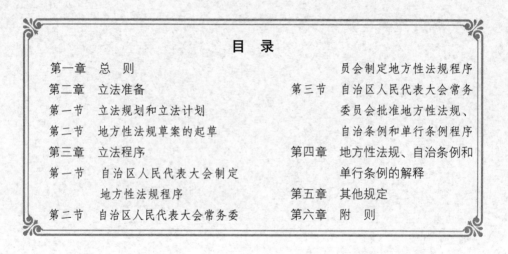

第一章　总　则

第一条　为了规范自治区人民代表大会及其常务委员会的立法活动，完善立法程序，提高立法质量，发挥立法的引领和推动作用，全面推进依法治区，根据《中华人民共和国立法法》等有关法律的规定，结合自治区实际，制定本条例。

---

　* 来源：内蒙古人大网（http://www.nmgrd.gov.cn/lfgz/fg/xxqfg/201605/t20160512_138598.html），http://www.nmgrd.gov.cn/lfgz/fg/xxqfg/201605/t20160512_138598.html（2016/9/15）。

第二条　自治区人民代表大会及其常务委员会制定地方性法规，适用本条例。

自治区人民代表大会制定自治条例和单行条例，参照本条例的有关规定执行。

自治区人民代表大会常务委员会批准设区的市人民代表大会及其常务委员会制定的地方性法规和自治旗人民代表大会制定的自治条例、单行条例，依照本条例有关规定执行。

第三条　自治区人民代表大会有权依照当地民族的政治、经济和文化的特点，制定自治条例和单行条例，报全国人民代表大会常务委员会批准后生效。

第四条　自治区人民代表大会及其常务委员会可以就下列事项制定地方性法规：

（一）为执行法律、行政法规的规定，根据自治区的实际情况需要作出具体规定的事项；

（二）属于自治区地方性事务需要制定地方性法规的事项；

（三）国家专属立法权以外，尚未制定法律或者行政法规的事项，根据自治区的具体情况和实际需要，可以先制定地方性法规的事项。

规定自治区行政区域特别重大事项的地方性法规，应当由自治区人民代表大会通过。

在自治区人民代表大会闭会期间，常务委员会可以对自治区人民代表大会制定的地方性法规进行部分补充或者修改，但不得同该法规的基本原则相抵触。

第五条　自治区人民代表大会及其常务委员会立法活动应当遵循以下原则：

（一）遵循宪法的基本原则，以经济建设为中心，坚持社会主义道路、坚持人民民主专政、坚持中国共产党的领导、坚持马克思列宁主义毛泽东思想邓小平理论，坚持改革开放；

（二）维护社会主义法制的统一和尊严；

（三）从实际出发，适应经济社会发展和全面深化改革的要求，突出地方特点和民族特点；

（四）充分发扬社会主义民主，坚持立法公开，坚持群众路线，体现各族人民意志，保障各族人民通过多种途径参与立法活动；

（五）从自治区全局出发，科学合理地规定公民、法人和其他组织的权利与义务以及国家机关的权力与责任。

地方性法规规范应当明确、具体，具有针对性和可执行性。

第六条 制定地方性法规，对上位法已经明确规定的内容，一般不作重复性规定。

第七条 自治区人民代表大会及其常务委员会应当加强对立法工作的组织协调，发挥在立法工作中的主导作用。

第二章 立法准备

第一节 立法规划和立法计划

第八条 常务委员会通过立法规划和年度立法计划等形式，加强对立法工作的统筹安排。

常务委员会每届任期的最后一年由常务委员会主任会议提出下一届五年立法规划建议草案，由下一届常务委员会主任会议决定。

每年的第四季度由常务委员会主任会议编制下一年度立法计划。

常务委员会有关工作机构负责编制立法规划和年度立法计划的具体工作，并按照常务委员会的要求，督促立法规划和年度立法计划的落实。

设区的市和自治旗制定的立法规划和年度立法计划，应当报自治区人民代表大会常务委员会备案。

第九条 编制立法规划和年度立法计划时，应当研究代表议案和建议，广泛征集意见，科学论证评估，根据经济社会发展和民主法治建设的需要，确定立法项目，提高立法的及时性和针对性。立法规划和年度立法计划由常务委员会主任会议通过，印发常务委员会会议并向社会公布。

第十条 凡拟由常务委员会主任会议提请常务委员会审议的立法项目，由常务委员会有关工作机构提出意见，由常务委员会主任会议审定；拟由自治区人民政府提请常务委员会审议的立法项目，由自治区人民政府法制办公室提出意见，经自治区人民政府审定后提出。

第十一条 各有关机关或者部门提出立法建议项目时，应当同时提出建议项目草案及其说明。

第十二条 立法规划和年度立法计划，按照立法项目的内容，分别由常务委员会主任会议、自治区人民政府组织实施。

第十三条 立法规划和年度立法计划在执行中需要调整的，由有关机关或者部门提出报告，提请常务委员会主任会议决定。

第二节　地方性法规草案的起草

第十四条　列入年度立法计划的地方性法规项目，按照下列规定组织起草：

（一）属于规范地方国家权力机关工作制度和程序的，由常务委员会主任会议委托常务委员会有关工作机构起草；

（二）属于规范行政管理事项的，一般由自治区人民政府组织起草；

（三）综合性、全局性、基础性的重要地方性法规草案，可以由有关的专门委员会或者常务委员会有关工作机构组织起草；

（四）专业性较强的地方性法规草案，可以吸收相关领域的专家参与起草工作，或者委托有关专家、教学科研单位、社会组织起草。

地方性法规草案起草工作由起草部门主要负责人负责。必要时，可以成立起草领导小组。

常务委员会有关工作机构应当提前参与有关方面的地方性法规草案起草工作。

第十五条　起草地方性法规草案，应当进行调查研究，采取座谈、论证、听证等方式，广泛听取有关部门、组织和社会公众等各方面的意见。

第十六条　常务委员会有关工作机构起草的地方性法规草案，涉及行政管理事项的，应当征求自治区人民政府的意见；涉及其他有关方面事项的，应当征求有关机关和部门的意见。

第十七条　自治区人民政府向自治区人民代表大会及其常务委员会提出地方性法规案，在提请审议前，应当对涉及地方性法规草案的不同意见协调一致。

第三章　立法程序

第一节　自治区人民代表大会制定地方性法规程序

第十八条　自治区人民代表大会主席团可以向自治区人民代表大会提出地方性法规案，由自治区人民代表大会会议审议。

自治区人民代表大会常务委员会、自治区人民政府、自治区人民代表大会专门委员会，可以向自治区人民代表大会提出地方性法规案，由主席团决定列入会议议程。

一个代表团或者十名以上的代表联名，可以向自治区人民代表大会提出地方性法规案，由主席团决定是否列入会议议程；或者先交有关专门委员会审议，提出是否列入会议议程的意见，再由主席团决定是否列入会议议程。

专门委员会审议地方性法规案时，可以邀请提案人列席会议，发表意见。

第十九条　在自治区人民代表大会闭会期间，向自治区人民代表大会提出的地方性法规案，可以先向常务委员会提出，经常务委员会会议依据本条例的有关程序审议后，决定提请自治区人民代表大会会议审议，由常务委员会或者提案人向大会全体会议作说明。

常务委员会依照前款规定审议地方性法规案，应当通过多种形式征求自治区人民代表大会代表的意见，并将有关情况予以反馈；专门委员会和常务委员会工作机构进行立法调研，可以邀请有关的自治区人民代表大会代表参加。

第二十条　常务委员会决定提请自治区人民代表大会会议审议的地方性法规案，应当在会议举行的一个月前将地方性法规案印发代表。

第二十一条　列入自治区人民代表大会会议议程的地方性法规案，大会全体会议听取提案人的说明后，由各代表团进行审议。

各代表团审议地方性法规案时，一般召开分组会议审议，也可以召开全体会议审议。

各代表团审议地方性法规案时，提案人应当派人听取意见，回答询问。

各代表团审议地方性法规案时，根据代表团的要求，有关机关、组织应当派人介绍情况。

第二十二条　列入自治区人民代表大会会议议程的地方性法规案，由法制委员会根据各代表团的审议意见，对地方性法规案进行统一审议，向主席团提出审议结果的报告和地方性法规草案修改稿；对重要的不同意见应当在审议结果报告中予以说明，经主席团审议通过后，印发会议。

第二十三条　主席团常务主席可以召开各代表团团长会议，就地方性法规案中重大问题听取各代表团的审议意见，进行讨论，并将讨论的情况和意见向主席团汇报。

主席团常务主席也可以就地方性法规案中的重大的专门性问题，召集代表团推选的有关代表进行讨论，并将讨论的情况和意见向主席团报告。

第二十四条　列入自治区人民代表大会会议议程的地方性法规案，在交付表决前，提案人要求撤回的，应当说明理由，经主席团同意，并向大会报告，对该地方性法规案的审议即行终止。

第二十五条　地方性法规案在审议中有重大问题需要进一步研究的，经主席团提出，由大会全体会议决定，可以授权常务委员会根据代表的意见进一步审议，作出决定，并将情况向自治区人民代表大会下次会议报告；也可以授权常务委员会根据代表的意见进一步审议，提出修改方案，提请自治区人民代表大会下次会议审议决定。

第二十六条　地方性法规草案修改稿经各代表团审议，由法制委员会根据各代表团的审议意见进行修改，提出地方性法规草案表决稿，由主席团提请大会全体会议表决，由全体代表的过半数通过。

第二十七条　自治区人民代表大会通过的地方性法规，由大会主席团发布公告予以公布。

自治区人民代表大会通过的自治条例和单行条例，报全国人民代表大会常务委员会批准后，由自治区人民代表大会常务委员会发布公告予以公布。

第二节　自治区人民代表大会常务委员会制定地方性法规程序

第二十八条　常务委员会主任会议可以向常务委员会提出地方性法规案，由常务委员会会议审议。

自治区人民代表大会专门委员会可以向常务委员会提出地方性法规案，由常务委员会主任会议决定列入常务委员会会议议程；自治区人民政府可以向常务委员会提出地方性法规案，由常务委员会有关工作机构提出审查意见的报告，经常务委员会主任会议决定列入常务委员会会议议程。如果常务委员会主任会议认为地方性法规案有重大问题需要进一步研究，可以建议提案人修改完善后再向常务委员会提出。

常务委员会组成人员五人以上联名，可以向常务委员会提出地方性法规案，由常务委员会主任会议决定是否列入常务委员会会议议程；或者先交常务委员会有关工作机构提出是否列入会议议程的意见，再决定是否列入常务委员会会议议程；不列入常务委员会会议议程的，应当向常务委员会会议报告并向提案人说明。

第二十九条　拟列入常务委员会会议议程的地方性法规案，应当在常务委员会会议举行的一个月前提出。

第三十条　常务委员会有关工作机构应当对地方性法规案的必要性、合法性、可行性进行审查，向常务委员会主任会议提出审查意见的报告，印发常务委员会会议。

第三十一条　常务委员会主任会议决定提请常务委员会会议审议的地方性法

规案，应当在会议举行的七日前将地方性法规草案及有关资料发给常务委员会组成人员。

常务委员会组成人员在常务委员会会议审议地方性法规案之前，应当对地方性法规案进行研究，准备审议意见。

常务委员会会议审议地方性法规案时，应当邀请有关的自治区人民代表大会代表列席会议。

第三十二条　列入常务委员会会议议程的地方性法规案，一般应当经两次常务委员会会议审议后即交付表决，也可以在下次常务委员会会议上交付表决；调整事项较为单一、部分修改或者废止的地方性法规案，各方面意见比较一致的，也可以经一次常务委员会会议审议即交付表决。

有的地方性法规案，经常务委员会主任会议决定，也可以经过三次常务委员会会议审议后交付表决。

第三十三条　常务委员会会议审议地方性法规案，一般召开分组会议审议。根据需要，也可以召开联组会议或者全体会议，对地方性法规草案中的主要问题进行讨论。

第三十四条　常务委员会会议第一次审议地方性法规案，在全体会议上听取提案人的说明，由分组会议进行审议。

第三十五条　常务委员会分组会议审议地方性法规案时，提案人应当派人听取意见，回答询问；根据需要，有关机关、组织应当派人介绍情况。

第三十六条　地方性法规案经常务委员会会议第一次审议后，由法制委员会根据常务委员会组成人员、有关工作机构和其他各方面提出的意见，对地方性法规案进行统一审议，提出审议结果的报告和地方性法规草案修改稿，经常务委员会主任会议决定，提请常务委员会会议第二次审议。对地方性法规案的重要意见不一致时，应当向常务委员会主任会议报告。对常务委员会有关工作机构的重要意见没有采纳的，应当向常务委员会有关工作机构反馈。

第三十七条　常务委员会会议第二次审议地方性法规案，在全体会议上听取法制委员会关于地方性法规草案审议结果的报告，由分组会议对地方性法规草案修改稿进行审议。

地方性法规草案修改稿经常务委员会会议审议后，由法制委员会根据常务委员会组成人员的审议意见进行修改，提出地方性法规草案修改稿修改情况的报告和地方性法规草案表决稿。

第三十八条　常务委员会会议第三次审议地方性法规案，在全体会议上听取法制委员会关于地方性法规草案修改稿修改情况的报告，由分组会议对地方性法规草案第二次修改稿进行审议。

第三十九条 法制委员会审议地方性法规案时，应当召开全体会议审议。根据需要，可以邀请常务委员会有关工作机构负责人列席会议，发表意见；也可以要求有关机关、组织负责人到会说明情况。

第四十条 列入常务委员会会议议程的地方性法规案，法制委员会、常务委员会有关工作机构应当听取各方面的意见。

地方性法规案有关问题专业性较强，需要进行可行性评价的，应当召开论证会，听取有关专家、部门和自治区人民代表大会代表等方面的意见。论证情况应当向常务委员会报告。

地方性法规案有关问题存在重大意见分歧或者涉及利益关系重大调整，需要进行听证的，应当召开听证会，听取有关基层和群体代表、部门、人民团体、专家、自治区人民代表大会代表和社会有关方面的意见。听证情况应当向常务委员会报告。

常务委员会有关工作机构应当将地方性法规草案发送相关领域的自治区人民代表大会代表、自治区人民代表大会常务委员会基层立法联系点、下级人民代表大会常务委员会以及有关部门、组织和专家征求意见。

第四十一条 列入常务委员会会议议程的地方性法规案，应当在常务委员会会议后将地方性法规草案及其起草、修改的说明等向社会公布，征求意见，但是经常务委员会主任会议决定不公布的除外。向社会公布征求意见的时间一般不少于三十日。征求意见的情况应当向社会通报。

第四十二条 列入常务委员会会议议程的地方性法规案，常务委员会有关工作机构应当收集整理各方面提出的意见以及其他有关资料，印发常务委员会主任会议和法制委员会，并根据需要，印发常务委员会会议。

第四十三条 拟提请常务委员会会议审议通过的地方性法规案，在法制委员会提出审议结果报告前，常务委员会有关工作机构可以对地方性法规草案中主要制度规范的可行性、地方性法规出台时机、地方性法规实施的社会效果和可能出现的问题等进行评估。评估情况由法制委员会在审议结果报告中予以说明。

第四十四条 地方性法规案经常务委员会会议第二次或者第三次审议后仍有重大问题需要进一步研究的，经常务委员会主任会议决定，可以暂不付表决，交法制委员会和常务委员会有关工作机构进一步研究。

第四十五条 列入常务委员会会议议程的地方性法规案，在交付表决前，提案人要求撤回的，应当说明理由，经常务委员会主任会议同意，并向常务委员会报告，对该地方性法规案的审议即行终止。

第四十六条　地方性法规草案表决稿和修改地方性法规决定草案，由常务委员会主任会议决定提请常务委员会全体会议表决。

地方性法规草案表决稿和修改地方性法规决定草案交付常务委员会会议表决前，常务委员会主任会议根据常务委员会会议审议的情况，可以决定将个别意见分歧较大的重要条款或者常务委员会组成人员五人以上联名提出的修正案提请常务委员会会议单独表决。

单独表决的条款经常务委员会会议表决后，常务委员会主任会议根据单独表决情况，可以决定将地方性法规草案表决稿和修改地方性法规决定草案交付表决，也可以决定暂不付表决，交法制委员会和常务委员会有关工作机构进一步研究。

常务委员会会议表决地方性法规草案表决稿和修改、废止地方性法规决定草案，由常务委员会全体组成人员的过半数通过。

第四十七条　列入常务委员会会议审议的地方性法规案，因对该地方性法规的有关重要问题存在较大意见分歧，搁置审议满两年的，或者因暂不付表决经过两年没有再次列入常务委员会会议议程审议的，由常务委员会主任会议向常务委员会报告，该地方性法规案终止审议，并通知提案人。

第四十八条　对多部地方性法规中涉及同类事项的个别条款进行修改，一并提出地方性法规案的，经常务委员会主任会议决定，可以合并表决，也可以分别表决。

第四十九条　常务委员会通过的地方性法规由常务委员会发布公告予以公布。

第三节　自治区人民代表大会常务委员会批准地方性法规、
自治条例和单行条例程序

第五十条　报请常务委员会批准的地方性法规、自治条例和单行条例，报请机关应当在拟审议通过一个月前，书面征求常务委员会有关工作机构的意见。

第五十一条　报请批准地方性法规、自治条例和单行条例时，报请机关应当向常务委员会提交报请批准该地方性法规、自治条例和单行条例的书面报告，并附地方性法规、自治条例和单行条例文本及其说明和有关资料。

第五十二条　报请批准的地方性法规、自治条例和单行条例，由常务委员会有关工作机构提出审查意见的报告，经常务委员会主任会议决定，提请常务委员会会议审查批准。

常务委员会有关工作机构提出的审查意见的报告印发常务委员会会议。

第五十三条　常务委员会会议审查报请批准的地方性法规、自治条例和单行条例时，报请机关负责人在全体会议上作说明，由常务委员会分组会议审查。

第五十四条　常务委员会分组会议审查报请批准的地方性法规、自治条例和单行条例时，报请机关应当派人到会听取意见，回答询问。

第五十五条　常务委员会对报请批准的地方性法规，应当对其合法性进行审查，同宪法、法律、行政法规和自治区地方性法规不抵触的，应当自收到报请批准该地方性法规的书面报告之日起四个月内予以批准。

常务委员会对报请批准的自治条例和单行条例，应当审查其是否违背法律或者行政法规的基本原则，是否违背宪法、民族区域自治法的规定以及其他有关法律、行政法规专门就民族自治地方所作出的规定。对不违背上述原则和规定的，应当予以批准。

第五十六条　常务委员会认为报请批准的地方性法规同自治区人民政府规章之间相互抵触的，应当根据具体情况作出相应的处理决定。

第五十七条　常务委员会对报请批准的地方性法规、自治条例和单行条例，一般经一次会议审查后交付表决；必要时，也可以经两次会议审查后交付表决。

第五十八条　常务委员会会议对报请批准的地方性法规，由法制委员会根据常务委员会会议及常务委员会有关工作机构的审查意见，向常务委员会主任会议提出审查情况的报告及有关决议草案。有关决议草案由常务委员会主任会议决定提请常务委员会全体会议表决；审查情况的报告印发常务委员会会议。

常务委员会会议对报请批准的自治条例和单行条例进行审查后，常务委员会有关工作机构根据常务委员会会议的审查意见，向常务委员会主任会议提出审查情况的报告及有关决议草案。有关决议草案由常务委员会主任会议决定提请常务委员会全体会议表决；审查情况的报告印发常务委员会会议。

第五十九条　常务委员会会议表决关于批准地方性法规、自治条例和单行条例的决议草案，由常务委员会全体组成人员的过半数通过。

第六十条　报请批准的地方性法规、自治条例和单行条例在列入常务委员会会议议程后，交付表决前，报请机关要求撤回的，应当说明理由，经常务委员会主任会议同意，对该地方性法规、自治条例和单行条例的审查即行终止。

第六十一条　常务委员会应当自批准地方性法规、自治条例和单行条例的决议通过之日起七日内，书面通知报请机关。对未予批准的，应当及时书面通知报请机关。

第六十二条　常务委员会关于批准地方性法规、自治条例和单行条例的决议，应当在《内蒙古自治区人民代表大会常务委员会公报》和《内蒙古日报》以及内蒙古人大网上以蒙、汉两种文字公布。

第六十三条　常务委员会批准的地方性法规、自治条例和单行条例，由报请机关发布公告予以公布。

第六十四条　常务委员会批准的地方性法规、自治条例和单行条例需要修改或者废止的，应当依照本节规定的批准程序执行。

第四章　地方性法规、自治条例和单行条例的解释

第六十五条　自治区人民代表大会及其常务委员会制定的地方性法规和自治区人民代表大会制定的自治条例和单行条例的解释权属于常务委员会。

第六十六条　自治区人民政府、自治区高级人民法院、自治区人民检察院、自治区人民代表大会专门委员会，可以向常务委员会提出地方性法规、自治条例和单行条例解释要求。

第六十七条　地方性法规、自治条例和单行条例的规定需要进一步明确具体含义或者制定后出现新情况需要明确适用依据的，常务委员会有关工作机构研究拟订地方性法规、自治条例和单行条例解释草案，由常务委员会主任会议决定列入常务委员会会议议程。

第六十八条　地方性法规、自治条例和单行条例解释草案经常务委员会会议审议，由法制委员会根据常务委员会组成人员的审议意见进行统一审议，提出解释草案表决稿。

第六十九条　地方性法规、自治条例和单行条例解释草案表决稿由常务委员会全体组成人员的过半数通过，由常务委员会发布公告予以公布。

第七十条　常务委员会作出的地方性法规、自治条例和单行条例解释同地方性法规、自治条例和单行条例具有同等效力。

第五章　其他规定

第七十一条　提案人提出地方性法规案，应当同时提出地方性法规草案文本

及其说明，并提供必要的参阅资料。修改地方性法规的，还应当提交修改前后的对照文本。地方性法规草案的说明应当包括制定或者修改该地方性法规的目的、依据、必要性、可行性和主要内容以及起草过程中对重大分歧意见的协调处理情况。

自治区人民政府向自治区人民代表大会及其常务委员会提出的地方性法规案，在提请审议前，应当经自治区人民政府常务会议或者全体会议讨论通过，由自治区主席签署。

第七十二条 向自治区人民代表大会及其常务委员会提出的地方性法规案，在列入会议议程前，提案人有权撤回。

第七十三条 交付自治区人民代表大会及其常务委员会全体会议表决未获通过的地方性法规案，如果提案人认为必须制定该地方性法规的，可以按照本条例规定的程序重新提出，由主席团或者常务委员会主任会议决定是否列入以后的会议议程。

第七十四条 地方性法规应当明确规定施行日期。

地方性法规标题的题注应当载明制定机关、通过日期。经过修改的地方性法规，应当依次载明修改机关、修改日期。

第七十五条 公布地方性法规的自治区人民代表大会主席团公告或者常务委员会公告应当标明该地方性法规的制定机关、通过及施行日期。

公布自治条例、单行条例的自治区人民代表大会常务委员会公告应当标明该自治条例、单行条例的制定机关、通过日期和批准机关、批准日期。

地方性法规应当自通过之日起、自治条例和单行条例应当自批准之日起七日内，由自治区人民代表大会主席团或者常务委员会发布公告，并在《内蒙古自治区人民代表大会常务委员会公报》和《内蒙古日报》以及内蒙古人大网上以蒙、汉两种文字刊载。

在《内蒙古自治区人民代表大会常务委员会公报》上刊登的蒙、汉文地方性法规、自治条例和单行条例文本为标准文本。

第七十六条 常务委员会工作机构，应当根据各自职责范围分别对有关地方性法规定期进行清理。发现地方性法规内容与法律、行政法规不一致，与现实情况不适应，或者与相关地方性法规不协调的，应当及时提出修改或者废止的意见，向常务委员会主任会议报告。

自治区人民政府、自治区高级人民法院和自治区人民检察院可以根据地方性法规实施情况向自治区人民代表大会常务委员会提出关于地方性法规的修改意见或者建议。

第七十七条 地方性法规的修改和废止程序，与制定程序相同。

部分修改的地方性法规案，经自治区人民代表大会及其常务委员会审议后，由法制委员会提出该地方性法规修正案草案审议结果的报告和修改该地方性法规决定草案。

地方性法规被修改的，应当公布新的地方性法规文本。

地方性法规被废止的，除由其他地方性法规规定废止该地方性法规的以外，由常务委员会发布公告予以公布。

第七十八条 地方性法规草案与其他地方性法规相关规定不一致的，提案人应当予以说明并提出处理意见，必要时应当同时提出修改或者废止其他地方性法规相关规定的议案。

法制委员会审议地方性法规案时，认为需要修改或者废止其他地方性法规相关规定的，应当提出处理意见。

第七十九条 自治区人民代表大会及其常务委员会制定的地方性法规和常务委员会批准的地方性法规、自治条例和单行条例应当在公布后三十日内，由自治区人民代表大会常务委员会报全国人民代表大会常务委员会和国务院备案。自治条例、单行条例报送备案时应当说明对法律、行政法规、地方性法规作出变通的情况。

第八十条 地方性法规规定明确要求有关国家机关对专门事项作出配套的具体规定的，有关国家机关应当自地方性法规施行之日起一年内作出规定，地方性法规对配套的具体规定制定期限另有规定的，从其规定。有关国家机关未能在期限内作出配套的具体规定的，应当书面向常务委员会说明情况。

第八十一条 自治区人民代表大会专门委员会、常务委员会工作机构可以组织对有关地方性法规或者地方性法规中有关规定进行立法后评估。评估情况应当向常务委员会报告。

第八十二条 常务委员会工作机构可以对有关地方性法规、自治条例和单行条例的询问予以答复，并报常务委员会备案。

第六章　附　则

第八十三条 本条例自公布之日起施行。

1989 年 7 月 31 日内蒙古自治区第七届人民代表大会常务委员会第七次会议

通过的《内蒙古自治区人民代表大会常务委员会制定地方性法规的规定》、1993年3月4日内蒙古自治区第七届人民代表大会常务委员会第三十一次会议通过的《内蒙古自治区人民代表大会常务委员会批准地方性法规和自治条例、单行条例的规定》同时废止。

辽宁省人民代表大会及其常务委员会立法条例*

（2016年1月30日辽宁省第十二届人民代表大会第六次会议通过并公布，自2016年3月1日起施行）

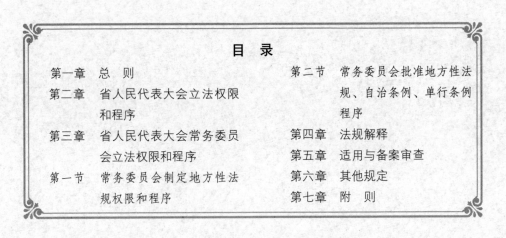

目　录

第一章　总　则

第一条　为了规范省人民代表大会及其常务委员会的立法活动，完善地方立法程序，提高立法质量，根据《中华人民共和国地方各级人民代表大会和地方各级人民政府组织法》、《中华人民共和国立法法》，结合本省实际，制定本条例。

第二条　省人民代表大会及其常务委员会制定、修改、废止地方性法规，省人民代表大会常务委员会批准地方性法规、自治条例和单行条例，以及其他相关

---

* 来源：中国法律法规信息库（http://law.npc.gov.cn/FLFG/index.jsp），http://law.npc.gov.cn/FLFG/flfgByID.action? flfgID＝35837680&showDetailType＝QW&keyword＝&zlsxid＝03（2016/9/16）.

立法活动，适用本条例。

第三条 立法应当依照法定的权限和程序，维护社会主义法制的统一和尊严。地方性法规不得与宪法、法律、行政法规相抵触。

制定地方性法规应当从实际出发，适应经济社会发展和全面深化改革的要求，科学合理地规定公民、法人和其他组织的权利与义务、国家机关的权力与责任，突出地方特色。

地方性法规应当明确、具体，具有针对性和可执行性。

第四条 立法应当体现人民的意志，发扬社会主义民主，坚持立法公开，发挥省人民代表大会代表的作用，保障人民通过多种途径参与立法活动。

第五条 省人民代表大会及其常务委员会加强对立法工作的组织协调，发挥在立法工作中的主导作用。

第二章 省人民代表大会立法权限和程序

第六条 下列事项由省人民代表大会制定地方性法规：

（一）规定本省特别重大事项的；

（二）规定省人民代表大会及其常务委员会立法程序的；

（三）对省人民代表大会的法定职责、议事规则等作出规定的；

（四）其他必须由省人民代表大会制定地方性法规的。

第七条 省人民代表大会主席团可以向省人民代表大会提出地方性法规案，由省人民代表大会会议审议。

省人民代表大会常务委员会、省人民政府、省人民代表大会各专门委员会，可以向省人民代表大会提出地方性法规案，由主席团决定列入会议议程。

第八条 省人民代表大会代表十人以上联名，可以向省人民代表大会提出地方性法规案，由主席团决定是否列入会议议程，或者先交有关的专门委员会审议，提出是否列入会议议程的意见，再由主席团决定是否列入会议议程。

专门委员会审议时，可以邀请提案人列席会议，发表意见。

省人民代表大会代表提出地方性法规案，应当同时提出法规草案和法律依据。不附法规草案的，应当说明需要规范的主要内容和法律依据。

第九条 向省人民代表大会提出的地方性法规案，在省人民代表大会闭会期间，可以先向常务委员会提出，由常务委员会向大会全体会议作说明，或者由提案人向大会全体会议作说明。

常务委员会依照前款规定审议地方性法规案，应当通过多种形式征求省人民代表大会代表的意见，并将有关情况予以反馈。专门委员会和常务委员会工作机构进行立法调研，可以邀请有关的省人民代表大会代表参加。

第十条 常务委员会决定提请省人民代表大会会议审议的地方性法规案，应当在会议举行的十五日前将法规草案及有关资料发给代表。

第十一条 列入省人民代表大会会议议程的地方性法规案，大会全体会议听取常务委员会或者提案人的说明后，由各代表团进行审议。

各代表团审议地方性法规案时，提案人应当派人到会听取意见，回答询问。

各代表团审议地方性法规案时，根据代表团的要求，有关机关、组织应当派人到会介绍情况。

第十二条 列入省人民代表大会会议议程的地方性法规案，由有关的专门委员会进行审议，向主席团提出审议意见，并印发会议。

第十三条 列入省人民代表大会会议议程的地方性法规案，由法制委员会根据各代表团和有关的专门委员会的审议意见，对地方性法规案进行统一审议，向主席团提出审议结果的报告和法规草案修改稿，对重要的不同意见应当在审议结果的报告中予以说明，经主席团会议审议通过后，印发会议。

第十四条 列入省人民代表大会会议议程的地方性法规案，必要时，主席团常务主席可以召开各代表团团长会议，就地方性法规案中的重大问题听取各代表团的审议意见，进行讨论，并将讨论的情况和意见向主席团报告。

主席团常务主席也可以就地方性法规案中的重大的专门性问题，召集代表团推选的有关代表进行讨论，并将讨论的情况和意见向主席团报告。

第十五条 列入省人民代表大会会议议程的地方性法规案，在交付表决前，提案人要求撤回的，应当书面说明理由，经主席团同意，并向大会报告，对该地方性法规案的审议即行终止。

第十六条 地方性法规案在审议中有重大问题需要进一步研究的，经主席团提出，由大会全体会议决定，可以授权常务委员会根据代表的意见进一步审议，作出决定，并将决定情况向省人民代表大会下次会议报告；也可以授权常务委员会根据代表的意见进一步审议，提出修改方案，提请省人民代表大会下次会议审议决定。

第十七条 地方性法规草案修改稿经各代表团审议，由法制委员会根据各代表团审议意见进行修改，提出法规草案表决稿，由主席团提请大会全体会议表决，由全体代表的过半数通过。

第十八条 省人民代表大会通过的地方性法规由大会主席团发布公告予以公布。

第三章 省人民代表大会常务委员会立法权限和程序

第一节 常务委员会制定地方性法规权限和程序

第十九条 省人民代表大会常务委员会可以就下列事项制定地方性法规:

(一) 为执行法律、行政法规的规定,需要根据本行政区域的实际情况作具体规定的;

(二) 属于地方性事务需要作规定的;

(三) 除立法法第八条规定只能制定法律的事项外,国家尚未制定法律、行政法规的;

(四) 法律规定的其他由地方人民代表大会常务委员会作规定的。

在省人民代表大会闭会期间,省人民代表大会常务委员会可以对省人民代表大会制定的地方性法规进行部分修改和补充,但不得同该法规的基本原则相抵触。

第二十条 主任会议可以向常务委员会提出地方性法规案,由常务委员会会议审议。

省人民政府、省人民代表大会各专门委员会,可以向常务委员会提出地方性法规案,由主任会议决定提请常务委员会会议审议,或者先交有关的专门委员会审议、提出报告,再决定提请常务委员会会议审议。如果主任会议认为地方性法规案有重大问题需要进一步研究的,可以建议提案人修改完善后再向常务委员会提出。

第二十一条 常务委员会组成人员五人以上联名,可以向常务委员会提出地方性法规案,由主任会议决定是否提请常务委员会会议审议,或者先交有关的专门委员会审议、提出是否列入会议议程的意见,再决定是否提请常务委员会会议审议。不列入常务委员会会议议程的,应当向常务委员会会议报告或者向提案人说明。

专门委员会审议的时候,可以邀请提案人列席会议,发表意见。

第二十二条 省人民代表大会常务委员会收到提请审议的地方性法规案后,主任会议先交有关的专门委员会审议的,有关的专门委员会应当对地方性法规案的立法必要性、主要内容和体例的可行性以及是否列入会议议程等进行审议，提出意见，向主任会议报告。

第二十三条　向常务委员会提出地方性法规案，应当在常务委员会会议举行的三十日前提出。

向常务委员会提出地方性法规案，应当同时提出法规草案文本及其说明，并提供必要的参阅资料。地方性法规修改的，还应当提交修改前后的对照文本。法规草案的说明应当包括制定或者修改该法规的必要性、可行性和主要内容，以及起草过程中对重大分歧意见的协调处理情况。

第二十四条　地方性法规草案与省人民代表大会及其常务委员会制定的其他地方性法规相关规定不一致的，提案人应当予以说明并提出处理意见，必要时应当同时提出修改或者废止本省其他地方性法规相关规定的议案。

法制委员会和有关的专门委员会审议地方性法规案时，认为需要修改或者废止其他地方性法规相关规定的，应当提出处理意见。

第二十五条　列入常务委员会会议议程的地方性法规案，除特殊情况外，应当在会议举行的七日前将地方性法规草案及有关资料发给常务委员会组成人员。

常务委员会组成人员应当认真准备审议意见。

第二十六条　常务委员会会议审议地方性法规案，应当安排充足的时间，保证常务委员会组成人员充分发表意见。

对于涉及面广、情况复杂、条文较多的法规草案，应当适当增加审议时间。

第二十七条　常务委员会会议审议地方性法规案时，应当邀请有关的省人民代表大会代表列席会议。

专门委员会、常务委员会工作机构可以邀请省人民代表大会代表参与立法工作，也可以邀请省人民代表大会代表列席审议相关法规的专门委员会、常务委员会工作机构会议。

第二十八条　列入常务委员会会议议程的地方性法规案，一般应当经三次常务委员会会议审议后交付表决。各方面意见比较一致的，可以经两次常务委员会会议审议后交付表决。调整事项较为单一或者部分修改的地方性法规案、废止的地方性法规案，各方面的意见比较一致的，也可以经一次常务委员会会议审议即交付表决。

第二十九条　常务委员会会议第一次审议地方性法规案，在全体会议上听取提案人的说明，由分组会议进行初步审议。

常务委员会会议第二次审议地方性法规案，在全体会议上听取法制委员会关于法规草案修改情况和主要问题的汇报，由分组会议进行审议。

常务委员会会议第三次审议地方性法规案，在全体会议上听取法制委员会关于法规草案审议结果的报告，由分组会议对法规草案修改稿进行审议。

常务委员会审议地方性法规案时，根据需要，可以召开联组会议或者全体会议，对法规草案中的主要问题进行讨论。

第三十条　常务委员会分组会议审议地方性法规案时，提案人应当派人听取意见，回答询问。

常务委员会分组会议审议地方性法规案时，根据要求，有关机关、组织应当派人介绍情况。

第三十一条　列入常务委员会会议议程的地方性法规案，由有关的专门委员会进行审议，提出审议意见，印发常务委员会会议。

专门委员会审议地方性法规案时，应当召开全体会议审议，根据需要，可以要求有关机关、组织派负责人说明情况。

专门委员会审议地方性法规案时，可以邀请其他专门委员会的成员列席会议，发表意见。

第三十二条　列入常务委员会会议议程的地方性法规案，由法制委员会根据常务委员会组成人员、有关的专门委员会的审议意见和各方面提出的意见，对地方性法规案进行统一审议，提出修改情况的汇报或者审议结果的报告和地方性法规草案修改稿，对重要的不同意见应当在汇报或者审议结果的报告中予以说明。对有关的专门委员会的重要审议意见应当认真研究，加强沟通协调；没有采纳的，应当向有关的专门委员会反馈。

法制委员会审议地方性法规案时，可以邀请有关的专门委员会的成员列席会议，发表意见。

第三十三条　专门委员会之间对地方性法规草案的重要问题意见不一致时，应当向主任会议报告。

第三十四条　列入常务委员会会议议程的地方性法规案，法制委员会、有关的专门委员会和常务委员会工作机构应当听取各方面的意见。听取意见可以采取座谈会、论证会、听证会、立法协商等多种形式。

地方性法规案有关问题专业性较强，需要进行可行性评价的，应当召开论证会，听取有关专家、部门和省人民代表大会代表等方面的意见。论证情况应当向常务委员会报告。

地方性法规案有关问题存在重大意见分歧或者涉及利益关系重大调整，需要进行听证的，应当召开听证会，听取有关基层和群体代表、部门、人民团体、专家、省人民代表大会代表和社会有关方面的意见。听证情况应当向常务委员会报告。

第三十五条 法制委员会、有关的专门委员会和常务委员会工作机构、办事机构，应当根据法规草案的内容，将法规草案发送相关领域的省人民代表大会代表、市或者县（含县级市、区）人民代表大会常务委员会以及有关机关、组织和专家征求意见。

第三十六条 列入常务委员会会议议程的地方性法规案，应当在常务委员会会议后将法规草案及其起草、修改的说明等向社会公布，征求意见，但是经主任会议决定不公布的除外。向社会公布征求意见的时间一般不少于十五日。征求意见的采纳情况以适当形式向社会反馈。

第三十七条 列入常务委员会会议议程的地方性法规案，常务委员会工作机构应当收集整理分组审议的意见和各方面提出的意见以及其他有关资料，分送法制委员会和有关的专门委员会，并根据需要，印发常务委员会会议。

第三十八条 拟提请常务委员会会议审议通过的地方性法规案，在法制委员会提出审议结果的报告前，常务委员会法制工作机构可以对法规草案中主要制度规范的可行性、法规出台时机、法规实施的社会效果和可能出现的问题等进行评估。评估情况由法制委员会在审议结果的报告中予以说明。

第三十九条 列入常务委员会会议议程的地方性法规案，在交付表决前，提案人要求撤回的，应当书面说明理由，经主任会议同意，并向常务委员会报告，对该地方性法规案的审议即行终止。

第四十条 地方性法规草案修改稿经常务委员会会议审议，由法制委员会根据常务委员会组成人员的审议意见进行修改，提出法规草案表决稿。法规草案表决稿由主任会议提请常务委员会全体会议表决，由常务委员会全体组成人员的过半数通过。

地方性法规草案表决稿交付常务委员会会议表决前，主任会议根据常务委员会会议审议的情况，可以决定将个别意见分歧较大的重要条款提请常务委员会会议单独表决。

单独表决的条款经常务委员会会议表决后，主任会议根据单独表决的情况，可以决定将法规草案表决稿交付表决，也可以决定暂不付表决，交法制委员会和有关的专门委员会进一步审议。

第四十一条 列入常务委员会会议审议的地方性法规案，因各方面对制定该地方性法规的合法性、必要性、可行性等重大问题存在较大意见分歧搁置审议满两年的，或者因暂不付表决经过两年没有再次列入常务委员会会议议程审议的，由主任会议向常务委员会报告，该地方性法规案终止审议。

第四十二条　对多部地方性法规中涉及同类事项的个别条款进行修改，一并提出地方性法规案的，经主任会议决定，可以合并表决，也可以分别表决。

第四十三条　常务委员会制定的地方性法规由常务委员会发布公告予以公布。

第二节　常务委员会批准地方性法规、自治条例、单行条例程序

第四十四条　设区的市的人民代表大会常务委员会编制年度立法计划草案，可以与省人民代表大会常务委员会法制工作机构进行沟通。年度立法计划通过后，应当送省人民代表大会常务委员会法制工作机构。

自治县的人民代表大会常务委员会编制年度立法计划草案，可以与省人民代表大会民族侨务外事委员会进行沟通。年度立法计划通过后，应当送省人民代表大会民族侨务外事委员会。

第四十五条　设区的市的人民代表大会常务委员会在地方性法规通过前，可以就地方性法规案有关问题与省人民代表大会法制委员会及有关的专门委员会进行沟通。法制委员会可以根据需要，提前介入、协调指导设区的市制定地方性法规工作。

自治县的人民代表大会常务委员会在自治条例和单行条例通过前，可以就地方性法规案有关问题与省人民代表大会民族侨务外事委员会及有关的专门委员会进行沟通。民族侨务外事委员会可以根据需要，提前介入、协调指导自治县制定自治条例、单行条例工作。

第四十六条　报请省人民代表大会常务委员会批准的地方性法规、自治条例、单行条例，应当在常务委员会会议举行十五日前，向常务委员会提交报请批准的书面报告，并附地方性法规、自治条例和单行条例文本及其说明以及法律依据等有关材料。

第四十七条　报请批准的地方性法规、自治条例、单行条例，由省人民代表大会常务委员会主任会议决定提请常务委员会会议审议。

设区的市报请批准的地方性法规，由省人民代表大会法制委员会在征求有关的专门委员会意见的基础上进行审议，并向常务委员会全体会议作审查情况的说明。

自治县报请批准的自治条例、单行条例，由省人民代表大会民族侨务外事委员会在征求有关的专门委员会意见的基础上进行审议，并向常务委员会全体会议作审查情况的说明。

　　法制委员会和民族侨务外事委员会在审议报请批准的地方性法规、自治条例、单行条例时，根据需要，可以要求有关机关、组织派有关负责人说明情况。

　　省人民代表大会常务委员会分组会议审议报请批准的地方性法规、自治条例、单行条例时，有关机关、组织应当派人听取意见，回答询问。

　　第四十八条　报请批准的地方性法规、自治条例、单行条例，列入常务委员会会议议程的，一般应当经一次常务委员会会议审议即交付表决。

　　第四十九条　省人民代表大会常务委员会对报请批准的地方性法规，应当对其合法性进行审查，同宪法、法律、行政法规和本省的地方性法规不抵触的，应当在四个月内予以批准。

　　对报请批准的自治条例和单行条例，主要审查其是否违背法律或者行政法规的基本原则，是否违背宪法、民族区域自治法的规定以及其他有关法律、行政法规专门就民族自治地方所作出的规定。对不违背上述原则和规定的，应当在四个月内予以批准。

　　第五十条　省人民代表大会常务委员会在对报请批准的地方性法规进行审查时，发现其同省人民政府的规章相抵触的，应当作出处理决定。

　　第五十一条　报请省人民代表大会常务委员会批准的地方性法规、自治条例、单行条例，经常务委员会会议审议后，就批准该法规的决定草案进行表决，由常务委员会全体组成人员的过半数通过。

　　第五十二条　设区的市的人民代表大会及其常务委员会制定的地方性法规报经批准后，由设区的市的人民代表大会常务委员会根据省人民代表大会常务委员会的批准决定发布公告予以公布。

　　自治条例和单行条例报经批准后，由自治县的人民代表大会常务委员会根据省人民代表大会常务委员会的批准决定发布公告予以公布。

第四章　法规解释

　　第五十三条　地方性法规的解释权属于省人民代表大会常务委员会。

　　地方性法规有以下情况之一的，由省人民代表大会常务委员会解释：

　　（一）地方性法规的规定需要进一步明确具体含义的；

（二）地方性法规制定后出现新的情况，需要明确适用法规依据的。

第五十四条 省人民政府、省高级人民法院、省人民检察院、省人民代表大会各专门委员会以及设区的市的人民代表大会常务委员会可以向省人民代表大会常务委员会提出地方性法规解释要求。

第五十五条 省人民代表大会常务委员会法制工作机构研究拟订地方性法规解释草案，由主任会议决定列入常务委员会会议议程。

第五十六条 列入常务委员会会议议程的地方性法规解释草案，由法制委员会在会议上作法规解释说明，由分组会议对法规解释草案进行审议。

第五十七条 地方性法规解释草案经常务委员会会议审议，由法制委员会根据常务委员会组成人员的审议意见进行审议、修改，提出法规解释草案表决稿。

第五十八条 地方性法规解释草案表决稿由主任会议决定提请常务委员会全体会议表决，由常务委员会全体组成人员的过半数通过，由常务委员会发布公告予以公布。

第五十九条 地方性法规解释同地方性法规具有同等效力。

第五章　适用与备案审查

第六十条 地方性法规的效力高于本级和下级地方政府规章。

自治条例和单行条例依法对法律、行政法规、地方性法规作变通规定的，在本自治地方适用自治条例和单行条例的规定。

第六十一条 同一机关制定的地方性法规、自治条例和单行条例，特别规定与一般规定不一致的，适用特别规定；新的规定与旧的规定不一致的，适用新的规定。

第六十二条 省人民代表大会及其常务委员会制定的地方性法规之间对同一事项的新的一般规定与旧的特别规定不一致，不能确定如何适用时，由省人民代表大会常务委员会裁决。

第六十三条 省人民代表大会有权改变或者撤销省人民代表大会常务委员会制定的和批准的不适当的地方性法规。

省人民代表大会常务委员会有权撤销省人民政府制定的不适当的规章。

第六十四条 省人民代表大会及其常务委员会制定的地方性法规、设区的市的人民代表大会及其常务委员会制定的地方性法规、自治县的人民代表大会制定的自治条例和单行条例，应当在公布后的三十日内由省人民代表大会常务委员会报全国人民代表大会常务委员会和国务院备案。

　　第六十五条　省人民政府制定的规章和设区的市的人民政府制定的规章应当在公布后的三十日内报省人民代表大会常务委员会备案。

　　第六十六条　设区的市的人民代表大会常务委员会认为省人民政府制定的规章同宪法、法律、行政法规和本省的地方性法规相抵触的，可以向省人民代表大会常务委员会书面提出进行审查的要求，由有关的专门委员会或者常务委员会工作机构会同法制工作机构进行审查、提出意见。

　　前款规定以外的其他国家机关和社会团体、企业事业组织以及公民认为省人民政府规章同宪法、法律、行政法规和本省的地方性法规相抵触的，可以向省人民代表大会常务委员会书面提出进行审查的建议，由常务委员会法制工作机构进行研究；必要时，送有关的专门委员会或者常务委员会工作机构进行审查、提出意见。

　　有关的专门委员会和常务委员会工作机构可以对报送备案的规章进行主动审查。

　　第六十七条　省人民代表大会有关的专门委员会和常务委员会工作机构经审查、研究，认为省人民政府规章同宪法、法律、行政法规或者本省的地方性法规相抵触的，可以向制定机关提出书面审查意见、研究意见；也可以由法制委员会与有关的专门委员会、常务委员会工作机构召开联合审查会议，要求制定机关到会说明情况，再向制定机关提出书面审查意见。制定机关应当在两个月内研究提出是否修改的意见，并向法制委员会和有关的专门委员会或者常务委员会工作机构反馈。

　　法制委员会、有关的专门委员会、常务委员会工作机构根据前款规定，向制定机关提出审查意见、研究意见，制定机关按照所提意见对省人民政府规章进行修改或者废止的，审查终止。

　　法制委员会、有关的专门委员会、常务委员会工作机构经审查、研究认为省人民政府规章同宪法、法律、行政法规和本省的地方性法规相抵触而制定机关不予修改的，应当向主任会议提出予以撤销的议案、建议，由主任会议决定提请常务委员会会议审议决定。

　　第六十八条　省人民代表大会有关的专门委员会和常务委员会工作机构应当按照规定要求，将审查、研究情况向提出审查建议的国家机关、社会团体、企业事业组织以及公民反馈，并可以向社会公开。

第六章 其他规定

第六十九条 省人民代表大会常务委员会根据法律、行政法规实施和全省经济社会发展的需要，按照突出重点、统筹兼顾的原则，编制常务委员会五年立法规划和年度立法计划。

常务委员会编制立法规划和年度立法计划，应当认真研究代表议案和建议，可以向社会公开征集立法建议项目。

常务委员会法制工作机构负责拟定常务委员会五年立法规划草案和年度立法计划草案的具体工作，并按照常务委员会的要求督促立法规划和年度立法计划的落实。

第七十条 提出立法建议项目，应当同时提供法规草案草稿和立法的必要性、可行性报告。

下一年度立法计划草案编制工作应当于每年的第三季度开始，并于年底前完成。

第七十一条 省人民代表大会常务委员会法制工作机构对提出的立法建议项目进行初步审查，提出年度立法计划草案的初步方案，并与省人民代表大会各有关专门委员会、常务委员会工作机构和办事机构、省人民政府法制机构研究、协调后，形成立法规划和年度立法计划草案，提请常务委员会主任会议决定。

必要时，常务委员会法制工作机构可以组织专家对立法规划和立法计划草案进行论证，广泛征求意见。

第七十二条 拟订年度立法计划的同时，确定一定数量的立法论证项目。立法论证项目应当是拟订下一年度立法计划的基础，未经论证的项目一般不得列入下一年度立法计划。

第七十三条 立法规划和年度立法计划由常务委员会主任会议讨论通过并向社会公布。

第七十四条 年度立法计划一般不做调整。确需调整的，由法规案提案人写出书面报告，说明理由，由省人民代表大会常务委员会法制工作机构提出调整意见，报请主任会议决定。

第七十五条 有关部门和单位应当根据年度立法计划的安排，按照保证立法质量的要求，组织法规草案的起草工作，按时提出地方性法规草案。

第七十六条 省人民代表大会有关的专门委员会、常务委员会工作机构应当提前参与有关方面的地方性法规草案起草工作，法制委员会应当了解法规草案起草工作进展情况，可以提前参与起草工作；综合性、全局性、基础性的重要地方性法规草案，可以由有关的专门委员会或者常务委员会工作机构组织起草。

专门委员会或者常务委员会工作机构组织起草的，可以成立由人大专门委员会、常务委员会工作机构、省政府部门、专家学者等共同参加的起草小组。起草小组应当按照规定时间完成起草任务，向专门委员会或者常务委员会工作机构提交法规草案、起草说明和其他有关资料。

专业性较强的地方性法规草案，可以吸收相关领域的专家参与起草工作，或者委托有关专家、教学科研单位、社会组织起草。委托起草应当与受委托方订立委托协议，明确委托任务、质量要求、完成期限、工作报酬等内容。委托方应当对起草工作予以支持和指导，参与重大问题的研究和协调。

第七十七条　起草地方性法规草案，应当开展调查研究，征求意见。涉及行政管理的地方性法规草案，应当征求利益相关方的意见；涉及多个行政管理部门权限的，应当征求相关部门的意见，在向常务委员会会议提出地方性法规案前做好协调工作。

第七十八条　向省人民代表大会及其常务委员会提出的地方性法规案，在列入会议议程前，提案人有权撤回。

第七十九条　交付省人民代表大会及其常务委员会全体会议表决未获通过的地方性法规案，如果提案人认为必须制定该法规，可以按照法定的程序重新提出。

第八十条　地方性法规明确要求有关单位对专门事项作出配套的具体规定的，有关单位应当自地方性法规施行之日起一年内作出规定，并报省人民代表大会常务委员会；地方性法规对配套的具体规定制定期限另有规定的，从其规定。有关单位未能在期限内作出配套的具体规定的，应当向省人民代表大会常务委员会说明情况。

第八十一条　地方性法规实施一段时间后，省人民代表大会有关专门委员会或者常务委员会有关工作机构、办事机构可以组织对地方性法规或者地方性法规中的有关规定进行立法后评估。评估情况应当向常务委员会报告。

评估后认为需要对地方性法规进行修改、废止的，有地方性法规案提案权的主体应当及时提出立项申请。

第八十二条　省人民代表大会常务委员会应当根据法律、行政法规的制定或者修改情况，以及地方性法规实施的具体情况，及时对地方性法规进行清理。

法规清理的具体工作由常务委员会法制工作机构组织实施。

第八十三条　省人民代表大会常务委员会法制工作机构可以对有关地方性法规具体问题的询问进行研究，予以答复，并报常务委员会备案。

第八十四条　地方性法规应当明确规定施行日期。

第八十五条　公布地方性法规的公告应当载明该法规的制定机关、通过和施行日期。

地方性法规通过后，应当在十个工作日内在《辽宁日报》上刊登，并及时在省人民代表大会常务委员会公报和辽宁人大网站上刊载。

在常务委员会公报上刊登的地方性法规文本为标准文本。

第八十六条　地方性法规被修改的，应当公布新的法规文本。

地方性法规被废止的，除由其他地方性法规规定废止该法规的以外，由省人民代表大会常务委员会发布公告予以公布。

第八十七条　地方性法规根据内容需要，可以分章、节、条、款、项、目。

章、节、条的顺序号用中文数字依次表述，款不编序号，项的序号用中文数字加括号依次表述，目的序号用阿拉伯数字依次表述。

地方性法规标题的题注应当载明制定机关、通过日期。经过修改的法规，应当依次载明修改机关、修改日期。

第七章　附　则

第八十八条　本条例自 2016 年 3 月 1 日起施行。2001 年 2 月 24 日辽宁省第九届人民代表大会第四次会议通过的《辽宁省制定和批准地方性法规程序规定》同时废止。

黑龙江省人民代表大会及其常务委员会立法条例 *

（2002 年 2 月 4 日黑龙江省第九届人民代表大会第五次会议通过，2016 年 1 月 31 日黑龙江省第十二届人民代表大会第五次会议修订并公布，自 2016 年 3 月 1 日起施行）

目　录

第一章　总　则

第一条　为了规范地方立法活动，提高立法质量，发挥立法的引领、推动和保障作用，全面推进依法治省，根据《中华人民共和国立法法》和《中华人民共

---

* 来源：黑龙江人大网（http://www. hljrd. gov. cn/index. jsp？urltype＝tree. TreeTempUrl&wbtreeid＝1001），http://www. hljrd. gov. cn/detail. jsp？urltype＝news. NewsContentUrl&wbtreeid＝1209&wbnewsid＝13668（2016/9/16）.

和国地方各级人民代表大会和地方各级人民政府组织法》等法律的有关规定，结合本省实际，制定本条例。

第二条 省人民代表大会及其常务委员会制定、修改、废止、解释地方性法规，省人民代表大会常务委员会（以下简称常务委员会）批准地方性法规、自治条例和单行条例，适用本条例。

第三条 地方立法应当维护社会主义法制统一和尊严，不得与宪法、法律、行政法规相抵触。

第四条 地方立法应当从本省实际需要出发，适应经济社会发展和全面深化改革的要求，突出地方特色。

第五条 地方立法应当体现人民的意志，发扬社会主义民主，坚持立法公开，保障人民通过多种途径参与立法活动。

第六条 省人民代表大会及其常务委员会应当加强对立法工作的组织协调，发挥在地方立法工作中的主导作用。

第七条 立法经费应当列入财政预算。

第二章 立法权限

第八条 省人民代表大会可以就下列事项制定地方性法规：

（一）法律明确授权的事项；

（二）本省政治、经济、教育、科学、文化、卫生、环境与资源保护、民政、民族等方面的重大事项；

（三）省人民代表大会的工作制度；

（四）常务委员会报请的事项；

（五）应当由省人民代表大会规定的其他事项。

第九条 常务委员会可以就下列事项制定地方性法规：

（一）为了实施法律、行政法规，根据本省实际，需要作出具体规定的；

（二）法律授权由常务委员会规定的；

（三）除《中华人民共和国立法法》第八条规定的事项外，国家尚未制定法律或者行政法规，根据本省实际，需要先行作出规定的；

（四）本省的地方性事务，需要用法规加以规范和调整的；

（五）规范常务委员会自身活动的；

（六）应当由常务委员会规定的其他事项。

第十条 省人民代表大会有权撤销常务委员会制定或者批准的不适当的地方性法规。

第十一条 在省人民代表大会闭会期间，常务委员会可以对省人民代表大会制定的地方性法规进行部分补充和修改，但不得同该法规的基本原则相抵触。

第十二条 设区的市人民代表大会及其常务委员会制定的地方性法规，不得同宪法、法律、行政法规和省人民代表大会及其常务委员会制定的地方性法规相抵触。

第十三条 省人民代表大会及其常务委员会制定的地方性法规要求省人民政府及其有关部门对专门事项作出配套的具体规定的，省人民政府及其有关部门应当自该法规施行之日起一年内作出规定，地方性法规对配套的具体规定制定期限另有规定的，从其规定。

省人民政府及其有关部门不得将被授予的权力转授给其他机关、组织，制定的规定不得与省地方性法规相违背。

省人民政府及其有关部门对专门事项作出配套的具体规定应当同时报常务委员会备案。

省人民政府及其有关部门未能在期限内作出配套的具体规定的，应当向常务委员会书面说明情况。

第十四条 省人民代表大会及其常务委员会可以根据改革发展的需要，决定就行政管理等领域的特定事项授权在一定期限内在部分地方暂时调整或者暂时停止适用省的地方性法规的部分规定。

第十五条 常务委员会有权撤销省人民政府制定的不适当的规章。设区的市人民政府制定的规章不适当的，常务委员会可以建议设区的市人民代表大会常务委员会予以撤销，也可以责成省人民政府予以改变或者撤销。

第三章　立法准备

第十六条 常务委员会通过立法规划和年度立法计划等形式，统筹安排立法工作。

常务委员会法制工作机构负责编制立法规划草案和年度立法计划草案，并按照常务委员会的要求，督促立法规划和年度立法计划的落实。

第十七条 常务委员会法制工作机构应当向省人民代表大会专门委员会、常务委员会工作机构和省人民政府法制工作机构等单位征集立法规划和年度立法计划建议项目。广泛征集省人民代表大会代表和常务委员会组成人员意见，并在网站、报刊上公告，向社会公开征集立法建议项目。

第十八条 提出立法建议项目，应当采用书面形式。单位提出立法建议项目，应当提供法规草案初稿和立项论证报告。立项论证报告应当对项目的必要性、合理性、可行性、立法时机等进行论证。个人提出立法建议项目，可以只提供建议项目名称和主要理由。

第十九条 省人民代表大会专门委员会、常务委员会工作机构和省人民政府法制工作机构应当根据需要，对立法建议项目进行调研、评估、论证，提出是否列入立法规划和年度立法计划的意见。

第二十条 常务委员会法制工作机构应当召开立项会议，组织专家逐项听取项目提出单位对立法建议项目的说明，对项目的必要性、合理性、可行性、立法时机等进行论证，并根据论证情况，拟定立法规划和年度立法计划项目，形成立法规划和年度立法计划草案。

立项会议应当邀请省人民代表大会有关专门委员会、常务委员会有关工作机构和省人民政府法制工作机构参加。

第二十一条 立法建议项目有下列情形之一的，不予列入年度立法计划：

（一）超越立法权限或者主要内容与上位法相抵触的；

（二）拟解决的主要问题已经通过其他立法解决的；

（三）立法目的不明确，或者拟设定的制度、规范难以实现立法目的的；

（四）主要内容难以操作执行的；

（五）与主要内容相关的上位法正在修改，即将出台的。

第二十二条 立法规划和年度立法计划由主任会议通过并向社会公布。

立法规划和年度立法计划正式项目的变更和调整由常务委员会法制工作机构综合各方面意见，提请主任会议决定。

第二十三条 省人民政府年度立法计划中的法规项目应当与常务委员会的立法计划相衔接。省人民政府法制工作机构应当及时跟踪了解省人民政府各部门落实立法计划的情况，加强组织协调和督促指导。

拟列入省人民政府年度立法计划的规章项目应当同时告知常务委员会法制工作机构。

设区的市、自治县的年度立法计划，应当报常务委员会备案。

第二十四条 省人民代表大会专门委员会、常务委员会工作机构应当认真研究省人民代表大会代表提出的立法议案和意见、建议，并由常务委员会法制工作机构在编制立法规划和年度立法计划时统筹考虑。

第二十五条　列入年度立法计划的法规项目，由提案人组织起草。

常务委员会认为需要由自己组织起草的法规草案，可由主任会议指定省人民代表大会专门委员会或者常务委员会工作机构组织起草。

综合性、全局性、基础性的重要法规草案，可以由有关专门委员会或者常务委员会工作机构组织起草。

专业性较强的法规草案，可以吸收相关领域的专家参与起草工作，或者委托有关专家、教学科研单位、社会组织起草。

提案人组织起草法规草案，应当邀请省人民代表大会有关专门委员会、常务委员会工作机构提前参与。

第二十六条　省人民政府有关部门在起草法规草案过程中，省人民代表大会专门委员会、常务委员会法制工作机构应当了解法规起草情况，并参与调查研究和论证工作。

第二十七条　起草法规草案，应当深入开展调查研究，广泛听取各方面的意见，准确掌握实际情况，真实反映公民、法人和其他组织的利益和诉求。

对于地方性法规中的专门问题或者重要问题，起草人应当提出专题可行性报告。

起草法规草案，可以根据需要征求立法联系点、立法咨询专家、民主党派、工商联、人民团体、社会组织、政协委员和无党派人士的意见。

第二十八条　起草的法规草案涉及两个以上部门权限的，提案人在提请审议前应当做好协调工作。

第四章　省人民代表大会立法程序

第二十九条　省人民代表大会主席团可以向省人民代表大会提出法规案，由省人民代表大会会议审议。

常务委员会、省人民政府、省人民代表大会专门委员会可以向省人民代表大会提出法规案，由主席团决定列入会议议程。

第三十条　一个代表团或者省人民代表大会代表十人以上联名，可以向省人民代表大会提出法规案，由主席团决定是否列入会议议程，或者先交有关专门委员会审议，提出是否列入会议议程的意见，再决定是否列入会议议程。

第三十一条　向省人民代表大会提出的法规案，在省人民代表大会闭会期间，可以先向常务委员会提出，经常务委员会审议后，提请省人民代表大会审议。

常务委员会依照前款规定审议法规案，应当通过多种形式征求代表意见，并将有关情况予以反馈；省人民代表大会专门委员会和常务委员会工作机构进行立法调研，可以邀请相关代表参加。

第三十二条　常务委员会决定提请省人民代表大会审议的法规案，应当在会议举行的一个月前将法规案发给代表。

第三十三条　列入省人民代表大会会议议程的法规案，大会全体会议听取提案人的说明后，由各代表团进行审议。

各代表团审议法规案时，提案人应当派人听取意见，回答询问。

第三十四条　列入省人民代表大会会议议程的法规案，由有关专门委员会审议，向主席团提出审议意见，并印发会议。

第三十五条　列入省人民代表大会会议议程的法规案，由法制委员会根据各代表团和有关专门委员会的审议意见对法规案进行统一审议，向主席团提出审议结果的报告和法规草案修改稿。

第三十六条　省人民代表大会会议审议法规案时，主席团常务主席可以召开代表团团长会议，就法规案中的重大问题听取各代表团的意见，进行讨论，并将讨论情况和意见向主席团报告。

第三十七条　法规案在审议中有重大问题需要进一步研究的，经主席团提出，大会全体会议决定，可以授权常务委员会根据代表的意见进一步审议，作出决定，并将决定情况向省人民代表大会下次会议报告；也可以授权常务委员会根据代表的意见进一步审议，提出修改方案，提请省人民代表大会下次会议审议决定。

第三十八条　法规草案修改稿经各代表团审议后，由法制委员会根据各代表团的审议意见进行修改，提出法规草案表决稿，由主席团提请大会全体会议表决，由全体代表的过半数通过。

审议中意见较多的，经主席团决定，表决前由法制委员会在全体会议上汇报审议修改情况并提出法规草案表决稿。

第三十九条　省人民代表大会制定的地方性法规由大会主席团发布公告予以公布。

第五章　常务委员会立法程序

第一节　提出法规案

第四十条　主任会议可以向常务委员会提出法规案，由常务委员会会议审议。

第四十一条　省人民政府、省人民代表大会专门委员会可以向常务委员会提出法规案。

省人民政府提出的法规案，由主任会议决定列入常务委员会会议议程，或者先交有关专门委员会审议，提出审议意见，再决定列入常务委员会会议议程。

省人民代表大会专门委员会提出的法规案，由主任会议决定列入常务委员会会议议程。

主任会议认为法规案有重大问题，需要进一步研究的，可以建议提案人修改完善后再向常务委员会提出。

第四十二条　常务委员会组成人员五人以上联名可以向常务委员会提出法规案，由主任会议决定是否列入常务委员会会议议程，或者先交有关专门委员会审议，提出审议意见，再决定是否列入常务委员会会议议程。

第四十三条　省人民政府提出的法规案，应当经其全体会议或者常务会议讨论通过，并于常务委员会举行会议15日前提交常务委员会。

未按期限提交的法规案，不列入该次常务委员会会议的议程。

第四十四条　提出法规案，应当同时提出法规草案文本及其说明，并提供必要的参阅资料。修改法规的，还应当提交修改前后的对照文本。法规草案的说明应当包括制定或者修改法规的必要性、可行性和主要内容，以及起草过程中对重大分歧意见的协调处理情况。

对有关行政许可、行政处罚、行政强制、行政收费条款的依据应当作出具体说明。

法规草案与其他法规相关规定不一致的，提案人应当予以说明并提出处理意见，必要时应当同时提出修改或者废止其他法规相关规定的议案。

报请批准的自治条例、单行条例涉及对法律法规作出变通规定的，应当作出具体说明。

第四十五条　列入常务委员会会议议程的法规案，一般应当在常务委员会会议举行的 10 日前将法规案和相关材料发给常务委员会组成人员。

常务委员会组成人员可以对法规案进行调查研究，准备审议意见。

对重要法规案或者法规案中的重大问题，常务委员会组成人员可以组织人员调查研究。需要由省人民代表大会有关专门委员会或者常务委员会工作机构协助的，应当予以协助。

第二节　常务委员会审议

第四十六条　列入常务委员会会议议程的地方性法规案，一般应当经两次常务委员会会议审议后交付表决。

对意见分歧较大或者意见较多的法规案，应当经隔次或者三次常务委员会会议审议后交付表决，或者经两次常务委员会会议审议后交付下次常务委员会会议表决。

对部门间争议较大的法规案，可由常务委员会委托第三方评估，充分听取各方意见，协调决定。

调整事项较为单一或者部分修改的法规案，各方面的意见比较一致的，也可以经一次常务委员会会议审议即交付表决。

第四十七条　常务委员会会议审议法规案时，列席人员可以对法规案提出意见和建议。

第四十八条　常务委员会会议审议法规案，应当有充足的时间保证。

分组审议法规案应当依照会议议程逐案审议。

法制委员会统一审议法规案会议期间，不安排审议法规案的分组或者联组会议。

主任会议应当在法制委员会统一审议法规案会议半个工作日后审议法规草案修改稿或者表决稿。

主任会议应当在常务委员会会议表决法规草案表决稿半个工作日前作出交付表决决定。

第四十九条　常务委员会会议审议法规案，提案人应当派人听取意见，回答询问。

常务委员会分组会议审议法规案，有关单位应当派人介绍情况。

第五十条　常务委员会会议审议法规案，遇到意见分歧较大的或者重要的问题，应当召开联组会议或者全体会议审议。

第五十一条　常务委员会会议审议法规案时，常务委员会组成人员应当围绕法规案提出审议意见。审议意见应当具体、明确，具有针对性和可操作性。

常务委员会组成人员在常务委员会会议上提出审议意见可以用口头形式，也可以用书面形式。不能出席审议法规案的常务委员会会议时，可以提交书面审议意见。

第五十二条 列入常务委员会会议议程的法规案，应当在常务委员会会议初次审议后，将法规草案修改文稿向相关领域的全国和省人民代表大会代表征求意见，并向社会公布，但经主任会议决定不公布的除外。

向社会公布征求意见的时间一般不少于15个工作日。

第五十三条 常务委员会会议审议法规案，根据需要允许公民旁听。

第五十四条 列入常务委员会会议议程的法规案，在交付表决前提案人要求撤回的，提案人应当说明理由，经主任会议同意，并向常务委员会报告，对该法规案的审议即行终止。

第五十五条 列入常务委员会会议审议的法规案，因各方面对制定该法规的必要性、可行性等重大问题存在较大意见分歧搁置审议满两年的，或者因暂不付表决经过两年没有再次列入常务委员会会议议程审议的，由主任会议向常务委员会报告，该法规案终止审议。

第五十六条 常务委员会法制工作机构在常务委员会会议审议法规案过程中，应当履行下列职责：

（一）汇总、整理组成人员和有关专门委员会的意见；

（二）收集、整理社会各方面对法规草案的意见；

（三）向省人民代表大会专门委员会、常务委员会组成人员反馈意见、建议的采纳情况；

（四）起草法制委员会审议结果的报告和修改情况的汇报等材料草稿；

（五）其他审议服务工作。

第三节　专门委员会审议

第五十七条 对实行两次常务委员会会议审议的法规案，常务委员会会议第一次审议时，由提案人向全体会议作说明，有关专门委员会提出审议意见书面印发会议。会后，法制委员会根据常务委员会组成人员、有关专门委员会的审议意见和各方面提出的意见，对法规案统一审议。

常务委员会会议第二次审议时，由法制委员会提出审议结果的报告和法规草案修改稿，对重要的不同意见应当在审议结果的报告中予以说明。有关专门委员会的审议意见和常务委员会组成人员的重要意见未被采纳的，应当给予反馈。分组会议审议后，由法制委员会根据组成人员的意见对法规草案继续修改，提出修改情况的汇报和草案表决稿。

法制委员会统一审议法规案时，应当邀请有关专门委员会的成员列席会议，发表意见。

第五十八条　对实行三次常务委员会会议审议的法规案，常务委员会会议第一次审议时，依照本条例第五十七条第一款的规定。

常务委员会会议第二次审议时，由法制委员会向全体会议作审议结果的报告并提出草案修改稿。

常务委员会会议第三次审议时，由法制委员会向全体会议作修改情况的汇报，并提出法规草案二次修改稿。分组会议审议后，法制委员会根据常务委员会组成人员的意见对法规草案继续修改，提出对二次修改稿修改情况的汇报和草案表决稿。

第五十九条　对实行一次常务委员会会议审议的法规案，由提案人向全体会议作说明，有关专门委员会提出审议意见书面印发会议。分组会议审议后，由法制委员会向全体会议提出审议结果的报告和草案表决稿。

第六十条　拟提请常务委员会会议审议表决的法规案，在法制委员会提出审议结果报告前，常务委员会法制工作机构可以对法规草案中主要制度规范的可行性、法规出台时机、法规实施的社会效果和可能出现的问题等进行评估。评估情况由法制委员会在审议结果报告中予以说明。

第六十一条　法规案经三次常务委员会会议审议后仍有重大问题需要进一步研究的，由主任会议决定，交法制委员会或者有关专门委员会进一步审议，法制委员会或者有关专门委员会应当进行研究，向主任会议提出是否继续提请常务委员会审议的意见。

第六十二条　法制委员会或者有关专门委员会审议法规案应当召开全体组成人员会议，意见不一致时依据少数服从多数原则进行表决。

法制委员会或者有关专门委员会审议法规案时，有关机关、组织负责人应当到会听取意见，回答询问。

第六十三条　有关专门委员会在审议法规案时，可以邀请其他专门委员会组成人员和常务委员会法制工作机构的有关人员列席会议。

第六十四条　法制委员会和有关专门委员会审议法规案时，可以组织听证会或者论证会，听取有关部门、专家和利害关系人的意见。

第四节 表决和公布

第六十五条 常务委员会表决法规案，由常务委员会全体组成人员的过半数通过。

第六十六条 法规草案表决稿交付常务委员会会议表决前，主任会议根据常务委员会会议审议的情况，可以决定将个别意见分歧较大的重要条款提请常务委员会会议单独表决。

单独表决的条款经常务委员会会议表决后，主任会议根据单独表决的情况，可以决定将法规草案表决稿交付表决，也可以决定暂不交付表决，交法制委员会和有关专门委员会进一步审议。

第六十七条 对多部法规中涉及同类事项的个别条款进行修改，一并提出法规案的，经主任会议决定，可以合并表决，也可以分别表决。

第六十八条 经常务委员会表决未获通过的法规案，如果提案人认为必须制定地方性法规的，可以按照本章规定的程序重新提出。

第六十九条 常务委员会制定的地方性法规由常务委员会发布公告予以公布。

公告和地方性法规文本应当自通过之日起 10 个工作日内在常务委员会公报、省人民代表大会网站、《黑龙江日报》上全文刊载。

法规规定的生效日期与公布日期的间隔至少为 30 日，但特殊情况除外。在常务委员会公报上刊登的文本为地方性法规的标准文本。

第七十条 法规被修改的，应当公布新的法规文本。

法规被废止的，除由其他法规规定废止该法规的以外，由常务委员会发布公告予以公布。

第六章 常务委员会批准地方性法规、自治条例和单行条例程序

第七十一条 设区的市的地方性法规草案经其常务委员会会议第一次审议后，设区的市人民代表大会常务委员会法制工作机构应当向常务委员会法制工作机构及时通报情况。

第七十二条 自治县的自治条例和单行条例草案提交人民代表大会审议前，应当征求省人民代表大会民族侨务外事委员会和常务委员会法制工作机构的意见。

第七十三条　设区的市、自治县报请批准地方性法规、自治条例和单行条例，由主任会议决定列入常务委员会会议议程。

第七十四条　常务委员会会议审查报请批准的地方性法规、自治条例和单行条例，报请机关的负责人在全体会议上作说明，由法制委员会向会议提出对民族事务以外的地方性法规的审议意见的报告；由民族侨务外事委员会提出对自治条例、单行条例和涉及民族事务的地方性法规审议意见的报告。常务委员会分组会议审议后，法制委员会根据常务委员会组成人员的意见，向全体会议提出审查结果的报告和是否批准的决定草案。

第七十五条　设区的市的地方性法规、自治县的自治条例和单行条例，须报常务委员会批准后施行。常务委员会只审查其合法性，同宪法、法律、行政法规和本省的地方性法规不抵触的，应当在四个月内予以批准。

常务委员会审查设区的市、自治县报请批准的地方性法规、自治条例和单行条例的修改，只审查修改部分。

第七十六条　常务委员会在对报请批准的地方性法规进行审查时，发现个别条款存在合法性问题，可以采取附审查修改意见的形式批准。修改意见不属于合法性问题的，转报批机关研究处理。

常务委员会在对报请批准的地方性法规进行审查时，发现其同省人民政府规章相抵触的，应当作出处理决定。

第七十七条　常务委员会批准地方性法规、自治条例和单行条例，一般经一次常务委员会会议审查即交付表决。

第七十八条　设区的市人民代表大会及其常务委员会制定的地方性法规报经批准后，由设区的市人民代表大会常务委员会发布公告予以公布。

自治县人民代表大会制定的自治条例和单行条例报经批准后，由自治县人民代表大会常务委员会发布公告予以公布。

第七章　地方性法规的适用和解释

第七十九条　适用地方性法规时，应当遵循下列原则：

（一）下位法与上位法规定不一致的，适用上位法的规定；

（二）特别规定与一般规定不一致的，适用特别规定；

（三）新的规定与旧的规定不一致的，适用新的规定；

（四）不溯及既往，但为了更好地保护公民、法人和其他组织的权利和利益而作的特别规定除外。

第八十条 地方性法规适用中，如果同法律、行政法规规定不一致，应当适用法律、行政法规。但执行机关应当向常务委员会及时报告。

第八十一条 地方性法规适用中，如果同国务院部门规章规定不一致，常务委员会可以向国务院提出意见。

第八十二条 设区的市的地方性法规在适用中，发现与省人民政府的规章规定不一致的，由省人民代表大会法制委员会研究、提出处理意见：

（一）如果省人民政府的规章不适当，应当向主任会议报告，由主任会议建议省人民政府修改，或者提请常务委员会会议决定，撤销省人民政府的规章；

（二）如果常务委员会批准的地方性法规不适当，应当向主任会议报告，并建议设区的市人民代表大会常务委员会修改地方性法规，也可以提请省人民代表大会予以改变或者撤销。

第八十三条 省人民政府、省高级人民法院、省人民检察院、省人民代表大会专门委员会、设区的市人民代表大会常务委员会和常务委员会派出机构可以向常务委员会提出地方性法规解释要求。

公民、法人及其他组织要求对地方性法规进行解释的，可以向常务委员会法制工作机构提出建议。

第八十四条 地方性法规解释草案由常务委员会法制工作机构拟订，由主任会议决定列入常务委员会会议议程。

第八十五条 常务委员会会议审议地方性法规解释案时，省人民代表大会法制委员会根据常务委员会组成人员的意见进行审议和修改，提出地方性法规解释草案表决稿。

第八十六条 地方性法规解释草案表决稿由常务委员会组成人员的过半数通过，以常务委员会公告形式公布并按规定备案。

第八十七条 常务委员会的地方性法规解释同地方性法规具有同等效力。

第八十八条 常务委员会法制工作机构可以对地方性法规中有关具体问题的询问进行研究、予以答复，并报常务委员会备案。

第八章 备案审查

第八十九条 省人民代表大会及其常务委员会制定和批准的地方性法规，应当在公布后的 30 日内由常务委员会报全国人民代表大会常务委员会和国务院备案。

自治县的人民代表大会制定的自治条例和单行条例，由常务委员会报全国人民代表大会常务委员会和国务院备案；自治条例、单行条例报送备案时，应当说明对法律、行政法规、地方性法规作出变通的情况。

设区的市和自治县人民代表大会常务委员会应当在地方性法规、自治条例和单行条例批准后 7 个工作日内将备案所需材料报常务委员会，并同时报送相关电子文本。

第九十条　省人民政府、设区的市人民政府规章应当在公布后 30 日内报国务院备案，同时报本级人民代表大会常务委员会备案；设区的市人民政府制定的规章应当同时报常务委员会和省人民政府备案。

第九十一条　省人民政府、省高级人民法院、省人民检察院和设区的市人民代表大会常务委员会认为规章及规范性文件同宪法、法律、行政法规和本省的地方性法规相抵触的，可以向常务委员会书面提出进行审查的要求，由常务委员会工作机构分送有关专门委员会进行审查、提出意见。

前款规定以外的其他国家机关和社会团体、企业事业组织以及公民认为规章及规范性文件同宪法或者法律、行政法规、地方性法规相抵触的，可以向常务委员会书面提出进行审查的建议，由常务委员会工作机构进行研究，必要时，送有关专门委员会进行审查、提出意见。

省人民代表大会有关专门委员会和常务委员会工作机构可以对报送备案的规章及规范性文件进行主动审查。

第九十二条　省人民代表大会专门委员会、常务委员会工作机构在审查、研究中认为省人民政府制定的规章及规范性文件与宪法、法律、行政法规和本省的地方性法规相抵触的，可以向制定机关提出书面审查意见、研究意见；也可以由法制委员会与有关专门委员会、常务委员会工作机构召开联合审查会议，要求制定机关到会说明情况，再提出书面审查意见。制定机关应当在两个月内研究提出是否修改的意见，并向法制委员会和有关专门委员会或者常务委员会工作机构反馈。

省人民政府按照所提意见对规章及规范性文件进行修改或者废止的，审查终止。

省人民代表大会法制委员会、有关专门委员会、常务委员会工作机构经审查、研究认为省人民政府制定的规章及规范性文件同宪法、法律、行政法规和本省的地方性法规相抵触而省人民政府不予修改的，应当向主任会议提出予以撤销的议案、建议，由主任会议决定向省人民政府提出撤销意见或者提请常务委员会审议。

第九十三条　省人民代表大会有关专门委员会和常务委员会工作机构应当按照规定要求，将审查、研究情况向提出审查建议的国家机关、社会团体、企业事业组织以及公民反馈，并可以向社会公开。

第九章　附　则

第九十四条　省人民代表大会有关专门委员会、常务委员会工作机构可以组织对有关法规或者法规中有关规定进行立法后评估。评估情况应当向常务委员会报告。

立法后评估应当遵循客观真实、公开透明、公众参与和科学规范的原则。

第九十五条　地方性法规编纂、译审工作由常务委员会法制工作机构负责。

第九十六条　本条例自 2016 年 3 月 1 日起施行。

上海市制定地方性法规条例[*]

（2001 年 2 月 12 日上海市第十一届人民代表大会第四次会议通过，根据 2004 年 10 月 19 日上海市第十二届人民代表大会常务委员会第十五次会议《关于修改〈上海市制定地方性法规条例〉的决定》第一次修正，根据 2005 年 2 月 24 日上海市第十二届人民代表大会常务委员会第十八次会议《关于修改〈上海市制定地方性法规条例〉的决定》第二次修正，根据 2015 年 11 月 19 日上海市第十四届人民代表大会常务委员会第二十四次会议《关于修改〈上海市制定地方性法规条例〉的决定》第三次修正）

目　录

第一章　总　则

第一条　为了规范市人民代表大会及其常务委员会制定地方性法规的活动，完善立法程序，提高立法质量，发挥立法的引领和推动作用，根据《中华人民共和国地方各级人民代表大会和地方各级人民政府组织法》、《中华人民共和国立法

＊　来源：中国法律法规信息库（http：//law. npc. gov. cn/FLFG/index. jsp），http：//law. npc. gov. cn/FLFG/flfgByID. action？flfgID＝35433446&showDetailType＝QW&keyword＝&zlsxid＝03（2016/9/16）.

法》的规定，结合本市实际情况，制定本条例。

第二条　本条例适用于本市地方性法规的制定、修改、废止、解释及其相关活动。

第三条　市人民代表大会及其常务委员会依照宪法、法律规定的权限制定地方性法规。

规定本市特别重大事项的地方性法规，应当由市人民代表大会通过。

在市人民代表大会闭会期间，常务委员会可以对市人民代表大会制定的地方性法规进行部分补充和修改，但是不得同该法规的基本原则相抵触。

市人民代表大会有权改变或者撤销市人民代表大会常务委员会制定的不适当的地方性法规。

第四条　制定地方性法规应当遵循宪法和立法法规定的基本原则，不同宪法、法律、行政法规相抵触，维护社会主义法制的统一和尊严。

制定地方性法规应当体现人民的意志，发扬社会主义民主，坚持立法公开，健全代表全程参与立法机制，建立基层立法联系点，保障人民通过多种途径参与立法活动。

制定地方性法规应当从实际出发，适应经济社会发展和全面深化改革的要求，科学合理地规定公民、法人和其他组织的权利与义务、国家机关的权力与责任。地方性法规规定的内容，应当明确、具体，具有针对性和可执行性，对上位法已经明确规定的内容一般不做重复性规定。

第五条　市人民代表大会及其常务委员会应当加强对立法工作的组织协调，发挥在立法工作中的主导作用。

第二章　市人民代表大会制定地方性法规程序

第六条　市人民代表大会举行会议的时候，主席团可以向市人民代表大会提出地方性法规案，由市人民代表大会会议审议。

市人民代表大会常务委员会、市人民政府、市人民代表大会各专门委员会，可以向市人民代表大会提出地方性法规案，由主席团决定列入会议议程。

第七条　市人民代表大会代表十人以上联名，可以在大会议事规则规定的时间内向市人民代表大会提出地方性法规案，由主席团决定是否列入会议议程，或者先交有关的专门委员会审议、提出是否列入会议议程的意见，再决定是否列入会议议程。

专门委员会审议的时候，可以邀请提出地方性法规案的代表列席会议。

第八条 拟向市人民代表大会提出的地方性法规案，在市人民代表大会闭会期间，可以先向常务委员会提出，经常务委员会会议依照本条例第三章规定的有关程序审议后，决定提请市人民代表大会审议，一般由常务委员会向大会全体会议作说明。

常务委员会依照前款规定审议地方性法规案，应当通过多种形式征求市人民代表大会代表的意见，并将有关情况予以反馈；专门委员会和常务委员会工作机构进行立法调研，可以邀请有关的市人民代表大会代表参加。

第九条 常务委员会决定提请市人民代表大会会议审议的地方性法规案，应当在会议举行的三十日前将法规草案发给代表，听取代表的意见。

第十条 列入市人民代表大会会议议程的地方性法规案，大会全体会议听取提案人的说明后，由各代表团进行审议。

第十一条 列入市人民代表大会会议议程的地方性法规案，由有关的专门委员会进行审议，向主席团提出审议意见，并印发会议。但有关专门委员会在常务委员会审议中对该法规案已经提出审议意见的，在代表大会上可以不再提出审议意见。

第十二条 列入市人民代表大会会议议程的地方性法规案，由法制委员会根据各代表团和有关的专门委员会的审议意见，对法规案进行统一审议，向主席团提出审议结果报告和法规草案表决稿，经主席团会议审议通过后，印发会议。法制委员会对重要的不同意见应当在审议结果报告中予以说明。

第十三条 列入市人民代表大会会议议程的地方性法规案，必要时，主席团常务主席可以召开各代表团团长会议，就法规案中的重大问题听取各代表团的审议意见，进行讨论，并将讨论的情况和意见向主席团报告。

主席团常务主席也可以就地方性法规案中的重大的专门性问题，召集代表团推选的有关代表进行讨论，并将讨论的情况和意见向主席团报告。

第十四条 列入市人民代表大会会议议程的地方性法规案，在交付表决前，提案人要求撤回的，应当说明理由，经主席团同意，并向大会报告，对该法规案的审议即行终止。

第十五条 地方性法规案在审议中有重大问题需要进一步研究的，经主席团提出，由大会全体会议决定，可以授权常务委员会根据代表的意见进一步审议，作出决定，并将决定情况向市人民代表大会下次会议报告；也可以授权常务委员会根据代表的意见进一步审议，提出修改方案，提请市人民代表大会下次会议审议决定。

第十六条 地方性法规草案表决稿，由主席团提请大会全体会议表决，由全体代表的过半数通过。

第十七条 市人民代表大会通过的地方性法规，由主席团发布公告予以公布。

第三章　市人民代表大会常务委员会制定地方性法规程序

第十八条 主任会议可以向常务委员会提出地方性法规案，由常务委员会会议审议。主任会议可以委托常务委员会相关工作机构负责人在常务委员会全体会议上作地方性法规草案的说明。

市人民政府、市人民代表大会各专门委员会，可以向常务委员会提出地方性法规案，由主任会议决定提请常务委员会会议审议，或者先交有关的专门委员会审议、提出意见，也可以委托常务委员会法制工作机构研究、提出意见，再决定提请常务委员会会议审议。如果主任会议认为法规案有重大问题需要进一步研究，可以建议提案人修改完善后再向常务委员会提出。

第十九条 常务委员会组成人员五人以上联名，可以向常务委员会提出地方性法规案，由主任会议决定是否提请常务委员会会议审议，或者先交有关的专门委员会审议、提出意见，再决定是否提请常务委员会会议审议。不提请常务委员会会议审议的，应当向常务委员会会议报告并向提案人说明。

专门委员会审议的时候，可以邀请提出地方性法规案的常务委员会组成人员列席会议。

第二十条 拟提请常务委员会会议审议的地方性法规案，应当在会议举行的三十日前将法规案送常务委员会；未按规定期限送达的，一般不列入该次常务委员会会议议程。

第二十一条 有关的专门委员会对主任会议交付审议的地方性法规案，应当就制定该法规的必要性、合法性、可行性等问题组织调查研究，进行审议，并向主任会议提出是否具备提请常务委员会会议审议的条件的意见；建议将法规案列入常务委员会会议议程的，应当提出审议意见报告。

常务委员会会议审议地方性法规案，有关的专门委员会或者工作委员会应当组织起草部门向常务委员会组成人员解读法规草案。

第二十二条 决定提请常务委员会会议审议的地方性法规案，除特殊情况外，应当在会议举行的七日前将法规草案印发给常务委员会组成人员。

常务委员会组成人员应当对法规案进行研究，参加有关的调查研究活动和法规草案解读，准备审议意见。

第二十三条　列入常务委员会会议议程的地方性法规案，一般应当经两次常务委员会会议审议后交付下次常务委员会会议表决。常务委员会会议审议时各方面意见比较一致的，由主任会议决定，也可以在第二次常务委员会会议审议后交付该次会议表决。

列入常务委员会会议议程的地方性法规案，各方面意见比较一致的，由主任会议决定，可以经一次常务委员会会议审议后，交付下次常务委员会会议表决；调整事项较为单一或者部分修改的地方性法规案，各方面意见比较一致的，由主任会议决定，也可以交付该次会议表决。

对于社会广泛关注的地方性法规案，可以增加常务委员会会议的审议次数。

第二十四条　常务委员会会议第一次审议地方性法规案，先在全体会议上听取提案人的说明，并听取有关的专门委员会的审议意见报告或者常务委员会法制工作机构的研究意见报告，再由分组会议就立法的必要性、可行性和法规草案中的主要问题进行审议。

常务委员会根据需要可以召开联组会议或者全体会议，对法规草案中的主要问题进行审议。

第二十五条　地方性法规案经常务委员会会议第一次审议后，由法制委员会根据常务委员会组成人员、有关的专门委员会的审议意见和各方面提出的意见进行统一审议，提出审议结果报告和法规草案修改稿，由主任会议决定提请常务委员会会议第二次审议。对重要的不同意见，法制委员会应当在审议结果报告中予以说明。

法制委员会审议地方性法规案时，应当邀请有关的专门委员会的成员列席会议。

第二十六条　常务委员会会议第二次审议地方性法规案，先在全体会议上听取法制委员会关于法规草案审议结果的报告，再由全体会议或者分组会议对法规草案修改稿进行审议。

第二十七条　常务委员会会议审议地方性法规案时，如果提出专业性问题需要进一步研究的，可以由主任会议交有关的专门委员会进行研究，提出审议意见报告，并印发常务委员会会议和法制委员会。

第二十八条　地方性法规案拟经一次常务委员会会议审议后即交付该次会议

表决的，先在常务委员会的全体会议上听取提案人的说明和有关的专门委员会的审议意见报告或者常务委员会法制工作机构的研究意见报告，然后由全体会议或者分组会议对法规草案进行审议。

法制委员会根据常务委员会组成人员和有关的专门委员会的审议意见，对地方性法规案进行统一审议，提出审议结果报告和法规草案表决稿，由主任会议决定提请该次常务委员会全体会议表决。

第二十九条 常务委员会会议第一次审议地方性法规案时，专门委员会或者常务委员会组成人员五人以上认为制定该法规的必要性、可行性等方面存在重大问题，可以提出搁置审议的动议，由主任会议提请常务委员会全体会议审议后表决。

搁置审议的地方性法规案，其重大问题得到解决的，可以由专门委员会或者常务委员会组成人员五人以上联名提出书面建议，由主任会议决定提请常务委员会会议继续审议，也可以由主任会议直接提请常务委员会会议继续审议。

第三十条 地方性法规案经两次常务委员会会议审议后，仍有重大问题需要进一步研究的，由主任会议决定，可以暂不付表决，交法制委员会在会后进一步审议。

暂不付表决的地方性法规案，其重大问题得到解决的，法制委员会可以提出书面建议，由主任会议决定提请常务委员会会议再次审议。

第三十一条 常务委员会会议审议地方性法规案，应当安排必要的时间，保证常务委员会组成人员充分发表意见。

常务委员会会议审议地方性法规案，应当邀请市人民代表大会代表列席，可以邀请本市选举的全国人民代表大会代表列席，也可以安排公民旁听。

第三十二条 列入常务委员会会议议程的地方性法规案，法制委员会、有关的专门委员会和常务委员会工作机构应当听取市人民代表大会代表、区（县）人民代表大会常务委员会和其他有关方面的意见。听取意见可以采取座谈会、论证会、听证会等多种形式。

地方性法规案有关问题专业性较强，需要进行可行性评价的，应当召开论证会。论证情况应当向常务委员会报告。

地方性法规案有关问题存在重大意见分歧或者涉及利益关系重大调整，需要进行听证的，应当召开听证会。听证情况应当向常务委员会报告。

地方性法规案有关问题部门间争议较大的，可以引入第三方开展评估，充分听取各方意见。评估情况应当向常务委员会报告。

常务委员会法制工作机构应当将地方性法规草案印发相关领域的市人民代表大会代表、区县人民代表大会常务委员会以及有关部门、组织和专家征求意见，将意见整理后送法制委员会和有关的专门委员会，并根据需要，印发常务委员会会议。

第三十三条　列入常务委员会会议议程的地方性法规案，应当在常务委员会会议后将法规草案及立法背景、主要制度等事项的说明向社会公布，征求意见，但是经主任会议决定不公布的除外。向社会公布征求意见的时间一般不少于十五日。征求意见的情况应当向社会通报。

第三十四条　拟提请常务委员会会议审议通过的地方性法规案，在法制委员会提出修改情况报告前，常务委员会工作机构可以对法规草案中主要制度规范的可行性、法规出台时机、法规实施的社会效果和可能出现的问题等进行评估。评估情况由法制委员会在修改情况报告中予以说明。

第三十五条　列入常务委员会会议议程的地方性法规案，在交付表决前，提案人要求撤回的，应当说明理由，经主任会议同意，并向常务委员会报告，对该法规案的审议即行终止。

第三十六条　列入常务委员会会议议程审议的地方性法规案，搁置审议满两年的，或者因暂不付表决经过两年没有再次列入常务委员会会议议程审议的，由主任会议向常务委员会报告，该法规案终止审议。

第三十七条　地方性法规草案修改稿经常务委员会会议审议后，由法制委员会根据常务委员会组成人员的审议意见进行修改，提出法规草案表决稿，由主任会议决定提请常务委员会全体会议表决。

第三十八条　常务委员会会议表决地方性法规草案表决稿的一天前，应当将表决稿印发常务委员会组成人员，并在全体会议上听取法制委员会关于法规草案修改稿修改情况的报告。

第三十九条　常务委员会组成人员五人以上联名，可以在表决地方性法规草案表决稿的全体会议召开的四小时前，书面提出对表决稿的修正案，由主任会议决定是否提请常务委员会会议审议。不提请常务委员会会议审议的，应当向常务委员会会议报告并向提出修正案的常务委员会组成人员说明。

提出地方性法规草案表决稿的修正案，应当写明修正的条款和理由。

第四十条　常务委员会全体会议表决地方性法规草案表决稿时，有修正案的，先审议、表决修正案。

地方性法规草案表决稿及其修正案，由常务委员会全体组成人员的过半数通过。

第四十一条 地方性法规草案表决稿交付常务委员会会议表决前，主任会议根据常务委员会会议审议的情况，可以决定将个别意见分歧较大的重要条款提请常务委员会会议单独表决。

单独表决的条款经常务委员会会议表决后，主任会议根据单独表决的情况，可以决定将地方性法规草案表决稿交付表决，也可以决定暂不付表决，交法制委员会和有关的专门委员会进一步审议。

第四十二条 对多部地方性法规中涉及同类事项的个别条款进行修改，一并提出地方性法规案的，经主任会议决定，可以合并表决，也可以分别表决。

第四十三条 常务委员会通过的地方性法规，由常务委员会发布公告予以公布。

第四章　地方性法规解释

第四十四条 本市地方性法规的解释权属于市人民代表大会常务委员会。

地方性法规的规定需要进一步明确具体含义的，或者法规制定后出现新的情况需要明确适用法规依据的，由常务委员会解释。

第四十五条 市人民政府、市高级人民法院、市人民检察院和市人民代表大会各专门委员会以及区（县）人民代表大会常务委员会，可以书面向市人民代表大会常务委员会提出地方性法规解释要求。

第四十六条 地方性法规解释草案，由常务委员会法制工作机构研究拟订，由主任会议决定提请常务委员会会议审议。

第四十七条 地方性法规解释草案经常务委员会会议审议，由法制委员会根据常务委员会组成人员的审议意见进行审议、修改，提出法规解释草案表决稿。

第四十八条 地方性法规解释草案表决稿由常务委员会全体组成人员的过半数通过，由常务委员会发布公告予以公布。

第四十九条 市人民代表大会常务委员会的地方性法规解释同地方性法规具有同等效力。

第五章　其他规定

第五十条 市人民代表大会常务委员会通过立法规划、年度立法计划等形式，加强对立法工作的统筹安排。立法规划和年度立法计划由主任会议通过并向社会公布。

市人民代表大会常务委员会法制工作机构负责编制立法规划和拟订年度立法计划，并按照市人民代表大会常务委员会的要求，督促立法规划和年度立法计划的落实。

第五十一条 地方性法规草案由有关方面起草的，应当邀请市人民代表大会有关的专门委员会、常务委员会工作机构提前参与法规草案起草工作；综合性、全局性、基础性以及其他重要地方性法规草案，可以由有关的专门委员会或者常务委员会工作机构组织起草。

专业性较强的地方性法规草案，应当吸收相关领域的专家参与起草工作，或者委托有关专家、教学科研单位、社会组织起草。

第五十二条 市人民代表大会及其常务委员会可以根据改革发展的需要，决定就行政管理等领域的特定事项在一定期限内在部分区域暂时调整或者暂时停止适用地方性法规的部分规定。

第五十三条 地方性法规案提请市人民代表大会或者常务委员会审议前，提出法规案的国家机关和部门应当对法规草案中重大问题的不同意见进行协调。

向市人民代表大会或者常务委员会提出地方性法规案，应当同时提出法规草案及其说明，并提供必要的参阅资料。修改地方性法规的，还应当提交修改前后的对照文本。法规草案的说明，应当阐明制定该法规的依据、必要性、可行性和主要内容以及起草过程中对重大分歧意见的协调处理情况。

第五十四条 向市人民代表大会及其常务委员会提出的地方性法规案，在列入会议议程前，提案人有权撤回。

第五十五条 市人民代表大会各代表团或者常务委员会分组会议审议地方性法规案时，提案人应当派人听取意见、回答询问。

各代表团或者常务委员会分组会议审议地方性法规案时，根据代表团或者小组的要求，有关机关、组织应当派人介绍情况。

第五十六条 专门委员会审议地方性法规案，应当召开全体会议；根据需要，可以要求有关机关、组织派有关负责人说明情况。

第五十七条 交付市人民代表大会或者常务委员会全体会议表决未获得通过的地方性法规案，如果提案人认为必须制定该法规，并具备提请审议条件的，可以在表决的六个月后按照本条例规定的程序重新提出，由主席团决定是否列入会议议程，或者由主任会议决定是否提请常务委员会会议审议；其中，未获得市人民代表大会通过的法规案，应当提请市人民代表大会审议决定。

第五十八条 地方性法规应当明确规定施行日期。

第五十九条 地方性法规标题的题注应当载明制定机关、通过日期。经过修改的地方性法规，应当依次载明修改机关、修改日期。

第六十条 公布本市地方性法规的市人民代表大会主席团公告和常务委员会公告应当标明该法规的制定机关、通过和施行日期。

本市地方性法规和法规解释通过后，应当及时在《上海市人民代表大会常务委员会公报》和上海人大公众网以及《解放日报》、《上海法治报》上全文刊载。

在常务委员会公报上刊登的地方性法规文本为标准文本。

第六十一条 地方性法规明确要求有关国家机关对专门事项作出配套的具体规定的，有关国家机关应当自法规施行之日起一年内作出规定，法规对配套的具体规定制定期限另有规定的，从其规定。有关国家机关未能在期限内作出配套的具体规定的，应当向常务委员会说明情况。

第六十二条 市人民代表大会有关的专门委员会、常务委员会工作机构可以组织对有关地方性法规或者法规中有关规定进行立法后评估。评估情况应当向常务委员会报告。

第六十三条 市人民代表大会及其常务委员会通过的地方性法规，应当在公布后的三十日内报全国人民代表大会常务委员会和国务院备案。

第六十四条 对实施本市地方性法规有关具体问题的询问，由常务委员会法制工作机构研究后予以答复，并报常务委员会备案。

第六十五条 市人民代表大会各专门委员会和常务委员会各工作机构，应当根据各自的职责范围，采取即时清理与全面清理、专项清理相结合的方法，适时对有关地方性法规进行清理，提出意见，由常务委员会法制工作机构进行汇总，向主任会议提出清理情况的报告；对法规的内容与法律、行政法规相抵触，与现实情况不适应，或者与相关法规不协调的，应当提出修改或者废止的建议。

市人民政府及其工作部门、市高级及中级人民法院、市人民检察院及其分院，应当根据地方性法规实施情况向市人民代表大会常务委员会提出清理法规的建议。

第六十六条 地方性法规的修改或者废止的程序，按照本条例第二章、第三章和第五章的有关规定执行。

地方性法规被修改的，应当公布新的法规文本。

地方性法规被废止的，除由其他地方性法规规定废止该法规的以外，应当予以公布。

第六十七条　地方性法规草案与其他地方性法规相关规定不一致的，提案人应当予以说明并提出处理意见，必要时应当同时提出修改或者废止其他地方性法规相关规定的议案。

法制委员会和有关的专门委员会审议地方性法规案时，认为需要修改或者废止其他地方性法规相关规定的，应当提出处理意见。

第六章　附　则

第六十八条　市人民代表大会及其常务委员会通过关于法律性问题的决定，参照本条例规定的有关程序执行。

第六十九条　本条例自 2001 年 3 月 1 日起施行。《上海市人民代表大会常务委员会制定地方性法规程序的规定》同时废止。

江苏省制定和批准地方性法规条例[*]

（2001年2月17日江苏省第九届人民代表大会第四次会议通过，根据2016年1月28日江苏省第十二届人民代表大会第四次会议《关于修改〈江苏省制定和批准地方性法规条例〉的决定》修正）

目　录

第一章　总　则

第一条　为了规范制定和批准地方性法规活动，提高立法质量，发挥立法的引领和推动作用，全面推进依法治省，根据《中华人民共和国宪法》、《中华人民共和国地方各级人民代表大会和地方各级人民政府组织法》和《中华人民共和国立法法》，结合本省实际，制定本条例。

　＊来源：江苏人大网（http://www.jsrd.gov.cn/），http://www.jsrd.gov.cn/zyfb/sjfg/201601/t20160128_272287.shtml（2016/9/16）。

第二条 省人民代表大会及其常务委员会制定、修改和废止地方性法规，省人民代表大会常务委员会批准设区的市的地方性法规，适用本条例。

第三条 制定和批准地方性法规应当遵循下列原则：

（一）坚持中国共产党的领导，贯彻党的路线方针政策；

（二）以民为本，体现人民意志，代表人民的根本利益；

（三）维护社会主义法制统一，不得与宪法、法律和行政法规相抵触；

（四）从本省具体情况和实际需要出发，体现地方特色；

（五）充分发扬民主，坚持立法公开，推进立法协商，广泛听取意见，保障公民通过多种途径参与立法活动；

（六）适应经济社会发展和全面深化改革要求，科学合理地规定公民、法人和其他组织的权利与义务、国家机关的权力与责任。

地方性法规的规范内容应当明确、具体，具有针对性和可操作性；对上位法已经明确规定的内容，一般不作重复性规定。

第四条 省人民代表大会及其常务委员会负责立法工作的组织协调，发挥在立法工作中的主导作用。

第二章　立法规划和立法计划

第五条 省人民代表大会常务委员会通过制定、实施立法规划、立法计划等途径，加强对立法工作的统筹安排。

编制立法规划和立法计划，应当认真研究代表议案和建议，广泛征集意见，科学论证评估，根据本省具体情况和实际需要，确定立法项目，提高立法的及时性、系统性、针对性和有效性。

立法规划、立法计划应当与全国人民代表大会常务委员会立法规划、立法计划和国务院立法计划相协调。

第六条 省人民代表大会常务委员会应当在每届第一年度制定立法规划和本年度立法计划；根据立法规划，结合实际需要和可能，在每年十一月三十日前制定下一年度的立法计划。

省人民代表大会常务委员会法制工作委员会（以下简称法制工作委员会）负责编制立法规划和拟订立法计划，经省人民代表大会法制委员会（以下简称法制委员会）讨论后，报省人民代表大会常务委员会主任会议（以下简称主任会议）通过，印发常务委员会会议，并向社会公布。

法制工作委员会编制立法规划和拟订立法计划，应当广泛征求意见，会同省人民代表大会专门委员会（以下简称专门委员会）、省人民代表大会常务委员会工作机构（以下简称常务委员会工作机构）、省人民政府法制工作机构进行研究论证。

立法规划、立法计划可以根据经济社会发展、全面深化改革要求、国家立法情况以及代表议案、建议等进行调整。立法规划、立法计划的调整，由主任会议决定。

第七条　本省一切国家机关、政党、人民团体、企业事业单位、其他组织和公民都可以向省人民代表大会及其常务委员会提出制定地方性法规的建议。

省高级人民法院、省人民检察院、专门委员会、常务委员会工作机构、省人民政府各部门提出立法规划项目建议的，应当报送项目建议书，说明立法的必要性、可行性和拟规范的主要内容；提出立法计划项目建议的，应当报送项目建议书和地方性法规建议稿。

第八条　设区的市人民代表大会常务委员会立法规划、立法计划应当与省人民代表大会常务委员会立法规划、立法计划相协调，合理安排立法项目，科学调控立法进程。

设区的市人民代表大会常务委员会立法规划、立法计划，应当在通过前征求省人民代表大会常务委员会的意见。

省人民代表大会常务委员会法制工作委员会应当加强对设区的市制定、调整立法规划、立法计划工作的协调、指导。

第九条　设区的市人民代表大会常务委员会立法规划、立法计划，应当分别在每届第一年度、上一年十二月三十一日前书面报送省人民代表大会常务委员会。

设区的市人民代表大会常务委员会立法规划、立法计划在执行过程中作出调整的，应当及时书面报送省人民代表大会常务委员会。

第三章　地方性法规的起草和提出

第十条　列入立法规划、立法计划的地方性法规，一般由省人民政府、省高级人民法院、省人民检察院、专门委员会、常务委员会工作机构按照各自职责组织起草。

综合性、全局性、基础性的重要地方性法规，可以由专门委员会、常务委员会工作机构组织起草。

第十一条 专门委员会、常务委员会工作机构应当参与有关方面的地方性法规起草工作。

第十二条 专业性较强的地方性法规，可以吸收相关领域的专家参与起草工作，或者委托有关专家、教学科研单位、社会组织等起草。

第十三条 起草地方性法规，应当就法规的调整范围、涉及的主要问题和解决办法、需要建立的制度和采取的措施、权利义务关系、同有关法律法规的衔接、立法的成本效益、对不同群体的影响等问题进行调查研究和论证，征求人大代表、相关部门、基层单位、管理相对人和有关专家的意见。

对法规起草过程中的重大分歧意见，提出地方性法规案的机关应当做好协调工作。

第十四条 提出地方性法规案，应当在省人民代表大会、常务委员会会议举行的十日前，按照格式和数量要求提交法规草案及其说明、必要的参阅资料。法规草案的说明应当包括制定该法规的必要性、可行性和主要内容，以及起草过程中对重大分歧意见的协调处理情况；拟设定行政许可、行政强制的，还应当包括设定的必要性、可能产生的影响以及听取和采纳意见的情况。

提出地方性法规案不符合前款规定要求的，一般不列入当次人民代表大会、常务委员会会议议程。

第十五条 向省人民代表大会及其常务委员会提出的地方性法规案，在列入会议议程前，提案人有权撤回。

第十六条 交付省人民代表大会及其常务委员会全体会议表决未获得通过的地方性法规案，如果提案人认为必须制定该地方性法规，可以按照本条例规定的程序重新提出，由主席团、主任会议决定是否列入会议议程；其中，未获得省人民代表大会通过的地方性法规案，应当提请省人民代表大会审议决定。

第四章　省人民代表大会立法权限和程序

第十七条 下列事项应当由省人民代表大会制定地方性法规：

（一）本省特别重大事项；

（二）省人民代表大会及其常务委员会立法制度；

（三）省人民代表大会议事规则；

（四）省人民代表大会、常务委员会及专门委员会具体职责；

（五）法律规定由省人民代表大会制定地方性法规的；

（六）省人民代表大会认为应当由省人民代表大会制定地方性法规的。

第十八条 主席团可以向省人民代表大会提出地方性法规案，由省人民代表大会会议审议。

常务委员会、省人民政府、省高级人民法院、省人民检察院、专门委员会，可以向省人民代表大会提出地方性法规案，由主席团决定列入会议议程。

第十九条 省人民代表大会代表十人以上联名，可以向省人民代表大会提出地方性法规案，由主席团决定是否列入会议议程，或者先交有关专门委员会审议，提出是否列入会议议程的意见，再决定是否列入会议议程。

专门委员会审议时，可以邀请提案人列席会议，发表意见；根据需要，可以要求有关机关、组织派有关负责人说明情况。

第二十条 向省人民代表大会提出的地方性法规案，在省人民代表大会闭会期间，可以先向常务委员会提出，经常务委员会依照本条例第五章规定的有关程序审议后，决定提请省人民代表大会审议，由常务委员会向大会全体会议作说明，或者由提案人向大会全体会议作说明。

常务委员会依照前款规定审议地方性法规案，应当通过多种形式征求省人民代表大会代表的意见，并将有关情况予以反馈；专门委员会、常务委员会工作机构进行立法调研，可以邀请有关的省人民代表大会代表参加。

第二十一条 常务委员会决定提请省人民代表大会会议审议的地方性法规案，应当在会议举行的七日前将法规草案及其说明、必要的参阅资料发给代表。

第二十二条 列入人民代表大会会议议程的地方性法规案，大会全体会议听取提案人的说明后，由各代表团进行审议。

各代表团审议地方性法规案时，提案人应当派人听取意见，回答询问；根据代表团的要求，有关机关、组织应当派人介绍情况。

第二十三条 列入人民代表大会会议议程的地方性法规案，由有关专门委员会进行审议，向主席团提出审议意见，并印发会议。

第二十四条 列入人民代表大会会议议程的地方性法规案，由法制委员会根据各代表团和有关专门委员会的审议意见进行统一审议，向主席团提出审议结果报告和法规草案修改稿，对重要的不同意见应当在审议结果报告中予以说明，经主席团会议审议通过后，印发会议。

第二十五条 列入人民代表大会会议议程的地方性法规案，必要时，主席团常务主席可以召开各代表团团长会议，就地方性法规案中的重大问题听取各代表团的审议意见，进行讨论，并将讨论的情况和意见向主席团报告。

主席团常务主席也可以就地方性法规案中的重大的专门性问题，召集代表团推选的有关代表进行讨论，并将讨论的情况和意见向主席团报告。

第二十六条　列入人民代表大会会议议程的地方性法规案，在交付表决前，提案人要求撤回的，应当说明理由，经主席团同意，并向大会报告，对该地方性法规案的审议即行终止。

第二十七条　地方性法规案在审议中有重大问题需要进一步研究的，经主席团提出，由大会全体会议决定，可以授权常务委员会根据代表的意见进一步审议，作出决定，并将决定情况向省人民代表大会下次会议报告；也可以授权常务委员会根据代表的意见进一步审议，提出修改方案，提请省人民代表大会下次会议审议决定。

第二十八条　地方性法规草案修改稿经各代表团审议后，由法制委员会根据各代表团的审议意见进行修改，提出法规草案表决稿，由主席团提请大会全体会议表决，由全体代表的过半数通过。

第二十九条　省人民代表大会修改、废止其制定的地方性法规，改变或者撤销常务委员会制定和批准的地方性法规，依照本章有关规定执行。

省人民代表大会闭会期间，常务委员会可以依照本条例第五章的规定，对本条例第十七条第一项、第五项、第六项所列地方性法规进行部分补充和修改，但是不得同该地方性法规的基本原则相抵触。

第五章　省人民代表大会常务委员会立法权限和程序

第三十条　下列事项，除本条例第十七条规定的以外，常务委员会可以制定地方性法规：

（一）为执行法律、行政法规的规定，需要根据本行政区域的实际情况作具体规定的；

（二）属于地方性事务需要制定地方性法规的；

（三）《中华人民共和国立法法》第八条所列只能制定法律的事项以外，国家尚未制定法律、行政法规的；

（四）法律规定由常务委员会制定地方性法规的。

前款第一项有属于《中华人民共和国立法法》第八条规定内容的，须有法律明文授权，常务委员会方可制定地方性法规。

第三十一条 主任会议可以向常务委员会提出地方性法规案，由常务委员会会议审议。

省人民政府、省高级人民法院、省人民检察院、专门委员会，可以向常务委员会提出地方性法规案，由主任会议决定列入会议议程，也可以先交有关专门委员会、常务委员会有关工作机构审议或者审查并提出意见，再决定列入会议议程。

主任会议认为地方性法规案有重大问题需要进一步研究的，可以建议提案人修改完善后再向常务委员会提出。

第三十二条 常务委员会组成人员五人以上联名，可以向常务委员会提出地方性法规案，由主任会议决定是否列入会议议程，也可以先交有关专门委员会、常务委员会有关工作机构审议或者审查并提出意见，再决定是否列入会议议程。不列入会议议程的，应当在两个月内向常务委员会会议报告或者向提案人说明。

有关专门委员会、常务委员会有关工作机构审议或者审查地方性法规案时，可以邀请提案人列席会议，发表意见。

第三十三条 省人民代表大会全体会议决定授权常务委员会审议的地方性法规案，由主任会议决定列入会议议程。

第三十四条 列入常务委员会会议议程的地方性法规案，除特殊情况外，应当在会议举行的七日前将法规草案及其说明、必要的参阅资料发给常务委员会组成人员。

常务委员会会议审议地方性法规案时，应当安排必要的时间，保证常务委员会组成人员充分发表意见。

第三十五条 常务委员会会议审议地方性法规案时，应当邀请有关的省人民代表大会代表列席会议。

常务委员会会议审议地方性法规案时，可以邀请本省选举的全国人民代表大会代表列席会议。

常务委员会会议审议地方性法规案时，可以安排公民旁听。

第三十六条 列入常务委员会会议议程的地方性法规案，一般经两次常务委员会会议审议后再交付表决。第二次审议与第一次审议，一般间隔一次常务委员会会议。

常务委员会会议第一次审议地方性法规案，在全体会议上听取提案人的说明，在分组会议上宣读法规草案全文和有关专门委员会、常务委员会有关工作机构的审议或者审查意见，由分组会议进行初步审议。

常务委员会会议第二次审议地方性法规案，在全体会议上听取法制委员会关于法规草案审议结果的报告，由分组会议对法规草案修改稿进行审议。

常务委员会审议地方性法规案时，根据需要，可以召开联组会议或者全体会议，对法规草案中的重要问题进行审议。

第三十七条 列入常务委员会会议议程的地方性法规修正案、有关法规问题的决定案、废止地方性法规案以及调整事项单一的地方性法规案，意见比较一致的，一般经一次常务委员会会议审议即交付表决。

常务委员会会议审议前款所列法规案，在全体会议上听取提案人的说明，在分组会议上宣读法规草案全文和有关专门委员会、常务委员会有关工作机构的审议或者审查意见，由分组会议进行审议；会议期间，由法制委员会提出审议结果报告，印发常务委员会会议，由分组会议对法规草案修改稿进行审议。

第三十八条 常务委员会审议地方性法规案，主要审议法规草案是否同宪法、法律、行政法规相抵触，是否符合本省的具体情况和实际需要，具体规定是否适当，体例、结构是否科学，以及法律用语是否准确、规范。

第三十九条 常务委员会分组会议审议地方性法规案时，提案人应当派人听取意见，回答询问；根据分组审议的需要，有关机关、组织应当派人介绍情况。

第四十条 列入常务委员会会议议程的地方性法规案，由有关专门委员会、常务委员会有关工作机构进行审议或者审查，提出审议或者审查意见，印发常务委员会会议。

有关专门委员会、常务委员会有关工作机构审议或者审查地方性法规案时，可以邀请其他有关专门委员会成员或者常务委员会有关工作机构负责人列席会议，发表意见。

第四十一条 列入常务委员会会议议程的地方性法规案，由法制委员会根据常务委员会组成人员、有关专门委员会、常务委员会有关工作机构的审议或者审查意见和其他方面提出的意见，对地方性法规案进行统一审议，提出审议结果报告和法规草案修改稿，对重要的不同意见应当在审议结果报告中予以说明。对有关专门委员会或者常务委员会有关工作机构的重要意见没有采纳的，应当向有关专门委员会或者常务委员会有关工作机构反馈。

法制委员会审议地方性法规案时，应当邀请有关专门委员会成员或者常务委员会有关工作机构负责人列席会议，发表意见。

第四十二条 专门委员会、常务委员会工作机构审议或者审查地方性法规案时，应当召开全体会议进行审议或者审查，根据需要，可以要求有关机关、组织派有关负责人说明情况。

第四十三条　法制委员会、有关专门委员会、常务委员会有关工作机构之间对法规草案的重要问题意见不一致时，应当向主任会议报告，由主任会议决定。

第四十四条　列入常务委员会会议议程的地方性法规案，法制委员会、有关专门委员会、常务委员会有关工作机构应当听取各方面的意见；涉及老年人、妇女、未成年人和残疾人等法律特殊保护群体权益的，应当专门听取有关群体和组织的意见。听取意见可以采取座谈会、论证会、听证会等多种形式。

地方性法规案有关问题专业性较强，需要进行可行性评价的，应当召开论证会，听取有关专家、部门和省人民代表大会代表等方面的意见。论证情况应当向常务委员会报告。

地方性法规案有关问题涉及人民群众切身利益，或者存在重大意见分歧，需要进行听证的，应当召开听证会，听取有关基层和群体代表、部门、人民团体、专家、省人民代表大会代表和社会有关方面的意见。听证情况应当向常务委员会报告。

第四十五条　地方性法规案经常务委员会会议第一次审议后，法制工作委员会应当将法规草案在江苏人大网公布，广泛征求意见；涉及人民群众利益、社会普遍关注的地方性法规，经主任会议同意，还可以将法规草案在《新华日报》等媒体上公布。

地方性法规案经常务委员会会议第一次审议后，法制工作委员会应当将法规草案发送相关领域的省人民代表大会代表、设区的市人民代表大会常务委员会、基层立法联系点、立法咨询专家以及有关部门、组织等征求意见。

各机关、组织和公民提出的意见送法制工作委员会，由法制工作委员会将意见整理后送法制委员会和有关专门委员会或者常务委员会有关工作机构，并根据需要印发常务委员会会议。

第四十六条　拟提请常务委员会会议审议通过的地方性法规案，在法制委员会提出审议结果报告前，根据需要，法制工作委员会可以会同有关专门委员会或者常务委员会有关工作机构，对法规草案中主要制度规范的可行性、法规出台时机、法规实施的社会效果和可能出现的问题、法规对法律特殊保护群体权益的影响等进行评估。评估情况由法制委员会在审议结果报告中予以说明。

第四十七条　列入常务委员会会议议程的地方性法规案，在交付表决前，提案人要求撤回的，应当说明理由，经主任会议同意，并向常务委员会报告，对该地方性法规案的审议即行终止。

第四十八条　拟提请常务委员会会议审议通过的地方性法规案，经常务委员会会议审议后，仍有重大问题需要进一步论证、协商的，由主任会议提出，经联组会议或者全体会议同意，可以暂不付表决，交法制委员会和有关专门委员会、常务委员会有关工作机构进一步审议或者审查。

第四十九条　法规草案修改稿经常务委员会会议审议，由法制委员会根据常务委员会组成人员的审议意见进行修改，提出法规草案表决稿，由主任会议提请常务委员会全体会议表决，由常务委员会全体组成人员的过半数通过。

第五十条　法规草案表决稿交付常务委员会会议表决前，主任会议根据常务委员会会议审议的情况，可以决定将个别意见分歧较大的重要条款提请常务委员会会议单独表决。

单独表决的条款经常务委员会会议表决后，主任会议根据单独表决的情况，可以决定将法规草案表决稿交付表决，也可以决定暂不付表决，交法制委员会和有关专门委员会、常务委员会有关工作机构进一步审议或者审查。

第五十一条　对多部地方性法规中涉及同类事项的个别条款进行修改，一并提出地方性法规案的，经主任会议决定，可以合并表决，也可以分别表决。

第五十二条　列入常务委员会会议审议的地方性法规案，因各方面对制定该法规的必要性、可行性等重大问题存在较大意见分歧搁置审议满一年的，或者因暂不付表决经过一年没有再次列入常务委员会会议议程审议的，由主任会议向常务委员会报告，该地方性法规案终止审议。

第六章　省人民代表大会常务委员会批准地方性法规的程序

第五十三条　设区的市人民代表大会及其常务委员会制定的地方性法规在审议通过的两个月前，应当将法规草案及有关资料送省人民代表大会常务委员会，由省人民代表大会常务委员会法制工作委员会研究，征求有关方面的意见，并在收到法规草案之日起一个月内将意见和修改建议告知制定法规的机关。

法制工作委员会重点对规范内容是否与上位法相抵触等进行研究。

第五十四条　设区的市人民代表大会及其常务委员会制定的地方性法规，由设区的市人民代表大会常务委员会报省人民代表大会常务委员会批准。

报请批准时，应当按照格式和数量要求提交报请批准地方性法规的书面报告、地方性法规文本及其说明、必要的参阅资料。

报请批准的地方性法规案，由主任会议决定列入常务委员会会议议程。

第五十五条　常务委员会审议报请批准的地方性法规，一般经一次常务委员会会议审议即交付表决。

常务委员会审议报请批准的地方性法规，由报请批准机关书面说明，由分组会议审议。

报请批准机关应当派人列席分组会议听取意见，回答询问。

第五十六条 对报请批准的地方性法规，经法制工作委员会审查后，由法制委员会根据有关方面的意见进行审议，提出审议意见，印发常务委员会会议。

法制委员会审议报请批准的地方性法规，可以邀请有关专门委员会成员或者常务委员会有关工作机构负责人列席会议，发表意见。

第五十七条 常务委员会对报请批准的地方性法规，应当对其合法性进行审查，同宪法、法律、行政法规和本省的地方性法规不相抵触的，应当在四个月内予以批准；对相抵触的，不予批准或者修改后予以批准，也可以退回报请批准的机关修改后另行报请批准。

第五十八条 常务委员会审查报请批准的地方性法规，如果发现其同省人民政府规章相抵触，应当根据情况作出处理：

（一）认为报请批准的地方性法规不适当，但同宪法、法律、行政法规和本省的地方性法规不相抵触的，可以修改后予以批准；

（二）认为省人民政府规章不适当的，应当批准报请批准的地方性法规，并对省人民政府规章依法作出处理决定。

第五十九条 报请批准的地方性法规，在列入省人民代表大会常务委员会会议议程前，设区的市人民代表大会常务委员会有权撤回；列入会议议程后交付表决前要求撤回的，应当说明理由，经主任会议同意，并向常务委员会报告，对该地方性法规的审议即行终止。

第六十条 经常务委员会批准的地方性法规，由常务委员会在通过之日起七日内书面通知报请批准的机关，并附批准的地方性法规文本；对不予批准或者退回报请批准的机关修改后另行报请批准的，由常务委员会在七日内书面通知报请批准的机关。

第六十一条 常务委员会审查批准设区的市修改或者废止地方性法规的决定，依照本章的有关规定执行。

常务委员会审议报请批准的地方性法规的其他程序，依照本条例第五章的有关规定执行。

第六十二条 已经常务委员会批准的地方性法规，同宪法、法律、行政法规和本省的地方性法规相抵触或者不适当的，由主任会议建议制定机关予以修改或者废止；制定机关不予修改或者废止的，由常务委员会提请省人民代表大会审议决定予以修改或者撤销。

第七章　地方性法规的公布、备案和解释

第六十三条　省人民代表大会制定的地方性法规由大会主席团发布公告予以公布；常务委员会制定的地方性法规由常务委员会发布公告予以公布；设区的市人民代表大会及其常务委员会制定的地方性法规报经批准后，由设区的市人民代表大会常务委员会发布公告予以公布。

地方性法规被修改的，应当公布新的地方性法规文本。地方性法规被废止的，除由其他地方性法规规定废止该地方性法规的以外，应当发布公告予以公布。

省人民代表大会及其常务委员会制定的地方性法规公布后，应当及时在《江苏省人民代表大会常务委员会公报》上刊载，并自法规通过之日起十日内在江苏人大网、《新华日报》上刊载。在常务委员会公报上刊载的地方性法规文本为标准文本。

第六十四条　制定和批准的地方性法规在公布后三十日内，由省人民代表大会常务委员会报全国人民代表大会常务委员会和国务院备案。

第六十五条　省人民代表大会及其常务委员会制定的地方性法规有以下情况之一的，由常务委员会解释：

（一）地方性法规的规定需要进一步明确具体含义的；

（二）地方性法规制定后出现新的情况，需要明确适用地方性法规依据的。

常务委员会对地方性法规的解释，同地方性法规具有同等效力。

地方性法规如何具体应用的问题，由省高级人民法院、省人民检察院、省人民政府主管部门按照各自的职责范围进行解释；作出解释前，应当征求法制工作委员会和有关专门委员会、常务委员会有关工作机构的意见。

第六十六条　省人民政府、省高级人民法院、省人民检察院、专门委员会、常务委员会工作机构以及设区的市人民代表大会常务委员会，可以向省人民代表大会常务委员会提出地方性法规解释要求。

法制工作委员会研究拟订地方性法规解释草案，由主任会议决定提请常务委员会会议审议。

地方性法规解释草案经常务委员会会议审议，由法制委员会根据常务委员会会议的审议意见进行审议、修改，提出地方性法规解释草案表决稿。

地方性法规解释草案表决稿由常务委员会全体组成人员的过半数通过，由常务委员会发布公告予以公布，并及时在《江苏省人民代表大会常务委员会公报》、江苏人大网和《新华日报》上刊载。

第六十七条 省人民代表大会常务委员会批准的地方性法规有本条例第六十五条第一款所列情形的，由设区的市人民代表大会常务委员会解释；作出解释前，应当征求省人民代表大会常务委员会法制工作委员会的意见。

第六十八条 省高级人民法院、省人民检察院、省人民政府主管部门对地方性法规如何具体应用问题的解释，应当在本行政区域内公开发行的报刊上刊载，并在作出解释后三十日内报常务委员会备案。

设区的市人民代表大会常务委员会对该市地方性法规的解释，应当在公布后三十日内报省人民代表大会常务委员会备案。

第八章　其他规定

第六十九条 地方性法规一般采用条例、办法、决定、规定、规则等名称。

地方性法规的题注应当载明制定机关、通过日期；设区的市地方性法规的题注还应当载明批准机关、批准日期。

地方性法规应当明确规定施行日期；除必须立即实施的外，地方性法规从公布到施行的日期不少于三十日。

第七十条 地方性法规草案与其他地方性法规相关规定不一致的，提案人应当予以说明并提出处理意见，必要时应当同时提出修改或者废止其他地方性法规相关规定的议案。

法制委员会、有关专门委员会、常务委员会有关工作机构审议或者审查地方性法规案时，认为需要修改或者废止其他地方性法规相关规定的，应当提出处理意见。

第七十一条 常务委员会应当健全公众意见采纳情况反馈机制，在地方性法规通过后，根据需要向有关方面或者向社会公开通报意见采纳情况。

第七十二条 地方性法规规定明确要求有关国家机关对专门事项作出配套的具体规定的，有关国家机关应当自地方性法规施行之日起一年内作出规定，地方性法规对配套的具体规定制定期限另有规定的，从其规定。有关国家机关未能在期限内作出配套的具体规定的，应当向省人民代表大会常务委员会说明情况。

第七十三条 地方性法规施行满二年的，法规规定的省有关主管机关应当向常务委员会书面报告法规的实施情况。

第七十四条 法制工作委员会可以对有关地方性法规具体问题的询问进行研究予以答复，并报常务委员会备案。

法制工作委员会进行研究时，应当征求有关专门委员会、常务委员会有关工作机构、省人民政府法制工作机构、有关部门等方面的意见。

第七十五条 专门委员会、常务委员会工作机构可以组织或者委托第三方对地方性法规或者地方性法规中有关规定进行立法后评估。评估情况应当向常务委员会报告。

第七十六条 专门委员会、常务委员会工作机构和有关部门、单位应当对地方性法规进行定期清理，发现地方性法规内容与法律、行政法规相抵触，与本省其他地方性法规不协调，或者与现实情况不适应的，应当提出修改或者废止地方性法规的意见和建议。

地方性法规施行后上位法制定、修改或者废止的，法规规定的省有关主管机关应当及时对地方性法规进行清理，提出是否修改或者废止地方性法规的意见和建议。

修改或者废止地方性法规的意见和建议，由法制工作委员会组织研究论证，确需修改或者废止地方性法规的，报经主任会议同意，列入立法计划。

第九章 附 则

第七十七条 本条例自 2001 年 3 月 1 日起施行。1993 年 8 月 26 日江苏省第八届人民代表大会常务委员会第三次会议通过的《江苏省人民代表大会常务委员会制定和批准地方性法规的规定》同时废止。

本条例施行前制定的有关法规的内容与本条例不一致的，以本条例为准。

浙江省地方立法条例[*]

（2001年2月16日浙江省第九届人民代表大会第四次会议通过，根据2004年1月16日浙江省第十届人民代表大会常务委员会第七次会议《关于修改〈浙江省地方立法条例〉的决定》第一次修正，根据2013年7月26日浙江省第十二届人民代表大会常务委员会第四次会议《关于修改〈浙江省地方立法条例〉的决定》第二次修正，根据2016年1月28日浙江省第十二届人民代表大会第四次会议《关于修改〈浙江省地方立法条例〉的决定》第三次修正）

目　录

第一章　总　则

第一条　为了规范地方立法活动，完善地方立法程序，提高地方立法质量，

---

[*] 来源：中国法律法规信息库（http://law.npc.gov.cn/FLFG/index.jsp），http://law.npc.gov.cn/FLFG/flfgByID.action? flfgID=35546230&showDetailType=QW&keyword=&zlsxid=03（2016/9/16）。

发挥立法的引领和推动作用，深化法治浙江建设，根据《中华人民共和国立法法》《中华人民共和国地方各级人民代表大会和地方各级人民政府组织法》和本省实际，制定本条例。

第二条　省和设区的市的地方性法规、景宁畲族自治县的自治条例和单行条例的制定、修改和废止，省人民代表大会常务委员会批准地方性法规、自治条例和单行条例，以及其他相关立法活动，适用本条例。

省和设区的市人民政府规章的制定、修改和废止，依照本条例的有关规定执行。

第三条　地方立法应当遵循《中华人民共和国立法法》确定的立法原则。

地方立法应当从实际出发，体现地方特色，不得与上位法相抵触，内容具体可操作。

地方立法应当采用适合体例，一般不重复上位法的规定，用语简约、规范。

第四条　省、设区的市人民代表大会及其常务委员会和景宁畲族自治县人民代表大会应当加强对地方立法工作的组织协调，健全地方立法工作机制，发挥在地方立法工作中的主导作用。

第二章　立法权限

第五条　省人民代表大会及其常务委员会可以就下列事项制定地方性法规：

（一）为执行法律、行政法规的规定，需要由地方性法规作具体规定的事项；

（二）法律规定由地方性法规作出规定的事项；

（三）属于地方性事务需要制定地方性法规的事项；

（四）除《中华人民共和国立法法》第八条规定的事项外，其他尚未制定法律、行政法规，需要制定地方性法规的事项；

（五）依法有权规定的其他事项。

规定本省特别重大事项的地方性法规和法律规定由省人民代表大会制定的地方性法规，应当由省人民代表大会通过。

在省人民代表大会闭会期间，省人民代表大会常务委员会可以对省人民代表大会制定的地方性法规进行部分补充和修改，但是不得同该地方性法规的基本原则相抵触。

第六条　省人民代表大会及其常务委员会可以根据改革发展的需要，决定就行政管理等领域的特定事项授权在一定期限内在部分地方暂时调整或者暂时停止适用省的地方性法规设定的部分规定。

第七条　设区的市人民代表大会及其常务委员会可以根据本市的具体情况和实际需要，在不同宪法、法律、行政法规和省的地方性法规相抵触的前提下，对城乡建设与管理、环境保护、历史文化保护等方面的事项制定地方性法规，法律对设区的市制定地方性法规的事项另有规定的，从其规定。设区的市的地方性法规须报省人民代表大会常务委员会批准后施行。

第八条　景宁畲族自治县人民代表大会有权依照《中华人民共和国立法法》《中华人民共和国民族区域自治法》的规定，制定自治条例和单行条例，报省人民代表大会常务委员会批准后生效。

第九条　省和设区的市人民政府可以根据法律、行政法规和地方性法规制定规章，就执行法律、行政法规、地方性法规规定和本行政区域具体行政管理事项作出规定。

设区的市人民政府制定规章，限于城乡建设与管理、环境保护、历史文化保护等方面的事项。

应当制定地方性法规但条件尚不成熟的，因行政管理迫切需要，可以先制定政府规章。政府规章实施满两年需要继续实施规章所规定的行政措施的，应当提请本级人民代表大会或者其常务委员会制定地方性法规。但是，政府规章不得设定行政强制；省政府规章设定的临时许可满一年需要继续实施的，应当提请省人民代表大会或者其常务委员会制定地方性法规，设区的市政府规章不得设定行政许可；政府规章设定行政处罚的，依照《中华人民共和国行政处罚法》的规定执行。

没有法律、行政法规、地方性法规的依据，政府规章不得设定减损公民、法人和其他组织权利或者增加其义务的规范。

第三章　立法准备

第十条　省人民代表大会常务委员会通过立法调研项目库、年度立法计划等形式，加强对省的地方立法工作的统筹安排。编制立法调研项目库和年度立法计划，应当认真研究吸纳代表议案和建议，广泛征集意见，科学论证评估，根据经济社会发展和民主法治建设的需要，确定立法项目，提高立法的及时性、针对性和系统性。

设区的市人民代表大会常务委员会在确定年度立法计划前，应当将计划草案报送省人民代表大会常务委员会法制工作委员会征求意见。省人民代表大会常务委员会法制工作委员会可以对设区的市年度立法计划草案中超出法定立法事项范围的项目提出调整意见。

省人民代表大会及其常务委员会对某一事项正在制定地方性法规或者已经将其列入年度立法计划的，设区的市人民代表大会及其常务委员会应当避免就同一事项制定地方性法规。

第十一条 省人民代表大会常务委员会的立法调研项目库和年度立法计划，由省人民代表大会常务委员会法制工作委员会负责编制，经主任会议通过后向社会公布。

省人民代表大会常务委员会法制工作委员会按照省人民代表大会常务委员会的要求，督促立法调研项目库和年度立法计划的落实。

第十二条 省有关部门和单位申报列入省人民代表大会常务委员会年度立法计划的立法项目的，应当按照规定提出制定该地方性法规的可行性报告、地方性法规草案建议稿和相关材料。

列入省人民代表大会常务委员会年度立法计划初次审议的项目，应当确定地方性法规案的提案人和提请时间。未按时提请审议的，提案人应当向主任会议提出书面说明。

第十三条 列入省人民代表大会常务委员会年度立法计划的地方性法规草案，一般由提案人组织由立法工作者、实务工作者及专家、学者等方面人员组成的起草小组起草。专业性较强的地方性法规草案也可以由提案人委托有关专家、教学科研单位、社会组织起草。

综合性、全局性、基础性的重要地方性法规草案，可以由有关的专门委员会或者常务委员会工作机构组织起草。

有关的专门委员会、常务委员会工作机构应当提前参与有关方面的地方性法规草案起草工作。提案人可以邀请有关的省人民代表大会代表参与草案起草工作。

第十四条 起草地方性法规草案，应当深入调查研究，广泛听取意见，科学论证评估，符合立法技术规范，提高地方性法规草案质量。

第四章 省的地方性法规的制定

第一节 省人民代表大会立法程序

第十五条 省人民代表大会主席团可以向省人民代表大会提出地方性法规

案，由省人民代表大会会议审议。

省人民代表大会常务委员会、省人民政府、省人民代表大会各专门委员会，可以向省人民代表大会提出地方性法规案，由主席团决定列入会议议程。

第十六条 省人民代表大会代表十人以上联名，可以向省人民代表大会提出地方性法规案，由主席团决定是否列入会议议程，或者先交有关的专门委员会审议、提出是否列入会议议程的意见，再决定是否列入会议议程。主席团决定不列入会议议程的，应当向大会报告或者向提案人说明。

专门委员会审议的时候，可以邀请提案人列席会议，发表意见。

第十七条 拟向省人民代表大会提出的地方性法规案，在省人民代表大会闭会期间，可以先向常务委员会提出，经常务委员会会议审议后，决定提请省人民代表大会审议，由常务委员会向大会全体会议作说明，或者由提案人向大会全体会议作说明。

常务委员会依照前款规定审议地方性法规案，应当通过多种方式征求省人民代表大会代表的意见，并将有关情况予以反馈；专门委员会和常务委员会工作机构开展立法调研，应当邀请有关的省人民代表大会代表参加。

第十八条 常务委员会决定提请省人民代表大会会议审议的地方性法规案，应当在会议举行的三十日前将地方性法规草案发给代表。

第十九条 列入省人民代表大会会议议程的地方性法规案，大会全体会议听取关于该地方性法规案的说明后，由各代表团进行审议。

各代表团审议地方性法规案时，提案人应当派人听取意见，回答询问。

各代表团审议地方性法规案时，根据代表团的要求，有关机关、组织应当派人介绍情况。

第二十条 列入省人民代表大会会议议程的地方性法规案，主席团可以交省人民代表大会有关的专门委员会审议，提出审议意见，并印发会议。

第二十一条 列入省人民代表大会会议议程的地方性法规案经各代表团审议后，由法制委员会根据各代表团和有关的专门委员会的审议意见，进行统一审议，向主席团提出审议结果报告和地方性法规草案修改稿，对重要的不同意见应当在审议结果报告中予以说明，经主席团会议审议通过后，印发会议。

地方性法规草案修改稿经各代表团审议后，由法制委员会根据各代表团的审议意见进行修改，向主席团提出关于地方性法规草案修改稿修改情况的说明和地方性法规草案表决稿。

第二十二条 列入省人民代表大会会议议程的地方性法规案经各代表团审议

后，各方面意见比较一致的，由法制委员会根据各代表团和有关的专门委员会的审议意见，向主席团提出审议结果报告和地方性法规草案表决稿。

第二十三条　列入省人民代表大会会议议程的地方性法规案，必要时，主席团常务主席可以召开各代表团团长会议，就地方性法规案中的重大问题听取各代表团的审议意见，进行讨论，并将讨论的情况和意见向主席团报告。

主席团常务主席也可以就地方性法规案中的重大的专门性问题，召集代表团推选的有关代表进行讨论，并将讨论的情况和意见向主席团报告。

第二十四条　列入省人民代表大会会议议程的地方性法规案，在交付表决前，提案人要求撤回的，应当说明理由，经主席团同意，并向大会报告，对该地方性法规案的审议即行终止。

第二十五条　地方性法规案在审议中有重大问题需要进一步研究的，经主席团提出，由大会全体会议决定，可以授权常务委员会根据代表的意见进一步审议，作出决定，并将决定情况向省人民代表大会下次会议报告；也可以授权常务委员会根据代表的意见进一步审议，提出修改方案，提请省人民代表大会下次会议审议决定。

第二十六条　地方性法规草案表决稿由主席团提请大会全体会议表决，由全体代表的过半数通过。

第二十七条　省人民代表大会通过的地方性法规由主席团发布公告予以公布。

第二节　省人民代表大会常务委员会立法程序

第二十八条　省人民代表大会常务委员会主任会议可以向常务委员会提出地方性法规案，由常务委员会会议审议。

第二十九条　省人民政府可以向常务委员会提出地方性法规案，由主任会议决定列入常务委员会会议议程，或者先交有关的专门委员会审议、提出报告，再决定列入常务委员会会议议程。省人民政府应当在常务委员会会议举行的三十日前，将拟提请会议审议的地方性法规案送交常务委员会。

第三十条　省人民代表大会各专门委员会可以向常务委员会提出地方性法规案，由主任会议决定列入常务委员会会议议程。

第三十一条　主任会议认为省人民政府、省人民代表大会各专门委员会提出的地方性法规案有重大问题需要进一步研究的，可以建议提案人修改完善后再向常务委员会提出。

第三十二条 省人民代表大会常务委员会组成人员五人以上联名,可以向常务委员会提出地方性法规案,由主任会议决定是否列入常务委员会会议议程,或者先交有关的专门委员会审议、提出是否列入会议议程的意见,再决定是否列入常务委员会会议议程。不列入会议议程的,应当向常务委员会会议报告或者向提案人说明。

专门委员会审议的时候,可以邀请提案人列席会议,发表意见。

第三十三条 地方性法规案提出后,列入常务委员会会议议程前,主任会议先交有关的专门委员会审议的,有关的专门委员会应当在规定的时间内提出审议意见。

专门委员会应当对地方性法规案的立法必要性、主要内容的可行性和是否列入会议议程进行审议,提出意见,并向主任会议报告。

主任会议决定列入会议议程的,专门委员会审议意见印发常务委员会会议。

专门委员会审议地方性法规案时,可以邀请其他专门委员会的成员列席会议,发表意见。

第三十四条 列入常务委员会会议议程的地方性法规案,除特殊情况外,常务委员会办公厅应当在会议举行的五日前将地方性法规草案及有关材料发给常务委员会组成人员。

第三十五条 列入常务委员会会议议程的地方性法规案,一般应当经过两次常务委员会会议审议后交付表决。地方性法规案涉及本省重大事项或者各方面存在较大意见分歧的,经主任会议决定,可以经过三次常务委员会会议审议后交付表决。

常务委员会会议第一次审议地方性法规案,在全体会议上听取提案人的说明,结合有关的专门委员会审议意见,由分组会议进行审议。

实行两次审议的地方性法规案,常务委员会会议第二次审议时,在全体会议上听取法制委员会关于地方性法规草案审议结果的报告,由分组会议进行审议。

实行三次审议的地方性法规案,常务委员会会议第二次审议时,在全体会议上听取法制委员会关于地方性法规草案修改情况和主要问题的汇报,由分组会议进一步审议;常务委员会会议第三次审议时,在全体会议上听取法制委员会关于地方性法规草案审议结果的报告,由分组会议对地方性法规草案修改稿进行审议。

第三十六条 地方性法规案的调整事项比较单一或者只作部分修改,且各方面意见比较一致的,经主任会议决定,可以经过一次常务委员会会议审议后交付表决。

实行一次审议的地方性法规案，在常务委员会全体会议上听取提案人的说明和法制委员会关于地方性法规草案审议结果的报告，由分组会议进行审议。提案人为法制委员会的，在全体会议上不再听取法制委员会关于地方性法规草案审议结果的报告。

第三十七条　常务委员会会议审议地方性法规案时，根据需要，可以召开联组会议或者全体会议进行审议，对地方性法规草案中的主要问题进行讨论或者辩论。

常务委员会会议审议地方性法规案，应当安排必要的时间，保证常务委员会组成人员充分发表意见。

第三十八条　常务委员会分组会议审议地方性法规案时，提案人应当派人听取意见，回答询问。

常务委员会分组会议审议地方性法规案时，根据小组要求，有关机关、组织应当派人介绍情况。

第三十九条　常务委员会会议审议地方性法规案时，应当邀请有关的省人民代表大会代表列席会议；经主任会议决定，可以邀请有关的全国人民代表大会代表列席会议。

第四十条　地方性法规案经常务委员会会议第一次审议后，常务委员会法制工作委员会应当及时将地方性法规草案及其说明等通过代表履职服务平台等途径发送省人民代表大会代表，各市、县、区人民代表大会常务委员会，有关机关、组织、基层立法联系点和专家、学者等征求意见。

地方性法规案经常务委员会会议第一次审议后，常务委员会法制工作委员会应当将地方性法规草案及其说明等通过浙江人大网、地方立法网向社会公布，征求意见，但是经主任会议决定不公布的除外。向社会公布征求意见的时间一般不少于二十日。征求意见的情况应当向社会通报。

列入常务委员会会议议程的重要的地方性法规案，经主任会议决定，可以将地方性法规草案或者草案修改稿在全省范围内发行的报纸上公布，征求意见。

第四十一条　列入常务委员会会议议程的地方性法规案，法制委员会、有关的专门委员会和常务委员会工作机构应当就地方性法规案的有关问题进行调查研究，听取各方面意见。听取意见和调查研究可以采取座谈会、论证会、听证会、实地考察等多种形式。

地方性法规案有关问题专业性较强，需要进行可行性评价的，应当召开论证会，听取有关专家、部门和省人民代表大会代表等方面的意见，或者委托第三方组织论证。论证情况应当向常务委员会报告。

地方性法规案有关问题存在重大意见分歧或者涉及利益关系重大调整，需要进行听证的，应当召开听证会，听取有关基层和群体代表、部门、人民团体、专家、省人民代表大会代表和社会有关方面的意见。听证情况应当向常务委员会报告。

第四十二条 法制委员会、有关的专门委员会和常务委员会工作机构开展立法调研，应当通过下列方式发挥省人民代表大会代表的作用：

（一）就地方性法规草案或者草案修改稿征求有关代表的意见；

（二）按照代表分专业有重点参与立法工作机制的要求，邀请有关代表全程参与立法调研，听取代表意见；

（三）必要时，组织有关代表赴代表联络站听取人民群众的意见；

（四）其他方式。

第四十三条 法制委员会根据常务委员会组成人员、有关的专门委员会的审议意见和其他有关方面提出的意见，对地方性法规案进行统一审议。

法制委员会统一审议后，提出审议结果或者修改情况的报告和地方性法规草案修改稿，由主任会议决定交付常务委员会会议审议。法制委员会对重要的不同意见应当予以说明。对有关的专门委员会的重要审议意见没有采纳的，应当向有关的专门委员会反馈。

法制委员会审议地方性法规案时，应当邀请有关的专门委员会的成员列席会议，发表意见。

专门委员会之间对地方性法规草案的重要问题意见不一致时，应当向主任会议报告。

第四十四条 拟提请常务委员会会议审议通过的地方性法规案，在法制委员会提出审议结果报告前，常务委员会法制工作委员会可以对地方性法规草案中主要制度规范的可行性、地方性法规出台时机、地方性法规实施的社会效果和可能出现的问题等进行评估。评估情况由法制委员会在审议结果报告中予以说明。

第四十五条 地方性法规草案修改稿或者地方性法规草案经常务委员会会议审议，由法制委员会根据常务委员会组成人员的审议意见进行修改，提出地方性法规草案表决稿，由主任会议决定提请常务委员会全体会议表决，由常务委员会全体组成人员的过半数通过。表决前，由法制委员会对地方性法规草案修改情况进行说明。

地方性法规草案表决稿交付常务委员会会议表决前，主任会议根据常务委员会会议审议的情况，可以决定将个别意见分歧较大的重要条款提请常务委员会会议单独表决。

单独表决的条款经常务委员会会议表决后，主任会议根据单独表决的情况，可以决定将地方性法规草案表决稿交付表决，也可以决定暂不付表决，交法制委员会和有关的专门委员会进一步审议。

第四十六条　列入常务委员会会议议程的地方性法规案，在交付表决前，提案人要求撤回的，应当说明理由，经主任会议同意，并向常务委员会报告，对该地方性法规案的审议即行终止。

第四十七条　列入常务委员会会议审议的地方性法规案，因各方面对制定该地方性法规的必要性、可行性等重大问题存在较大意见分歧搁置审议满两年，或者因暂不付表决经过两年没有再次列入常务委员会会议议程审议的，由主任会议向常务委员会报告，该地方性法规案终止审议。

第四十八条　对多件地方性法规中涉及同类事项的个别条款进行修改，一并提出地方性法规案的，经主任会议决定，可以合并表决，也可以分别表决。

第四十九条　常务委员会通过的地方性法规，由常务委员会发布公告予以公布。

第三节　其他规定

第五十条　提出地方性法规案，应当同时提出地方性法规草案文本及其说明，并提供必要的参阅资料。修改地方性法规的，还应当提交修改前后的对照文本。

地方性法规草案的说明应当包括以下内容：

（一）制定或者修改地方性法规的必要性、可行性和有关依据；

（二）地方性法规草案的适用范围和主要内容；

（三）起草过程中对重大分歧意见的协调处理情况；

（四）其他应当说明的事项。

第五十一条　向省人民代表大会及其常务委员会提出的地方性法规案，在列入会议议程前，提案人有权撤回。

第五十二条　交付省人民代表大会及其常务委员会全体会议表决未获得通过的地方性法规案，如果提案人认为必须制定该地方性法规，可以依照本条例规定的程序重新提出，由主席团、主任会议决定是否列入会议议程；其中，未获得省人民代表大会通过的地方性法规案，应当提请省人民代表大会审议决定。

第五十三条 地方性法规应当明确规定施行日期。

第五十四条 地方性法规公布后，应当及时在浙江省人民代表大会常务委员会公报和浙江人大网以及《浙江日报》上全文刊载。

在浙江省人民代表大会常务委员会公报上刊登的地方性法规文本为标准文本。

第五十五条 地方性法规被修改的，应当公布新的地方性法规文本。

地方性法规被废止的，除由其他地方性法规规定废止该地方性法规的以外，由省人民代表大会主席团或者省人民代表大会常务委员会发布公告予以公布。

省人民代表大会及其常务委员会依照本条例第六条规定作出授权决定的，由省人民代表大会主席团或者省人民代表大会常务委员会发布公告予以公布。

第五十六条 地方性法规自公布后的三十日内，由省人民代表大会常务委员会报全国人民代表大会常务委员会和国务院备案。

第五十七条 地方性法规草案有关内容与其他地方性法规相关规定不一致的，提案人应当予以说明并提出处理意见，必要时应当同时提出修改或者废止其他地方性法规相关规定的议案。

法制委员会和有关专门委员会审议地方性法规案时，认为需要修改或者废止其他地方性法规相关规定的，应当提出处理意见。

第五十八条 有下列情形之一的，省人民代表大会常务委员会应当组织进行地方性法规清理：

（一）全国人民代表大会常务委员会、国务院或者法律、行政法规要求进行清理的；

（二）国家制定、修改或者废止法律、行政法规，涉及较多地方性法规，需要进行清理的；

（三）因经济社会发展，有较多地方性法规存在明显不适应情形，需要进行清理的；

（四）其他原因需要进行清理的。

第五十九条 地方性法规明确要求有关国家机关对专门事项作出配套的具体规定的，有关国家机关应当自地方性法规施行之日起一年内作出规定，地方性法规对配套的具体规定制定期限另有规定的，从其规定。有关国家机关未能在期限内作出配套的具体规定的，应当向省人民代表大会常务委员会说明情况。

第六十条 省人民代表大会有关的专门委员会、常务委员会工作机构可以组织对有关地方性法规或者地方性法规中有关规定进行立法后评估。评估情况应当向常务委员会报告。

第六十一条 国家机关、社会团体、企业事业组织以及公民发现地方性法规的内容与法律、行政法规相抵触，或者与相关地方性法规不协调，或者不适应新的形势要求的，可以向省人民代表大会常务委员会提出修改和废止的意见、建议。

第五章 设区的市的地方性法规和自治条例、单行条例的制定和批准

第六十二条 设区的市的地方性法规的制定程序、景宁畲族自治县自治条例和单行条例的制定程序，分别由设区的市人民代表大会和景宁畲族自治县人民代表大会参照本条例第四章规定的程序规定。

第六十三条 设区的市人民代表大会及其常务委员会制定的地方性法规，应当依法报请省人民代表大会常务委员会批准。报请批准时，应当提交报请批准地方性法规的书面报告、地方性法规文本及其说明。

第六十四条 设区的市人民代表大会及其常务委员会在拟举行会议审议表决地方性法规案前，可以将该地方性法规草案修改稿报送省人民代表大会常务委员会法制工作委员会征求意见。常务委员会法制工作委员会根据情况转送有关的专门委员会、省人民政府有关部门及其他有关单位、人员征求意见。有关意见由常务委员会法制工作委员会整理后告知设区的市人民代表大会常务委员会。

第六十五条 报请批准的地方性法规提请省人民代表大会常务委员会会议审查批准前，由常务委员会法制工作委员会征求有关的专门委员会、省人民政府有关部门及其他有关单位、人员的意见后提请法制委员会审议。

法制委员会应当根据《中华人民共和国立法法》的要求和各方面的意见进行审议，提出审议结果报告和批准文本草案。

第六十六条 报请批准的地方性法规，由省人民代表大会常务委员会主任会议决定提请常务委员会会议审查批准。

第六十七条 除特殊情况外，省人民代表大会常务委员会办公厅应当在常务委员会会议举行的五日前，将主任会议决定提请本次会议审查批准的地方性法规文本及其说明发给常务委员会组成人员。

第六十八条 省人民代表大会常务委员会会议审查报请批准的地方性法规时，在全体会议上听取法制委员会关于该地方性法规审议结果的报告。

第六十九条　省人民代表大会常务委员会应当对报请批准的地方性法规的合法性进行审查。同宪法、法律、行政法规和省的地方性法规不抵触的，应当自收到报请批准报告之日起四个月内予以批准；相抵触的，可以不予批准，或者经修改后再予以批准。

报请批准的地方性法规的规定有下列情形之一的，为抵触：

（一）超越立法权限的；

（二）违反上位法规定的；

（三）违背上位法立法目的和立法精神的；

（四）其他违反法律、法规规定的情形。

第七十条　省人民代表大会常务委员会在对报请批准的地方性法规进行审查时，发现其同省人民政府制定的规章相抵触的，应当根据情况，作出处理决定。

第七十一条　报请批准的地方性法规，在列入省人民代表大会常务委员会会议议程前，设区的市人民代表大会常务委员会有权撤回；列入会议议程，但在交付表决前，要求撤回的，应当说明理由，经省人民代表大会常务委员会主任会议同意，并向常务委员会报告，对该报请批准的地方性法规的审查即行终止。

主任会议可以建议设区的市人民代表大会常务委员会撤回报请批准的地方性法规。

第七十二条　省人民代表大会常务委员会关于批准地方性法规的决定草案和拟批准的地方性法规文本，或者关于不予批准地方性法规的决定草案，由主任会议决定提请省人民代表大会常务委员会全体会议表决。

第七十三条　表决省人民代表大会常务委员会关于批准或者不予批准地方性法规的决定草案，以常务委员会全体组成人员的过半数通过。

第七十四条　省人民代表大会常务委员会关于批准地方性法规的决定，应当及时在浙江省人民代表大会常务委员会公报和浙江人大网以及《浙江日报》上刊载。

省人民代表大会常务委员会办公厅应当自批准决定通过之日起七日内将批准决定及批准的地方性法规文本，送交设区的市人民代表大会常务委员会。

报请批准的地方性法规交付省人民代表大会常务委员会表决未获通过的，应当及时告知设区的市人民代表大会常务委员会。

第七十五条　经省人民代表大会常务委员会批准的地方性法规，由设区的市人民代表大会常务委员会发布公告予以公布。公告应当载明制定机关、通过时间、批准机关、批准时间和施行时间。

第七十六条　设区的市人民代表大会常务委员会应当自地方性法规公布之日起十五日内，将公布的地方性法规的公告及地方性法规文本和有关材料报送省人民代表大会常务委员会，由省人民代表大会常务委员会报全国人民代表大会常务委员会和国务院备案。

第七十七条　设区的市人民代表大会及其常务委员会修改、废止地方性法规，应当依照本章规定报请批准。

第七十八条　景宁畲族自治县人民代表大会制定的自治条例和单行条例的批准，除法律另有规定外，适用本章的相应规定。

第六章　地方性法规和自治条例、单行条例的解释

第七十九条　省人民代表大会及其常务委员会制定的地方性法规的规定，需要进一步明确具体含义，或者地方性法规制定后出现新的情况，需要明确适用地方性法规依据的，由省人民代表大会常务委员会解释。

第八十条　省人民政府、省高级人民法院、省人民检察院和省人民代表大会各专门委员会以及设区的市人民代表大会常务委员会，可以向省人民代表大会常务委员会提出地方性法规解释要求。

第八十一条　省人民代表大会法制委员会研究拟订省地方性法规解释草案，由主任会议决定列入常务委员会会议议程。

第八十二条　省的地方性法规解释草案经省人民代表大会常务委员会会议审议，由法制委员会根据常务委员会组成人员的审议意见进行审议、修改，提出地方性法规解释草案表决稿。

第八十三条　省的地方性法规解释草案表决稿由省人民代表大会常务委员会全体组成人员的过半数通过，由常务委员会公布，并及时在浙江省人民代表大会常务委员会公报和浙江人大网以及《浙江日报》上刊载。

第八十四条　省人民代表大会常务委员会的地方性法规解释同地方性法规具有同等效力。

第八十五条　省人民代表大会常务委员会法制工作委员会可以对省的地方性法规有关具体问题的询问进行研究后予以答复，并报常务委员会备案。

第八十六条　设区的市人民代表大会及其常务委员会制定的地方性法规和景宁畲族自治县人民代表大会制定的自治条例、单行条例，分别由设区的市人民代表大会常务委员会和景宁畲族自治县人民代表大会常务委员会解释，并依照本条

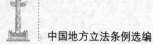

例第五章的规定报请省人民代表大会常务委员会审查批准后，分别由设区的市人民代表大会常务委员会和景宁畲族自治县人民代表大会常务委员会公布。

第七章　附　则

第八十七条　省和设区的市人民政府制定规章的程序，依照国务院的有关规定执行。

省和设区的市人民政府制定的规章的备案审查，依照《浙江省各级人民代表大会常务委员会规范性文件备案审查规定》执行。

第八十八条　本条例自 2001 年 3 月 1 日起施行。《浙江省人民代表大会常务委员会制定地方性法规程序的规定》《浙江省人民代表大会常务委员会批准地方性法规程序的规定》同时废止。

安徽省人民代表大会及其常务委员会立法条例[*]

（2001 年 1 月 19 日安徽省第九届人民代表大会第四次会议通过，根据 2009 年 6 月 20 日安徽省第十一届人民代表大会常务委员会第十二次会议《关于修改〈安徽省人民代表大会及其常务委员会立法条例〉的决定》第一次修正，根据 2015 年 11 月 19 日安徽省第十二届人民代表大会常务委员会第二十四次会议《关于修改〈安徽省人民代表大会及其常务委员会立法条例〉的决定》第二次修正）

目 录

第一章 总 则

第一条 为了规范地方立法活动，提高地方立法质量，发挥立法的引领和推动作用，全面推进依法治省，建设法治安徽，根据《中华人民共和国立法法》和有关法律，结合本省实际，制定本条例。

第二条 本条例适用于省人民代表大会及其常务委员会制定、修改和废止法

＊ 来源：安徽人大网（http://www.ahrd.gov.cn/npcweb/web/index.jsp），http://www.ahrd.gov.cn/npcweb/web/info_view.jsp? strId=1448345925071961（2016/9/16）。

规，省人民代表大会常务委员会批准设区的市的人民代表大会及其常务委员会制定、修改和废止的法规。

第三条　省人民代表大会及其常务委员会应当统筹安排立法工作，加强组织协调，充分发挥主导作用。

第四条　地方立法应当遵循《中华人民共和国立法法》规定的立法原则，从本省实际出发，注重立法质量，体现地方特色。

法规规范应当明确、具体，具有针对性和可执行性；对上位法已经明确规定的内容，一般不作重复性规定。

第二章　立法权限

第五条　省人民代表大会就下列事项制定法规：

（一）法律规定由省人民代表大会制定法规的事项；

（二）本行政区域特别重大的事项；

（三）涉及省人民代表大会职权及其工作规则的事项；

（四）省人民代表大会认为应当由其制定法规的事项；

（五）常务委员会认为需要提请省人民代表大会制定法规的事项。

第六条　省人民代表大会常务委员会就下列事项制定法规：

（一）为执行法律、行政法规的规定，需要根据本行政区域的实际情况作具体规定的事项；

（二）属于地方性事务需要制定法规的事项；

（三）《中华人民共和国立法法》第八条规定的属于国家专属立法事项以外，尚未制定法律或者行政法规，需要制定法规的事项；

（四）法律规定由省人民代表大会常务委员会制定法规的事项；

（五）省人民代表大会决定由常务委员会制定法规的事项。

第七条　省人民代表大会常务委员会在省人民代表大会闭会期间，可以对省人民代表大会制定的法规进行部分补充和修改，但是不得同该法规的基本原则相抵触。

第三章　省人民代表大会立法程序

第八条　省人民代表大会主席团可以向省人民代表大会提出法规案，由省人民代表大会会议审议。

省人民代表大会常务委员会、省人民政府、省高级人民法院、省人民检察院、省人民代表大会各专门委员会，可以向省人民代表大会提出法规案，由主席团决定列入会议议程。

第九条　一个代表团或者十名以上的代表联名，可以向省人民代表大会提出法规案，由主席团决定是否列入会议议程，或者先交有关专门委员会审议、提出是否列入会议议程的意见，再决定是否列入会议议程。

各专门委员会审议法规案时，可以邀请提案人列席会议，发表意见。

第十条　向省人民代表大会提出的法规案，在省人民代表大会闭会期间，可以先向常务委员会提出，经常务委员会审议后，决定提请省人民代表大会审议，由常务委员会或者提案人向大会全体会议作说明。

第十一条　常务委员会决定提请省人民代表大会审议的法规案，应当在会议举行的一个月前将法规草案发给代表。

第十二条　列入省人民代表大会会议议程的法规案，大会全体会议听取常务委员会或者提案人的说明后，由各代表团进行审议。

各代表团审议法规案时，提案人应当派人听取意见，回答询问；有关机关、组织应当根据代表团的要求，派人介绍情况。

第十三条　列入省人民代表大会会议议程的法规案，由有关专门委员会进行审议，向主席团提出审议意见，并印发会议。

法制委员会根据各代表团和有关专门委员会的审议意见，对法规案进行统一审议，向主席团提出修改情况的说明和法规草案修改稿，对重要的不同意见应当在修改情况的说明中予以汇报，经主席团会议审议通过后，印发会议。

第十四条　列入省人民代表大会会议议程的法规案，必要时，主席团常务主席可以召开各代表团团长会议，就法规案中的重大问题听取各代表团的审议意见，进行讨论，并将讨论的情况和意见向主席团报告。

主席团常务主席也可以就法规案中的重大的专门性问题，召集代表团推选的有关代表进行讨论，并将讨论的情况和意见向主席团报告。

第十五条　列入省人民代表大会会议议程的法规案，在交付表决前，提案人要求撤回的，应当说明理由，经主席团同意，并向大会报告，对该法规案的审议即行终止。

第十六条　法规案在审议中有重大问题需要进一步研究的，经主席团提出，由大会全体会议决定，可以授权常务委员会根据代表的意见进一步审议，作出决定，并将决定情况向省人民代表大会下次会议报告；也可以授权常务委员会根据代表的意见进一步审议，提出修改方案，提请省人民代表大会下次会议审议决定。

第十七条　法规草案修改稿经各代表团审议后，法制委员会根据审议的意见进行修改，提出法规草案审议结果的报告和表决稿，由主席团提请大会全体会议表决，由全体代表的过半数通过。

第十八条　省人民代表大会通过的法规，由大会主席团发布公告，予以公布。

第四章　省人民代表大会常务委员会立法程序

第十九条　省人民代表大会常务委员会主任会议可以向常务委员会提出法规案，由常务委员会会议审议。

省人民政府、省高级人民法院、省人民检察院、省人民代表大会各专门委员会，可以向省人民代表大会常务委员会提出法规案，由主任会议决定列入常务委员会会议议程，或者先交有关专门委员会审议或者工作委员会研究，提出报告，再决定列入常务委员会会议议程。主任会议认为法规案有重大问题需要进一步研究的，可以建议提案人修改完善后再向常务委员会提出。

第二十条　省人民代表大会常务委员会组成人员五人以上联名，可以向常务委员会提出法规案，由主任会议决定是否列入常务委员会会议议程，或者先交有关专门委员会审议或者工作委员会研究，提出是否列入会议议程的意见，再决定是否列入常务委员会会议议程。不列入常务委员会会议议程的，应当向常务委员会会议报告或者向提案人说明。

有关专门委员会审议或者工作委员会研究法规案时，可以邀请提案人列席会议，发表意见。

第二十一条　有关专门委员会或者工作委员会对拟提请常务委员会审议的法规案，应当就立法的必要性、可行性和合法性，以及立法的条件是否成熟、立法的内容是否科学合理，提出意见，向主任会议报告。

第二十二条　拟提请常务委员会会议第一次审议的法规案，一般应当在常务委员会会议召开三十日前报送常务委员会办公厅。

列入常务委员会会议建议议程的法规案，除特殊情况外，常务委员会办公厅应当在会议举行的七日前将法规草案发给常务委员会组成人员。

第二十三条　列入常务委员会会议议程的法规案，一般应当经三次常务委员会会议审议后再交付表决。

对法规案审议意见比较一致的，可以经两次常务委员会会议审议后交付表决。

调整事项较为单一或者部分修改的法规案和废止法规案，审议意见比较一致的，也可以经一次常务委员会会议审议后交付表决。

法规案经常务委员会会议审议后由主任会议决定交付表决。

第二十四条 常务委员会会议审议法规案，实行分组会议、联组会议或者全体会议审议。

第二十五条 需经常务委员会会议三次审议的法规案，常务委员会会议第一次审议时，在全体会议上听取提案人的说明，印发或者听取有关专门委员会或者工作委员会的意见，由分组会议初步审议。

常务委员会会议第二次审议时，法制委员会在全体会议上作关于法规草案修改情况的说明，由分组会议进一步审议。

常务委员会会议第三次审议时，法制委员会在全体会议上作关于法规草案修改情况的说明，由分组会议对法规草案修改稿进行审议；根据常务委员会组成人员审议意见和各方面提出的意见，法制委员会在全体会议上作关于法规草案审议结果的报告，提出法规草案表决稿。

第二十六条 经常务委员会会议二次审议即可以交付表决的法规案，常务委员会会议第一次审议时，在全体会议上听取提案人的说明，印发或者听取有关专门委员会或者工作委员会的意见，由分组会议初步审议。

常务委员会会议第二次审议时，法制委员会在全体会议上作关于法规草案修改情况的说明，由分组会议对法规草案修改稿进行审议；根据常务委员会组成人员审议意见和各方面提出的意见，法制委员会在全体会议上作关于法规草案审议结果的报告，提出法规草案表决稿。

第二十七条 经常务委员会会议一次审议即可以交付表决的法规案，在全体会议上听取提案人的说明，印发或者听取有关专门委员会或者工作委员会的意见，由分组会议审议。法制委员会在全体会议上作关于法规草案审议结果的报告，并提出法规草案表决稿。

第二十八条 常务委员会会议审议法规案时，提案人应当派人到会听取审议意见，回答询问。

常务委员会分组会议审议法规案时，根据小组的要求，有关机关、组织应当派人介绍情况。

第二十九条 常务委员会会议审议法规案时，可以召开联组会议，就意见分歧较大的条款进行辩论。

第三十条 列入常务委员会会议议程的法规案，对审议中的重要问题，有关专门委员会或者工作委员会应当进行调查研究，提出意见，印发常务委员会会议。

第三十一条 列入常务委员会会议议程的法规案，由法制委员会根据常务委员会组成人员和有关专门委员会的审议意见、有关工作委员会以及各方面提出的意见，对法规案进行统一审议，提出修改情况的说明和法规草案修改稿，或者审议结果的报告和法规草案表决稿，对重要的不同意见应当在修改情况的说明或者审议结果的报告中予以汇报。对有关专门委员会或者工作委员会提出的意见没有采纳的，应当予以反馈。

法制委员会审议法规案时，应当召开委员会全体会议进行审议，并邀请有关专门委员会的成员和工作委员会的负责人列席会议，发表意见。

第三十二条 有关专门委员会审议法规案时，应当召开委员会全体会议进行审议，可以邀请其他专门委员会的成员和工作委员会的负责人列席会议，发表意见；可以要求有关机关、组织派有关负责人到会说明情况。

第三十三条 专门委员会或者工作委员会对法规草案的重要问题意见不一致的，法制委员会应当进行协调，经协调后仍不一致的，应当向主任会议报告，由主任会议作出处理决定。

第三十四条 列入常务委员会会议议程的法规案，法制委员会、有关专门委员会和工作委员会应当听取各方面的意见。听取意见可以采取座谈会、论证会、听证会等多种形式。论证、听证的情况应当向常务委员会报告。

法规案有关问题专业性较强，需要进行可行性评价的，应当召开论证会，听取有关专家、部门和省人民代表大会代表等方面的意见。

法规案有关问题存在重大意见分歧或者涉及利益关系重大调整，需要进行听证的，应当召开听证会，听取有关基层和群体代表、专家、部门、人民团体、省人民代表大会代表和社会有关方面的意见。

第三十五条 省人民代表大会常务委员会审议法规案，或者依照本条例第十条规定审议法规案，应当通过召开座谈会，发送法规草案，邀请参加立法调研、论证和起草等多种形式，广泛听取省人民代表大会代表的意见和建议，并将有关情况予以反馈。

常务委员会会议审议法规案，应当邀请有关的省人民代表大会代表列席会议。

专门委员会和工作委员会进行立法调研，可以邀请有关的省人民代表大会代表参加。

第三十六条 对涉及利益关系重大调整或者社会普遍关注的重要法规草案，应当开展立法协商，充分发挥政协委员、民主党派、工商联、无党派人士、人民团体、社会组织在立法协商中的作用，听取其意见和建议，并将有关情况予以反馈。

第三十七条 建立常务委员会法律顾问制度和专门委员会、工作委员会立法专家顾问制度。专门委员会、工作委员会应当通过发送法规草案，邀请参加立法调研、论证和起草等多种形式，听取有关法律顾问、立法专家顾问的意见，并将有关情况予以反馈。

对法规草案中的重要问题、各方面意见分歧较大的问题、专业性较强的问题，应当召开法律顾问、立法专家顾问论证会，听取意见。

第三十八条 建立常务委员会基层立法联系点制度。选择县级以下国家机关、企业事业单位、街道办事处、村（居）民委员会、社会组织等作为立法联系点，发挥基层单位在立法中的作用，拓宽公民有序参与立法途径。

第三十九条 有关专门委员会和工作委员会应当通过发送法规草案、立法调研、邀请列席有关会议等形式，听取市、县人民代表大会常务委员会对法规案的意见。

第四十条 建立立法协调机制、第三方评估机制、利益关系重大调整论证咨询机制，对立法中有关问题加强协调，听取各方面意见。

法规草案规定的调整对象和范围不清晰、执法主体和部门职责划分不明确、重大问题不一致的，有关专门委员会或者工作委员会应当召开有关部门座谈会，听取和协调各方面的意见，根据需要可以进行第三方评估。

对拟设定行政处罚、行政许可、行政强制，且社会普遍关注的法规草案，有关专门委员会或者工作委员会应当进行论证咨询，深入基层调查研究，广泛听取基层和群体代表、行政管理相对人、有关部门、人民团体、专家和社会有关方面的意见。

第四十一条 列入常务委员会会议议程的法规案，应当在常务委员会会议后将法规草案及其起草、修改的说明等，在安徽人大网站或者其他媒体向社会公布，征求意见；涉及群众利益、社会普遍关注的重要法规草案，还应当同时在《安徽日报》向社会公布。向社会公布征求意见的时间一般不少于十五日。征求意见的情况应当向社会通报。

第四十二条 鼓励社会公众参与立法，对公众提出的意见和建议进行认真分析和研究，采取适当方式予以反馈。

第四十三条 列入常务委员会会议议程的法规案，常务委员会有关工作机构应当收集整理分组审议的意见和各方面提出的意见以及其他有关资料，送法制委员会、有关专门委员会或者工作委员会，并根据需要，印发常务委员会会议。

第四十四条 拟提请常务委员会会议审议通过的法规案，在法制委员会提出审议结果报告前，有关工作委员会可以对法规草案中主要制度规范的可行性、法规出台时机、法规实施的社会效果和可能出现的问题等进行评估。评估情况由法制委员会在审议结果报告中予以说明。

第四十五条 列入常务委员会会议议程的法规案，在交付表决前，提案人要求撤回的，应当说明理由，经主任会议同意，并向常务委员会报告，对该法规案的审议即行终止。

第四十六条 法规案经常务委员会三次会议审议后，仍有重大问题需要进一步研究的，由主任会议提出，可以暂不付表决，交法制委员会和有关专门委员会进一步审议。

第四十七条 法规草案修改稿经常务委员会会议审议后，由法制委员会根据常务委员会组成人员的审议意见进行修改，提出法规草案表决稿，由主任会议提请常务委员会全体会议表决，以常务委员会全体组成人员过半数通过。

第四十八条 在法规案提请常务委员会全体会议表决前，对个别意见分歧较大的重要条款，经主任会议决定，可以提请常务委员会会议先对该条款单独表决，再对法规案进行表决。

第四十九条 列入常务委员会会议审议的法规案，因各方面对制定该法规的必要性、可行性等重大问题存在较大意见分歧搁置审议满两年的，或者因暂不付表决经过两年没有再次列入常务委员会会议议程审议的，由主任会议向常务委员会报告，该法规案终止审议。

第五十条 对多部法规中涉及同类事项的个别条款进行修改，一并提出法规案的，经主任会议决定，可以合并表决，也可以分别表决。

第五十一条 常务委员会通过的法规，由常务委员会发布公告，予以公布。

第五章　省人民代表大会常务委员会批准法规程序

第五十二条 设区的市的人民代表大会及其常务委员会制定的地方性法规，应当报经省人民代表大会常务委员会审查批准。

报请批准的法规，由省人民代表大会常务委员会法制工作委员会承担审查具体工作，提出审查意见，由主任会议决定提请常务委员会会议审议。

第五十三条 设区的市在组织起草、论证法规草案过程中，可以邀请省人民代表大会有关专门委员会或者常务委员会工作委员会派员参与。

设区的市的人民代表大会常务委员会审议法规草案过程中，将法规草案及修改稿送省人民代表大会常务委员会法制工作委员会，由法制工作委员会分送有关专门委员会或者工作委员会征求意见。

有关专门委员会或者工作委员会对法规草案及修改稿进行全面研究，应当重点就合法性提出意见，同时可以对合理性、针对性、可执行性等方面提出意见，交由法制工作委员会一并向设区的市的人民代表大会常务委员会反馈。

第五十四条 省人民代表大会常务委员会法制工作委员会审查报请批准的法规，应当邀请有关专门委员会或者工作委员会参加讨论、研究。

第五十五条 报请批准法规，应当提交书面报告、法规文本及其说明和有关参阅资料。

第五十六条 省人民代表大会常务委员会审议报请批准的法规，制定机关应当向省人民代表大会常务委员会全体会议作说明。

法制委员会根据常务委员会组成人员的审议意见向常务委员会全体会议作关于该法规审查结果的报告。

第五十七条 省人民代表大会常务委员会对报请批准的法规，应当对其合法性进行审查，同宪法、法律、行政法规和本省的地方性法规不抵触的，应当在四个月内予以批准。

常务委员会会议在审议时发现报请批准的法规同宪法、法律、行政法规和本省的地方性法规相抵触的，不予批准，或者提出修改意见，经修改后提请常务委员会全体会议表决。

第五十八条 省人民代表大会常务委员会对报请批准的法规进行审查时，发现其同省人民政府的规章相抵触的，可以先交法制委员会协调，提出意见，再由常务委员会作出处理决定。

第五十九条 报请批准的法规经省人民代表大会常务委员会批准后，由制定机关公布施行，并在公告上注明批准机关和批准时间。

第六章 地方性法规的解释

第六十条 省人民代表大会及其常务委员会制定的法规，由省人民代表大会常务委员会解释。

法规有以下情形之一的，应当进行解释：

（一）法规的规定需要进一步明确具体含义的；

（二）法规制定后出现新的情况，需要明确适用法规依据的。

第六十一条 省人民政府、省高级人民法院、省人民检察院和省人民代表大会专门委员会、省人民代表大会常务委员会工作委员会以及设区的市的人民代表大会常务委员会，可以向省人民代表大会常务委员会提出法规解释的要求。

第六十二条 省人民代表大会常务委员会工作委员会拟订法规解释草案，由主任会议决定列入常务委员会会议议程。

第六十三条 法规解释草案经常务委员会会议审议，由法制委员会根据常务委员会组成人员的审议意见进行审议、修改，提出法规解释草案表决稿。

第六十四条 法规解释草案表决稿以常务委员会全体组成人员过半数通过。通过的法规解释由常务委员会发布公告，予以公布。

第六十五条 设区的市制定的地方性法规，由该市的人民代表大会常务委员会解释，报省人民代表大会常务委员会批准后生效。

第六十六条 报请批准的法规解释，经省人民代表大会常务委员会会议审议，由法制委员会根据常务委员会组成人员的审议意见进行审查，提出修改意见，修改后提请常务委员会表决，以常务委员会全体组成人员过半数通过。

批准的法规解释，由制定该法规的设区的市的人民代表大会常务委员会发布公告，予以公布。

第六十七条 法规解释同法规具有同等效力。

第六十八条 对省人民代表大会及其常务委员会制定的法规作出的具体应用问题的解释，应当报常务委员会备案。

第七章 其他规定

第六十九条 省人民代表大会常务委员会立法规划和年度立法计划由主任会议通过并向社会公布。主任会议可以根据实际情况对立法规划和年度立法计划作出部分调整。

编制立法规划和年度立法计划，应当广泛征集意见，科学论证评估，提高立法的及时性、针对性和系统性。

代表立法议案中提出的立法项目，一般应当列入立法规划或者年度立法计划。

第七十条　设区的市的人民代表大会常务委员会制定、调整立法规划、年度立法计划，应当在通过前报省人民代表大会常务委员会征求意见。省人民代表大会常务委员会法制工作委员会和有关工作委员会应当进行研究，对立法规划、年度立法计划项目是否符合立法权限等提出意见。

设区的市的人民代表大会常务委员会立法规划应当在每届第一年度以书面形式报省人民代表大会常务委员会，年度立法计划一般应当在每年一月底前以书面形式报省人民代表大会常务委员会。

第七十一条　有关专门委员会或者工作委员会可以对编制立法规划、年度立法计划进行调查研究，提出列入立法规划草案、年度立法计划草案的立法项目。

第七十二条　建立立法项目征集和论证制度。编制常务委员会立法规划和年度立法计划，应当通过报刊、广播、电视、网络等媒体，征集公众、部门、人民团体和社会各方面的立法建议项目。

有关专门委员会或者工作委员会对立法建议项目的论证，一般采取论证会的形式进行，听取有关基层和群体代表、专家、部门、人民团体、省人民代表大会代表和社会有关方面的意见。

有关专门委员会或者工作委员会对各方面提出的立法建议项目，应当就立法的必要性和可行性、调整对象和范围、主要内容等进行科学论证评估，根据经济社会发展和民主法治建设的需要拟定立法项目。

第七十三条　省人民代表大会常务委员会法制工作委员会编制立法规划草案和年度立法计划草案，并按照常务委员会的要求，督促立法规划和年度立法计划的落实。

第七十四条　有关机关、组织应当认真组织实施立法规划和年度立法计划。未按时将法规案提请审议的，应当向省人民代表大会常务委员会报告并说明情况。

第七十五条　省人民代表大会专门委员会、常务委员会工作委员会应当提前参与有关方面的法规草案起草工作，加强与有关方面的联系与沟通，参加立法调研、论证，提出相关意见和建议。

综合性、全局性、基础性，以及涉及利益关系重大调整、社会普遍关注的重要法规草案，可以由专门委员会或者工作委员会组织起草。

起草法规草案，可以吸收相关领域的专家参与，或者委托有关专家学者、教学科研单位、社会组织承担。

第七十六条　提出法规案，应当同时提交法规草案文本及其说明，并提供必要的参阅资料。修改法规的，还应当提交修改前后的对照文本。法规草案的说明应当包括制定或者修改该法规的必要性、可行性和主要内容，设定行政处罚、行政许可、行政强制的依据，以及对重大问题的协调情况。

第七十七条　交付省人民代表大会及其常务委员会全体会议表决未获通过的法规案，如果提案人认为必须制定该法规，可以按照本条例规定的程序重新提出，由主席团、主任会议决定是否列入会议议程；其中，未获得省人民代表大会通过的法规案，应当提请下次省人民代表大会会议审议决定。

第七十八条　法规草案与其他法规相关规定不一致的，提案人应当予以说明并提出处理意见，必要时应当同时提出修改或者废止其他法规相关规定的议案。

法制委员会和有关专门委员会审议法规案时，认为需要修改或者废止其他法规相关规定的，应当提出处理意见。

第七十九条　法规根据内容需要，可以分章、节、条、款、项、目。

章、节、条的序号用中文数字依次表述，款不编序号，项的序号用中文数字加括号依次表述，目的序号用阿拉伯数字依次表述。

法规标题题注应当载明制定机关、通过日期。经过修改的法规，应当依次载明修改机关、修改日期。

第八十条　法规于通过之日起十五日内在《安徽日报》上全文公布，并及时在安徽人大网站、《安徽省人民代表大会常务委员会公报》上刊登。

在《安徽省人民代表大会常务委员会公报》上刊登的法规文本为标准文本。

第八十一条　法规部分条文的修改和废止程序，适用本条例的有关规定。

法规部分条文被修改或者废止的，应当公布修改或者废止的决定，并同时公布新的法规文本。

第八十二条　省人民代表大会有关专门委员会或者常务委员会工作委员会应当对相关的法规进行检查，发现与宪法、法律、行政法规相抵触或者与本省法规不一致的，应当向主任会议提出修改或者废止的建议，由主任会议决定提请常务委员会会议审议。

第八十三条　法规规定明确要求有关国家机关对专门事项作出配套的具体规

定的，有关国家机关应当自法规施行之日起六个月内作出规定，法规对配套的具体规定制定期限另有规定的，从其规定。有关国家机关未能在期限内作出配套的具体规定的，应当向省人民代表大会常务委员会说明情况。

第八十四条　省人民代表大会专门委员会、常务委员会工作委员会可以组织对有关法规或者法规中的有关规定进行立法后评估。评估情况应当向常务委员会报告。

立法后评估报告包括以下内容：

（一）立法后评估基本情况；

（二）对法规质量、实施效果的分析和评价；

（三）修改或者废止法规的意见和建议；

（四）其他需要说明的问题。

立法后评估报告提出需要对法规进行修改或者废止的，经主任会议决定将相关立法项目列入省人民代表大会常务委员会立法规划或者年度立法计划。

第八十五条　省人民代表大会常务委员会有关工作委员会，可以对有关法规具体问题的询问进行研究予以答复，并报常务委员会备案。

第八章　附　则

第八十六条　本条例自 2001 年 3 月 1 日起施行。《安徽省人民代表大会常务委员会关于制定地方性法规的规定》同时废止。

福建省人民代表大会及其常务委员会立法条例*

（2001 年 2 月 14 日福建省第九届人民代表大会第四次会议全体会议通过，根据 2009 年 1 月 15 日福建省第十一届人民代表大会第二次会议《关于修改〈福建省人民代表大会及其常务委员会立法条例〉的决定》第一次修正，根据 2016 年 1 月 15 日福建省第十二届人民代表大会第四次会议《福建省人民代表大会关于修改〈福建省人民代表大会及其常务委员会立法条例〉的决定》第二次修正）

目 录

第一章　总　则

第一条　为规范地方立法活动，提高地方立法质量，发挥立法的引领和推动作用，全面推进依法治省，维护国家法制统一，根据《中华人民共和国立法法》的规定，结合本省实际，制定本条例。

第二条　福建省人民代表大会及其常务委员会制定、修改和废止地方性法规，常务委员会批准设区的市的地方性法规和审查报请备案的政府规章，适用本

---

* 来源：福建人大网（http://www.fjrd.gov.cn/），http://www.fjrd.gov.cn/ct/16-108955（2016/9/16）.

条例。

第三条 地方立法应当严格遵循立法法规定的各项基本原则。

地方性法规应当具有针对性和可执行性，不得同宪法、法律和行政法规相抵触。

第四条 省人民代表大会及其常务委员会应当完善立法机制，加强对地方立法工作的组织协调和统筹安排，发挥在地方立法工作中的主导作用。

第五条 省人民代表大会及其常务委员会依照宪法、法律规定的权限，制定地方性法规。

下列事项由省人民代表大会制定地方性法规：

（一）法律规定由省人民代表大会规定的事项；

（二）属于本省的需要制定地方性法规的特别重大事项；

（三）规范省人民代表大会自身活动需要制定地方性法规的事项。

下列事项由常务委员会制定地方性法规：

（一）法律规定由常务委员会规定的事项；

（二）省人民代表大会按照法定程序授权常务委员会规定的事项；

（三）规范常务委员会自身活动需要制定地方性法规的事项；

（四）其他应当由常务委员会制定地方性法规的事项。

第六条 省人民代表大会及其常务委员会可以根据改革发展的需要，决定就特定事项授权在一定期限内在部分地方调整或者停止适用本省的地方性法规的部分规定。

第二章 省人民代表大会立法程序

第七条 省人民代表大会主席团可以向省人民代表大会提出法规案，由省人民代表大会会议审议。

省人民代表大会常务委员会、省人民代表大会专门委员会、省人民政府，可以向省人民代表大会提出法规案，由主席团决定列入会议议程。

第八条 一个代表团或者十名以上的省人民代表大会代表联名，可以向省人民代表大会提出法规案，由主席团决定是否列入大会议程，或者先交省人民代表大会法制委员会审议、提出是否列入会议议程的意见，再决定是否列入会议议程。主席团决定不列入大会议程的，交常务委员会或者有关专门委员会在闭会后审议。

法制委员会审议法规案的时候，可以邀请提案人列席会议，发表意见。

第九条　向省人民代表大会提出法规案，在省人民代表大会闭会期间，可以先向常务委员会提出，经常务委员会会议依照本条例第三章规定的有关程序审议后，决定提请省人民代表大会审议，由常务委员会向大会全体会议作说明，或者由提案人向大会全体会议作说明。

第十条　常务委员会决定提请省人民代表大会会议审议的法规案，应当在会议举行的一个月前将法规草案及其说明、有关资料，发给代表。

第十一条　列入省人民代表大会会议议程的法规案，大会全体会议听取提案人的说明后，由各代表团进行审议。

各代表团审议法规案时，提案人应当派人听取意见，回答询问。

第十二条　列入省人民代表大会会议议程的法规案，由法制委员会根据各代表团的审议意见，对法规案进行统一审议后，向主席团提出审议结果报告和法规草案修改稿，对重要的不同意见应当在审议结果报告中予以说明，经主席团会议审议通过后，印发会议。

第十三条　列入省人民代表大会会议议程的法规案，主席团常务主席可以召开各代表团团长会议，就法规案中的重大问题听取各代表团的审议意见，进行讨论，并将讨论的情况和意见向主席团报告。

主席团常务主席也可以就法规案中的重大的专门性问题，召集代表团推荐的有关代表进行讨论，并将讨论的情况和意见向主席团报告。

第十四条　列入省人民代表大会会议议程的法规案，在交付表决前，提案人要求撤回的，应当说明理由，经主席团同意，并向大会报告，对该法规案的审议即行终止。

第十五条　法规案在审议中有重大问题需要进一步研究的，经主席团提出，由大会全体会议决定，可以授权常务委员会根据代表的意见进一步审议，作出决定，并将决定情况向省人民代表大会下次会议报告；也可以授权常务委员会根据代表的意见进一步审议，提出修改方案，提请省人民代表大会下次会议审议决定。

第十六条　法规草案修改稿经各代表团审议，由法制委员会根据各代表团的审议意见进行修改，提出法规草案表决稿，由主席团提请大会全体会议表决，由全体代表的过半数通过。

第三章　省人民代表大会常务委员会立法程序

第十七条　常务委员会主任会议可以向常务委员会提出法规案，由常务委员会会议审议。

省人民政府、省人民代表大会专门委员会，可以向常务委员会提出法规案，由主任会议决定列入常务委员会会议议程，也可以先交有关专门委员会审议或者常务委员会有关工作机构审查、提出报告，再决定列入常务委员会会议议程。如果主任会议认为法规案有重大问题需要进一步研究，可以建议提案人修改完善后再向常务委员会提出。

第十八条　省人民代表大会常务委员会组成人员五人以上联名，可以向常务委员会提出法规案，由主任会议决定是否列入常务委员会会议议程，也可以先交有关专门委员会审议或者常务委员会有关工作机构审查、提出是否列入会议议程的意见，再决定是否列入常务委员会会议议程。不列入常务委员会会议议程的，应当向常务委员会会议报告或者向提案人说明。

第十九条　列入常务委员会会议议程的法规案，除特殊情况外，应当在会议举行的七日前将法规草案及其说明、有关资料，发给常务委员会组成人员。

第二十条　常务委员会会议审议法规案时，应当邀请有关的省人民代表大会代表列席会议；必要时，可以邀请常务委员会聘请的立法咨询专家和基层立法联系点负责人旁听会议。

第二十一条　常务委员会会议第一次审议法规案，在全体会议上听取提案人的说明和有关专门委员会审议意见的报告或者常务委员会有关工作机构的初步审查报告，由分组会议进行审议。

常务委员会会议第二次审议法规案，在全体会议上听取法制委员会关于法规草案修改情况和主要问题的汇报，由分组会议进行审议。

常务委员会会议第三次审议法规案，在全体会议上听取法制委员会关于法规草案审议结果的报告，由分组会议对法规草案修改稿进行审议。

常务委员会审议法规案时，根据需要，可以召开联组会议或者全体会议，对法规草案中的主要问题或者有争议的问题进行讨论。

第二十二条　列入常务委员会会议议程的法规案，一般应当经三次常务委员会会议审议后再交付表决；各方面意见比较一致的，可以经两次常务委员会会议审议后交付表决。调整事项较为单一或者批准及修改、废止的法规案，各方面的意见比较一致的，可以经一次常务委员会会议审议即交付表决。

第二十三条　常务委员会分组会议审议法规案时，提案人应当派人听取意见，回答询问。

常务委员会审议法规案时，提案人或者常务委员会有关工作机构可以根据需要对法规草案拟解决的主要问题、确立的主要制度、重大问题的协调情况等内容进行解读。

第二十四条　在常务委员会会议第一次审议法规案前，有关专门委员会、常务委员会有关工作机构应当开展调查研究和论证工作，可以邀请常务委员会组成人员、专门委员会成员、常务委员会其他工作机构的负责人参加会议，发表意见。

第二十五条　列入常务委员会会议议程的法规案，由法制委员会根据常务委员会组成人员、有关专门委员会、常务委员会有关工作机构和各方面提出的意见，对法规案进行统一审议，提出修改情况的汇报或者审议结果报告和法规草案修改稿，对重要的不同意见应当在汇报或者审议结果报告中予以说明。对有关专门委员会、常务委员会有关工作机构的重要意见没有采纳的，应当向有关专门委员会、常务委员会有关工作机构反馈。

法制委员会审议法规案时，可以邀请有关专门委员会成员、常务委员会有关工作机构的负责人列席会议，发表意见。

第二十六条　列入常务委员会会议议程的法规案，法制委员会、有关专门委员会、常务委员会有关工作机构应当听取利害关系人、相关群体等方面的意见。听取意见可以采取座谈会、论证会、听证会等多种形式。

法规案有关问题专业性较强，需要进行可行性评价的，应当召开论证会，听取有关专家、部门和省人民代表大会代表等方面的意见。论证情况应当向常务委员会报告。

法规案有关问题存在重大意见分歧或者涉及利益关系重大调整的，应当召开听证会，并在举行听证会十五日前将听证会的内容、对象、时间、地点等在福建人大网或者本省的报纸上公告。听证情况应当向常务委员会报告。

第二十七条　列入常务委员会会议议程的法规案，应当将法规草案在福建人大网或者本省的报纸上向社会公布，征求意见，但是经主任会议决定不公布的除外。征求意见的时间一般不少于三十日。

第二十八条　列入常务委员会会议议程的法规案，应当通过多种形式征求有关的省人民代表大会代表的意见，并将有关情况予以反馈。专门委员会、常务委员会有关工作机构进行调查研究、论证，应当邀请有关的省人民代表大会代参加。

第二十九条 列入常务委员会会议议程的法规案，应当征求有关的设区的市、县级人民代表大会常务委员会和基层立法联系点的意见。

第三十条 列入常务委员会会议议程的法规案，在交付表决前，提案人要求撤回的，应当说明理由，经主任会议同意，并向常务委员会报告，对该法规案的审议即行终止。

第三十一条 列入常务委员会会议议程的法规案，在交付表决前，常务委员会组成人员对其中的个别条款意见分歧较大的，经主任会议决定，可以对个别条款单独表决。

单独表决的条款经常务委员会会议表决后，主任会议根据单独表决的情况，可以决定将法规草案表决稿交付表决，也可以决定暂不付表决，交法制委员会或者有关的专门委员会进一步审议。

第三十二条 法规案经常务委员会三次会议审议后，仍有重大问题需要进一步研究的，经主任会议同意，可以暂不付表决，交法制委员会进一步审议。

第三十三条 列入常务委员会会议审议的法规案，因各方面对制定该法规案的必要性、可行性等重大问题存在较大意见分歧搁置审议满两年的，或者因暂不付表决经过两年没有再次列入常务委员会会议议程审议的，由主任会议向常务委员会报告，该法规案终止审议。

第三十四条 法规草案修改稿经常务委员会会议审议，由法制委员会根据常务委员会组成人员的审议意见进行修改，提出法规草案表决稿，由主任会议提请常务委员会全体会议表决，由常务委员会全体组成人员的过半数通过。

第三十五条 地方性法规解释权属于同级人民代表大会常务委员会。

地方性法规有以下情形之一的，由同级人民代表大会常务委员会解释：

（一）法规的规定需要进一步明确具体含义的；

（二）法规制定后出现新的情况，需要明确适用法规依据的。

设区的市的人民代表大会常务委员会对经批准的地方性法规进行解释的，应当在地方性法规解释通过后报送省人民代表大会常务委员会批准。

法规解释同法规具有同等效力。

第三十六条 省人民政府、省高级人民法院、省人民检察院和省人民代表大会专门委员会以及设区的市的人民代表大会常务委员会，可以向省人民代表大会常务委员会提出法规解释的要求。

第三十七条 常务委员会法制工作委员会会同常务委员会有关工作机构研究

拟订法规解释草案，由主任会议决定列入常务委员会会议议程。

法规解释草案经常务委员会会议审议，由法制委员会根据常务委员会组成人员的审议意见进行审议、修改，提出法规解释草案表决稿。

法规解释草案表决稿由常务委员会全体组成人员的过半数通过，由常务委员会发布公告予以公布。

第四章　批准、备案审查与适用

第三十八条　报请批准的设区的市的地方性法规，由主任会议决定列入常务委员会会议议程，或者先交法制委员会审查、提出报告，再决定列入常务委员会会议议程。如果主任会议认为报请批准的地方性法规合法性有问题需要进一步研究的，可以建议报请批准机关修改后再向常务委员会报请批准。常务委员会法制工作委员会承担审查的具体工作。

法制委员会审查报请批准的地方性法规时，应当邀请常务委员会有关工作机构的负责人列席会议，发表意见。

第三十九条　常务委员会对于报请批准的设区的市的地方性法规，应当对其合法性进行审查，同宪法、法律、行政法规和本省的地方性法规不相抵触的，应当在四个月内予以批准。

常务委员会审查认为报请批准的设区的市的地方性法规同宪法、法律、行政法规和本省的地方性法规相抵触的，应当作出不批准的决定。

第四十条　报请批准的设区的市的地方性法规同省人民政府规章相抵触的，由常务委员会按下列规定作出处理决定：

（一）常务委员会认为报请批准的设区的市的地方性法规不适当的，可以要求报请批准机关对不适当部分进行修改；

（二）常务委员会认为省人民政府规章不适当的，在批准设区的市的地方性法规的同时，应当要求省人民政府对规章不适当部分进行修改，或者撤销省人民政府规章。

第四十一条　设区的市的地方性法规报经批准后，由设区的市的人民代表大会常务委员会发布公告予以公布。

第四十二条　省人民代表大会及其常务委员会通过的地方性法规和批准设区的市的地方性法规，由省人民代表大会常务委员会按照有关规定报全国人民代表大会常务委员会和国务院备案。

省人民政府制定的规章和设区的市的人民政府制定的规章应当在公布后的三十日内报送省人民代表大会常务委员会备案。

第四十三条 省、设区的市的人民政府报请备案的规章,由常务委员会有关工作机构进行研究,提出意见;必要时,送法制委员会进行审查。

第四十四条 省高级人民法院、省人民检察院认为省人民政府规章、设区的市的人民政府规章同宪法、法律、行政法规和本省的地方性法规相抵触的,可以向省人民代表大会常务委员会书面提出进行审查的要求,由法制委员会会同常务委员会有关工作机构进行审查、提出意见。

设区的市的人民代表大会常务委员会认为省人民政府规章同宪法、法律、行政法规和本省的地方性法规相抵触的,依照前款办理。

前两款规定以外的其他国家机关和社会团体、企业事业组织以及公民认为省人民政府规章、设区的市的人民政府规章同宪法、法律、行政法规和本省的地方性法规相抵触的,可以向省人民代表大会常务委员会书面提出进行审查的建议,由常务委员会有关工作机构进行研究,提出意见;必要时,送法制委员会审查,提出意见。

第四十五条 法制委员会审查认为省人民政府规章、设区的市的人民政府规章同宪法、法律、行政法规和本省的地方性法规相抵触的,可以向制定机关提出书面审查意见。制定机关应当在两个月内提出是否修改的意见,并向法制委员会反馈。

第四十六条 法制委员会审查认为省人民政府的规章同宪法、法律、行政法规和本省的地方性法规相抵触而制定机关不予修改的,应当向主任会议提出书面审查意见和予以撤销的议案,由主任会议决定是否提请常务委员会会议审议决定。

法制委员会审查认为设区的市的人民政府的规章同宪法、法律、行政法规和本省的地方性法规相抵触而制定机关不予修改的,应当向主任会议提出书面审查意见和要求省人民政府予以变更或者撤销的议案,或者要求设区的市的人民代表大会常务委员会予以撤销的议案,由主任会议决定是否提请常务委员会会议审议决定。

第四十七条 改变或者撤销地方性法规、政府规章的权限是:

(一)省人民代表大会有权改变或者撤销它的常务委员会制定和批准的不适当的地方性法规;

(二)省人民代表大会常务委员会有权撤销本级人民政府制定的不适当的

规章；

（三）省人民政府有权改变或者撤销下一级人民政府制定的不适当的规章；

（四）设区的市的人民代表大会常务委员会有权撤销本级人民政府制定的不适当的规章。

第五章 其他规定

第四十八条 编制立法规划和年度立法计划，应当认真研究代表议案和建议，广泛征集意见，科学论证评估，根据经济社会发展和民主法治建设的需要，确定立法项目。

第四十九条 申请列入年度立法计划的立法建议项目，提出项目的单位应当提交立项申请报告。立项申请报告应当对立法的必要性、可行性、需要解决的问题和拟确立的主要制度作出说明。

常务委员会法制工作委员会应当会同常务委员会其他工作机构、省人民政府法制工作机构，在广泛征求社会各方面意见的基础上对立项申请报告进行审查，编制年度立法计划，必要时，应当进行立项评估。年度立法计划经主任会议通过，印发常务委员会会议，并向社会公布。

第五十条 常务委员会工作机构应当根据年度立法计划向起草单位发送立项通知书，明确法规需要重点解决的问题和拟提请常务委员会会议审议的时间，督促落实年度立法计划。

省人民政府拟提请常务委员会会议审议的法规案应当与常务委员会年度立法计划相衔接。

年度立法计划实施过程中，新增提请审议的立法项目，应当依照本条例第四十九条规定提出立项申请、进行审查，报请主任会议决定；推迟提请审议的立法项目，提案人或者起草单位应当报请主任会议决定，并向常务委员会会议作书面说明。

第五十一条 专门委员会、常务委员会工作机构应当提前参与有关方面的法规草案起草工作；综合性、全局性、基础性的重要法规草案，可以由有关专门委员会或者常务委员会工作机构组织起草。专业性较强的法规草案，可以邀请相关领域的专家参与起草工作，或者委托有关专家、教学科研单位、社会组织起草。

起草法规草案应当注重调查研究，广泛征求社会各界意见。设定行政许可、行政收费以及涉及社会公众切身利益等内容的，应当通过论证会、听证会等方式公开听取意见。涉及行政管理体制、机构设置和职能调整、人员编制、预算经费等内容的，应当通过协调形成共识后作出相关规定。

第五十二条 提出法规案，应当同时提出法规草案文本及其说明，并提供必要的参阅资料。修改法规的，还应当提交修改前后的对照文本。法规草案的说明应当包括制定或者修改法规的必要性、可行性和主要内容，以及起草过程中对重大分歧意见的协调处理情况。

第五十三条 向省人民代表大会及其常务委员会提出的法规案，在列入会议议程前，提案人有权撤回。

第五十四条 交付省人民代表大会及其常务委员会全体会议表决未获通过的法规案，如果提案人认为必须制定该法规，可以按照法律、法规规定的程序重新提出，由主席团、主任会议决定是否列入会议议程；其中，未获得省人民代表大会通过的法规案，应当提请省人民代表大会审议决定。

第五十五条 省人民代表大会通过的法规由大会主席团发布公告予以公布，常务委员会通过的法规由常务委员会发布公告予以公布，并及时在常务委员会公报、福建人大网和本省的报纸上刊载。常务委员会公报刊登的法规文本为标准文本。

第五十六条 地方性法规的修改和废止程序，适用本条例第二章或者第三章的有关规定。

法规被修改的，应当公布新的法规文本。

对现行有效的地方性法规进行清理，可以采用集中修改或者废止的方式，对多部法规一并提出法规修改或者废止案。

第五十七条 法规自施行之日起满两年，主管法规实施的部门应当就法规实施情况向常务委员会书面报告。

常务委员会可以根据需要，组织对相关法规开展执法检查，了解法规的执行情况，提出完善法规的意见。

第五十八条 主任会议根据工作需要，可以决定专门委员会、常务委员会工作机构对法规或者法规中有关规定开展立法后评估。

评估报告经主任会议决定，提请常务委员会会议审议。审议意见建议修改、废止地方性法规的，专门委员会、常务委员会工作机构应当组织研究；建议完善配套制度或者法规实施工作的，有关国家机关应当在两个月内向专门委员会、常务委员会工作机构反馈处理情况。研究及处理情况应当向主任会议报告。

第五十九条 法规明确要求有关国家机关对专门事项作出配套的具体规定

的，有关国家机关应当自法规施行之日起一年内作出规定，法规对配套的具体规定制定期限另有规定的，从其规定。有关国家机关未能在期限内作出配套的具体规定的，应当向常务委员会说明情况。

<h1 style="text-align:center">第六章　附　则</h1>

第六十条　本条例自公布之日起施行。1994年11月19日福建省第八届人民代表大会常务委员会第十三次会议通过的《福建省人民代表大会常务委员会制定地方性法规的规定》同时废止。

江西省立法条例[*]

（2001 年 2 月 23 日江西省第九届人民代表大会第四次会议通过，2009 年 5 月 27 日江西省第十一届人民代表大会常务委员会第十次会议第一次修正，2016 年 6 月 8 日江西省第十二届人民代表大会常务委员会第二十五次会议第二次修正）

目　录

第一章　总　则

第一条　为了规范地方立法活动，提高立法质量，发挥立法的引领和推动作用，全面推进依法治省，建设法治江西，根据《中华人民共和国立法法》和有关法律，结合本省实际，制定本条例。

第二条　省人民代表大会及其常务委员会制定、修改和废止地方性法规，省人民代表大会常务委员会批准设区的市的地方性法规，适用本条例。

---

* 来源：江西人大新闻网（http://jxrd.jxnews.com.cn），http://jxrd.jxnews.com.cn/system/2009/06/02/011125675.shtml（2017/5/17）.

第三条 制定地方性法规应当遵循《中华人民共和国立法法》规定的立法原则，从本地的具体情况和实际需要出发，体现地方特色，不得与宪法、法律、行政法规相抵触。对上位法已经明确规定的内容，一般不作重复性规定。

第四条 省人民代表大会及其常务委员会加强对立法工作的组织协调，发挥在立法工作中的主导作用。

第二章　立法权限

第五条 下列事项由省人民代表大会制定地方性法规：

（一）本省特别重大的事项；

（二）涉及省人民代表大会职权及其工作规则的事项；

（三）法律规定由省人民代表大会制定法规的事项；

（四）省人民代表大会认为应当由其制定法规的事项；

（五）常务委员会认为需要提请省人民代表大会制定法规的事项。

第六条 除本条例第五条规定的以外，下列事项由省人民代表大会常务委员会制定地方性法规：

（一）为执行法律、行政法规的规定，需要根据本省实际情况作出具体规定的事项；

（二）属于地方性事务需要制定法规的事项；

（三）除《中华人民共和国立法法》第八条规定的属于国家专属立法事项以外，国家尚未制定法律或者行政法规的事项；

（四）法律规定由常务委员会制定法规的事项；

（五）省人民代表大会授权制定法规的事项。

第七条 在国家制定相应的法律或者行政法规后，地方性法规与法律或者行政法规的规定相抵触的，应当及时进行修改或者废止。

第八条 省人民代表大会常务委员会在省人民代表大会闭会期间，可以对省人民代表大会制定的地方性法规进行部分补充和修改，但不得同该法规的基本原则相抵触。

第九条 设区的市的人民代表大会及其常务委员会根据本市的具体情况和实际需要，在不同宪法、法律、行政法规和本省的地方性法规相抵触的前提下，可以对城乡建设与管理、环境保护、历史文化保护等方面的事项制定地方性法规，法律对设区的市制定地方性法规的事项另有规定的，从其规定。设区的市的人民代表大会及其常务委员会制定、修改、废止地方性法规应当报省人民代表大会常务委员会批准。

第三章　立法准备

第十条　省人民代表大会常务委员会通过立法规划项目库、年度立法计划等形式，加强对立法工作的统筹安排。

常务委员会法制工作机构负责编制立法规划项目库和拟订年度立法计划，报主任会议通过后向社会公布。

常务委员会法制工作机构编制立法规划项目库和拟订年度立法计划，应当会同省人民代表大会专门委员会、常务委员会工作机构、省人民政府法制工作机构进行研究论证，并广泛征求意见。

设区的市的人民代表大会常务委员会编制立法规划和立法计划时，应当征求省人民代表大会常务委员会法制工作机构的意见。设区的市的人民代表大会常务委员会的立法规划和立法计划，应当报省人民代表大会常务委员会。

第十一条　编制立法规划项目库和年度立法计划应当认真研究人大代表议案和建议，广泛征集意见，科学论证评估，根据本省经济社会发展和民主法治建设的需要，确定立法项目。

本省的国家机关、政党、社会团体、企事业单位、其他组织和公民可以向省人民代表大会及其常务委员会提出立法建议项目。

有关机关、单位提出立法建议项目时，应当报送地方性法规建议稿，同时提供立法依据，立法的必要性、可行性，法规拟规范的主要内容等说明。

第十二条　省人民代表大会常务委员会年度立法计划应当与立法规划项目库相衔接。

省人民政府的年度立法计划应当与省人民代表大会常务委员会的年度立法计划相衔接。

第十三条　立法规划项目库和年度立法计划在实施中需要根据实际情况进行调整的，由常务委员会法制工作机构根据省人民代表大会专门委员会、常务委员会工作机构和有关方面的意见建议，提出意见，报请主任会议决定。

第十四条　法规草案一般由提请机关组织起草。省人民代表大会有关的专门委员会、常务委员会工作机构应当提前参与有关方面的法规草案起草工作；综合性、全局性、基础性的重要法规草案，可以由有关的专门委员会或者常务委员会工作机构组织起草。

专业性较强的法规草案，可以吸收相关领域的专家参与起草工作，或者委托有关专家、教学科研单位、社会组织等第三方起草。

第十五条 起草法规草案一般应当对法规草案制定的目的、依据、适用范围、主管部门、权利义务、法律责任、施行日期等作出规定，并符合立法技术规范的要求。

第十六条 起草法规草案应当进行调查研究，广泛听取各方面意见，对法规草案规范的主要问题进行论证。

第十七条 提请省人民代表大会或者常务委员会审议的法规案，应当同时报送法规草案文本及其说明，并提供必要的参阅资料。修正法规的，还应当提交修改前后的对照文本。

法规草案的说明，应当阐明立法的必要性、可行性和主要内容以及起草过程中对重大分歧意见协调处理等方面的情况。

第四章　省人民代表大会立法程序

第十八条 省人民代表大会主席团可以向省人民代表大会提出法规案，由省人民代表大会会议审议。

省人民代表大会常务委员会、省人民政府、省高级人民法院、省人民检察院、省人民代表大会各专门委员会，可以向省人民代表大会提出法规案，由主席团决定列入会议议程。

第十九条 十名以上代表联名，可以向省人民代表大会提出法规案，由主席团决定是否列入会议议程，或者先交有关专门委员会审议，提出是否列入会议议程的意见，再由主席团决定是否列入会议议程。

专门委员会审议时，可以邀请提案人列席会议，发表意见。

第二十条 向省人民代表大会提出的法规案，在省人民代表大会闭会期间，可以先向常务委员会提出，经常务委员会会议依照本条例第五章规定的有关程序审议后，决定提请省人民代表大会审议，由常务委员会向大会全体会议作说明，或者由提案人向大会全体会议作说明。

常务委员会依照前款规定审议法规案，应当通过多种形式征求省人民代表大会代表的意见，并将有关情况予以反馈；专门委员会和常务委员会工作机构进行立法调研，可以邀请有关的省人民代表大会代表参加。

第二十一条　常务委员会决定提请省人民代表大会会议审议的法规案，应当在会议举行的一个月前将法规草案及其说明发给代表。

第二十二条　列入省人民代表大会会议议程的法规案，在大会全体会议上听取提案人的说明后，由各代表团进行审议。审议时，提案人应当派人听取意见，回答询问。根据代表团的要求，有关机关、组织应当派人介绍情况。

第二十三条　列入省人民代表大会会议议程的法规案，由有关专门委员会进行审议，向主席团提出审议意见，并印发会议。

第二十四条　列入省人民代表大会会议议程的法规案，由法制委员会根据各代表团和有关专门委员会的审议意见，对法规案进行统一审议，向主席团提出审议结果报告和法规草案修改稿，对重要的不同意见应当在审议结果报告中予以说明，经主席团会议审议通过后，印发会议。

第二十五条　列入省人民代表大会会议议程的法规案，必要时，主席团常务主席可以召开各代表团团长会议，就法规案中的重大问题听取各代表团的审议意见，进行讨论，并将讨论的情况和意见向主席团报告。

主席团常务主席也可以就法规案中的重大的专门性问题，召集代表团推选的有关代表进行讨论，并将讨论的情况和意见向主席团报告。

第二十六条　列入省人民代表大会会议议程的法规案，在交付表决前，提案人要求撤回的，应当说明理由，经主席团同意，并向大会报告，对该法规案的审议即行终止。

第二十七条　法规案在审议中有重大问题需要进一步研究的，经主席团提出，由大会全体会议决定，可以授权常务委员会根据代表的意见作进一步审议，作出决定，并将决定情况向省人民代表大会下次会议报告；也可以授权常务委员会根据代表的意见作进一步审议，提出修改方案，提请省人民代表大会下次会议审议决定。

第二十八条　法规草案修改稿经各代表团审议后，由法制委员会根据各代表团的审议意见进行修改，提出法规草案表决稿，由主席团提请大会全体会议表决，由全体代表的过半数通过。

第二十九条　省人民代表大会通过的地方性法规由大会主席团发布公告予以公布。

第五章　省人民代表大会常务委员会立法程序

第三十条　主任会议可以向常务委员会提出法规案，由常务委员会会议审议。

省人民政府、省高级人民法院、省人民检察院、省人民代表大会各专门委员会可以向常务委员会提出法规案，由主任会议决定列入常务委员会会议议程，或者先交有关专门委员会审议，提出报告，再由主任会议决定列入常务委员会会议议程。如果主任会议认为法规案有重大问题需要进一步研究，可以建议提案人修改完善后再向常务委员会提出。

第三十一条　常务委员会组成人员五人以上联名，可以向常务委员会提出法规案，由主任会议决定是否列入常务委员会会议议程，或者先交有关专门委员会审议、提出报告，再由主任会议决定是否列入常务委员会会议议程。主任会议决定不列入常务委员会会议议程的，应当向常务委员会会议报告或者向提案人说明。

专门委员会审议时，可以邀请提案人列席会议，发表意见。

第三十二条　拟提请常务委员会会议第一次审议的法规案，一般应当在常务委员会会议召开二十日前报送常务委员会。

列入常务委员会会议议程的法规案，除特殊情况外，应当在会议举行的七日前将该法规草案及其说明发给常务委员会组成人员。

第三十三条　列入常务委员会会议议程的法规案，一般应当经两次常务委员会会议审议后再交付表决。

对社会广泛关注且意见分歧较大的法规案，可以经三次常务委员会会议审议后交付表决或者经两次常务委员会会议审议后交付下次常务委员会会议表决。

调整事项较为单一或者部分修改的法规案、废止法规案，各方面意见比较一致的，可以经一次常务委员会会议审议后交付表决。

第三十四条　列入常务委员会会议议程的法规案，由有关的专门委员会或者常务委员会工作机构进行审议或者审查，提出意见，印发常务委员会会议。

有关的专门委员会或者常务委员会工作机构审议或者审查法规案时，应当召开全体会议，可以要求有关机关、组织的负责人到会说明情况。

审议或者审查意见，应当包括制定该法规的必要性、法规草案的合法性、可行性，并对法规草案提出具体修改意见。

第三十五条 常务委员会会议第一次审议法规案，在全体会议上听取提案人的说明和有关专门委员会的审议意见报告后，由分组会议进行审议。

常务委员会会议第二次审议法规案，在全体会议上由法制委员会作关于法规草案修改情况的汇报，并提出法规草案修改稿，由分组会议对法规草案修改稿进行审议。

常务委员会审议法规案时，根据需要，可以召开联组会议或者全体会议，对法规草案中的主要问题进行讨论。

第三十六条 常务委员会分组会议或者联组会议审议法规案时，提案人应当到会听取意见，回答询问。根据小组或者联组的要求，有关机关、组织应当派人介绍情况。

第三十七条 列入常务委员会会议议程的法规案，由法制委员会根据常务委员会组成人员、有关的专门委员会、常务委员会工作机构的审议或者审查意见和各方面提出的意见，对法规案进行统一审议，提出修改情况的汇报或者审议结果报告和法规案修改稿，对重要的不同意见，法制委员会应当在汇报或者审议结果报告中予以说明。对有关专门委员会或者常务委员会工作机构的审议或者审查意见没有采纳的，应当向有关专门委员会或者常务委员会工作机构反馈。

法制委员会统一审议时，应当召开全体会议，邀请有关的专门委员会的成员、常务委员会工作机构、省人民政府法制工作机构及有关部门列席会议，发表意见。

第三十八条 专门委员会之间或者专门委员会与常务委员会工作机构之间对法规草案的重要问题意见不一致时，应当向主任会议报告。

第三十九条 法规案经常务委员会会议审议后，仍有重大问题需要进一步研究的，经主任会议决定，可以暂不付表决，交法制委员会进一步审议。

暂不付表决的法规案，经过审议修改和协调，草案中的重大问题得到解决的，由主任会议决定提请常务委员会会议再次审议。

第四十条 常务委员会会议审议法规案时，应当安排必要的时间，保证常务委员会组成人员充分发表意见。

常务委员会会议审议法规案时，应当邀请有关的省人民代表大会代表列席会议，发表意见，也可以组织公民旁听。

第四十一条 列入常务委员会会议议程的法规案，法制委员会、有关的专门委员会和常务委员会工作机构应当听取各方面的意见。听取意见可以采取座谈会、论证会、听证会等多种形式。

法规案有关问题专业性较强，需要进行可行性评价的，应当召开论证会，听取有关专家、部门和省人民代表大会代表等方面的意见。论证情况应当向常务委员会报告。

法规案有关问题存在重大意见分歧或者涉及利益关系重大调整，应当召开听证会，听取有关基层和群体代表、部门、人民团体、专家、省人民代表大会代表和社会有关方面的意见。听证情况应当向常务委员会报告。

常务委员会工作机构应当将法规草案发给相关领域的省人民代表大会代表、设区的市和有关县（市、区）人民代表大会常务委员会以及有关部门、组织和专家征求意见。

第四十二条　列入常务委员会会议议程的法规案，常务委员会工作机构应当在常务委员会会议后将法规草案及其起草、修改的说明等在江西人大网站等媒体上向社会公布，征求意见，但是经主任会议决定不公布的除外。向社会公布征求意见的时间一般不少于三十日。

第四十三条　各方面提出的意见以及其他有关资料，由常务委员会法制工作机构收集整理后，分送法制委员会和有关的专门委员会，并根据需要，印发常务委员会会议。

第四十四条　拓宽公民有序参与立法途径，建立基层立法联系点，发挥基层单位在立法中的作用。

第四十五条　列入常务委员会会议议程的法规案，在交付表决前，提案人要求撤回的，应当说明理由，经主任会议同意，并向常务委员会报告，对该法规案的审议即行终止。

第四十六条　法规草案修改稿经常务委员会会议审议后，由法制委员会根据常务委员会组成人员的审议意见进行修改，提出审议结果报告和法规草案表决稿，再由主任会议决定提请常务委员会全体会议表决。

法规草案表决稿交付常务委员会会议表决前，主任会议根据常务委员会会议审议的情况，可以决定将个别意见分歧较大的重要条款提请常务委员会会议单独表决。

单独表决的条款经常务委员会会议表决后，主任会议根据单独表决的情况，可以决定将法规草案表决稿交付表决，也可以决定暂不付表决，交法制委员会和有关的专门委员会进一步审议。

第四十七条　列入常务委员会会议审议的法规案，因各方面对制定该法规的必要性、可行性等重大问题存在较大意见分歧搁置审议满两年的，或者因暂不付表决经过两年没有再次列入常务委员会会议审议的，由主任会议向常务委员会报告，对该法规案的审议即行终止。

第四十八条　经常务委员会会议一次审议即可以交付表决的法规案，在全体会议上听取提案人的说明，印发或者听取有关专门委员会或者工作机构的意见后，由分组会议进行审议。法制委员会根据常务委员会的审议意见进行统一审议后，提出审议结果报告和法规草案表决稿，再由主任会议决定提请常务委员会全体会议表决。

第四十九条　对多部法规中涉及同类事项的个别条款进行修改，一并提出法规案的，经主任会议决定，可以合并表决，也可以分别表决。

第五十条　常务委员会会议表决法规草案表决稿，由全体组成人员的过半数通过。

第五十一条　常务委员会通过的地方性法规由常务委员会发布公告予以公布。

第六章　设区的市地方性法规批准程序

第五十二条　设区的市的地方性法规案的提出、审议和表决程序，按照立法法第七十七条的要求，由本级人民代表大会规定。

第五十三条　设区的市的人民代表大会常务委员会审议法规草案过程中，可以根据需要将法规草案及修改稿送省人民代表大会常务委员会法制工作机构，由省人民代表大会常务委员会法制工作机构分送有关的省人民代表大会专门委员会、常务委员会工作机构或者有关单位、部门征求意见。

有关的省人民代表大会专门委员会、常务委员会工作机构或者有关单位、部门对法规草案及修改稿，应当重点就合法性提出意见，同时可以对合理性、针对性、可执行性等方面提出意见，交由省人民代表大会常务委员会法制工作机构一并向设区的市的人民代表大会常务委员会反馈。

第五十四条　设区的市的人民代表大会及其常务委员会制定、修改和废止地方性法规，应当向省人民代表大会常务委员会提出报请批准的报告和法规文本，并附有关说明及参阅资料。

第五十五条　省人民代表大会常务委员会审议报请批准的地方性法规，一般经一次常务委员会会议审议即交付表决。

常务委员会审议报请批准的地方性法规，由报请批准机关书面说明，再由分组会议对其合法性进行审议。

报请批准机关应当派人列席分组会议听取意见，回答询问。

第五十六条 对报请批准的地方性法规，先交省人民代表大会法制委员会审议，提出审议意见报告，再由主任会议决定，提交常务委员会会议审查批准。

法制委员会审议报请批准的地方性法规时，应当邀请有关的专门委员会、常务委员会工作机构或者报请批准机关及有关单位、部门列席会议，发表意见。

第五十七条 省人民代表大会常务委员会对报请批准的地方性法规，应当对其合法性进行审查，同宪法、法律、行政法规或者本省的地方性法规不抵触的，应当在四个月内予以批准；同宪法、法律、行政法规或者本省的地方性法规相抵触的，可不予批准，也可以采取附修改意见的方式批准。

第五十八条 报请批准的地方性法规同省人民政府规章相抵触的，省人民代表大会常务委员会认为省人民政府规章的规定不适当，可以撤销省人民政府规章或者责成省人民政府对规章进行修改；认为报请批准的地方性法规的有关条款不适当，可采取附修改意见的方式批准。

第五十九条 报经批准的地方性法规，由设区的市的人民代表大会常务委员会发布公告予以公布。

省人民代表大会常务委员会附修改意见批准的地方性法规，报请批准的机关应当依照修改意见进行修改后发布公告予以公布。

第七章　法规解释

第六十条 省人民代表大会及其常务委员会制定的地方性法规，其规定需要进一步明确具体含义或者制定后出现新的情况，需要明确适用法规依据的，由常务委员会进行解释。

第六十一条 省人民政府、省高级人民法院、省人民检察院和省人民代表大会各专门委员会以及设区的市的人民代表大会常务委员会，可以向省人民代表大会常务委员会提出地方性法规解释要求。

第六十二条 省人民代表大会常务委员会工作机构负责研究拟订法规解释草案，由主任会议决定提请常务委员会审议。

第六十三条 法规解释草案经常务委员会会议审议，由法制委员会根据常务委员会组成人员的意见进行审议、修改，提出法规解释草案表决稿。

法规解释草案表决稿由常务委员会全体组成人员过半数通过，由常务委员会发布公告予以公布。

第六十四条　省人民代表大会常务委员会法制工作机构可以对有关具体问题的法规询问，进行研究予以答复，并报常务委员会备案。

第六十五条　设区的市的人民代表大会常务委员会报请省人民代表大会常务委员会批准的地方性法规，由设区的市的人民代表大会常务委员会进行解释。

设区的市的人民代表大会常务委员会作出的法规解释，报省人民代表大会常务委员会批准后生效。

第六十六条　省人民代表大会常务委员会和设区的市人民代表大会常务委员会的法规解释同地方性法规具有同等效力。

第八章　其他规定

第六十七条　地方性法规一般称为条例、规定、办法、实施办法、规则。

第六十八条　省人民代表大会有关专门委员会、常务委员会工作机构和有关部门、单位应当对地方性法规进行定期清理，发现地方性法规内容与法律、行政法规相抵触的，与本省其他法规不协调的，或者与现实情况不适应的，应当提出修改或者废止地方性法规的建议。

地方性法规施行后上位法制定、修改或者废止的，实施地方性法规的部门应当及时对地方性法规进行检查，提出是否修改或者废止地方性法规的意见和建议。

修改或者废止地方性法规的意见和建议，由常务委员会法制工作机构组织研究，确需修改或者废止地方性法规的，报主任会议同意，列入年度立法计划。

第六十九条　地方性法规规定明确要求有关国家机关对专门事项作出配套的具体规定的，有关国家机关应当自法规施行之日起一年内作出规定，法规对配套的具体规定制定期限另有规定的，从其规定。有关国家机关未能在期限内作出配套的具体规定的，应当向省人民代表大会常务委员会说明情况。

第七十条　省人民代表大会专门委员会、常务委员会工作机构可以组织对有关法规或者法规中的有关规定进行立法后评估。评估情况应当向常务委员会报告。

立法后评估报告提出需要对法规进行修改或者废止的，经主任会议决定将相关立法项目列入省人民代表大会常务委员会立法规划项目库或者年度立法计划。

第七十一条　省人民代表大会及其常务委员会制定的地方性法规公布后，应

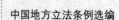

当及时在《江西省人民代表大会常务委员会公报》《江西日报》和中国人大网、江西人大网站等媒体上刊登。

《江西省人民代表大会常务委员会公报》上刊登的地方性法规文本为标准文本。

第七十二条　省人民代表大会及其常务委员会制定或者批准的地方性法规，由省人民代表大会常务委员会办事机构在法规公布后的三十日内报全国人民代表大会常务委员会和国务院备案。

第七十三条　地方性法规被修改的，应当公布新的法规文本。

地方性法规被废止的，除由其他法规规定废止该法规的以外，由常务委员会发布公告予以公布。

第七十四条　省人民代表大会常务委员会法制工作机构应当定期将已公布施行的地方性法规汇编成册。

第九章　附　则

第七十五条　本条例自公布之日起施行。1986 年 1 月 29 日江西省第六届人民代表大会常务委员会第十五次会议通过，并经 1989 年 3 月 5 日江西省第七届人民代表大会常务委员会第七次会议和 1993 年 12 月 18 日江西省第八届人民代表大会常务委员会第六次会议两次修订的《江西省人民代表大会常务委员会制定地方性法规条例》同时废止。

河南省地方立法条例*

（2016 年 1 月 31 日由河南省第十二届人民代表大会第五次会议通过并公布，自 2016 年 1 月 31 日起施行）

第一章　总　则

第一条　为了规范地方立法活动，健全地方立法制度，提高地方立法质量，发挥立法的引领和推动作用，全面推进依法治省，根据《中华人民共和国宪法》、《中华人民共和国地方各级人民代表大会和地方各级人民政府组织法》、《中华人民共和国立法法》和其他相关法律的规定，结合本省实际，制定本条例。

第二条　省人民代表大会及其常务委员会制定、修改、废止地方性法规，省人民代表大会常务委员会批准设区的市的人民代表大会及其常务委员会制定、修改、废止地方性法规，适用本条例。

＊ 来源：《河南日报》，2016 年 2 月 17 日，第 9 版。

第三条　地方立法应当遵循宪法的基本原则，以经济建设为中心，坚持社会主义道路、坚持人民民主专政、坚持中国共产党的领导、坚持马克思列宁主义毛泽东思想和中国特色社会主义理论，坚持改革开放。

第四条　地方立法应当依照法定的权限和程序，从国家整体利益出发，维护社会主义法制的统一和尊严，不得与宪法、法律、行政法规相抵触。

第五条　地方立法应当体现人民的意志，维护人民的根本利益，发扬社会主义民主，坚持立法公开，保障人民通过多种途径参与地方立法活动。

第六条　地方立法应当从本行政区域的具体情况和实际需要出发，适应经济社会发展和全面深化改革的要求。

地方立法应当科学合理地规定公民、法人和其他组织的权利与义务、国家机关的权力与责任。

地方性法规规范应当明确、具体，具有针对性和可执行性。

第二章　立法准备

第七条　省人民代表大会及其常务委员会应当加强对地方立法工作的组织协调，发挥在地方立法工作中的主导作用。

第八条　省人民代表大会常务委员会应当通过编制立法规划、年度立法计划等形式，加强对立法工作的统筹安排。

设区的市的人民代表大会常务委员会的立法规划应当报省人民代表大会常务委员会备案，其年度立法计划应当纳入省人民代表大会常务委员会立法计划。

第九条　省人民代表大会常务委员会应当根据本省经济社会发展和民主法治建设的实际需要编制立法规划、立法计划，急需用法规规范和调整的事项应当优先列入。

第十条　立法规划和立法计划中的立法项目来源包括：

（一）省人民代表大会代表提出的议案、建议；

（二）有权提出地方性法规案的机关提出的立法建议项目；

（三）向社会公开征集的立法建议项目；

（四）立法后评估、执法检查中反映问题较多、应当进行修改或者废止的项目；

（五）需要立法的其他项目。

第十一条　省人民代表大会常务委员会法制工作委员会负责向省人民代表大

会各专门委员会、省人民代表大会常务委员会各工作机构、省直有关单位、各设区的市人民代表大会常务委员会及社会各界广泛征集立法建议项目。

立法建议项目的主要内容应当包括立法项目的名称，立法的必要性、可行性，立法依据，需要解决的主要问题等。

第十二条　省人民代表大会常务委员会法制工作委员会对各方面提出的立法建议项目进行研究，提出初步意见后，应当征求省人民代表大会各专门委员会、常务委员会工作机构，省人民政府法制工作机构，省高级人民法院、省人民检察院有关工作机构的意见。经多方征求意见和论证评估，提出立法规划、立法计划草案，经省人民代表大会法制委员会审议，报常务委员会主任会议审议通过。

立法规划、立法计划应当印发有关单位和常务委员会组成人员，并向社会公布。

第十三条　立法计划包括审议项目和调研项目。审议项目应当按计划提请省人民代表大会常务委员会审议，调研项目应当认真组织实施。

立法计划的项目需要个别调整的，由常务委员会主任会议决定。

第十四条　省人民代表大会常务委员会法制工作委员会可以采取专题调研、听取汇报等形式，掌握立法计划总体实施进展情况，适时向有关单位通报；有关工作机构在各自职责范围内督促立法计划的落实。

第十五条　有关单位应当按照年度立法计划，做好地方性法规的起草工作。省人民代表大会有关专门委员会或者常务委员会有关工作机构应当提前参与起草工作。起草单位应当主动向省人民代表大会有关专门委员会或者常务委员会有关工作机构报告起草工作情况。

综合性、全局性、基础性的重要地方性法规草案，可以由省人民代表大会有关专门委员会或者常务委员会法制工作委员会组织起草。

专业性较强的地方性法规草案，可以吸收相关领域的专家参与起草，或者委托有关专家、教学科研单位、社会组织起草。

第十六条　起草地方性法规应当注重调查研究，广泛征询社会意见。直接涉及人民群众切身利益的地方性法规，应当通过举行座谈会、听证会、论证会等方式公开听取意见。

第十七条　提出地方性法规案的机关，在提出地方性法规案之前，对地方性法规草案中存在重大分歧意见的问题，应当做好协调工作。

提出地方性法规案，应当同时提出地方性法规草案文本及其说明，并提供必要的参阅资料。修改地方性法规的，还应当提交修改前后的对照文本。

地方性法规草案的说明应当包括制定、修改或者废止该地方性法规的必要性、可行性和主要内容，以及起草过程中对重大分歧意见的协调处理情况。

第三章　省人民代表大会立法程序

第十八条　下列事项由省人民代表大会制定地方性法规：

（一）本省特别重大事项；

（二）省人民代表大会及其常务委员会立法程序；

（三）省人民代表大会的议事程序；

（四）法律规定由省人民代表大会制定地方性法规的其他事项。

第十九条　省人民代表大会主席团可以向省人民代表大会提出地方性法规案，由省人民代表大会会议审议。

省人民代表大会常务委员会、省人民政府、省高级人民法院、省人民检察院、省人民代表大会各专门委员会，可以向省人民代表大会提出地方性法规案，由主席团决定列入会议议程。

第二十条　一个代表团或者十名以上的代表联名，可以向省人民代表大会提出地方性法规案，由主席团决定是否列入会议议程，或者先交有关专门委员会审议、提出是否列入会议议程的意见，再由主席团决定是否列入会议议程。

专门委员会审议时，可以邀请提案人列席会议，发表意见。

第二十一条　向省人民代表大会提出的地方性法规案，在省人民代表大会闭会期间，可以先向常务委员会提出，经常务委员会会议依照本条例第四章的规定审议后，决定提请省人民代表大会审议，由常务委员会向大会全体会议作说明，或者由提案人向大会全体会议作说明。

常务委员会依照前款规定审议地方性法规案，应当通过多种形式征求省人民代表大会代表的意见，并将有关情况予以反馈。专门委员会和常务委员会工作机构进行立法调研，可以邀请有关省人民代表大会代表参加。

第二十二条　向省人民代表大会提出的地方性法规案，在列入会议议程前，提案人有权撤回。

第二十三条　常务委员会决定提请省人民代表大会会议审议的地方性法规案，应当在会议举行的一个月前将地方性法规草案发给代表。

第二十四条　列入省人民代表大会会议议程的地方性法规案，大会全体会议听取提案人的说明后，由各代表团进行审议。

各代表团审议地方性法规案时，提案人应当派人听取意见，回答询问。

各代表团审议地方性法规案时，根据代表团的要求，有关机关、组织应当派人介绍情况。

第二十五条　列入省人民代表大会会议议程的地方性法规案，由有关专门委员会进行审议，向主席团提出审议意见，并印发会议。

第二十六条　列入省人民代表大会会议议程的地方性法规案，由法制委员会根据各代表团和有关专门委员会的审议意见，对地方性法规案进行统一审议，向主席团提出审议修改报告和地方性法规草案修改稿，对重要的不同意见应当在审议修改报告中予以说明，经主席团会议审议通过后，印发会议。

第二十七条　列入省人民代表大会会议议程的地方性法规案，必要时，主席团常务主席可以召开各代表团团长会议，就地方性法规案中的重大问题听取各代表团的审议意见，进行讨论，并将讨论的情况和意见向主席团报告。

主席团常务主席也可以就地方性法规案中的重大的专门性问题，召集代表团推选的有关代表进行讨论，并将讨论的情况和意见向主席团报告。

第二十八条　列入省人民代表大会会议议程的地方性法规案，在交付表决前，提案人要求撤回的，应当说明理由，经主席团同意，并向大会报告，对该地方性法规案的审议即行终止。

第二十九条　地方性法规案在审议中有重大问题需要进一步研究的，经主席团提出，由大会全体会议决定，可以授权常务委员会根据代表的意见进一步审议，作出决定，并将决定情况向省人民代表大会下次会议报告；也可以授权常务委员会根据代表的意见进一步审议，提出修改方案，提请省人民代表大会下次会议审议决定。

第三十条　地方性法规草案修改稿经各代表团审议，由法制委员会根据各代表团的审议意见进行修改，提出审议结果的报告和地方性法规草案表决稿，由主席团提请大会全体会议表决，由全体代表的过半数通过。

第四章　省人民代表大会常务委员会立法程序

第三十一条　下列事项除应当由省人民代表大会制定地方性法规的以外，常务委员会可以制定地方性法规：

（一）为执行法律、行政法规的规定，需要根据本省实际情况作出具体规定的；

（二）属于地方性事务需要作出规定的；

（三）除《中华人民共和国立法法》第八条规定只能制定法律的事项外，国家尚未制定法律、行政法规的；

（四）全国人民代表大会及其常务委员会授权地方作出规定的；

（五）省人民代表大会授权常务委员会作出规定的；

（六）法律规定由常务委员会作出规定的其他事项。

在省人民代表大会闭会期间，常务委员会可以对省人民代表大会制定的地方性法规进行部分修改和补充，但不得同该法规的基本原则相抵触。

第三十二条　主任会议可以向常务委员会提出地方性法规案，由常务委员会会议审议。

省人民政府、省高级人民法院、省人民检察院、省人民代表大会各专门委员会可以向常务委员会提出地方性法规案，由主任会议决定列入常务委员会会议议程，或者先交有关专门委员会审议、提出报告，再决定列入常务委员会会议议程。如果主任会议认为地方性法规案有重大问题需要进一步研究，可以建议提案人修改完善后再向常务委员会提出。

第三十三条　常务委员会组成人员五人以上联名，可以向常务委员会提出地方性法规案，由主任会议决定是否列入常务委员会会议议程，或者先交有关专门委员会审议、提出是否列入会议议程的意见，再决定是否列入常务委员会会议议程。不列入常务委员会会议议程的，应当向常务委员会会议报告或者向提案人说明。

专门委员会审议的时候，可以邀请提案人列席会议，发表意见。

第三十四条　向常务委员会提出的地方性法规案，在列入会议议程前，提案人有权撤回。

第三十五条　列入常务委员会会议议程的地方性法规案，除特殊情况外，应当在会议举行的七日前，将地方性法规草案发给常务委员会组成人员。

常务委员会会议审议地方性法规案时，应当邀请有关省人民代表大会代表列席会议，也可以组织公民旁听。

第三十六条　提请常务委员会会议审议的地方性法规案，有关专门委员会应当就制定该地方性法规的必要性、可行性以及该地方性法规案中的专门性问题提出审议意见，并在收到地方性法规案后六个月内向主任会议报告。

第三十七条　常务委员会会议第一次审议地方性法规案，在全体会议上听取提案人的说明，并将有关专门委员会的审议意见、地方性法规草案印发常务委员会会议，由分组会议进行初步审议。

常务委员会会议第一次审议地方性法规案后六个月内，法制委员会应当向主任会议报告地方性法规草案的修改情况和主要问题，由主任会议决定是否列入常务委员会会议议程。

常务委员会会议第二次审议地方性法规案，在全体会议上听取法制委员会关于地方性法规草案审议修改情况的报告，由分组会议对法制委员会提出的地方性法规草案修改稿进行审议。

第三十八条 列入常务委员会会议议程的地方性法规案，一般应当经两次常务委员会会议审议后交付表决。在常务委员会会议第二次审议时对地方性法规案中的重大问题意见分歧较大的，经主任会议决定，可以经三次常务委员会会议审议后交付表决。调整事项较为单一或者部分修改，各方面意见比较一致的，以及废止法规的地方性法规案，也可以经一次常务委员会会议审议即交付表决。

第三十九条 常务委员会分组会议审议地方性法规案时，提案人应当派人听取意见，回答询问。

常务委员会分组会议审议地方性法规案时，根据小组的要求，有关机关、组织应当派人介绍情况。

第四十条 常务委员会审议地方性法规案时，对地方性法规草案中的主要问题，经主任会议决定可以召开联组会议或者全体会议进行讨论。

第四十一条 有关专门委员会审议地方性法规案时，应当召开全体会议审议，可以邀请其他专门委员会或者常务委员会工作机构的人员列席会议，发表意见；根据需要，可以要求有关机关、组织派人说明情况。

第四十二条 地方性法规案经常务委员会会议第一次审议后，由法制委员会根据常务委员会组成人员、有关专门委员会的审议意见和各方面提出的意见，对地方性法规案进行统一审议，提出审议修改情况的报告和地方性法规草案修改稿，对重要的不同意见应当在审议修改报告中予以说明。对有关专门委员会的审议意见没有采纳的，应当向有关专门委员会反馈。

法制委员会审议地方性法规案时，应当邀请有关专门委员会的成员列席会议，发表意见。

第四十三条 专门委员会之间对地方性法规草案的重要问题意见不一致时，应当向主任会议报告。

第四十四条 列入常务委员会会议议程的地方性法规案，法制委员会、有关专门委员会和常务委员会工作机构应当听取各方面的意见。听取意见可以采取座谈会、论证会、听证会等多种形式。

地方性法规案有关问题专业性较强，需要进行可行性评价的，应当召开论证会，听取有关专家、部门、省人民代表大会代表、省政协委员的意见。论证情况应当向常务委员会报告。

地方性法规案有关问题存在重大意见分歧或者涉及利益关系重大调整，需要进行听证的，应当召开听证会，听取有关基层和群体代表、部门、人民团体、专家、省人民代表大会代表和社会有关方面的意见。听证情况应当向常务委员会报告。

第四十五条 列入常务委员会会议议程的地方性法规案，应当在常务委员会会议后将法规草案及其起草、修改的说明等向社会公布，征求意见，但是经主任会议决定不公布的除外。向社会公布征求意见的时间一般不少于三十日。征求意见的情况应当向社会通报。

第四十六条 拟提请常务委员会会议审议通过的地方性法规案，在法制委员会提出审议结果的报告前，常务委员会法制工作委员会可以对地方性法规草案中主要制度规范的可行性、法规出台时机、法规实施的社会效果和可能出现的问题等进行评估。评估情况由法制委员会在审议结果的报告中予以说明。

第四十七条 列入常务委员会会议议程的地方性法规案，在交付表决前，提案人要求撤回的，应当说明理由，经主任会议同意，并向常务委员会报告，对该地方性法规案的审议即行终止。

第四十八条 地方性法规草案修改稿经常务委员会会议审议，由法制委员会根据常务委员会组成人员的审议意见进行修改，提出审议结果的报告和地方性法规草案表决稿，由主任会议提请常务委员会全体会议表决，由常务委员会全体组成人员的过半数通过。

地方性法规草案表决稿交付常务委员会会议表决前，主任会议根据常务委员会会议审议情况，可以决定将个别意见分歧较大的重要条款提请常务委员会会议单独表决。

单独表决的条款经常务委员会会议表决后，主任会议根据单独表决的情况，可以决定将地方性法规草案表决稿交付表决，也可以决定暂不付表决，交法制委员会进一步审议。

第四十九条 对多部地方性法规中涉及同类事项的个别条款进行修改，一并提出地方性法规案的，经主任会议决定，可以合并表决，也可以分别表决。

第五十条 列入常务委员会会议审议的地方性法规案，因各方面对制定该地方性法规的必要性、可行性等重大问题存在较大意见分歧搁置审议满两年的，或者因暂不付表决经过两年没有再次列入常务委员会会议议程审议的，由主任会议向常务委员会报告，该地方性法规案终止审议。

第五章　立法程序的其他规定

第五十一条　交付省人民代表大会及其常务委员会全体会议表决未获得通过的地方性法规案，如果提案人认为必须制定该地方性法规，可以按照本条例重新提出，由主席团、主任会议决定是否列入会议议程；其中，未获省人民代表大会通过的地方性法规案，应当提请省人民代表大会审议决定。

第五十二条　省人民代表大会制定的地方性法规由大会主席团发布公告予以公布。

省人民代表大会常务委员会制定的地方性法规由常务委员会发布公告予以公布。

公布地方性法规应当载明该地方性法规的制定机关、通过和施行日期。

第五十三条　地方性法规在省人民代表大会及其常务委员会会议通过后应当及时在省人民代表大会常务委员会公报、河南人大网上刊载，二十日内在《河南日报》上全文刊登，其他新闻媒体适时刊载。在常务委员会公报上刊登的地方性法规文本为标准文本。

第五十四条　地方性法规部分条文被修改的，应当公布新的地方性法规文本。

地方性法规被废止的，除由新的地方性法规规定废止该法规的以外，应当公布废止该地方性法规的决定、决议。

第五十五条　地方性法规草案与其他地方性法规相关规定不一致的，提案人应当予以说明并提出处理意见，必要时应当提出修改或者废止其他地方性法规相关规定的议案。

省人民代表大会法制委员会和有关专门委员会审议地方性法规案时，认为需要修改或者废止其他地方性法规相关规定的，应当提出处理意见。

第五十六条　地方性法规明确要求有关国家机关对专门事项作出配套的具体规定的，有关国家机关应当自地方性法规施行之日起一年内作出规定，地方性法规对配套的具体规定制定期限另有规定的，从其规定。有关国家机关未能在期限内作出配套的具体规定的，应当向省人民代表大会常务委员会说明情况。

第五十七条 省人民代表大会有关专门委员会、常务委员会工作机构可以组织对有关地方性法规或者地方性法规中有关规定进行立法后评估。评估情况应当向常务委员会报告。

第六章 批准设区的市的地方性法规程序

第五十八条 设区的市的人民代表大会及其常务委员会根据本市的具体情况和实际需要，在不同宪法、法律、行政法规和省人民代表大会及其常务委员会制定的地方性法规相抵触的情况下，可以对城乡建设与管理、环境保护、历史文化保护等方面的事项制定地方性法规，法律对设区的市制定地方性法规的事项另有规定的，从其规定。设区的市的地方性法规须报省人民代表大会常务委员会批准后施行。

第五十九条 设区的市的人民代表大会常务委员会对地方性法规草案第一次审议后，其法制工作机构应当及时征询省人民代表大会常务委员会法制工作委员会对该地方性法规草案的意见。

第六十条 设区的市的人民代表大会及其常务委员会制定的地方性法规，报请省人民代表大会常务委员会批准时，应当附上制定该地方性法规的说明、参阅资料及其他有关材料，报省人民代表大会常务委员会。

第六十一条 报请省人民代表大会常务委员会批准的地方性法规，由省人民代表大会法制委员会审查后，向主任会议提出审查情况的报告，由主任会议决定列入常务委员会会议议程。

第六十二条 省人民代表大会常务委员会对报请批准的地方性法规，经一次会议审议后即交付表决。

第六十三条 省人民代表大会常务委员会会议审议报请批准的地方性法规时，报请批准该地方性法规的设区的市的人民代表大会常务委员会负责人应当到会作说明，并派人听取意见，回答询问。

第六十四条 省人民代表大会常务委员会对报请批准的地方性法规，应当对其合法性进行审查，同宪法、法律、行政法规和省人民代表大会及其常务委员会制定的地方性法规不抵触的，应当在四个月内予以批准；相抵触的，不予批准，并将不予批准的理由或者情况告知报请机关。报请机关进行修改后，可以依照程序重新报批。

第六十五条 报请批准的地方性法规的规定有下列情形之一的，为抵触：

（一）超越立法权限；

（二）上位法有明确规定的，违反该规定；

（三）上位法没有明确规定的，违反上位法的基本原则。

第六十六条　省人民代表大会常务委员会在对报请批准的设区的市的地方性法规进行审查时，发现其同省人民政府制定的规章相抵触，应当根据情况作出处理决定。

第六十七条　报请批准的地方性法规经省人民代表大会常务委员会会议审议后，由省人民代表大会法制委员会提出是否批准的决定草案，由主任会议决定提请常务委员会全体会议表决，由常务委员会全体组成人员的过半数通过。

对报请批准的地方性法规个别条款同宪法、法律、行政法规和省人民代表大会及其常务委员会制定的地方性法规是否抵触争议较大的，法制委员会可以对个别条款提出是否批准的决定草案，由主任会议决定提请常务委员会全体会议表决，其程序适用本条例第四十八条有关规定。

第六十八条　设区的市的人民代表大会及其常务委员会制定的地方性法规报经批准后，由该市的人民代表大会常务委员会发布公告予以公布。

第七章　地方性法规的解释

第六十九条　省人民代表大会及其常务委员会制定的地方性法规解释权属于省人民代表大会常务委员会。

省人民代表大会及其常务委员会制定的地方性法规有下列情况之一的，由省人民代表大会常务委员会解释：

（一）地方性法规的规定需要进一步明确具体含义的；

（二）地方性法规制定后出现新的情况，需要明确适用地方性法规依据的。

第七十条　省人民政府、省高级人民法院、省人民检察院和省人民代表大会各专门委员会以及设区的市的人民代表大会常务委员会可以向省人民代表大会常务委员会提出地方性法规解释要求。

第七十一条　省人民代表大会常务委员会法制工作委员会研究拟订地方性法规解释草案，由主任会议决定列入常务委员会会议议程。

第七十二条　地方性法规解释草案经省人民代表大会常务委员会会议审议，由法制委员会根据常务委员会组成人员的审议意见进行审议、修改，提出地方性法规解释草案表决稿。

第七十三条　地方性法规解释草案表决稿由省人民代表大会常务委员会全体组成人员的过半数通过，由常务委员会发布公告予以公布。

第七十四条　省人民代表大会常务委员会的地方性法规解释同地方性法规具有同等效力。

第七十五条　设区的市地方性法规的解释，应当经该市人民代表大会常务委员会审议通过，报省人民代表大会常务委员会批准后，由该市人民代表大会常务委员会公布。

第七十六条　省人民代表大会常务委员会法制工作委员会可以对有关地方性法规具体问题的书面请示、询问进行研究，予以答复。

设区的市的人民代表大会常务委员会法制工作机构可以对该市地方性法规具体问题的书面请示、询问进行研究，予以答复，并报省人民代表大会常务委员会备案。

第八章　适用与备案审查

第七十七条　省人民代表大会及其常务委员会制定的地方性法规效力高于省人民政府、设区的市人民政府制定的规章。

设区的市人民代表大会及其常务委员会制定的地方性法规效力高于设区的市人民政府制定的规章。

省人民政府制定的规章效力高于设区的市人民政府制定的规章。

第七十八条　设区的市的地方性法规与省人民代表大会及其常务委员会新制定的地方性法规不一致时，适用省人民代表大会及其常务委员会新制定的地方性法规。但省人民代表大会及其常务委员会新制定的地方性法规另有规定的除外。

第七十九条　地方性法规、地方政府规章应当在公布后的三十日内依照下列规定报有关机关备案：

（一）省人民代表大会及其常务委员会制定的地方性法规，报全国人民代表大会常务委员会和国务院备案；

（二）设区的市人民代表大会及其常务委员会制定的地方性法规，由省人民代表大会常务委员会报全国人民代表大会常务委员会和国务院备案；

（三）省人民政府制定的规章，报国务院和省人民代表大会常务委员会备案；

（四）设区的市人民政府制定的规章应当同时报国务院和省人民代表大会常务委员会、省人民政府以及本级人民代表大会常务委员会备案。

第八十条　地方性法规、地方政府规章有《中华人民共和国立法法》第九十六条所列情形之一的，下列机关有权予以改变或者撤销：

（一）省人民代表大会有权改变或者撤销其常务委员会制定和批准的不适当的地方性法规；

（二）省、设区的市人民代表大会常务委员会有权撤销本级人民政府制定的不适当的规章；

（三）省人民政府有权改变或者撤销设区的市人民政府制定的不适当的规章。

第八十一条　地方政府规章的审查程序，按照《河南省实施〈中华人民共和国各级人民代表大会常务委员会监督法〉办法》的有关规定执行。

第九章　附　则

第八十二条　地方政府规章的制定、修改和废止，依照《中华人民共和国立法法》和国务院的有关规定执行。

第八十三条　设区的市人民代表大会及其常务委员会制定地方性法规，可以参照本条例的相关规定。

第八十四条　地方性法规的汇编工作由省人民代表大会常务委员会法制工作委员会负责。

第八十五条　本条例自 2016 年 1 月 31 日起施行。2001 年 2 月 21 日河南省第九届人民代表大会第四次会议通过的《河南省人民代表大会及其常务委员会地方立法程序规定》同时废止。

湖北省人民代表大会及其常务委员会立法条例*

（2001 年 2 月 18 日湖北省第九届人民代表大会第四次会议通过，根据 2015 年 7 月 30 日湖北省第十二届人民代表大会常务委员会第十六次会议《湖北省人民代表大会常务委员会关于修改〈湖北省人民代表大会及其常务委员会立法条例〉的决定》修正）

目　录

第一章　总　则

第一条　为了规范地方立法活动，健全地方立法制度，提高地方立法质量，发挥立法的引领和推动作用，促进法治湖北建设，根据宪法、地方组织法、立法法和其他法律的有关规定，结合本省实际，制定本条例。

---

* 来源：湖北人大网（http://www.hppc.gov.cn），http://www.hppc.gov.cn/2015/0803/17871.html（2016/8/20）。

第二条 省人民代表大会及其常务委员会制定、修改、废止地方性法规，批准设区的市、自治州的人民代表大会及其常务委员会通过的地方性法规和自治州、自治县人民代表大会通过的自治条例、单行条例，以及相关立法活动，适用本条例。

第三条 地方立法应当遵循立法法规定的基本原则，在不同宪法、法律、行政法规相抵触的前提下，从本省的具体情况和实际需要出发，在法律规定的权限范围内进行。

第四条 制定省本级地方性法规的范围：

（一）为执行法律、行政法规的规定，需要根据本省的实际情况作具体规定的；

（二）适应本省经济社会发展和全面深化改革需要或者属于地方性事务，需要制定地方性法规的。

设区的市、自治州制定地方性法规的范围按照立法法的规定执行。

制定地方性法规，对上位法已经明确规定的内容，一般不作重复性规定。

第五条 规定本行政区域内特别重大事项的地方性法规，应当由省人民代表大会制定，其他地方性法规由省人民代表大会常务委员会（以下简称常务委员会）制定。在省人民代表大会闭会期间，常务委员会可以对省人民代表大会制定的地方性法规进行部分补充和修改，但不得同该法规的基本原则相抵触，补充和修改情况应当向省人民代表大会报告。

第六条 省人民代表大会及其常务委员会应当加强对立法工作的组织协调，发挥在立法工作中的主导作用。

常务委员会应当加强对设区的市、自治州、自治县立法工作的指导。

第二章　立法准备

第一节　立法规划和立法计划

第七条 常务委员会应当编制本届任期内的立法规划和年度立法计划。

设区的市、自治州、自治县的人民代表大会常务委员会编制立法规划和立法计划，应当征求省人民代表大会常务委员会的意见，并报省人民代表大会常务委员会备案。

第八条 国家机关、政党、团体、组织以及公民都可以向常务委员会提出制定地方性法规的建议和意见。

常务委员会编制立法规划和立法计划，应当分别征求省人民政府及其有关部门、省高级人民法院、省人民检察院以及有关人民团体、社会组织的立法建议，并向社会公开征集立法建议。

立法建议应当采用书面形式，并附有立法依据和主要内容等。

第九条　常务委员会工作机构根据专门委员会、省人民政府法制工作机构以及有关方面的立法建议，统一研究、协调论证，提出立法规划草案和立法计划草案，提请常务委员会主任会议审议通过。

第十条　省人民代表大会专门委员会（以下简称专门委员会）、省人民政府及其有关部门、有关人民团体、社会组织应当认真组织实施立法规划和立法计划。未能按时提请审议的，提案人应当向主任会议报告并说明情况。

立法规划和立法计划在执行过程中需要作适当调整的，由常务委员会工作机构根据专门委员会和有关方面的建议，提出方案，报主任会议审定。

第十一条　常务委员会应当向省人民代表大会报告实施立法规划和立法计划的情况。

第二节　法规草案的起草

第十二条　向省人民代表大会或者常务委员会提出法规案，由提案人组织起草法规草案。

有关专门委员会、常务委员会工作机构以及有关方面应当提前参与法规草案起草工作，了解情况，提出意见；综合性、全局性、基础性的重要法规草案，由有关专门委员会或者常务委员会工作机构组织起草。

专业性较强的法规草案，可以组织或者委托有关专家、教学科研单位、社会组织起草。

第十三条　起草法规草案，应当深入调查研究，广泛征求意见。涉及行政管理的法规草案，应当征求利益相关方的意见；涉及多个行政管理部门的，应当征求相关部门的意见。法规草案的起草单位应当主动向有关专门委员会和常务委员会工作机构报告起草工作情况。

第三章　立法程序

第一节　省人民代表大会立法程序

第十四条　省人民代表大会主席团可以向省人民代表大会提出法规案，由省人民代表大会会议审议。

常务委员会、省人民政府、专门委员会可以向省人民代表大会提出法规案，由主席团决定提交大会审议，或者先交有关专门委员会审议、提出报告，再由主席团审议决定提交大会审议。

省人民代表大会代表十人以上联名，可以向省人民代表大会提出法规案，由主席团决定是否列入会议议程，或者先交有关专门委员会审议，提出是否列入会议议程的意见，再决定是否列入会议议程。

专门委员会审议法规案的时候，可以邀请提案人列席会议，发表意见。

第十五条　拟提请省人民代表大会审议的法规案，在省人民代表大会闭会期间，可以先向常务委员会提出，经常务委员会会议依照本条例第三章第二节规定的有关程序审议后，决定提请省人民代表大会会议审议，由常务委员会或者提案人向大会全体会议作说明。

第十六条　常务委员会决定提请省人民代表大会会议审议的法规案，应当在会议举行的十五日前将法规草案发给代表，征求意见。

第十七条　列入省人民代表大会会议议程的法规案，大会全体会议听取常务委员会或者提案人的说明后，由各代表团进行审议。

各代表团审议法规案时，提案人应当派人听取意见，回答询问。

根据代表团的要求，有关机关、团体或者组织应当派人介绍情况。

第十八条　列入省人民代表大会会议议程的法规案，由有关专门委员会进行审议，向主席团提出审议意见，并印发会议。

第十九条　列入省人民代表大会会议议程的法规案，由法制委员会根据各代表团和有关专门委员会的审议意见，对法规案进行统一审议，向主席团提出审议结果的报告和法规草案修改稿，对重要的不同意见应当在审议结果报告中予以说明，经主席团审议通过后，印发会议。

第二十条　列入省人民代表大会会议议程的法规案，主席团常务主席可以召开各代表团团长或者代表团推选的代表的会议，就法规案中的重大问题听取意见，进行讨论，并将讨论的情况和意见向主席团报告。

第二十一条 列入省人民代表大会会议议程的法规案，在交付表决前，提案人要求撤回的，应当提出书面报告，说明理由，经主席团同意，并向大会报告，对该法规案的审议即行终止。

第二十二条 法规案在审议中有重大问题需要进一步研究的，经主席团提出，由大会全体会议决定，可以授权常务委员会根据代表的意见进一步审议，作出决定，并将决定情况向省人民代表大会下次会议报告；也可以授权常务委员会根据代表的意见进一步审议，提出修改方案，提请省人民代表大会下次会议审议决定。

第二十三条 法规草案修改稿经各代表团审议，由法制委员会根据各代表团的审议意见进行修改，提出法规草案表决稿，由主席团提请大会全体会议表决，由全体代表的过半数通过。

第二十四条 省人民代表大会通过的法规由主席团发布公告予以公布。

第二节 省人民代表大会常务委员会立法程序

第二十五条 主任会议可以向常务委员会提出法规案，由常务委员会会议审议。

省人民政府、专门委员会，可以向常务委员会提出法规案，由主任会议决定列入常务委员会会议议程，或者先交有关专门委员会审议、提出报告，再决定列入常务委员会会议议程。如果主任会议认为法规案有重大问题需要进一步研究，可以建议提案人修改完善后再向常务委员会提出。

省人民政府或者专门委员会提请常务委员会审议的法规案，应当分别经省人民政府常务会议或者专门委员会全体会议通过后，以书面形式提出。

第二十六条 常务委员会组成人员五人以上联名，可以向常务委员会提出法规案，由主任会议决定是否列入常务委员会会议议程，或者先交有关专门委员会审议、提出是否列入会议议程的意见，再决定是否列入常务委员会会议议程。不列入常务委员会会议议程的，应当向常务委员会会议报告，并向提案人说明。

第二十七条 拟提请常务委员会会议审议的法规草案，应当在常务委员会会议举行的十五日前报送常务委员会，常务委员会工作机构应当及时送交有关专门委员会。

主任会议建议列入常务委员会会议议程的法规案，应当在会议举行的七日前将法规草案发给常务委员会组成人员。

第二十八条 列入常务委员会会议议程的法规案，一般应当经两次常务委员会会议审议后再交付下次常务委员会会议表决。

常务委员会会议第一次审议法规案，在全体会议上听取提案人的说明，由分组会议进行审议。

常务委员会会议第二次审议法规案，在全体会议上听取法制委员会关于法规草案审议结果的报告，由分组会议再次审议。

调整事项较为单一或者部分修改的法规案，各方面意见比较一致的，经主任会议决定，可以经一次或者两次常务委员会会议审议即交付表决。

第二十九条 常务委员会审议法规案时，提案人应当派人听取意见，回答询问。根据分组会议的要求，有关机关、团体或者组织应当派人介绍情况。

第三十条 常务委员会审议法规案时，主任会议根据需要，可以决定对法规草案中的主要问题召开联组会议或者全体会议进行审议。

联组会议或者全体会议由各组推选的代表发表意见；常务委员会其他组成人员可以发表意见；列席会议的人员，经主持人同意，也可以发表意见。

第三十一条 列入常务委员会会议议程的法规案，由有关专门委员会进行审议，提出审议意见，报告主任会议，并印发常务委员会会议。

有关专门委员会审议法规案时，可以邀请其他专门委员会的成员、人民代表大会代表列席会议，发表意见。

专门委员会审议法规案时，应当召开全体会议审议，根据需要，可以要求有关机关、团体或者组织派负责人说明情况。

第三十二条 列入常务委员会会议议程的法规案，由法制委员会根据常务委员会组成人员、有关专门委员会的审议意见和各方面提出的意见，对法规案进行统一审议，提出审议结果的报告和法规草案修改稿，对重要的不同意见应当在报告中予以说明。对有关专门委员会的重要审议意见没有采纳的，应当向有关专门委员会反馈。

法制委员会审议法规案时，可以邀请有关专门委员会的成员列席会议，发表意见。

第三十三条 专门委员会之间对法规草案的重要问题意见不一致时，应当向主任会议报告。

第三十四条 列入常务委员会会议议程的法规案，法制委员会、有关专门委员会和常务委员会工作机构应当听取各方面的意见。听取意见可以采取座谈会、论证会、听证会等多种形式。

列入常务委员会会议议程的法规案，应当在常务委员会会议后将法规草案及其说明等向社会公布，征求意见。向社会公布征求意见的时间一般不少于三十日。

常务委员会工作机构应当收集整理分组审议的意见和各方面提出的意见以及其他有关资料，并将法规草案发送有关机关、团体、组织和专家征求意见，将意见整理后送法制委员会和有关专门委员会，并根据需要，印发常务委员会会议。

第三十五条　常务委员会会议审议法规案，应当邀请有关的省人民代表大会代表列席会议，听取意见。

专门委员会和常务委员会工作机构进行立法调研，应当邀请有关的省人民代表大会代表参加。

第三十六条　专门委员会对法规草案中的专业性问题可以组织有关方面专家、学者或者专业工作者进行论证，并向常务委员会提出报告。

第三十七条　专门委员会组织听证会，应当公开举行，邀请不同利益的利害关系人、利益群体和有关专家参加，保障他们有充分发表意见的权利。

专门委员会应当向常务委员会提出反映各方面意见的听证报告。

第三十八条　常务委员会会议审议法规案，可以组织公民旁听和新闻媒体报道。

第三十九条　列入常务委员会会议议程的法规案，在交付表决前，提案人要求撤回的，应当提出书面报告，说明理由，经主任会议同意，并向常务委员会报告，对该法规案的审议即行终止。

第四十条　法规案经常务委员会会议第二次审议后，仍有重大问题需要进一步研究的，由主任会议提出，经联组会议或者全体会议同意，可以暂不付表决，交法制委员会和有关专门委员会进一步审议，并根据审议情况，决定是否提请常务委员会会议第三次审议。

第四十一条　列入常务委员会会议议程的法规案，因各方面对制定该法规的必要性、可行性等重大问题存在较大意见分歧，搁置审议满两年的，或者因暂不付表决经过两年没有再次列入常务委员会会议议程的，由主任会议向常务委员会报告，该法规案终止审议。

第四十二条　法规草案修改稿经常务委员会会议审议，拟提请常务委员会会议表决的，由法制委员会根据常务委员会组成人员的审议意见进行修改，提出法规草案表决稿，由主任会议提请常务委员会全体会议表决，由常务委员会全体组成人员的过半数通过。

表决前，由法制委员会向全体会议作关于法规草案修改情况的说明。

第四十三条　法规草案表决稿交付常务委员会会议表决前，主任会议根据常务委员会会议审议的情况，可以决定将意见分歧较大的重要条款提请常务委员会会议单独表决；根据单独表决的情况，可以将法规草案表决稿交付表决，或者暂不付表决，交法制委员会和有关专门委员会进一步审议。

第四十四条　拟提请常务委员会会议表决的法规案，常务委员会工作机构可以组织对法规草案中主要制度规范的可行性、法规出台时机、法规实施的社会效果和可能出现的问题等进行评估。评估情况由法制委员会在修改情况的说明中予以说明。

第四十五条　常务委员会通过的法规由常务委员会发布公告予以公布。

第三节　批准地方性法规、自治条例和单行条例程序

第四十六条　设区的市、自治州的人民代表大会及其常务委员会制定的地方性法规，自治州、自治县人民代表大会制定的自治条例、单行条例，应当报请省人民代表大会常务委员会批准，并附送有关报告、说明及参考资料。

第四十七条　常务委员会对报请批准的地方性法规，应当对其合法性进行审查，同宪法、法律、行政法规和本省地方性法规不抵触的，自收到制定机关报请批准的报告之日起四个月内予以批准。

对报请批准的自治条例和单行条例，主要审查其是否违背法律或者行政法规的基本原则，是否违背宪法、民族区域自治法的规定以及是否违背其他有关法律、行政法规专门就民族自治地方所作出的规定。对不违背上述原则和规定的，自收到制定机关报请批准的报告之日起四个月内予以批准。

第四十八条　设区的市报请批准的地方性法规，由法制委员会进行审议，并征求有关专门委员会、政府有关部门以及其他有关方面的意见。法制委员会应当根据常务委员会组成人员、有关专门委员会的意见，向全体会议作审议情况的说明和提出批准的决议草案。

第四十九条　自治州、自治县报请批准的地方性法规或者自治条例、单行条例，由省人民代表大会民族宗教侨务外事委员会进行审议，并征求有关专门委员会、法制委员会、常务委员会法制工作机构、政府有关部门以及其他有关方面的意见。民族宗教侨务外事委员会应当根据常务委员会组成人员、有关专门委员会和法制委员会的意见，向全体会议作审议情况的说明和提出批准的决议草案。

第五十条　常务委员会会议审议报请批准的地方性法规、自治条例和单行条例时，由报请批准机关向全体会议作说明。

有关专门委员会应当听取报请批准机关的情况介绍，提前参与，了解情况。

第五十一条　对报请批准的地方性法规、自治条例和单行条例，根据本条例第四十七条的规定，经常务委员会审议后，认为存在抵触或者违背情形的，由有关专门委员会提出修改意见。

第五十二条　常务委员会对报请批准的地方性法规、自治条例和单行条例，一般经过一次会议审议后，应当作出批准的决议。批准决议由常务委员会全体组成人员的过半数通过。

第五十三条　常务委员会认为报请批准的地方性法规同省人民政府的规章之间相互抵触的，可以根据情况作如下处理：

（一）认为省人民政府的规章不适当的，可以批准报请批准的地方性法规；同时根据情况可以撤销省人民政府的规章或者责成省人民政府予以修改。

（二）认为报请批准的地方性法规不适当的，但同宪法、法律、行政法规和本省地方性法规不相抵触的，可以在批准时提出修改意见，制定机关应当根据修改意见进行修改后公布。

第五十四条　常务委员会批准的地方性法规、自治条例和单行条例由报请批准的人民代表大会常务委员会发布公告予以公布。

第四章　法规解释

第五十五条　省人民代表大会及其常务委员会通过的地方性法规由常务委员会解释。

第五十六条　省人民政府、省高级人民法院、省人民检察院、专门委员会以及设区的市、自治州的人民代表大会常务委员会可以向常务委员会提出法规解释要求。

第五十七条　常务委员会工作机构研究拟订法规解释草案，由主任会议决定列入常务委员会会议议程。

法规解释草案经常务委员会会议审议，由法制委员会根据常务委员会组成人员的审议意见，提出法规解释草案表决稿。

第五十八条　法规解释草案表决稿由常务委员会全体组成人员的过半数通过，由常务委员会发布公告予以公布。

常务委员会的法规解释同法规具有同等效力。

第五十九条　报经批准的地方性法规、自治条例和单行条例的解释，由设区的市和自治州、自治县参照本条例第四章的有关规定作出规定；解释作出后报省人民代表大会常务委员会备案。

第五章　其他规定

第六十条　提出法规案，应当同时提出法规草案文本及其说明，并提供必要的资料。法规草案的说明应当包括制定该法规的必要性、起草过程和主要内容。

第六十一条　向省人民代表大会及其常务委员会提出的法规案，在列入会议议程前，提案人有权撤回，但应当以书面形式提出。

第六十二条　交付省人民代表大会及其常务委员会全体会议表决未获得通过的法规案，提案人可以在六个月后就同一事项重新提出议案，由主席团、主任会议决定是否列入会议议程，其中，未获得省人民代表大会通过的法规案，应当提请省人民代表大会审议决定。

第六十三条　法规应当明确规定施行日期。对涉及公民、法人和其他组织权利义务以及其他重要事项的法规，从公布到施行的日期，一般不得少于六十日。

法规通过后，应当及时在常务委员会公报上刊登，并于十五日内在《湖北日报》上刊登。

第六十四条　法规的修改和废止程序，适用本条例第三章的有关规定。

法规部分条文被修改或者废止的，必须公布新的法规文本。

第六十五条　法规明确要求有关机关对专门事项作出配套规定的，有关机关应当自法规施行之日起一年内作出规定。法规另有规定的，从其规定。

有关机关未能在期限内作出配套规定的，应当向常务委员会报告。

第六十六条　有关专门委员会、常务委员会工作机构应当组织对有关法规或者法规中有关规定进行立法后评估。评估情况应当向常务委员会报告。

第六十七条　制定和修改后的法规实施满一定期限的，法规实施机关应当按照有关规定向常务委员会报告法规实施情况。

第六十八条　省人民代表大会及其常务委员会制定的地方性法规和常务委员会批准的地方性法规、自治条例和单行条例，应当在公布后的三十日内由常务委员会报全国人民代表大会常务委员会和国务院备案。

第六十九条　常务委员会工作机构可以对省人民代表大会及其常务委员会制定的地方性法规具体应用的询问予以答复，并报常务委员会备案。

第六章　附　则

　　第七十条　本条例自 2001 年 5 月 1 日起施行。1988 年 7 月 22 日湖北省第七届人民代表大会常务委员会第二次会议通过的《湖北省人大常委会制定地方性法规程序的规定》和 1998 年 7 月 31 日湖北省第九届人民代表大会常务委员会第四次会议通过的《湖北省人民代表大会常务委员会关于批准自治条例和单行条例的规定》同时废止。

广东省地方立法条例[*]

（2001年2月19日广东省第九届人民代表大会第四次会议通过；根据2006年1月18日广东省第十届人民代表大会常务委员会第二十二次会议《关于修改〈广东省地方立法条例〉的决定》第一次修正；根据2016年1月30日广东省第十二届人民代表大会第四次会议《关于修改〈广东省地方立法条例〉的决定》第二次修正）

目　录

第一章　总　则

第一条　为规范地方立法活动，健全本省立法制度，提高立法质量，发挥立法的引领和推动作用，保障和发展社会主义民主，根据宪法、地方各级人民代表

---

* 来源：广东人大网（http://www.rd.gd.cn/），http://www.gdrd.cn/pub/gdrd2012/rdzt/rdh4/dhwj/gxjy/201601/t20160130_150674.html（2016/9/18）.

大会和地方各级人民政府组织法、立法法和其他有关法律，制定本条例。

第二条　省人民代表大会及其常务委员会制定、修改、废止本省的地方性法规，省人民代表大会常务委员会批准本省设区的市的地方性法规、自治县的自治条例和单行条例，适用本条例。

省人民政府和设区的市的人民政府规章的制定、修改和废止，依照立法法、国务院的有关规定执行。

第三条　地方立法应当以经济建设为中心，坚持社会主义道路、坚持人民民主专政、坚持中国共产党的领导、坚持马克思列宁主义毛泽东思想邓小平理论和"三个代表"重要思想，坚持改革开放。

地方立法应当坚持科学发展观，为经济建设、政治建设、文化建设、社会建设、生态文明建设的全面进步服务。

地方立法应当依照法定的权限和程序，从国家整体利益出发，维护社会主义法制的统一和尊严。地方性法规不得与宪法、法律、行政法规相抵触。

地方立法应当体现人民的意志，发扬社会主义民主，坚持立法公开，保障人民通过多种途径参与立法活动。

地方立法应当从实际出发，适应经济社会发展和全面深化改革的要求，科学合理地规定公民、法人和其他组织的权利和义务、地方国家机关的权力和责任。

第四条　地方性法规的规定应当明确、具体，具有针对性和可执行性。

第五条　省人民代表大会及其常务委员会加强对立法工作的组织协调，发挥在立法工作中的主导作用。

第二章　立法规划、立法计划和法规起草

第六条　省人民代表大会常务委员会通过立法规划、年度立法计划等形式，加强对立法工作的统筹安排，提高立法的及时性、针对性和系统性。

第七条　省人民代表大会常务委员会编制立法规划和年度立法计划，应当向省人民代表大会代表、本省选出的全国人民代表大会代表、设区的市的人民代表大会常务委员会、有关部门和公众征集立法建议项目。

一切国家机关、各政党和各社会团体、各企业事业组织、公民都可以向省人民代表大会常务委员会提出制定地方性法规的建议。提出制定地方性法规的建议应当说明理由。

省人民代表大会有关的专门委员会、常务委员会工作机构应当分别对立法建

议项目进行初步审查，提出是否列入立法规划和年度立法计划的意见。

第八条 立法建议项目列入省人民代表大会常务委员会立法规划和年度立法计划前，应当进行论证。

立法建议项目的论证可以邀请相关领域专家学者、实务工作者、人民代表大会代表和有关单位负责人参加。

第九条 省人民代表大会常务委员会法制工作机构应当认真研究代表议案、建议、有关方面意见和论证情况，根据经济社会发展和民主法治建设的需要，提出立法规划草案和年度立法计划草案。

立法规划草案和年度立法计划草案应当向省人民代表大会代表、本省选出的全国人民代表大会代表征求意见。

第十条 有权提出地方性法规案的机关有立法建议项目的，应当于每年第三季度向省人民代表大会常务委员会提出下一年度立法计划的建议。

提出年度立法计划项目建议的，应当报送立法建议项目书，并附法规建议稿，明确送审时间。

第十一条 省人民代表大会常务委员会法制工作机构应当于每年第四季度对各方面提出的立法建议和意见进行综合研究，并按照立法规划的安排，提出下一年度立法计划草案。

年度立法计划应当明确法规草案拟提请省人民代表大会常务委员会会议审议的时间。

第十二条 立法规划和年度立法计划由省人民代表大会常务委员会主任会议（以下简称主任会议）通过并向社会公布。

第十三条 立法规划和年度立法计划由省人民代表大会常务委员会法制工作机构、省人民政府法制工作机构分别组织实施。省人民代表大会有关的专门委员会在各自职责范围内组织实施。

第十四条 立法规划和年度立法计划需要进行调整的，由省人民代表大会常务委员会法制工作机构提出调整意见，报主任会议决定。

第十五条 有权提出地方性法规案的机关或者人员可以组织起草地方性法规草案。

其他有关机关、组织、公民可以向有权提出地方性法规案的机关或者人员提出地方性法规草案的建议稿。

第十六条 有关部门和单位应当根据年度立法计划的安排，按照起草工作要求，做好有关地方性法规草案的起草工作，按时提出地方性法规草案稿。

起草地方性法规草案应当注重调查研究，广泛征询社会各界意见。设定行政许可、行政收费以及涉及社会公众切身利益等内容的，应当依法举行论证会、听证会或者以其他方式公开听取意见。

第十七条 省人民代表大会有关的专门委员会、常务委员会有关工作机构应当提前参与有关方面的地方性法规草案起草工作；综合性、全局性、基础性的重要地方性法规草案，可以由有关的专门委员会或者常务委员会有关工作机构组织起草。

专业性较强的地方性法规草案，可以吸收相关领域的专家参与起草工作，或者委托有关专家、教学科研单位、社会组织起草。

第三章　省人民代表大会立法权限和程序

第十八条 下列事项由省人民代表大会制定地方性法规：

（一）规定本省特别重大事项的；

（二）规定省人民代表大会及其常务委员会立法程序的；

（三）对省人民代表大会的法定职责、议事程序作出具体规定的；

（四）其他必须由省人民代表大会制定地方性法规的。

第十九条 省人民代表大会主席团可以向省人民代表大会提出地方性法规案，由省人民代表大会会议审议。

省人民代表大会常务委员会、省人民政府、省人民代表大会各专门委员会，可以向省人民代表大会提出地方性法规案，由主席团决定列入会议议程。

第二十条 一个代表团或者十名以上的代表联名，可以向省人民代表大会提出地方性法规案，由主席团决定是否列入大会议程，或者先交有关的专门委员会审议，提出是否列入会议议程的意见，再由主席团决定是否列入会议议程。

有关的专门委员会审议时，可以邀请提案人列席会议，发表意见。

第二十一条 向省人民代表大会提出的地方性法规案，在省人民代表大会闭会期间，可以先向常务委员会提出，经常务委员会会议依照本条例第四章规定的有关程序审议后，决定提请省人民代表大会审议，由常务委员会向大会全体会议作说明，或者由提案人向大会全体会议作说明。

常务委员会依照前款规定审议地方性法规案，应当通过多种形式征求省人民代表大会代表的意见，并将有关情况予以反馈；专门委员会和常务委员会工作机构进行立法调研，可以邀请有关的省人民代表大会代表参加。

第二十二条　向省人民代表大会提出地方性法规案，应当同时提出法规草案文本及其说明，并提供必要的参阅资料。修改地方性法规的，还应当提交修改前后的对照文本。法规草案的说明应当包括制定或者修改该法规的必要性、可行性和主要内容，以及起草过程中对重大分歧意见的协调处理情况。

第二十三条　常务委员会决定提请省人民代表大会会议审议的地方性法规案，应当在会议举行的一个月前将法规草案发给代表。

第二十四条　向省人民代表大会提出的地方性法规案，在列入会议议程前，提案人有权撤回。

第二十五条　列入省人民代表大会会议议程的地方性法规案，大会全体会议听取提案人的说明后，由各代表团进行审议。

各代表团审议地方性法规案时，提案人应当派人到会听取意见，回答询问。

各代表团审议地方性法规案时，根据代表团的要求，有关机关、组织应当派人到会介绍情况。

第二十六条　列入省人民代表大会会议议程的地方性法规案，由有关的专门委员会进行审议，向主席团提出审议意见，并印发会议。

第二十七条　列入省人民代表大会会议议程的地方性法规案，由法制委员会根据各代表团和有关的专门委员会的审议意见，对地方性法规案进行统一审议，向主席团提出审议结果报告和法规草案修改稿，对重要的不同意见应当在审议结果报告中予以说明，经主席团会议审议通过后，印发会议。

第二十八条　列入省人民代表大会会议议程的地方性法规案，必要时，主席团常务主席可以召开各代表团团长会议，就地方性法规案中的重大问题听取各代表团的审议意见，进行讨论，并将讨论的情况和意见向主席团报告。

主席团常务主席也可以就地方性法规案中的重大的专门性问题，召集代表团推选的有关代表进行讨论，并将讨论的情况和意见向主席团报告。

第二十九条　列入省人民代表大会会议议程的地方性法规案，在交付表决前，提案人要求撤回的，应当说明理由，经主席团同意，并向大会报告，对该地方性法规案的审议即行终止。

第三十条　地方性法规案在审议中有重大问题需要进一步研究的，经主席团提出，由大会全体会议决定，可以授权常务委员会根据代表的意见进一步审议，作出决定，并将决定情况向省人民代表大会下次会议报告；也可以授权常务委员会根据代表的意见进一步审议，提出修改方案，提请省人民代表大会下次会议审议决定。

第三十一条 地方性法规草案修改稿经各代表团审议，由法制委员会根据各代表团审议意见进行修改，提出地方性法规草案表决稿，由主席团提请大会全体会议表决，由全体代表的过半数通过。

第三十二条 交付省人民代表大会全体会议表决未获得通过的地方性法规案，如果提案人认为必须制定该法规，可以按照法定程序重新提出，由主席团决定是否列入会议议程；未获得省人民代表大会通过的地方性法规案，应当提请省人民代表大会审议决定。

第三十三条 省人民代表大会通过的地方性法规由大会主席团发布公告予以公布。

第四章　省人民代表大会常务委员会立法权限和程序

第三十四条 下列事项除应当由省人民代表大会制定地方性法规的以外，省人民代表大会常务委员会可以制定地方性法规：

（一）为执行法律、行政法规的规定，需要根据本行政区域的实际情况作具体规定的；

（二）属于地方性事务需要作规定的；

（三）除立法法第八条规定只能制定法律的事项外，国家尚未制定法律、行政法规的；

（四）全国人民代表大会及其常务委员会授权地方作规定的；

（五）省人民代表大会授权常务委员会作规定的；

（六）法律规定的其他应当由地方作规定的。

在省人民代表大会闭会期间，省人民代表大会常务委员会可以对省人民代表大会制定的地方性法规进行部分修改和补充，但不得同该法规的基本原则相抵触。

第三十五条 主任会议可以向常务委员会提出地方性法规案，由常务委员会会议审议。

省人民政府、省人民代表大会各专门委员会，可以向省人民代表大会常务委员会提出地方性法规案，由主任会议决定列入常务委员会会议议程，或者先交有关的专门委员会审议、提出报告，再决定列入常务委员会会议议程。如果主任会议认为地方性法规案有重大问题需要进一步研究，可以建议提案人修改后再向常务委员会提出。

第三十六条 常务委员会组成人员五人以上联名，可以向常务委员会提出地方性法规案，由主任会议决定是否列入常务委员会会议议程，或者先交有关的专门委员会审议、提出是否列入会议议程的意见，再决定是否列入常务委员会会议议程。不列入常务委员会会议议程的，应当向常务委员会会议报告或者向提案人说明。

有关的专门委员会审议时，可以邀请提案人列席会议，发表意见。

第三十七条 向省人民代表大会常务委员会提出地方性法规案，应当同时提出法规草案文本及其说明，并提供必要的参阅资料。修改地方性法规的，还应当提交修改前后的对照文本。法规草案的说明应当包括制定或者修改该法规的必要性、可行性和主要内容，以及起草过程中对重大分歧意见的协调处理情况。

省人民代表大会常务委员会收到提请审议的地方性法规案后，有关的专门委员会或者常务委员会工作机构应当提出审议意见或者初步审查意见。

常务委员会会议审议地方性法规案时，应当邀请提出地方性法规案或者立法建议的省人民代表大会代表，以及有关的省人民代表大会代表列席会议。

第三十八条 地方性法规草案与省人民代表大会及其常务委员会制定的其他地方性法规相关规定不一致的，提案人应当予以说明并提出处理意见，必要时应当同时提出修改或者废止本省其他地方性法规相关规定的议案。

法制委员会和有关的专门委员会审议地方性法规案时，认为需要修改或者废止本省其他地方性法规相关规定的，应当提出处理意见。

第三十九条 向省人民代表大会常务委员会提出的地方性法规案，在列入会议议程前，提案人有权撤回。

第四十条 列入常务委员会会议议程的地方性法规案，一般应当经三次常务委员会会议审议后再交付表决。

列入常务委员会会议议程的地方性法规案，各方面意见比较一致的，可以经两次常务委员会会议审议后交付表决；调整事项较为单一或者部分修改的地方性法规案、废止的地方性法规案，各方面意见比较一致的，可以经一次常务委员会会议审议即交付表决。

第四十一条 常务委员会会议第一次审议地方性法规案，在全体会议上听取提案人的说明；有关的专门委员会就法规草案的必要性、可行性、合法性等提出审议意见，印发常务委员会会议；常务委员会分组会议就法规草案的必要性、可行性、合法性、法规案主要问题等进行初步审议。

第四十二条 常务委员会会议第二次审议地方性法规案，法制委员会提出关于法规草案修改情况和主要问题的报告，印发常务委员会会议，由分组会议进一步审议。

第四十三条　常务委员会会议第三次审议地方性法规案，在全体会议上听取法制委员会关于法规草案审议结果的报告，由分组会议对法规草案修改稿进行审议。

第四十四条　列入常务委员会会议第二次、第三次审议的地方性法规案，由法制委员会根据常务委员会组成人员、有关的专门委员会的审议意见和各方面提出的意见，对地方性法规案进行统一审议，向常务委员会会议提出修改情况的报告或者审议结果的报告和法规草案修改稿，对法规草案主要内容作出的修改和重要的不同意见应当在修改情况报告或者审议结果报告中予以说明。对有关的专门委员会的审议意见没有采纳的，应当向有关的专门委员会反馈。

第四十五条　常务委员会会议审议修改地方性法规案、废止地方性法规案，在全体会议上听取提案人的说明，由分组会议对修改地方性法规的决定草案、废止地方性法规的决定草案进行审议。

第四十六条　常务委员会审议地方性法规案时，根据需要，可以召开联组会议或者全体会议，对法规草案中的主要问题进行讨论。

第四十七条　常务委员会分组会议审议地方性法规案，提案人应当派人到会听取意见，回答询问。

常务委员会分组会议审议地方性法规案时，根据小组的要求，有关机关、组织应当派人到会介绍情况。根据审议需要，可以由工作人员宣读地方性法规草案、草案修改稿、草案表决稿。

第四十八条　有关的专门委员会审议地方性法规案时，可以邀请其他专门委员会的成员列席会议，发表意见。

法制委员会审议地方性法规案时，应当邀请有关的专门委员会的成员列席会议，发表意见。

第四十九条　专门委员会审议地方性法规案时，应当召开全体会议，根据需要，可以要求有关机关、组织派有关负责人说明情况。

第五十条　专门委员会之间对法规草案的重要问题意见不一致时，应当向主任会议报告。

第五十一条　列入常务委员会会议议程的地方性法规案，法制委员会、有关的专门委员会和常务委员会工作机构应当听取各方面的意见。听取意见可以采用座谈会、论证会、听证会等多种形式。

常务委员会工作机构应当将法规草案发送相关领域的省人民代表大会代表、设区的市的人民代表大会常务委员会以及有关部门、组织和专家征求意见。

列入常务委员会会议议程的地方性法规案，应当在常务委员会会议后将法规草案及其起草、修改的说明等向社会公布，征求意见，但是经主任会议决定不公布的除外。向社会公布征求意见的时间一般不少于三十日。征求意见及其采纳的情况应当向社会通报。

征求意见的情况整理后，可以根据需要印发常务委员会会议，作为审议参阅资料。

第五十二条　地方性法规案有关问题专业性较强，需要进行可行性评价的，应当召开论证会，听取有关专家、部门和省人民代表大会代表、本省选出的全国人民代表大会代表等方面的意见。论证情况应当向常务委员会报告。

地方性法规案审议过程中，对争议较大的问题、社会公众反映意见较为集中的问题，可以有针对性地组织论证。

第五十三条　地方性法规案有关问题存在重大意见分歧或者涉及利益关系重大调整，应当召开听证会，听取有关基层和群体代表、部门、人民团体、专家、省人民代表大会代表、本省选出的全国人民代表大会代表和社会有关方面的意见。听证情况应当向常务委员会报告。

第五十四条　拟提请常务委员会会议审议通过的地方性法规案，在法制委员会提出审议结果报告前，常务委员会工作机构可以对法规草案中主要制度规范的可行性、法规出台时机、法规实施的社会效果和可能出现的问题等进行评估。评估情况由法制委员会在审议结果报告中予以说明。

第五十五条　列入常务委员会会议议程的地方性法规案，在交付表决前，提案人要求撤回的，应当说明理由，经主任会议同意，并向常务委员会报告，对该法规案的审议即行终止。

第五十六条　列入常务委员会会议审议的地方性法规案，因各方面对该法规草案的必要性、可行性和合法性等重大问题存在较大意见分歧搁置审议满两年的，或者因暂不付表决经过两年没有再次列入常务委员会会议议程的，由主任会议向常务委员会报告，该法规案终止审议。

第五十七条　地方性法规草案修改稿经常务委员会会议审议，由法制委员会根据常务委员会组成人员的审议意见进行修改，提出法规草案表决稿，由主任会议提请常务委员会全体会议表决，由常务委员会全体组成人员的过半数通过。

第五十八条　地方性法规草案表决稿交付常务委员会会议表决前，主任会议根据常务委员会会议审议的情况，可以决定将个别意见分歧较大的重要条款提请常务委员会会议单独表决。

单独表决的条款经常务委员会会议表决后，主任会议根据单独表决的情况，可以决定将法规草案表决稿交付表决，也可以决定暂不付表决，交法制委员会和有关的专门委员会进一步审议。

第五十九条　对多部地方性法规中涉及同类事项的个别条款进行修改，一并提出地方性法规案的，经主任会议决定，可以合并表决，也可以分别表决。

第六十条　交付省人民代表大会常务委员会全体会议表决未获得通过的地方性法规案，提案人认为必须制定该法规的，可以按照法定程序重新提出，由主任会议决定是否列入会议议程。

第六十一条　省人民代表大会常务委员会通过的地方性法规由常务委员会发布公告予以公布。

第六十二条　地方性法规明确要求对专门事项作出配套规定的，有关国家机关应当自地方性法规施行之日起一年内作出规定，地方性法规对配套规定制定期限另有规定的，从其规定。有关国家机关未能在期限内作出配套规定的，应当向省人民代表大会常务委员会说明情况。

第六十三条　地方性法规实施两年后，或者根据经济社会发展的实际需要，有关的专门委员会、常务委员会工作机构可以组织对地方性法规或者地方性法规中有关规定进行立法后评估。评估情况应当向常务委员会报告。

第六十四条　根据法律、行政法规制定、修改、废止的情况，或者本省地方性法规执法检查、立法后评估的情况，或者省人民代表大会常务委员会工作机构的建议，省人民代表大会常务委员会应当及时组织对部分地方性法规进行集中修改、废止。

第六十五条　地方性法规案的论证、评估和地方性法规的立法后评估，可以根据实际需要，委托有关专家、教学科研单位、社会组织等进行，接受委托的有关专家、教学科研单位、社会组织等应当提出论证报告或者评估报告。

第五章　设区的市的地方性法规、自治县自治条例和单行条例批准程序

第六十六条　设区的市的人民代表大会及其常务委员会根据本市的具体情况和实际需要，在不同宪法、法律、行政法规和本省的地方性法规相抵触的前提下，可以对城乡建设与管理、环境保护、历史文化保护等方面的事项制定地方性

法规，法律对设区的市制定地方性法规的事项另有规定的，从其规定。设区的市的地方性法规须报省人民代表大会常务委员会批准后施行。

东莞市、中山市依法制定地方性法规，适用本条例有关设区的市行使地方立法权的规定。

第六十七条 自治县的人民代表大会依照当地民族的政治、经济和文化的特点制定的自治条例和单行条例，报省人民代表大会常务委员会批准后生效。

自治条例和单行条例依照当地民族的特点对法律和行政法规的规定作出的变通规定，不得违背法律或者行政法规的基本原则，不得对宪法和民族区域自治法的规定以及其他有关法律、行政法规专门就民族自治地方所作的规定作出变通规定。

第六十八条 设区的市的地方性法规案、自治县的自治条例和单行条例案的提出、审议和表决程序，按照立法法第七十七条的要求，由本级人民代表大会规定。

设区的市的地方性法规草案由负责统一审议的法制委员会提出审议结果的报告和草案修改稿。

第六十九条 设区的市的人民代表大会常务委员会编制年度立法计划时，应当加强与省人民代表大会有关的专门委员会和常务委员会工作机构的沟通。

设区的市的人民代表大会常务委员会编制的年度立法计划应当向社会公布，并抄送省人民代表大会常务委员会工作机构。

第七十条 设区的市的人民代表大会及其常务委员会制定地方性法规、自治县的人民代表大会制定自治条例和单行条例时，可以根据需要征求省人民代表大会有关的专门委员会和常务委员会工作机构的意见。

省人民代表大会有关的专门委员会和常务委员会工作机构可以根据设区的市的人民代表大会及其常务委员会、自治县的人民代表大会的工作需要进行协调指导。

第七十一条 设区的市的人民代表大会常务委员会之间可以在立法信息和资源共享方面加强沟通与联系。

第七十二条 报请批准地方性法规、自治条例和单行条例的报告应当附法规文本及其说明。

第七十三条 对报请省人民代表大会常务委员会批准的地方性法规、自治条例和单行条例，由主任会议决定列入省人民代表大会常务委员会会议议程，一般经过一次会议审议批准。

省人民代表大会常务委员会对报请批准的地方性法规，应当对其合法性进行审查，同宪法、法律、行政法规和本省的地方性法规不抵触的，应当在四个月内予以批准。

第七十四条　省人民代表大会常务委员会会议审议报请批准的地方性法规，由报请批准的机关向全体会议作说明，省人民代表大会法制委员会作审查报告。

报请批准的地方性法规，由省人民代表大会常务委员会法制工作机构征求有关方面的意见。

第七十五条　省人民代表大会常务委员会会议审议报请批准的自治条例和单行条例，由报请批准的机关向全体会议作说明，省人民代表大会华侨民族宗教委员会作审查报告。

华侨民族宗教委员会审查自治条例和单行条例，应当征求有关的专门委员会和常务委员会法制工作机构的意见。

第七十六条　省人民代表大会常务委员会认为报请批准的地方性法规与宪法、法律、行政法规、本省的地方性法规相抵触的，可以不予批准，也可以附修改意见予以批准或者退回修改后再提请批准。

省人民代表大会常务委员会认为报请批准的自治条例和单行条例，对法律、行政法规、本省的地方性法规作出的变通规定违背法律、行政法规的基本原则，或者超出法定范围的，可以不予批准，也可以附修改意见予以批准或者退回修改后再提请批准。

第七十七条　省人民代表大会常务委员会审查报请批准的设区的市的地方性法规时，发现其同省人民政府的规章相抵触的，应当作出处理决定。

第七十八条　对报请批准的地方性法规、自治条例和单行条例，经常务委员会会议审议，分别由法制委员会、华侨民族宗教委员会提出批准的决定草案，由主任会议决定提请常务委员会全体会议表决，由常务委员会全体组成人员的过半数通过。

第七十九条　设区的市的人民代表大会及其常务委员会制定的地方性法规报经批准后，由设区的市的人民代表大会常务委员会发布公告予以公布。

自治条例和单行条例报经批准后，由自治县的人民代表大会常务委员会发布公告予以公布。

第八十条　省人民代表大会常务委员会附修改意见批准的地方性法规、自治条例和单行条例，报请批准的机关应当依照修改意见进行修改后才能公布实施。

第六章　法规解释

第八十一条　省人民代表大会及其常务委员会制定的地方性法规，由省人民代表大会常务委员会解释。

第八十二条　省人民政府、省高级人民法院、省人民检察院、省人民代表大会各专门委员会以及本省设区的市的人民代表大会常务委员会可以向省人民代表大会常务委员会提出地方性法规解释的要求。

第八十三条　省人民代表大会常务委员会法制工作机构应当对地方性法规的解释要求进行审查，认为有必要作出解释的，应当研究拟订地方性法规解释草案，由主任会议决定列入常务委员会会议议程。

第八十四条　列入常务委员会会议议程的地方性法规解释案，由常务委员会法制工作机构在会议上作法规解释草案说明，由分组会议对法规解释草案进行审议。

第八十五条　法规解释草案经常务委员会会议审议，由法制委员会根据常务委员会组成人员的审议意见进行审议、修改，提出法规解释草案表决稿。

法规解释草案表决稿由主任会议决定提请常务委员会全体会议表决，由常务委员会全体组成人员的过半数通过，由常务委员会发布公告予以公布。

第八十六条　省人民代表大会常务委员会的地方性法规解释同地方性法规具有同等效力。

第八十七条　设区的市的人民代表大会及其常务委员会制定的地方性法规，由设区的市的人民代表大会常务委员会解释。

第八十八条　自治县的人民代表大会制定的自治条例和单行条例，由自治县的人民代表大会常务委员会解释。

第八十九条　设区的市的地方性法规、自治县的自治条例和单行条例的解释，应当在解释作出后的十五日内报省人民代表大会常务委员会备案。

第九十条　设区的市的地方性法规、自治县的自治条例和单行条例的解释程序，由设区的市的人民代表大会或者其常务委员会、自治县的人民代表大会规定。

第七章　适用和备案审查

第九十一条　同一机关制定的地方性法规、自治条例和单行条例，特别规定与一般规定不一致的，适用特别规定；新的规定与旧的规定不一致的，适用新的规定。

第九十二条 省的地方性法规之间对同一事项的新的一般规定与旧的特别规定不一致，不能确定如何适用时，由省人民代表大会常务委员会裁决。

第九十三条 新制定的设区的市的地方性法规与省的地方性法规不一致，省人民代表大会常务委员会认为符合该设区的市实际情况予以批准的，在该设区的市行政区域内适用。

自治县的自治条例和单行条例依法对省的地方性法规作变通规定的，在该自治地方适用。

第九十四条 设区的市的地方性法规与新制定的省的地方性法规不一致，适用省的地方性法规，但省人民代表大会及其常务委员会认为设区的市的地方性法规有必要保留的，可以在省的地方性法规中规定设区的市的地方性法规仍然有效。

第九十五条 省人民代表大会可以对省人民代表大会常务委员会制定和批准的地方性法规进行审查，认为不适当的，有权予以改变或者撤销。

第九十六条 省人民代表大会常务委员会可以对省人民政府制定的规章进行审查，认为不适当的，有权予以撤销。

设区的市的人民代表大会常务委员会可以对本级人民政府制定的规章进行审查，认为不适当的，有权予以撤销。

有关的专门委员会和常务委员会工作机构可以对报送备案的规范性文件进行主动审查。

第九十七条 省人民政府可以对设区的市的人民政府制定的规章进行审查，认为不适当的，有权予以改变或者撤销。

第九十八条 设区的市的地方性法规、自治县的自治条例和单行条例应当在公布后的十五日内将法规的文本及说明送省人民代表大会常务委员会，由省人民代表大会常务委员会报全国人民代表大会常务委员会和国务院备案。

第九十九条 地方性法规、自治条例和单行条例公布后的三十日内，省人民代表大会常务委员会应当报全国人民代表大会常务委员会和国务院备案。

第八章　附　则

第一百条 法规草案起草单位应当对法规草案条文内容的立法依据、事实、理由等进行必要的诠释，并提供相关的资料。

第一百零一条　主任会议可以委托常务委员会工作机构对法规草案的必要性、可行性、合法性等提出初步审查意见，印发常务委员会会议。

第一百零二条　法规应当明确规定实施日期。

第一百零三条　公布法规的公告应当载明该法规的制定机关、通过日期和实施日期。

经过修改的法规，法规标题的题注应当依次载明修改机关、修改日期。

第一百零四条　省人民代表大会及其常务委员会通过的地方性法规公布后，应当及时在常务委员会公报、广东人大网以及《南方日报》上刊登。

在常务委员会公报上刊登的地方性法规文本为标准文本。

设区的市的地方性法规、自治县的自治条例和单行条例公布后，应当及时在本级人民代表大会常务委员会公报、本级人民代表大会网站以及在本行政区域范围内发行的报纸上刊登。

第一百零五条　法规的修改和废止程序，适用本条例的有关规定。

法规部分条文被修改的，应当公布新的法规文本。

第一百零六条　法规根据内容需要，可以分章、节、条、款、项、目。

章、节、条的序号用中文数字依次表述，款不编序号，项的序号用中文数字加括号依次表述，目的序号用阿拉伯数字依次表述。

第一百零七条　省人民代表大会常务委员会法制工作机构可以对法规有关具体问题的询问进行研究予以答复，并报常务委员会备案。

第一百零八条　本条例自 2001 年 3 月 1 日起施行。1998 年 6 月 1 日广东省第九届人民代表大会常务委员会第三次会议通过的《广东省人民代表大会常务委员会制定地方性法规规定》同时废止。

广西壮族自治区立法条例[*]

（2001 年 1 月 16 日广西壮族自治区第九届人民代表大会第四次会议通过 根据 2016 年 1 月 29 日广西壮族自治区第十二届人民代表大会第五次会议《关于修改〈广西壮族自治区立法条例〉的决定》修正）

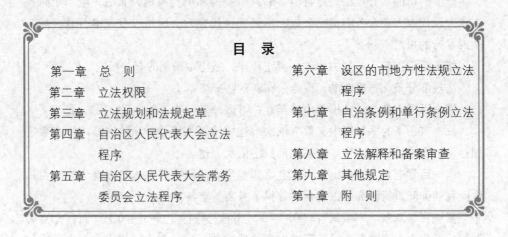

第一章　总　则

第一条　为了完善地方立法制度，规范本自治区的立法活动，提高立法质量，发挥立法的引领和推动作用，全面推进广西法治建设，根据宪法和《中华人民共和国地方各级人民代表大会和地方各级人民政府组织法》《中华人民共和国立法法》的规定，结合本自治区实际，制定本条例。

＊ 来源：《广西日报》2016 年 1 月 30 日，http://www.gxrd.gov.cn，http://www.gxrd.gov.cn/html/art152552.html（2016/8/11）.

第二条　本自治区立法应当遵循宪法的基本原则，以经济建设为中心，坚持社会主义道路、坚持人民民主专政、坚持中国共产党的领导、坚持马克思列宁主义毛泽东思想邓小平理论，坚持改革开放。

第三条　地方立法应当依照法定的权限和程序，根据本行政区域的实际情况和需要，从国家整体利益出发，维护社会主义法制的统一和尊严。

第四条　自治区和设区的市的地方性法规，自治区和自治县的自治条例、单行条例的制定、修改和废止适用本条例。

第五条　地方立法所需经费，应当列入本级预算。

第二章　立法权限

第六条　自治区人民代表大会及其常务委员会可以就下列事项制定地方性法规：

（一）法律、行政法规规定由地方作出规定的事项；

（二）全国人民代表大会及其常务委员会授权自治区人民代表大会及其常务委员会作出规定的事项；

（三）为执行法律、行政法规需要制定地方性法规的事项；

（四）除《中华人民共和国立法法》第八条规定的事项以外，国家尚未制定法律或者行政法规，根据本地方的具体情况需要制定地方性法规的事项；

（五）属于地方性事务需要制定地方性法规的事项。

对本行政区域特别重大事项作出规定的地方性法规，由人民代表大会通过；在人民代表大会闭会期间，常务委员会可以对人民代表大会制定的地方性法规进行部分补充和修改，但是不得同该地方性法规的基本原则相抵触。

第七条　设区的市人民代表大会及其常务委员会可以就城乡建设与管理、环境保护、历史文化保护等方面的下列事项制定地方性法规：

（一）为执行法律、行政法规、自治区的地方性法规的规定，需要根据本市的实际情况作出具体规定的事项；

（二）除《中华人民共和国立法法》第八条规定的事项以外，国家尚未制定法律或者行政法规，自治区尚未制定地方性法规，根据本市的具体情况需要制定地方性法规的事项；

（三）属于本市事务需要制定地方性法规的事项。

法律对设区的市制定地方性法规的事项另有规定的，从其规定。

第八条　自治区、自治县人民代表大会有权依照当地民族的政治、经济和文化的特点，制定自治条例和单行条例。

自治条例和单行条例可以依照当地民族的特点，对法律和行政法规的规定作出变通规定，但不得违背法律或者行政法规的基本原则，不得对宪法和民族区域自治法的规定以及其他有关法律、行政法规专门就民族自治地方所作的规定作出变通规定。

第三章　立法规划和法规起草

第九条　自治区、设区的市人民代表大会及其常务委员会加强对立法工作的组织协调，发挥在立法工作中的主导作用。

第十条　自治区、设区的市人民代表大会常务委员会通过立法规划、年度立法计划等形式，加强对立法工作的统筹安排。编制立法规划和年度立法计划，应当遵循突出重点、区分轻重缓急、量力而行、积极而为的原则，认真研究代表议案和建议，广泛征集意见，科学论证评估，根据经济社会发展和民主法治建设的需要，确定立法项目，提高立法的及时性、针对性和系统性。立法规划和年度立法计划由主任会议通过并向社会公布。

设区的市人民代表大会常务委员会制定、调整立法规划和年度立法计划，应当在通过前报自治区人民代表大会常务委员会征求意见。自治区人民代表大会常务委员会法制工作机构应当对拟列入立法规划、年度立法计划项目的立法权限和必要性等进行研究，报经主任会议同意，向设区的市人民代表大会常务委员会提出书面意见。

常务委员会法制工作机构负责编制立法规划和拟订年度立法计划，并按照常务委员会的要求，督促立法规划和年度立法计划的落实。

第十一条　自治区、设区的市人民代表大会有关的专门委员会、常务委员会法制工作机构应当提前参与有关方面的法规草案起草工作；综合性、全局性、基础性的重要法规草案，可以由有关的专门委员会或者常务委员会法制工作机构组织起草。

专业性较强的法规草案，可以吸收相关领域的专家参与起草工作，或者委托有关专家、教学科研单位、社会组织起草。

第四章　自治区人民代表大会立法程序

第十二条　自治区人民代表大会主席团可以向自治区人民代表大会提出地方性法规议案（简称法规案，下同），由自治区人民代表大会会议审议。

自治区人民代表大会常务委员会、自治区人民政府、自治区人民代表大会各专门委员会可以向自治区人民代表大会提出法规案，由主席团决定列入会议议程。

第十三条　十名以上代表联名，可以向自治区人民代表大会提出法规案，由主席团决定是否列入会议议程，或者先交有关的专门委员会审议、提出是否列入会议议程的意见，再决定是否列入会议议程。

专门委员会审议的时候，可以邀请提案人列席会议，发表意见。

第十四条　向自治区人民代表大会提出的法规案，在自治区人民代表大会闭会期间，可以先向常务委员会提出，经常务委员会会议依照本条例第五章规定的有关程序审议后，决定提请自治区人民代表大会审议的，由常务委员会向大会全体会议作说明，或者由提案人向大会全体会议作说明。

常务委员会根据前款规定审议法规案，应当通过多种形式征求自治区人民代表大会代表和驻桂全国人民代表大会代表的意见，并将有关情况予以反馈；专门委员会和常务委员会法制工作机构进行立法调研，可以邀请有关的自治区人民代表大会代表和驻桂全国人民代表大会代表参加。

第十五条　常务委员会会议决定提请自治区人民代表大会审议的法规案，应当在会议举行的十五日前将法规草案发给代表。

第十六条　列入自治区人民代表大会会议议程的法规案，大会全体会议听取提案人的说明后，由各代表团进行审议。

各代表团审议法规案时，根据代表团的要求，提案人应当派人听取意见，回答询问，有关机关、组织应当派人介绍情况。

第十七条　列入自治区人民代表大会会议议程的法规案，由有关的专门委员会进行审议，向主席团提出审议意见，并印发会议。

第十八条　列入自治区人民代表大会会议议程的法规案，由法制委员会根据各代表团和有关专门委员会的审议意见，对法规案进行统一审议，向主席团提出审议结果报告和法规草案修改稿，对重要的不同意见应当在审议结果报告中予以说明，经主席团审议通过后，印发会议。

第十九条　列入自治区人民代表大会会议议程的法规案，必要时主席团常务主席可以召开各代表团团长会议，就法规案中的重大问题听取各代表团的审议意见，进行讨论，并将讨论的情况和意见向主席团报告。

主席团常务主席也可以就法规案中重大的专门性问题，召集代表团推选的有关代表进行讨论，并将讨论的情况和意见向主席团报告。

第二十条　列入自治区人民代表大会会议议程的法规案，在交付表决前，提案人要求撤回的，应当说明理由，经主席团同意，并向大会报告，对该法规案的审议即行终止。

第二十一条　法规案在审议中有重大问题需要进一步研究的，经主席团提出，由大会全体会议决定，可以授权常务委员会根据代表的意见进一步审议，作出决定，并将决定情况向自治区人民代表大会下次会议报告；也可以授权常务委员会根据代表的意见进一步审议，提出修改方案，提请自治区人民代表大会下次会议审议决定。

第二十二条　法规草案修改稿经各代表团审议，由法制委员会根据各代表团的审议意见进行修改，提出法规草案表决稿，由主席团提请大会全体会议表决，由全体代表的过半数通过。

第二十三条　自治区人民代表大会通过的地方性法规由大会主席团发布公告予以公布。

第五章　自治区人民代表大会常务委员会立法程序

第二十四条　下列机关、单位或者人员，可以作为提案人向自治区人民代表大会常务委员会提出属于常务委员会职权范围的法规案：

（一）自治区人民代表大会常务委员会主任会议；

（二）自治区人民政府；

（三）自治区人民代表大会各专门委员会；

（四）自治区人民代表大会常务委员会组成人员五人以上联名。

第二十五条　自治区人民代表大会常务委员会主任会议向常务委员会提出的法规案，由常务委员会会议审议。

自治区人民政府、自治区人民代表大会各专门委员会，向常务委员会提出的法规案，由主任会议决定列入常务委员会会议议程，或者先交有关专门委员会审议、提出报告，再决定列入常务委员会会议议程。如果主任会议认为法规案有重大问题需要进一步研究的，可以要求提案人修改完善后再向常务委员会提出，也可以退回提案人作其他处理。

第二十六条　自治区人民代表大会常务委员会组成人员联名提出的法规案，由主任会议决定是否列入常务委员会会议议程，或者先交有关专门委员会审议、提出意见，再决定是否列入常务委员会会议议程。不列入常务委员会会议议程的，应当向常务委员会会议报告或者向提案人说明。

专门委员会审议的时候，可以邀请提案人列席会议，发表意见。

第二十七条　列入常务委员会会议议程的法规案，除特殊情况外，自治区人民代表大会常务委员会办公厅应当在常务委员会会议举行七日前，将法规草案及说明发给常务委员会组成人员。

第二十八条　列入常务委员会会议议程的法规案，一般经两次常务委员会会议审议后即交付表决；因情况特殊的，也可以在下一次常务委员会会议交付表决。各方面有原则分歧意见的，经主任会议决定，可以经三次常务委员会会议审议后再交付表决；调整事项较为单一或者部分修改的法规案，各方面无原则分歧意见的，由主任会议决定，也可以经一次常务委员会会议审议即交付表决。

常务委员会会议第一次审议法规案，在全体会议上听取提案人的说明，听取有关专门委员会的审议意见。

常务委员会会议第二次或者第三次审议法规案，在全体会议上听取法制委员会关于法规草案修改情况和主要问题的汇报或者法规草案审议结果的报告。

经常务委员会会议一次审议即交付表决的法规案，在全体会议上听取提案人的说明，听取法制委员会关于法规草案审议结果的报告。

第二十九条　常务委员会会议审议法规案时，提案人应当派人听取意见，回答询问。

常务委员会会议分组审议法规案时，根据要求，有关机关、组织应当派人介绍情况。

第三十条　有关的专门委员会审议法规案时，可以邀请其他专门委员会的成员列席会议，发表意见。

第三十一条　列入常务委员会会议议程的法规案，由法制委员会根据常务委员会组成人员、有关专门委员会的审议意见和各方面提出的意见，对法规案进行统一审议，提出修改情况的汇报或者审议结果报告和法规草案修改稿，对重要的不同意见应当在汇报或者审议结果报告中予以说明。

法制委员会审议法规案时，应当邀请有关专门委员会的成员列席会议，发表意见。

第三十二条 法制委员会或者有关专门委员会审议法规案时，应当召开全体会议审议，根据需要，可以要求有关机关、组织有关负责人说明情况。

第三十三条 在审议法规案的过程中，专门委员会对法规案的重要意见，应当以书面形式向主任会议报告。

第三十四条 列入常务委员会会议议程的法规案，法制委员会、有关的专门委员会和常务委员会工作机构应当听取各方面的意见。听取意见可以采取座谈会、听证会或者论证会等多种形式。

法规案有关问题专业性较强，需要进行可行性评价的，应当召开论证会，听取有关专家、部门和自治区人民代表大会代表等方面的意见。论证情况应当向常务委员会报告。

法规案有关问题存在重大意见分歧或者涉及利益关系重大调整，需要进行听证的，应当召开听证会，听取有关基层和群体代表、部门、人民团体、专家、自治区人民代表大会代表和社会有关方面的意见。听证情况应当向常务委员会报告。

常务委员会法制工作机构应当将法规草案发送相关领域的自治区人民代表大会代表、设区的市、县（市、区）人民代表大会常务委员会以及有关部门、组织和专家征求意见，将意见整理后送法制委员会和有关的专门委员会，并根据需要，印发常务委员会会议。

第三十五条 对列入常务委员会会议议程的法规案，应当在常务委员会会议后将法规草案及其起草、修改的说明等向社会公布，征求意见，但是经主任会议决定不公布的除外。向社会公布征求意见的时间一般不少于三十日。各部门、组织和公民提出的意见送常务委员会法制工作机构研究处理。

第三十六条 拟提请常务委员会会议审议通过的法规案，在法制委员会提出审议结果报告前，常务委员会法制工作机构可以对法规草案中主要制度规范的可行性、地方性法规出台时机、地方性法规实施的社会效果和可能出现的问题等进行评估。评估情况由法制委员会在审议结果报告中予以说明。

第三十七条 常务委员会会议审议法规案时，根据需要，可以召开联组会议或者全体会议，对法规草案中的主要问题进行讨论。

第三十八条 列入常务委员会会议议程的法规案在交付表决前，提案人要求撤回的，应当说明理由，经主任会议同意，并向常务委员会报告，对法规案的审议即行终止。

第三十九条 法规案经三次常务委员会会议审议后，仍有重大问题需要进一步研究的，由主任会议提出，经常务委员会全体会议同意，可以暂不付表决，交法制委员会进一步审议。

第四十条 列入常务委员会会议审议的法规案，因各方面对制定该地方性法规的必要性、可行性等重大问题存在较大原则分歧意见而搁置审议满两年的，或者因暂不付表决经过两年没有再次列入常务委员会会议议程审议的，由主任会议向常务委员会报告，该法规案终止审议。

第四十一条 主任会议认为应当提交自治区人民代表大会审议的法规案，应当提请常务委员会会议决定将该法规案提交代表大会审议。

第四十二条 法规草案修改稿经常务委员会会议审议，法制委员会根据常务委员会组成人员的审议意见进行修改，提出法规草案表决稿，由主任会议提请常务委员会全体会议表决，由常务委员会全体组成人员的过半数通过。

法规草案表决稿交付常务委员会会议表决前，主任会议根据常务委员会会议审议的情况，可以决定将个别意见分歧较大的重要条款提请常务委员会会议单独表决。

单独表决的条款经常务委员会会议表决后，主任会议根据单独表决的情况，可以决定将法规草案表决稿交付表决，也可以决定暂不付表决，交法制委员会进一步审议。

第四十三条 对多部地方性法规中涉及同类事项的个别条款进行修改，一并提出法规案的，经主任会议决定，可以合并表决，也可以分别表决。

第四十四条 常务委员会通过的地方性法规由自治区人民代表大会常务委员会发布公告予以公布。

第六章 设区的市地方性法规立法程序

第四十五条 设区的市法规案的提出、审议和表决程序，参照《中华人民共和国立法法》第二章第二节、第三节、第五节和本条例第四章、第五章、第九章的规定，由本级人民代表大会规定。

第四十六条 设区的市人民代表大会及其常务委员会制定的地方性法规，由常务委员会报请自治区人民代表大会常务委员会批准。报请批准应当提出书面报告，并由报请机关签署。

报请批准的地方性法规，先交自治区人民代表大会法制委员会审查，再由主任会议决定列入常务委员会会议议程。如果主任会议认为地方性法规有重大合法性问题需要进一步研究的，可以要求报请机关处理后再报请批准，也可以退回报请机关作其他处理。

第四十七条　自治区人民代表大会常务委员会审查报请批准的地方性法规，一般经一次常务委员会会议审查后交付表决。如对合法性问题有重大原则分歧意见的，可以经两次常务委员会会议审查后再交付表决。

第四十八条　报请批准的地方性法规在列入会议议程后交付表决批准前，报请机关要求撤回的，应当说明理由，经主任会议同意，并向常务委员会报告后，对该报请批准的地方性法规的审查即行终止。

第四十九条　自治区人民代表大会常务委员会对报请批准的地方性法规，应当对其合法性进行审查，同宪法、法律、行政法规、自治区本级地方性法规不抵触的，应当在四个月内予以批准，批准决定由常务委员会全体组成人员的过半数通过；同宪法、法律、行政法规、自治区本级地方性法规相抵触的，不予批准，由报请机关处理。

报请批准的地方性法规同自治区人民政府规章相抵触，自治区人民代表大会常务委员会认为报请批准的地方性法规适当的，应当予以批准；认为报请批准的地方性法规不适当的，应当要求报请机关处理。

第五十条　设区的市人民代表大会及其常务委员会制定的地方性法规报经批准后，由设区的市人民代表大会常务委员会发布公告予以公布。

第七章　自治条例和单行条例立法程序

第五十一条　自治区自治条例和单行条例案的提出、审议和表决程序，参照本条例第四章的规定执行。

自治县自治条例和单行条例案的提出、审议和表决程序，参照《中华人民共和国立法法》第二章第二节、第五节和本条例第四章、第九章的规定，由本级人民代表大会规定。

第五十二条　自治区的自治条例、单行条例，经本级人民代表大会审议通过后，报全国人民代表大会常务委员会批准。

第五十三条　自治县的自治条例、单行条例，经本级人民代表大会审议通过后，报自治区人民代表大会常务委员会批准。

自治县的自治条例、单行条例在提请本级人民代表大会审议前，自治县人民代表大会常务委员会应当将条例草案及说明送自治区人民代表大会民族委员会征求意见。

自治区人民代表大会民族委员会依照《中华人民共和国立法法》的要求提出意见。

第五十四条 自治县人民代表大会制定的自治条例、单行条例，由自治县人民代表大会常务委员会报请自治区人民代表大会常务委员会批准。报请批准应当提出书面报告，并由报请机关签署。

报请批准的自治条例、单行条例，由自治区人民代表大会常务委员会主任会议决定列入常务委员会会议议程。

第五十五条 自治区人民代表大会常务委员会审议报请批准的自治条例、单行条例，一般经一次常务委员会会议审议后交付表决。如有重大原则分歧意见的，可以经两次常务委员会会议审议后交付表决。

第五十六条 报请批准的自治条例、单行条例在列入会议议程后交付表决批准前，报请机关要求撤回的，应当说明理由，经主任会议同意，并向常务委员会报告后，对该报请批准的自治条例、单行条例的审议即行终止。

第五十七条 自治区人民代表大会常务委员会审议报请批准的自治条例、单行条例，在全体会议上，听取自治县人民代表大会常务委员会的负责人报告条例起草和审议的有关情况，由常务委员会会议进行审议。

对报请批准的自治条例、单行条例，由自治区人民代表大会常务委员会主任会议根据常务委员会会议审议的情况决定是否交付表决。

在条例交付表决的自治区人民代表大会常务委员会会议上，听取自治区人民代表大会民族委员会关于条例审议结果的报告。

第五十八条 自治区人民代表大会常务委员会审议报请批准的自治条例、单行条例，主要审查其变通、补充规定的权限范围。

经审查认为，报请批准的自治条例、单行条例符合《中华人民共和国立法法》第七十五条第二款规定的，常务委员会应当予以批准，批准决定由常务委员会全体组成人员的过半数通过。

经审查认为，报请批准的自治条例、单行条例不符合《中华人民共和国立法法》第七十五条第二款规定的，不予批准，由报请机关处理。

第五十九条 自治区或者自治县的自治条例、单行条例报经批准后，分别由自治区或者自治县人民代表大会常务委员会发布公告予以公布。

第八章　立法解释和备案审查

　　第六十条　自治区人民代表大会及其常务委员会制定的地方性法规和自治区人民代表大会制定的自治条例、单行条例的解释权属于自治区人民代表大会常务委员会。

　　第六十一条　自治区人民代表大会及其常务委员会制定的地方性法规和自治区人民代表大会制定的自治条例、单行条例有以下情况之一的，自治区人民政府、自治区高级人民法院、自治区人民检察院、自治区人民代表大会各专门委员会以及设区的市人民代表大会常务委员会可以书面向自治区人民代表大会常务委员会提出立法解释的要求：

　　（一）地方性法规、自治条例、单行条例需要进一步明确具体含义的；

　　（二）地方性法规、自治条例、单行条例制定后出现新的情况，需要明确适用依据的。

　　第六十二条　地方性法规、自治条例、单行条例的解释草案由常务委员会法制工作机构会同有关专门委员会研究拟订，由主任会议决定列入常务委员会会议议程。

　　第六十三条　地方性法规、自治条例、单行条例的解释草案经常务委员会会议审议，由法制委员会根据常务委员会组成人员的审议意见进行审议、修改，提出地方性法规、自治条例、单行条例的解释草案表决稿。

　　第六十四条　地方性法规、自治条例、单行条例的解释草案表决稿由常务委员会全体组成人员的过半数通过，由常务委员会发布公告予以公布。

　　第六十五条　自治区人民代表大会常务委员会对地方性法规、自治条例、单行条例的解释同地方性法规、自治条例、单行条例具有同等效力。

　　第六十六条　设区的市人民代表大会及其常务委员会制定的地方性法规和自治县人民代表大会制定的自治条例、单行条例，分别由设区的市人民代表大会常务委员会和自治县人民代表大会常务委员会解释，并在作出解释后三十日内报自治区人民代表大会常务委员会备案。

　　第六十七条　对地方性法规、自治条例、单行条例适用中的具体问题进行询问的，可以由制定该地方性法规、自治条例、单行条例的人民代表大会常务委员会工作机构研究答复。

　　第六十八条　地方性法规、自治县的自治条例和单行条例自公布之日起三十日内，由自治区人民代表大会常务委员会报全国人民代表大会常务委员会和国务院备案。

第六十九条 自治区、设区的市人民政府规章制定程序按国务院的有关规定执行。

自治区、设区的市人民政府规章自公布之日起三十日内，报国务院和本级人民代表大会常务委员会备案；设区的市人民政府规章应当同时报自治区人民代表大会常务委员会和自治区人民政府备案。

第七十条 国家机关、社会团体、企事业组织以及公民认为，自治区人民政府规章同上位法相抵触的，可以向自治区人民代表大会常务委员会提出进行审查的要求或者建议；认为设区的市人民政府规章同上位法相抵触的，可以向本级人民代表大会常务委员会或者自治区人民代表大会常务委员会提出进行审查的要求或者建议。审查要求或者建议由常务委员会法制工作机构进行研究，必要时，送有关的专门委员会进行审查、提出意见。

有关的专门委员会和常务委员会法制工作机构可以对报送备案的规章进行主动审查。

有关的专门委员会、常务委员会法制工作机构在审查、研究中认为本级人民政府规章同上位法相抵触的，可以向制定机关提出书面审查意见、研究意见；也可以由法制委员会与有关的专门委员会、常务委员会法制工作机构召开联合审查会议，要求制定机关到会说明情况，再向制定机关提出书面审查意见。制定机关应当在两个月内研究提出是否修改的意见，并予以反馈。

法制委员会、有关的专门委员会、常务委员会法制工作机构根据前款规定，向制定机关提出审查意见、研究意见，制定机关按照所提意见对人民政府规章进行修改或者废止的，审查终止。

有关的专门委员会和常务委员会法制工作机构经审查、研究认为，本级人民政府规章同上位法相抵触而制定机关不予修改的，应当向主任会议提出予以撤销的议案、建议，由主任会议决定提请常务委员会会议审议决定。

自治区人民代表大会有关的专门委员会和常务委员会法制工作机构认为设区的市人民政府规章同上位法相抵触的，应当向有关的设区的市人民代表大会常务委员会提出书面审查意见、研究意见。设区的市人民代表大会常务委员会参照本条第三款、第四款、第五款规定处理。

第九章 其他规定

第七十一条 提请自治区人民代表大会及其常务委员会审议法规案、自治条

例和单行条例案,应当同时提交以下材料:

(一) 法规草案文本及说明,修改法规的还应当提交修改前后对照文本,法规草案的说明应当包括制定或者修改法规的必要性、可行性和主要内容,以及起草过程中对重大分歧意见的协调处理情况;

(二) 立法指引;

(三) 法规草案征求有关方面意见的书面反馈材料;

(四) 立法依据等相关立法参阅材料。

报请批准的地方性法规、自治条例、单行条例,应当提交报请批准的报告和前款规定的第一项、第二项、第四项材料。

第七十二条 向自治区人民代表大会及其常务委员会提出的法规案或者向自治区人民代表大会提出的自治条例和单行条例案,在列入会议议程前,提案人有权撤回。

报请批准的地方性法规、自治条例、单行条例,在列入自治区人民代表大会常务委员会会议议程前,报请机关有权撤回。

第七十三条 交付自治区人民代表大会及其常务委员会全体会议表决未获得通过的法规案、自治条例和单行条例案,如果提案人认为必须立法的,可以依照本条例规定的程序重新提出,由主席团、主任会议决定是否列入会议议程;其中,未获得自治区人民代表大会通过的法规案,应当提请自治区人民代表大会审议决定。

第七十四条 地方性法规、自治条例、单行条例应当明确规定施行日期。

自治区人民代表大会及其常务委员会通过或者批准的地方性法规、自治条例、单行条例,应当及时在自治区人民代表大会常务委员会公报和中国人大网、广西人大网以及《广西日报》刊载。其中设区的市的地方性法规在批准后,应当及时在该市人民代表大会常务委员会的公报、本级人民代表大会网站和常务委员会指定的报纸刊载。

在本级人民代表大会常务委员会公报上刊登的地方性法规、自治条例、单行条例文本为标准文本。

第七十五条 地方性法规、自治条例、单行条例部分条文被修改或者废止的,必须公布新的文本。

第七十六条 法规草案与其他地方性法规相关规定不一致的,提案人应当予以说明并提出处理意见,必要时应当同时提出修改或者废止其他地方性法规相关规定的议案。

法制委员会和有关的专门委员会审议法规案时，认为需要修改或者废止其他地方性法规相关规定的，应当提出处理意见。

第七十七条 地方性法规、自治条例、单行条例根据内容需要，可以分章、条、款、项、目。

章、条的序号用中文数字依次表述，款不编序号，项的序号用中文数字加括号依次表述，目的序号用阿拉伯数字依次表述。

地方性法规、自治条例、单行条例标题的题注应当载明制定机关、通过日期。经过修改的地方性法规、自治条例、单行条例，应当依次载明修改机关、修改日期。

第七十八条 地方性法规规定明确要求有关国家机关对专门事项作出配套的具体规定的，有关国家机关应当自地方性法规施行之日起一年内作出规定，地方性法规对配套的具体规定制定期限另有规定的，从其规定。有关国家机关未能在期限内作出配套的具体规定的，应当向地方性法规制定机关说明情况。

第七十九条 自治区、设区的市人民代表大会有关的专门委员会、常务委员会法制工作机构可以组织对有关地方性法规或者地方性法规中的有关规定进行立法后评估。评估情况应当向常务委员会报告。

第八十条 自治区、设区的市人民代表大会及其常务委员会应当在立法的立项、起草、审议等过程中开展立法工作协商，广泛听取各方面意见，根据需要征求政协委员、民主党派、工商联、无党派人士、人民团体、社会组织的意见建议。

第八十一条 自治区、设区的市人民代表大会常务委员会根据立法工作需要，按照专业门类健全、知识结构合理、人员规模适度的原则，建立立法专家顾问库。专门委员会和有关工作机构应当通过发送法规草案，邀请参加立法调研、论证、起草等多种形式，听取立法专家顾问的意见。

第八十二条 自治区、设区的市人民代表大会常务委员会应当根据立法工作需要，建立基层立法联系点，听取基层的意见。

第十章 附 则

第八十三条 本条例自 2001 年 2 月 1 日起施行。

海南省制定与批准地方性法规条例[*]

（2001年2月16日海南省第二届人民代表大会第四次会议通过，根据2010年9月20日海南省第四届人民代表大会常务委员会第十七次会议通过的《海南省制定与批准地方性法规条例修正案》第一次修正，根据2016年1月30日海南省第五届人民代表大会第四次会议《关于修改〈海南省制定与批准地方性法规条例〉的决定》第二次修正）

目 录

第一章　总　则

第一条　为了规范地方立法活动，提高地方立法质量，发挥立法的引领和推

---

* 来源：海南人大网（http://www.hainanpc.net），http://www.hainanpc.net/hainanrenda/100/70675.html（2016/8/20）。

动作用，全面推进依法治省，建设法治海南，根据《中华人民共和国宪法》、《中华人民共和国立法法》等有关法律，结合本省实际，制定本条例。

第二条　海南省人民代表大会及其常务委员会制定、修改、废止地方性法规、海南经济特区法规以及海南省人民代表大会常务委员会批准地方性法规、自治条例和单行条例，适用本条例。

设区的市的人民代表大会及其常务委员会制定地方性法规、本省民族自治地方的人民代表大会制定自治条例和单行条例的程序，可以参照本条例，由其人民代表大会规定。

三沙市人民代表大会及其常务委员会制定地方性法规，适用本条例有关设区的市行使地方立法权的规定。

第三条　地方立法应当依照法定的权限和程序，维护国家整体利益和法制统一，发扬社会主义民主，坚持立法公开，推进立法协商，保障人民通过多种途径参与立法活动。

地方立法应当从广大人民群众的根本利益和实际出发，适应经济社会发展和全面深化改革的要求，科学合理地规定公民、法人和其他组织的权利与义务、国家机关的权力与责任，体现地方特色。

法规规范应当明确、具体，具有针对性和可执行性；对上位法已经明确规定的内容，一般不作重复性规定。

第四条　省人民代表大会及其常务委员会根据本行政区域的具体情况和实际需要，在与宪法、法律、行政法规不相抵触的前提下，制定地方性法规。

设区的市的人民代表大会及其常务委员会根据本市具体情况和实际需要，在与宪法、法律、行政法规和本省地方性法规不相抵触的前提下，可以对城乡建设与管理、环境保护、历史文化保护等方面的事项制定地方性法规，报省人民代表大会常务委员会（以下简称省人大常委会）批准后施行。

本省民族自治地方的人民代表大会有权依照当地民族的政治、经济和文化的特点，制定自治条例和单行条例，报省人大常委会批准后施行。

第五条　省人民代表大会及其常务委员会根据全国人民代表大会的授权决定，遵循法律、行政法规的原则制定海南经济特区法规，在海南经济特区内实施。海南经济特区法规可以规定下列事项：

（一）海南经济特区体制改革需要制定法规的事项；

（二）海南经济特区对外开放需要制定法规的事项；

（三）法律规定应由国家制定法律的事项以外国家尚未制定法律、行政法规的事项；

（四）海南经济特区需要制定法规的其他事项。

第六条 省人民代表大会及其常务委员会应当加强对立法工作的组织协调，发挥在立法工作中的主导作用。

第二章 立法规划、计划的编制与法规案的起草

第七条 制定地方性法规、海南经济特区法规（以下简称地方性法规）应当编制立法规划和年度立法计划。

编制立法规划和年度立法计划，应当认真研究人大代表议案和建议，广泛征求意见，科学论证评估，根据本省经济社会发展和民主法治建设的需要，确定立法项目，提高立法的及时性、针对性和系统性。

第八条 省人大常委会法制工作机构应当向省人大代表和有关单位征集立法项目建议，并通过报刊、网络等媒体公开向社会征集立法项目建议。

一切国家机关、政党、人民团体、企业事业单位、其他组织、公民都可以向省人大常委会提出制定地方性法规的建议。提出制定地方性法规的建议应当说明理由。

第九条 有地方性法规议案权的机关应当在省人民代表大会换届后及时提出立法规划项目建议，并在每年第四季度提出下一年度立法计划项目建议。

提出地方立法计划项目建议的，应当报送立法项目建议书、法规草案建议稿、立法项目论证报告等材料。

第十条 省人大常委会法制工作机构应当对各方面提出的立法建议和意见进行综合协调、研究论证，提出立法规划草案和年度立法计划草案。列入立法规划和年度立法计划的立法建议项目应当进行立项论证。

立法规划草案由省人大常委会主任会议（以下简称主任会议）提请省人大常委会审议同意并向社会公布；年度立法计划草案经主任会议审议同意并向社会公布。

第十一条 省人民代表大会专门委员会（以下简称专门委员会）、常委会有关工作机构、省人民政府及其有关部门应当认真组织实施立法规划和年度立法计划。未能按时提请审议的，提案人应当向主任会议报告并说明情况。常委会法制工作机构应当督促立法规划和年度立法计划的落实。

立法规划和年度立法计划在执行过程中需要作部分调整的，由常委会法制工

作机构提出调整意见，报主任会议审定。

第十二条 列入立法规划和年度立法计划的地方性法规项目，由提案人组织起草法规草案。

有关专门委员会、常委会工作机构应当根据职责分工提前参与有关方面的法规草案起草工作；综合性、全局性、基础性的重要法规草案，可以由有关的专门委员会或者常务委员会工作机构组织起草。

专业性较强的法规草案，可以吸收相关领域的专家参与起草工作，或者委托有关专家、教学科研单位、社会组织起草。

其他国家机关、政党、社会团体、企业事业组织和公民可以向有地方性法规议案权的机关、人大常委会有关工作机构提出地方性法规草案建议稿。

第十三条 起草地方性法规草案应当深入调查研究，广泛听取有关机关、组织、人民代表大会代表和社会公众的意见。听取意见可以采取座谈会、论证会、听证会、书面征询等形式。

对涉及较多数公民切身利益的地方性法规草案，起草单位应当征询有关社会团体、企业事业组织和公众代表的意见；对涉及专门技术或者其他专业性强的地方性法规草案，起草单位应当听取有关科研机构和专家学者的意见；对涉及多个行政管理部门的地方性法规草案，起草单位应当征求相关部门的意见。

省人民政府各部门之间对地方性法规草案有不同意见时，由省人民政府进行协调并作出决定。

第三章 地方性法规制定程序

第一节 省人民代表大会制定地方性法规程序

第十四条 省人民代表大会可以就下列事项制定地方性法规：

（一）本省行政区域或者海南经济特区特别重大事项；

（二）法律规定由省级人民代表大会规定的事项；

（三）应当由省人民代表大会规定的其他事项。

第十五条 省人民代表大会举行会议的时候，主席团可以向省人民代表大会提出地方性法案，由省人民代表大会会议审议。

省人大常委会、省人民政府、省人大各专门委员会可以向省人民代表大会提出地方性法案，由主席团决定列入省人民代表大会会议议程（以下简称大会议程）。

第十六条 一个代表团或者省人民代表大会代表十人以上联名，可以向省人民代表大会提出地方性法规案，由主席团决定是否列入大会议程，或者先交有关专门委员会审议，提出是否列入大会议程的意见，再由主席团决定是否列入大会议程。不列入议程的，应当向提案人作说明。

专门委员会审议地方性法规案时，可以邀请提案人列席会议，发表意见。

第十七条 应由省人民代表大会审议的地方性法规案，可以在省人民代表大会闭会期间，先向省人大常委会提出，经省人大常委会会议依照本条例规定的有关程序审议后，决定提请省人民代表大会审议，由省人大常委会或者由提案人向大会全体会议作说明。

省人大常委会依照前款规定审议地方性法规案，应当通过多种形式征求省人民代表大会代表的意见，并将有关情况予以反馈；专门委员会和常委会工作机构进行立法调研，可以邀请有关的省人民代表大会代表参加。

第十八条 一个代表团或者省人民代表大会代表十人以上联名提出的地方性法规案，经主席团决定列入大会议程的，由代表团团长或者联名的代表推荐一人向大会全体会议作说明。

第十九条 省人大常委会决定提请省人民代表大会会议审议的地方性法规案，应当在会议举行的一个月前将地方性法规草案印发给代表。

列入大会议程的地方性法规案，提案人和常委会有关工作机构应当提供有关资料。

第二十条 列入大会议程的地方性法规案，大会全体会议听取关于地方性法规案的说明后，由各代表团审议。

各代表团审议地方性法规案时，提案人、有关机关、组织应当根据代表团的要求派人介绍情况，回答询问。

有关专门委员会可以对列入大会议程的地方性法规案进行审议，向主席团提出审议意见，印发会议。

第二十一条 省人民代表大会法制委员会（以下简称法制委员会）根据各代表团和有关专门委员会的审议意见，对地方性法规案进行统一审议，向主席团提出审议结果报告和草案修改稿，经主席团会议审议通过后，印发会议。

第二十二条 审议地方性法规案中对重大问题有分歧意见的，主席团常务主席可以召开各代表团团长会议，听取各代表团的审议意见，进行讨论，并将讨论的情况和意见向主席团报告；对重大的专门性问题有分歧意见的，主席团常务主席可以召集各代表团推选的代表进行讨论，并将讨论的情况和意见向主席团报告。

第二十三条 审议地方性法规案中有重大问题需要进一步研究的，经主席团提出，由大会全体会议决定，可以授权省人大常委会根据代表的意见进一步审议，作出决定，并将决定情况向省人民代表大会下次会议报告，或者提出修改方案，提请省人民代表大会下次会议审议。

第二十四条 列入大会议程的地方性法规案，在交付表决前，提案人要求撤回的，经主席团同意，并向大会报告，对该地方性法规案的审议即行终止。

第二十五条 地方性法规草案修改稿经各代表团审议，由法制委员会根据各代表团的审议意见进行修改，提出草案表决稿，由主席团提请大会全体会议表决，由全体代表的过半数通过。

第二节 省人大常委会制定地方性法规程序

第二十六条 省人大常委会制定除应当由省人民代表大会制定的地方性法规以外，属其职权范围内的地方性法规；在省人民代表大会闭会期间，可以对省人民代表大会制定的地方性法规进行部分补充和修改，但不得同该地方性法规的基本原则相抵触。

第二十七条 下列机关和人员可以向省人大常委会提出地方性法规案：

（一）省人大常委会主任会议；

（二）省人民政府；

（三）省人民代表大会专门委员会；

（四）省人大常委会组成人员五人以上联名。

第二十八条 提请省人大常委会审议的地方性法规案，属于主任会议提出的，应当经主任会议审议通过；属于省人民政府提出的，应当经省人民政府常务会议审议通过；属于专门委员会提出的，应当经该专门委员会审议通过；属于省人大常委会组成人员五人以上联名提出的，应当由其共同签署。

第二十九条 主任会议向省人大常委会提出的地方性法规案，由省人大常委会会议审议。

省人民政府提出的地方性法规案，由主任会议决定列入省人大常委会会议议程，或者先交有关专门委员会审议或者常委会有关工作机构审查，提出报告，再决定列入省人大常委会会议议程。

专门委员会提出的地方性法规案，由主任会议决定列入省人大常委会会议议程，或者先交有关专门委员会提出意见，再决定列入省人大常委会会议议程。

第三十条　省人大常委会组成人员五人以上联名提出的地方性法规案，由主任会议决定是否列入省人大常委会会议议程，或者先交有关专门委员会审议或者常委会有关工作机构审查、提出报告，再决定是否列入省人大常委会会议议程。不列入省人大常委会会议议程的，应当向省人大常委会会议报告或者向提案人说明。

有关专门委员会审议或者常委会工作机构审查时，可以邀请提案人列席会议，发表意见。

第三十一条　主任会议认为地方性法规案有重大问题需要进一步研究修改的，可以建议提案人修改完善后再向省人大常委会提出。

第三十二条　列入省人大常委会会议议程的地方性法规案，除特殊情况外，常委会办事机构应当在会议举行的七日前将地方性法规草案发给常委会组成人员。

常委会组成人员可以个人或者若干人联合就地方性法规案中有关的重要问题进行调查研究、论证。必要时，可以要求省人大常委会有关工作机构予以协助。

省人大常委会会议审议地方性法规案时，应当邀请有关的省人民代表大会代表列席会议。

第三十三条　列入省人大常委会会议议程的地方性法规案，一般经两次会议审议才交付表决。但在审议中对该地方性法规案意见基本一致的，也可以一次会议审议交付表决。

地方性法规案经省人大常委会两次会议审议后，仍有重大问题需要进一步研究的，由主任会议决定，可以暂不交付表决，交法制委员会进一步审议修改后，由主任会议决定提请下次省人大常委会会议审议。

第三十四条　省人大常委会会议第一次审议地方性法规案时，提案人应当向全体会议作说明。提案人为省人大常委会组成人员五人以上联名的，推选一人作说明；常委会有关工作机构起草地方性法规案的，该工作机构受主任会议委托，向全体会议作说明。

省人大常委会会议第二次审议地方性法规案时，由法制委员会向全体会议作审议结果的报告，提出地方性法规草案修改稿。

第三十五条　省人大有关专门委员会、常委会有关工作机构可以对与其职责有关的地方性法规案进行审议或者审查，提出的审议、审查意见，印发常委会会议。

有关专门委员会、常委会有关工作机构审议或者审查地方性法规案时，可以邀请其他专门委员会或者常委会有关工作机构的成员、人民代表大会代表、专家列席会议，发表意见。

第三十六条　省人大常委会会议审议地方性法规案时，可以分组审议，也可以根据需要召开联组会议或者全体会议审议。必要时，可以对地方性法规案的主要问题进行辩论。

省人大常委会会议分组审议地方性法规案时，提案人、省人大有关专门委员会或者常委会有关工作机构应当派人听取意见，回答询问，根据小组的要求，派人介绍情况。

第三十七条　列入省人大常委会会议议程的地方性法规案，由法制委员会根据常委会组成人员、有关专门委员会或者常委会有关工作机构的审议、审查意见和各方面提出的意见，对地方性法规案进行统一审议，提出审议结果报告和地方性法规草案修改稿，对重要的不同意见应当在审议结果报告中予以说明。对有关专门委员会或者常委会有关工作机构的重要审议、审查意见没有采纳的，应当向有关专门委员会或者常委会有关工作机构反馈。

法制委员会与有关专门委员会或者常委会有关工作机构对地方性法规案的重要问题有分歧意见的，应当向主任会议报告。

法制委员会审议地方性法规案时，应当召开全体会议审议，邀请有关专门委员会、常委会有关工作机构的成员列席会议，发表意见。必要时，可以要求有关机关、组织负责人到会说明情况。

第三十八条　法制委员会、有关专门委员会和常委会工作机构审议、审查地方性法规案时，应当听取各方面的意见。听取意见可以采取座谈会、听证会、论证会等多种形式。

地方性法规案有关问题专业性较强，需要进行可行性评价的，应当召开论证会，听取有关专家、部门和省人民代表大会代表等方面的意见。论证情况应当向省人大常委会报告。

地方性法规案有关问题存在重大意见分歧或者涉及利益关系重大调整，需要进行听证的，应当召开听证会，听取有关基层和群体代表、部门、人民团体、专家、省人民代表大会代表和社会有关方面的意见。听证情况应当向省人大常委会报告。

常委会有关工作机构应当将地方性法规草案发送相关领域的省人民代表大会代表、市县自治县人大常委会以及有关部门、基层立法联系点、组织和专家征求意见。

第三十九条 列入省人大常委会会议议程的地方性法规案，应当在常委会会议后将地方性法规草案及其起草说明等向社会公布，征求意见，但是经主任会议决定不公布的除外。向社会公布征求意见的时间一般不少于二十日。征求意见的情况应当予以反馈。

第四十条 拟提请省人大常委会会议审议通过的地方性法规案，在法制委员会提出审议结果报告前，常委会法制工作机构可以对地方性法规草案中主要制度规范的可行性、法规出台时机、法规实施的社会效果和可能出现的问题等进行评估。评估情况由法制委员会在审议结果报告中予以说明。

第四十一条 列入省人大常委会会议议程的地方性法规案，在交付表决前，提案人要求撤回的，经主任会议同意，并向省人大常委会报告，对该地方性法规案的审议即行终止。

第四十二条 列入省人大常委会会议议程的地方性法规案，因各方面对制定该地方性法规的必要性、可行性等重大问题存在较大意见分歧，搁置审议满两年的，或者因暂不付表决经过两年没有再次列入省人大常委会会议议程的，由主任会议向省人大常委会报告，该地方性法规案终止审议。

第四十三条 地方性法规草案修改稿经省人大常委会会议审议，意见基本一致的，由法制委员会根据省人大常委会组成人员的审议意见进行修改，提出地方性法规草案表决稿，由主任会议提请省人大常委会全体会议表决，由省人大常委会全体组成人员的过半数通过。

地方性法规草案表决稿交付省人大常委会全体会议表决前，主任会议根据常委会会议审议的情况，可以决定对个别意见分歧较大的重要条款进行单独表决，并根据单独表决的情况，可以决定将地方性法规草案表决稿交付表决，也可以决定暂不付表决，交法制委员会进一步审议。

第四十四条 对多部地方性法规中涉及同类事项的个别条款进行修改，一并提出地方性法规案的，经主任会议决定，可以合并表决，也可以分别表决。

第四十五条 省人大常委会认为审议的地方性法规案，需要提请省人民代表大会审议的，应当决定提请省人民代表大会审议。

第四章　设区的市的地方性法规和民族自治地方的
自治条例、单行条例的批准

第四十六条　设区的市的人民代表大会及其常务委员会制定的地方性法规和本省民族自治地方的人民代表大会制定的自治条例、单行条例，应当报请省人大常委会批准。

第四十七条　报请批准的地方性法规和自治条例、单行条例，由报请批准机关书面向省人大常委会报告其起草、审议情况，由主任会议决定列入省人大常委会会议议程。

法制委员会对报请批准的地方性法规和自治条例、单行条例进行统一审议，向省人大常委会全体会议作口头报告或者书面报告。

第四十八条　报请批准的地方性法规、自治条例、单行条例草案在提请本级人民代表大会或者常委会会议审议通过的三十日前，应当送省人大常委会法制工作机构征求意见。省人大常委会法制工作机构应当根据情况向有关专门委员会、常委会有关工作机构、省人民政府有关部门及其他有关单位征求意见，并将相关意见整理后反馈。

第四十九条　省人大常委会审查认为报请批准的地方性法规同宪法、法律、行政法规和本省地方性法规不抵触的，应当在四个月内予以批准；认为与宪法、法律、行政法规和本省地方性法规相抵触的，可以对抵触的条文进行修改，也可以提出修改意见，由报请批准机关修改后再报请批准。

省人大常委会审查认为报请批准的地方性法规同省人民政府的规章相抵触的，应当作出处理决定。

第五十条　省人大常委会审查认为报请批准的自治条例、单行条例不违背法律或者行政法规的基本原则，与宪法和民族区域自治法的规定以及其他有关法律、行政法规专门就民族自治地方所作的规定不抵触的，应当予以批准；认为违背法律、行政法规的基本原则，或者与宪法和民族区域自治法的规定以及其他有关法律、行政法规专门就民族自治地方所作的规定相抵触的，可以对相关条文进行修改，也可以提出修改意见，由报请批准机关修改后再报请批准。

第五章　地方性法规的公布和备案

第五十一条　省人民代表大会制定的地方性法规由省人民代表大会主席团发

布公告予以公布。

省人大常委会制定的地方性法规由省人大常委会发布公告予以公布。

省人大常委会批准的地方性法规和自治条例、单行条例由制定机关的人大常委会发布公告，予以公布施行。

省人民代表大会和省人大常委会制定的地方性法规及批准的自治条例、单行条例，在《海南日报》和《海南省人大常委会会刊》、中国人大网、海南人大网上全文刊载。

在《海南省人大常委会会刊》上刊登的地方性法规、自治条例和单行条例文本为标准文本。

第五十二条　省人民代表大会和省人大常委会制定、批准的地方性法规、自治条例、单行条例，按照国家有关规定，报全国人民代表大会常务委员会和国务院备案。

第六章　地方性法规的解释、修改和废止

第五十三条　省人民代表大会及其常务委员会制定的地方性法规的规定，需要进一步明确具体含义，或者施行后出现新的情况需要明确适用依据的，由省人大常委会解释。

省人民政府、省高级人民法院、省人民检察院和省人大专门委员会以及市、县、自治县人大常委会可以向省人大常委会提出省地方性法规解释要求。

省人大常委会法制工作机构研究拟订地方性法规解释草案，由主任会议决定提请省人大常委会审议。地方性法规解释草案经省人大常委会会议审议，由法制委员会根据省人大常委会组成人员的意见进行审议、修改，提出地方性法规解释草案表决稿。

地方性法规解释草案的表决和公布依照地方性法规草案表决、公布的有关规定办理。

省人大常委会的地方性法规解释同地方性法规具有同等效力。

地方性法规的解释，依照国家有关规定报送备案。

第五十四条　设区的市的人民代表大会及其常务委员会制定的地方性法规和本省民族自治地方的人民代表大会制定的自治条例、单行条例的规定，需要进一步明确具体含义的，或者施行后出现新的情况需要明确适用依据的，分别由设区的市、本省民族自治地方的人大常委会解释，报省人大常委会备案。

第五十五条　地方性法规和本省民族自治地方的自治条例、单行条例具体应用的问题，由制定机关的同级人民政府解释；该地方性法规、自治条例、单行条例另有规定的，从其规定。

第五十六条　省人民代表大会和省人大常委会制定的地方性法规需要修改或者废止的，依照本条例第三章规定的有关程序，由省人民代表大会或者省人大常委会作出修改、废止的决定，并予以公布；部分条文修改、废止的，必须公布新的地方性法规文本。

省人大常委会批准的地方性法规和自治条例、单行条例需要修改的，由制定机关或其常委会报请省人大常委会批准；需要废止的，由原制定机关作出决定，并报省人大常委会备案。

第七章　其他规定

第五十七条　提出地方性法规案，应当同时提出草案文本及其说明，并提供必要的参阅资料。修改地方性法规的，还应当提交修改前后的对照文本。地方性法规草案的说明应当包括制定或者修改地方性法规的必要性、可行性和主要内容，以及起草过程中对重大分歧意见的协调处理情况。

第五十八条　地方性法规草案与其他地方性法规相关规定不一致的，提案人应当予以说明并提出处理意见，必要时应当同时提出修改或者废止其他地方性法规相关规定的议案。

法制委员会和有关专门委员会、常委会工作机构审议或者审查地方性法规案时，认为需要修改或者废止其他地方性法规相关规定的，应当提出处理意见。

第五十九条　交付省人民代表大会及其常务委员会全体会议表决未获得通过的地方性法规案，提案人认为必须制定该法规的，可以按照本条例规定的程序重新提出，由主席团、主任会议决定是否列入会议议程。

第六十条　专门委员会、常委会工作机构可以组织对有关地方性法规或者法规中有关规定进行立法后评估。评估情况应当向省人大常委会报告。

第六十一条　地方性法规规定明确要求有关国家机关对专门事项作出配套的具体规定的，有关国家机关应当自地方性法规施行之日起一年内作出规定，地方性法规对配套的具体规定制定期限另有规定的，从其规定。有关国家机关未能在期限内作出配套的具体规定的，应当向省人大常委会说明情况。

第六十二条　省人大常委会法制工作机构可以对省地方性法规有关具体问题

的询问进行研究后予以答复，并报省人大常委会备案。

第八章　附　则

第六十三条　本条例自公布之日起施行。1998 年 9 月 24 日海南省第二届人民代表大会常务委员会第三次会议通过的《海南省人民代表大会常务委员会制定批准地方性法规条例》同时废止。

四川省人民代表大会及其常务委员会立法条例[*]

（2016 年 1 月 29 日四川省第十二届人民代表大会第四次会议通过、公布并施行）

目 录

第一章　总　则

第一条　为了规范四川省人民代表大会及其常务委员会的立法活动，提高立法质量，发挥立法的引领和推动作用，推进依法治省，根据《中华人民共和国宪法》《中华人民共和国地方各级人民代表大会和地方各级人民政府组织法》《中华人民共和国立法法》和《中华人民共和国民族区域自治法》的规定，结合四川省实际，制定本条例。

第二条　省人民代表大会及其常务委员会制定、修改、废止、解释和批准地方性法规，对地方政府规章的备案审查，适用本条例。

---

* 来源：四川人大网（http://www.scspc.gov.cn），http://www.scspc.gov.cn/flfgk/scfg/201602/t20160218_30527.html（2016/8/20）。

第三条 地方立法应当维护社会主义法制统一，坚持依法立法、科学立法、民主立法。

地方立法应当适应经济社会发展和全面深化改革的要求，体现地方特色。

地方性法规规范应当明确、具体，具有针对性和可执行性。

第四条 省人民代表大会及其常务委员会应当发挥在地方立法工作中的主导作用，加强对立法工作的组织协调。

第二章 立法规划、立法计划和法规草案起草

第五条 省人民代表大会常务委员会通过立法规划、年度立法计划等形式，加强对全省立法工作的统筹安排。在每届第一年度制定本届任期内的立法规划，根据立法规划，结合实际，制定年度立法计划。

第六条 制定立法规划和年度立法计划，应当向社会公开征集立法选题和立法建议。

国家机关、社会团体、企业事业组织以及公民可以向省人民代表大会常务委员会提出制定、修改或者废止地方性法规的建议。

第七条 省人民代表大会常务委员会法制工作机构负责编制立法规划草案和年度立法计划草案。

编制立法规划草案和年度立法计划草案，应当根据经济社会发展和民主法治建设以及实施重大改革决策的需要，综合考虑法律法规的实施情况和社会重大关切等因素，认真研究代表议案，广泛征集各方意见，科学论证评估，确定立法项目，提高地方立法的及时性、针对性。

第八条 省人民代表大会常务委员会法制工作机构研究讨论立法规划草案和年度立法计划草案，应当邀请有关的专门委员会、省人民政府法制工作机构、有关部门和专家参加，发表意见。

第九条 立法规划草案和年度立法计划草案经常务委员会主任会议通过后，印发常务委员会会议。

立法规划和年度立法计划应当向社会公布。

第十条 省人民代表大会常务委员会法制工作机构按照常务委员会的要求，督促立法规划和年度立法计划的落实。若有特殊情况需要调整立法规划和年度立法计划的，由常务委员会法制工作机构提出调整意见报主任会议。

第十一条 省人民政府年度立法计划应当与省人民代表大会常务委员会的立

法规划相衔接。

拟列入省人民政府下一年度立法计划的法规项目应当在每年年底前书面报送省人民代表大会常务委员会。

省人民政府年度立法计划应当在通过后及时书面报送省人民代表大会常务委员会。

第十二条 设区的市和自治州人民代表大会常务委员会制定年度立法计划应当加强与省人民代表大会常务委员会法制工作机构的沟通，并在每年年底前将下一年度立法计划书面报送省人民代表大会常务委员会。

第十三条 省人民代表大会有关的专门委员会、常务委员会工作机构应当提前参与有关方面的法规草案起草工作。

省人民政府及其部门起草或者组织起草地方性法规草案，应当加强与省人民代表大会有关的专门委员会、常务委员会工作机构的联系沟通。

第十四条 地方性法规草案有下列情形之一，可以由省人民代表大会有关的专门委员会或者常务委员会工作机构牵头，组织相关部门、相关领域的专家等组成起草小组起草：

（一）关系人民群众切身利益或者人民群众普遍关注的；

（二）经济社会发展急需的；

（三）综合性的或者涉及部门多的；

（四）其他需要由省人民代表大会有关的专门委员会或者常务委员会工作机构组织起草的。

专业性较强的地方性法规草案，可以吸收相关领域的专家参与起草工作，或者委托有关专家、教学科研单位、社会组织等起草。委托机构负责委托起草工作的组织、管理、监督和评估。

由省人民代表大会有关的专门委员会或者常务委员会工作机构牵头起草地方性法规草案的，省人民政府有关部门应当参与配合。

第十五条 起草地方性法规草案应当加强调查研究，广泛听取有关机关、组织、省人民代表大会代表和社会公众的意见。

新设行政许可、行政收费、行政处罚、行政强制措施和其他涉及行政管理部门与管理相对人之间重大利害关系的，应当依法举行听证。

第十六条 提出地方性法规案，应当同时提出法规草案文本及其说明，并提供论证情况、听证情况等必要的参阅材料。法规草案的说明应当包括制定或者修改法规的必要性、可行性和主要内容，以及起草过程中对重大分歧意见的协调处理情况。

第三章　省人民代表大会立法程序

第十七条　省人民代表大会主席团可以向省人民代表大会提出地方性法规案，由省人民代表大会会议审议。

省人民代表大会常务委员会、省人民政府、省人民代表大会各专门委员会，可以向省人民代表大会提出地方性法规案，由主席团决定列入会议议程。

第十八条　一个代表团或者十名以上的代表联名，可以向省人民代表大会提出地方性法规案，由主席团决定是否列入会议议程，或者先交有关的专门委员会审议、提出是否列入会议议程的意见，再决定是否列入会议议程。不列入会议议程的，应当向提案人说明。

专门委员会审议地方性法规案时，可以邀请提案人列席会议，发表意见。

第十九条　向省人民代表大会提出的地方性法规案，在省人民代表大会闭会期间，可以先向常务委员会提出，经常务委员会会议依照本条例第四章规定的有关程序审议后，决定提请省人民代表大会审议，由常务委员会向大会全体会议作说明，或者由提案人向大会全体会议作说明。

常务委员会依照前款规定审议地方性法规案，应当通过多种形式征求省人民代表大会代表的意见，并将有关情况予以反馈；专门委员会和常务委员会工作机构进行立法调研，可以邀请有关的省人民代表大会代表参加。

第二十条　常务委员会决定提请省人民代表大会会议审议的地方性法规案，常务委员会办公厅应当在会议举行的一个月前将地方性法规草案发给代表。

第二十一条　列入省人民代表大会会议议程的地方性法规案，大会全体会议听取常务委员会或者提案人的说明后，由各代表团进行审议。

各代表团审议地方性法规案时，提案人应当派人听取意见，回答询问；有关机关、组织应当根据代表团的要求，派人介绍情况。

第二十二条　列入省人民代表大会会议议程的地方性法规案，由有关的专门委员会进行审议，向主席团提出审议意见，并印发会议。

法制委员会根据各代表团和有关的专门委员会的审议意见，对地方性法规案进行统一审议，向主席团提出审议结果报告和法规草案修改稿，对重要的不同意见应当在审议结果报告中予以说明，经主席团会议审议通过后，印发会议。

第二十三条　列入省人民代表大会会议议程的地方性法规案，必要时，主席团常务主席可以召开各代表团团长会议，也可以召开各代表团推选的有关代表会议，就地方性法规案中的重大问题进行讨论，并将讨论的情况和意见向主席团报告。

第二十四条 列入省人民代表大会会议议程的地方性法规案，在交付表决前提案人要求撤回的，应当说明理由，经主席团同意，并向大会报告，对该项地方性法规案的审议即行终止。

第二十五条 地方性法规案在审议中有重大问题需要进一步研究的，经主席团提出，由大会全体会议决定，可以授权常务委员会根据代表的意见进一步审议，作出决定，并将决定情况向省人民代表大会下次会议报告；也可以授权常务委员会根据代表的意见进一步审议，提出修改方案，提请省人民代表大会下次会议审议决定。

第二十六条 地方性法规草案修改稿经各代表团审议后，由法制委员会根据各代表团的审议意见进行修改，提出地方性法规草案表决稿，由主席团提请大会全体会议表决，由全体代表的过半数通过。

第二十七条 省人民代表大会通过的地方性法规，由主席团发布公告予以公布。

第四章　省人民代表大会常务委员会立法程序

第二十八条 常务委员会主任会议可以向常务委员会提出地方性法规案，由常务委员会会议审议。

省人民政府、省人民代表大会各专门委员会，可以向常务委员会提出地方性法规案，由主任会议决定列入常务委员会会议议程，或者先交有关的专门委员会审议、提出报告，再决定列入常务委员会会议议程。如果主任会议认为该法规案有重大问题需要进一步研究，可以建议提案人修改完善后再向常务委员会提出。

第二十九条 常务委员会组成人员五人以上联名，可以向常务委员会提出地方性法规案，由主任会议决定是否列入常务委员会会议议程，或者先交有关的专门委员会审议、提出是否列入会议议程的意见，再决定是否列入常务委员会会议议程。不列入常务委员会会议议程的，应当向常务委员会会议报告或者向提案人说明。

专门委员会审议法规案时，可以邀请提案人列席会议，发表意见。

第三十条 地方性法规案在报请主任会议决定列入常务委员会会议议程一个

月前，起草单位应当向有关的专门委员会报送法规草案文本及相关资料。

第三十一条　提请省人民代表大会常务委员会审议的地方性法规案，应当于常务委员会会议举行十五日前报送省人民代表大会常务委员会，并附法规草案文本和说明及有关资料。

第三十二条　列入常务委员会会议议程的地方性法规案，除特殊情况外，应当在会议举行的七日前将法规草案发给常务委员会组成人员。

常务委员会会议审议地方性法规案时，应当邀请有关的省人民代表大会代表列席会议。

第三十三条　列入常务委员会会议议程的地方性法规案，一般应当经三次常务委员会会议审议后再交付表决。

常务委员会会议第一次审议法规案，在全体会议上听取提案人的说明和有关的专门委员会的审议意见，由分组会议进行审议。新制定的法规案，常务委员会会议在分组审议的基础上就其必要性和可行性进行表决，获常务委员会全体组成人员过半数通过的，该法规案继续审议；未获过半数通过的，交提案人修改后再提请常务委员会进行审议或者依法终止审议。

常务委员会会议第二次审议法规案，在全体会议上听取法制委员会关于法规草案修改情况和主要问题的汇报，由分组会议进一步审议。

常务委员会会议第三次审议法规案，在全体会议上听取法制委员会关于法规草案审议结果的报告，由分组会议对法规草案修改稿进行审议。

常务委员会审议法规案时，根据需要，可以召开联组会议或者全体会议，对法规草案中的主要问题进行讨论。

第三十四条　列入常务委员会会议议程的地方性法规案，各方面意见比较一致的，可以经两次常务委员会会议审议后交付表决。法规案经两次常务委员会会议审议即交付表决的，由法制委员会提请主任会议在常务委员会会议第一次审议期间决定。

经两次常务委员会会议审议即交付表决的法规案，常务委员会会议第二次审议该法规案时，在全体会议上听取法制委员会关于法规草案审议结果的报告。由分组会议对法规草案修改稿进行审议。

第三十五条　列入常务委员会会议议程的地方性法规案，调整事项较为单一或者部分修改的地方性法规案，各方面的意见比较一致的，也可以经一次常务委员会会议审议即交付表决。法规案经一次常务委员会会议审议即交付表决的，由法制委员会提请主任会议决定。

经一次常务委员会会议审议即交付表决的地方性法规案，法制委员会根据常务委员会组成人员、有关的专门委员会的审议意见和各方面提出的意见，向常务委员会会议提出审议结果报告和草案修改稿。

地方性法规的废止案和解释案，适用前两款规定。

第三十六条　常务委员会分组会议或者联组会议审议地方性法规案时，提案人应当派人听取意见，回答询问。有关机关、组织应当派人介绍情况。

第三十七条　列入常务委员会会议议程继续审议的地方性法规案，有关的专门委员会可以提出审议意见，印发常务委员会会议。

有关的专门委员会审议地方性法规案时，可以邀请其他专门委员会的成员和省人民代表大会代表列席会议，发表意见。

第三十八条　列入常务委员会会议议程的地方性法规案，由法制委员会根据常务委员会组成人员、有关的专门委员会的审议意见和各方面提出的意见，对法规案进行统一审议，提出修改情况的汇报或者审议结果报告和法规草案修改稿，对重要的不同意见应当在修改情况的汇报或者审议结果报告中予以说明。对有关的专门委员会的重要审议意见没有采纳的，应当向有关的专门委员会反馈。

法制委员会审议地方性法规案，应当邀请有关的专门委员会的成员列席会议，发表意见。

第三十九条　专门委员会审议地方性法规案时，应当召开全体会议审议，根据需要，可以要求有关机关、组织派有关负责人说明情况。

第四十条　专门委员会之间对法规草案的重要问题意见不一致时，应当向主任会议报告。

第四十一条　列入常务委员会会议议程的地方性法规案，法制委员会、有关的专门委员会和常务委员会工作机构应当听取各方面的意见。听取意见可以采取座谈会、论证会、听证会等多种形式。

法规案有关问题专业性较强，需要进行可行性评价的，应当召开论证会，听取有关专家、部门和省人民代表大会代表等方面的意见。论证情况应当向常务委员会报告。

法规案有关问题存在重大意见分歧或者涉及利益关系重大调整，需要进行听证的，应当召开听证会，听取有关基层和相关利益群体代表、部门、人民团体、专家、省人民代表大会代表和社会有关方面的意见。听证情况应当向常务委员会报告。

常务委员会法制工作机构应当将法规草案发送相关领域的省人民代表大会代

表、设区的市和自治州人民代表大会常务委员会以及有关部门、组织和专家征求意见。

第四十二条 列入常务委员会会议议程的地方性法规案，应当在常务委员会会议后将法规草案及其起草、修改说明等向社会公布，征求意见，但是经主任会议决定不公布的除外。向社会公布征求意见的时间一般不少于三十日。征求意见的情况应当向社会通报。

第四十三条 列入常务委员会会议议程的地方性法规案，常务委员会法制工作机构应当收集整理分组审议的意见和各方面提出的意见以及其他有关资料，分送法制委员会和有关的专门委员会，并根据需要，印发常务委员会会议。

第四十四条 拟提请常务委员会会议审议通过的地方性法规案，在法制委员会提出审议结果报告前，常务委员会法制工作机构可以对法规草案中主要制度规范的可行性、法规出台时机、法规实施的社会效果和可能出现的问题等进行评估。评估情况由法制委员会在审议结果报告中予以说明。评估报告印发常务委员会会议。

第四十五条 列入常务委员会会议议程的地方性法规案，在交付表决前，提案人要求撤回的，应当说明理由，经主任会议同意，并向常务委员会报告，对该法规案的审议即行终止。

第四十六条 列入常务委员会会议审议的地方性法规案，因各方面对制定的必要性、可行性等重大问题存在较大意见分歧搁置审议满两年的，或者因暂不付表决经过两年没有再次列入常务委员会会议议程审议的，由主任会议向常务委员会报告，该法规案终止审议。

第四十七条 地方性法规草案修改稿经常务委员会会议审议，由法制委员会根据常务委员会组成人员的审议意见进行修改，提出法规草案表决稿，由主任会议提请常务委员会全体会议表决，由常务委员会全体组成人员的过半数通过。

第四十八条 法规草案表决稿交付常务委员会会议表决前，专门委员会或者常务委员会组成人员五人以上联名对其中的个别意见分歧较大的重要条款书面提出异议的，经主任会议决定，可以将该重要条款提请常务委员会会议单独表决，由常务委员会全体组成人员的过半数通过后，再对法规草案表决稿进行表决。

单独表决的条款未获常务委员会全体组成人员过半数通过的，经主任会议决定，该法规草案表决稿暂不付表决，交法制委员会和有关的专门委员会进一步审议。

第四十九条 对多部法规中涉及同类事项的个别条款进行修改，一并提出地方性法规案的，经主任会议决定，可以合并表决，也可以分别表决。

第五十条　常务委员会通过的地方性法规由常务委员会发布公告予以公布。

第五十一条　法规草案与其他法规相关规定不一致的，提案人应当予以说明并提出处理意见，必要时应当同时提出修改或者废止其他法规相关规定的议案。

法制委员会和有关的专门委员会审议法规案时，认为需要修改或者废止其他法规相关规定的，应当提出处理意见。

第五十二条　省人民代表大会有关的专门委员会、常务委员会工作机构可以组织省人民代表大会代表、专家学者、执法部门等对重点领域的地方性法规或者法规中的重要制度进行立法后评估。评估情况应当向常务委员会报告。

第五章　设区的市和自治州地方性法规的批准程序

第五十三条　设区的市和自治州人民代表大会及其常务委员会制定、修改和废止地方性法规，应当在本级人民代表大会或者常务委员会审议表决一个月前，将地方性法规草案送省人民代表大会法制委员会和常务委员会法制工作机构征询意见。

第五十四条　报请批准地方性法规，设区的市和自治州人民代表大会常务委员会应当在省人民代表大会常务委员会会议举行一个月前向省人民代表大会常务委员会提出报请批准的议案，并附地方性法规的文本、说明以及论证情况、听证情况等有关资料。

第五十五条　报请批准的地方性法规，由省人民代表大会法制委员会提出审查意见并向主任会议汇报，由主任会议决定列入常务委员会会议议程。

法制委员会在审查报请批准的地方性法规时，应当征求有关的专门委员会、省人民政府有关部门、专家学者及其他有关单位的意见。

第五十六条　省人民代表大会常务委员会会议审议报请批准的地方性法规时，在全体会议上听取法制委员会审查意见的报告，由分组会议进行审议。

审议时，报请机关应当派员参加，听取意见，回答询问。

第五十七条　省人民代表大会常务委员会审议报请批准的地方性法规，一般经一次常务委员会会议审议即交付表决。

第五十八条　报请批准的地方性法规，由省人民代表大会法制委员会进行统一审议，向常务委员会提出审查结果报告和批准决定的草案，经主任会议决定提请常务委员会全体会议表决。

第五十九条 列入省人民代表大会常务委员会会议议程审议的报请批准的地方性法规，在交付表决前，报请机关要求撤回的，应当说明理由，经主任会议同意，并向常务委员会报告，对报请批准的地方性法规的审议即行终止。

第六十条 报请批准的地方性法规，同宪法、法律、行政法规和本省的地方性法规不抵触的，省人民代表大会常务委员会应当在四个月内予以批准。

第六十一条 报请批准的地方性法规同宪法、法律、行政法规以及本省的地方性法规相抵触的，可以决定暂不付表决，交由制定机关对报请批准的地方性法规进行修改，如果制定机关不同意修改的，应当不予批准。

第六十二条 省人民代表大会常务委员会在对报请批准的地方性法规进行审查时，发现其同省人民政府的规章相抵触的，应当作出处理决定。

第六章 地方政府规章的备案审查

第六十三条 省、设区的市、自治州人民政府的规章应当在公布后的三十日内报省人民代表大会常务委员会备案。

第六十四条 报送备案的文件，应当包括备案报告、规章正式文本和说明等文件，并附有关法律、法规、规章等制定依据。

第六十五条 省人民政府、省高级人民法院、省人民检察院以及设区的市和自治州人民代表大会常务委员会认为省、设区的市、自治州人民政府发布的规章同宪法、法律、行政法规和本省的地方性法规的规定相抵触的，可以向省人民代表大会常务委员会书面提出进行审查的要求，由常务委员会工作机构分送有关的专门委员会进行审查、提出意见。

前款规定以外的其它国家机关和社会团体、企业事业组织以及公民认为省、设区的市、自治州人民政府发布的规章同宪法、法律、行政法规和本省的地方性法规的规定相抵触的，可以向省人民代表大会常务委员会书面提出进行审查的建议，由常务委员会工作机构进行研究，必要时，送有关的专门委员会进行审查、提出意见。

第六十六条 有关的专门委员会和常务委员会工作机构可以对报送备案的省、设区的市、自治州人民政府发布的规章进行主动审查。

第六十七条 省人民代表大会专门委员会、常务委员会工作机构在审查、研究中认为省、设区的市、自治州人民政府发布的规章同宪法、法律、行政法规和本省的地方性法规相抵触的，可以向制定机关提出书面审查意见、研究意见；也可以由法制委员会与有关的专门委员会、常务委员会工作机构召开联合审查会议，要求制定机关到会说明情况，再向制定机关提出书面审查意见。制定机关应当在两个月内研究提出是否修改的意见，并向省人民代表大会法制委员会和有关的专门委员会或者常务委员会工作机构反馈。

第六十八条　省人民代表大会法制委员会、有关的专门委员会、常务委员会工作机构根据本条例第六十七条规定，向制定机关提出审查意见、研究意见，制定机关按照所提意见对其发布的规章进行修改或者废止的，审查终止。

第六十九条　省人民代表大会法制委员会、有关的专门委员会、常务委员会工作机构经审查、研究认为省人民政府发布的规章同宪法、法律、行政法规和本省的地方性法规相抵触而制定机关不予修改的，应当向主任会议提出予以撤销的议案、建议，由主任会议决定提请常务委员会会议审议决定。

省人民代表大会法制委员会、有关的专门委员会、常务委员会工作机构经审查、研究认为设区的市、自治州人民政府发布的规章同宪法、法律、行政法规和本省的地方性法规相抵触而制定机关不予修改的，应当向主任会议提出建议，交由省人民政府或者设区的市、自治州人民代表大会常务委员会予以撤销。

第七十条　省人民代表大会有关的专门委员会和常务委员会工作机构应当按照规定要求，将审查、研究情况向提出审查建议的国家机关、社会团体、企业事业组织以及公民反馈，并可以向社会公开。

第七章　附　则

第七十一条　自治条例和单行条例的批准程序，适用《四川省民族自治地方自治条例和单行条例报批程序规定》的规定。

第七十二条　省人民代表大会主席团和常务委员会公布的地方性法规公告，应当载明该法规的制定机关、通过和施行的日期，并及时在《四川省人民代表大会常务委员会公报》《四川日报》以及四川人大网上刊载。

在《四川省人民代表大会常务委员会公报》上刊登的地方性法规文本为标准文本。

报经批准的地方性法规由设区的市和自治州的人民代表大会常务委员会发布公告予以公布。

第七十三条　地方性法规的起草、修改等工作，应当遵守《四川省地方立法技术规定》。

第七十四条 本条例自公布之日起施行。2001 年 2 月 13 日四川省第九届人民代表大会第四次会议通过的《四川省人民代表大会及其常务委员会立法程序规定》和 2004 年 6 月 3 日四川省第十届人民代表大会常务委员会第九次会议通过的《四川省人民代表大会常务委员会关于提高地方立法质量有关事项的决定》同时废止。

贵州省地方立法条例[*]

（2001年1月18日贵州省第九届人民代表大会第四次会议通过，2001年1月18日贵州省第九届人民代表大会第四次会议主席团公告公布，根据2016年1月31日贵州省第十二届人民代表大会第四次会议通过的《贵州省地方立法条例修正案》修正）

第一章　总　则

第一条　为了规范地方立法活动，适应经济社会发展和全面深化改革的要求，发挥立法的引领和推动作用，全面推进依法治省，维护法制统一，提高立法质量，根据《中华人民共和国宪法》、《中华人民共和国地方各级人民代表大会和地方各级人民政府组织法》、《中华人民共和国立法法》，结合本省实际，制定本条例。

＊ 来源：贵州人大网（http：//www.gzrd.gov.cn），http：//www.gzrd.gov.cn/pages/show_dffg.aspx?id=1033（2016/8/19）.

第二条　本条例适用于省人民代表大会及其常务委员会制定、修改、废止、解释地方性法规；批准设区的市、自治州（以下简称市、州）的地方性法规和民族自治地方的自治条例、单行条例；省人民政府和市、州人民政府制定的规章的备案审查。

第三条　制定地方性法规应当遵循以下原则：

（一）不得与宪法、法律、行政法规相抵触；

（二）坚持四项基本原则，坚持改革开放，促进经济社会发展，维护社会和谐稳定；

（三）从本省实际出发，突出地方特点；

（四）科学合理地规定公民、法人和其他组织的权利与义务、国家机关的权力与责任；

（五）坚持立法公开，保障公民多种途径参与立法活动；

（六）法规规范应当明确、具体，具有针对性和可执行性。

第四条　省人民代表大会及其常务委员会就下列事项可以制定地方性法规：

（一）为执行法律、行政法规的需要制定的；

（二）法律、行政法规规定由地方制定的；

（三）除《中华人民共和国立法法》第八条规定的事项外，国家尚未制定法律或者行政法规，根据需要先行制定的；

（四）属于地方性事务需要制定的。

第五条　涉及本行政区域内特别重大事项、省人民代表大会职权范围内的事项以及省人民代表大会认为应当由其制定的地方性法规，由省人民代表大会制定。

在省人民代表大会闭会期间，省人民代表大会常务委员会（以下简称省人大常委会或者常务委员会）可以对省人民代表大会制定的地方性法规进行部分修改，但是不得同该地方性法规的基本原则相抵触。

第二章　省人民代表大会立法程序

第六条　省人民代表大会主席团（以下简称主席团）可以向省人民代表大会提出法规案，由省人民代表大会会议审议。

省人大常委会、省人民政府、省高级人民法院、省人民检察院、省人民代表大会各专门委员会，可以向省人民代表大会提出法规案，由主席团决定列入会议议程。

第七条 1个代表团或者10名以上的代表联名，可以向省人民代表大会提出法规案，由主席团决定是否列入会议议程，或者先交有关专门委员会审议、提出是否列入会议议程的意见，再决定是否列入会议议程。

专门委员会审议时，可以邀请提案人列席会议，发表意见。

第八条 向省人民代表大会提出的法规案，应当同时提出法规草案文本及其说明，并提供必要的资料。修改法规的，还应当提交修改前后的对照文本。

第九条 向省人民代表大会提出的法规案，在省人民代表大会闭会期间，可以先向省人大常委会提出，经常务委员会会议审议后，决定提请省人民代表大会审议，由常务委员会或者原提案人向大会全体会议作说明。

常务委员会依照前款规定审议法规案，应当通过多种形式征求省人民代表大会代表的意见，并将有关情况予以反馈；专门委员会和省人大常委会法制工作机构（以下简称法制工作机构）进行立法调研，可以邀请有关的省人民代表大会代表参加。

第十条 省人大常委会决定提请省人民代表大会会议审议的法规案，应当在会议举行的30日前将法规草案发给代表。

第十一条 列入省人民代表大会会议议程的法规案，大会全体会议听取关于该法规案的说明后，由各代表团审议。

各代表团审议法规案时，提案人应当派人听取意见，回答询问；有关机关、组织应当根据代表团的要求派人介绍情况。

第十二条 列入省人民代表大会会议议程的法规案，有关专门委员会应当进行审议、向主席团提出审议意见，并印发会议。

第十三条 省人民代表大会法制委员会（以下简称法制委员会）根据各代表团和有关专门委员会的审议意见，对法规案进行统一审议，向主席团提出审议结果报告和法规草案修改稿，对重要的不同意见应当在审议结果报告中予以说明，经主席团会议审议通过后，印发会议。

第十四条 法规草案修改稿经各代表团审议后，由法制委员会根据各代表团的审议意见进行修改，提出法规草案表决稿，由主席团提请大会全体会议表决，由全体代表的过半数通过。

第十五条 有关专门委员会审议法规案时，可以邀请提案人列席会议，发表意见；涉及专业性问题，可以邀请有关方面的代表和专家列席会议，发表意见。

第十六条 法规案在审议中有重大问题需要进一步研究的，经主席团提出，由大会全体会议决定，可以授权省人大常委会根据代表的意见进行审议、作出决定，经常务委员会全体会议表决，报省人民代表大会下次会议备案；也可以授权省人大常委会根据代表的意见进一步审议，提出修改方案，提请省人民代表大会下次会议继续审议。

第十七条　法规案在交付表决前，提案人要求撤回的，应当说明理由，经主席团同意，并向大会报告，对该法规案的审议即行终止。

第三章　省人大常委会立法程序

第十八条　省人大常委会主任会议（以下简称主任会议）可以向常务委员会提出法规案，由常务委员会会议审议。

第十九条　省人民政府、省高级人民法院、省人民检察院、省人民代表大会各专门委员会可以向省人大常委会提出法规案，由主任会议决定列入常务委员会会议议程，或者先交有关专门委员会审议、提出报告，再决定列入常务委员会会议议程。

第二十条　常务委员会组成人员 5 人以上联名，可以向常务委员会提出法规案，由主任会议决定是否列入常务委员会会议议程，或者先交有关专门委员会审议、提出是否列入会议议程的意见，再决定是否列入常务委员会会议议程。不列入常务委员会会议议程的，应当向常务委员会会议报告或者向提案人说明。

专门委员会审议时，可以邀请提案人列席会议，发表意见。

第二十一条　主任会议、省人民政府、省高级人民法院、省人民检察院、省人民代表大会各专门委员会提出的法规案，应当分别先经主任会议、省人民政府常务会议、省高级人民法院院务会议、省人民检察院院务会议、省人民代表大会各专门委员会会议讨论通过，并提交提请审议的议案。

第二十二条　向省人大常委会提出的法规案，应当同时提出法规草案文本及其说明，并提供必要的资料。修改法规的，还应当提交修改前后的对照文本。

第二十三条　向省人大常委会提出法规案，提案人应当在常务委员会会议召开的 30 日前将法规案提交省人大常委会，未在 30 日前提交的，不列入该次常务委员会会议议程。

第二十四条　交有关专门委员会审议的法规案，有关专门委员会应当对其必要性、可行性和主要内容进行审议，提出审议意见。

有关专门委员会认为有重大问题需要进一步研究的，应当向主任会议提出报告，由主任会议决定是否列入常务委员会会议议程，或者交提案人修改后再交有关专门委员会审议。

有关专门委员会审议时，应当邀请其他有关专门委员会和法制工作机构的人员列席会议，发表意见。

第二十五条　列入常务委员会会议议程的法规案，一般应当在会议举行的 7 日前将法规草案发给常务委员会组成人员。

常务委员会会议审议法规案时，应当邀请有关的省人民代表大会代表列席会议。

第二十六条　列入常务委员会会议议程的法规案，一般应当经三次常务委员会会议审议后再交付表决。

常务委员会会议第一次审议法规案，在全体会议上听取提案人的说明、有关专门委员会的审议意见，由会议进行审议。

常务委员会会议第二次审议法规案，在全体会议上听取法制委员会关于法规草案修改情况的说明，由会议进行审议。

常务委员会会议第三次审议法规案，在全体会议上听取法制委员会关于法规草案的审议结果报告，由会议进行审议。

第二十七条　列入常务委员会会议议程的法规案，各方面意见比较一致的，可以经两次常务委员会会议审议后交付表决；调整事项较为单一或者部分修改的法规案，各方面意见比较一致的，也可以经一次常务委员会会议审议后交付表决。

第二十八条　常务委员会审议法规案时，可以采取分组会议、联组会议、全体会议的形式进行。会议期间，提案人应当派人听取意见，回答询问。

第二十九条　列入常务委员会会议议程的法规案，应当在常务委员会会议后将法规草案及其说明等向社会公布，征求意见，但是经主任会议决定不公布的除外。向社会公布征求意见的时间一般不少于 30 日。征求意见的情况应当向社会通报。

第三十条　列入常务委员会会议议程的法规案，由法制委员会根据常务委员会组成人员、有关专门委员会的审议意见和各方面的意见，对法规案进行统一审议，提出修改情况的说明或者审议结果报告和法规草案修改稿，对重要的不同意见应当在修改情况的说明或者审议结果报告中予以说明。

第三十一条　法制委员会审议法规案时，应当邀请有关专门委员会的人员列席会议，发表意见；对有关专门委员会的重要审议意见没有采纳的，应当予以反馈。

第三十二条 专门委员会之间对法规草案的重要问题意见不一致的，应当提请主任会议决定。

第三十三条 列入常务委员会会议议程的法规案，有关专门委员会和法制工作机构应当听取各方面的意见。听取意见可以采取座谈会、论证会、听证会等多种形式。

法规案有关问题专业性较强，需要进行可行性评价的，应当召开论证会，听取有关专家、部门和省人民代表大会代表等方面的意见。论证情况应当向常务委员会报告。

法规案有关问题存在重大意见分歧或者涉及利益关系重大调整，需要进行听证的，应当召开听证会，听取有关基层和群体代表、部门、人民团体、专家、省人民代表大会代表和社会有关方面的意见。听证情况应当向常务委员会报告。

法制工作机构应当将法规草案发送相关领域的省人民代表大会代表、县级以上人大常委会以及有关机关、组织、专家征求意见。

法制工作机构应当收集整理会议审议的意见和各方面提出的意见以及有关资料，分送法制委员会和有关专门委员会，并根据需要，印发常务委员会会议。

第三十四条 拟提请常务委员会会议审议通过的法规案，在法制委员会提出审议结果报告前，法制工作机构可以对法规草案中主要制度规范的可行性、法规出台时机、法规实施的社会效果和可能出现的问题等进行评估。评估情况由法制委员会在审议结果报告中予以说明。

第三十五条 常务委员会审议法规修正案，应当围绕法规修正案内容进行。常务委员会组成人员在审议中认为法规修正案之外的重要内容需要修改或者增加的，可以对该部分内容另行提出修改法规的议案，经主任会议决定提请常务委员会审议。

对多部法规中涉及同类事项的个别条款进行修改，一并提出修正案的，经主任会议决定，可以合并表决，也可以分别表决。

第三十六条 法规草案修改稿和审议结果的报告经常务委员会会议审议后，法制委员会根据常务委员会组成人员的审议意见提出法规草案表决稿，经主任会议决定，提交本次或者下次常务委员会会议表决。

法规草案表决稿交付常务委员会会议表决前，主任会议根据常务委员会会议审议的情况，可以决定将个别意见分歧较大的重要条款提请常务委员会会议单独表决。

单独表决的条款经常务委员会会议表决后，主任会议根据单独表决的情况，可以决定将法规草案表决稿交付表决，也可以决定暂不付表决，交法制委员会和有关专门委员会进一步审议。

提请常务委员会全体会议表决的法规草案，由全体组成人员的过半数通过。

第三十七条　法规案在交付表决前，提案人要求撤回的，应当说明理由，经主任会议同意，并向常务委员会报告，对该法规案的审议即行终止。

第三十八条　列入常务委员会会议审议的法规案有重大问题需要作进一步研究的，由主任会议决定，可以暂不付表决，或者交法制委员会和有关专门委员会进一步审议后，再提请主任会议决定。主任会议决定不提请常务委员会会议审议的，或者因暂不付表决经过1年没有再次列入常务委员会会议审议的，由主任会议向常务委员会报告，该法规案终止审议。

第四章　市、州地方性法规和民族自治地方自治条例、单行条例的批准程序

第三十九条　市人民代表大会及其常务委员会报请批准的地方性法规，经法制委员会会同有关专门委员会审议、提出审议意见后，由主任会议决定提请常务委员会会议审议。

民族自治地方人民代表大会报请批准的自治条例、单行条例和自治州人民代表大会及其常务委员会报请批准的地方性法规，经民族宗教委员会审议、提出审议意见后，由主任会议决定提请常务委员会会议审议。民族宗教委员会审议时，应当听取有关专门委员会的意见。

第四十条　报请批准的地方性法规、自治条例和单行条例，在全体会议上听取法制委员会或者民族宗教委员会的审议结果报告，由会议进行审议。一般经一次常务委员会会议审议后，由主任会议提请常务委员会全体会议表决。

第四十一条　报请批准的地方性法规，应当对其合法性进行审查，同宪法、法律、行政法规和省人民代表大会及其常务委员会制定的地方性法规不抵触的，应当在列入常务委员会会议议程起4个月内予以批准。

报请批准的地方性法规有下列情形之一的，为抵触：

（一）超越立法权限；

（二）违反上位法规定；

（三）设定的行政处罚超出法律、行政法规规定给予行政处罚的行为、种类

和幅度范围；

（四）其他违反法律、法规规定的。

第四十二条　报请批准的自治条例、单行条例，只要不违背宪法、民族区域自治法的规定，不违背法律或者行政法规的基本原则，不对有关法律、行政法规专门就民族自治地方所作的规定作出变通规定，应当在列入常务委员会会议议程起4个月内予以批准。

民族自治地方报请批准的对有关法律、行政法规的变通规定或者补充规定，按自治条例、单行条例的批准程序办理。

第四十三条　市、州地方性法规与省人民政府规章相抵触的，省人大常委会应当作出处理决定。

第四十四条　报请批准的地方性法规、自治条例和单行条例经批准后，分别由市人民代表大会常务委员会、民族自治地方人民代表大会常务委员会发布公告予以公布。

第五章　法规的解释

第四十五条　省人民代表大会及其常务委员会制定的地方性法规，需要进一步明确具体含义或者法规制定后出现新的情况，需要明确适用依据的，由省人大常委会负责解释。

第四十六条　省人民代表大会及其常务委员会制定的地方性法规，省人民政府、省高级人民法院、省人民检察院、省人民代表大会各专门委员会以及市、州人民代表大会常务委员会可以向省人大常委会提出解释的要求。

第四十七条　法制委员会会同有关专门委员会根据具体情况，研究拟定法规解释草案，由主任会议决定列入常务委员会会议议程。

第四十八条　法规解释草案经常务委员会会议审议，由法制委员会根据常务委员会组成人员的审议意见进行修改，提出法规解释草案表决稿。

第四十九条　法规解释草案表决稿由常务委员会全体组成人员的过半数通过。

第五十条　有关法规具体问题的询问，由法制委员会会同有关专门委员会进行研究，予以答复；涉及重大问题的，报主任会议决定后，予以答复，并报常务委员会备案。

第五十一条　市、州地方性法规由市、州人民代表大会常务委员会负责解释。

自治条例、单行条例由民族自治地方人民代表大会常务委员会负责解释。

市人民代表大会常务委员会、民族自治地方人民代表大会常务委员会作出的解释，应当报省人大常委会备案。

第六章　其他规定

第五十二条　省人民代表大会及其常务委员会加强对地方立法工作的组织协调，发挥在地方立法工作中的主导作用。

第五十三条　省人大常委会通过五年立法规划、年度立法计划等形式，加强对立法工作的统筹安排。编制立法规划和年度立法计划，应当认真研究代表议案和建议，广泛征集意见，科学论证评估，根据经济社会发展和民主法治建设的需要，确定立法项目，提高立法的及时性、针对性和系统性。立法规划和年度立法计划由省人大常委会会议通过并向社会公布。

法制工作机构负责编制立法规划和拟订年度立法计划的具体工作，并按照省人大常委会的要求，督促立法规划和年度立法计划的落实。

市人民代表大会常务委员会、民族自治地方人民代表大会常务委员会编制的立法规划和立法计划，应当报送省人大常委会。

第五十四条　有关专门委员会、常务委员会工作机构应当提前参与有关方面的法规草案起草工作；综合性、全局性、基础性的重要法规草案，可以由有关专门委员会或者常务委员会工作机构组织起草。

专业性较强的法规草案，可以吸收相关领域的专家参与起草工作，或者委托有关专家、教学科研单位、社会组织起草。

第五十五条　法规草案的说明应当包括制定或者修改法规的必要性、可行性和主要内容，以及起草过程中对重大分歧意见的协调处理情况。

法规草案与其他法规相关规定不一致的，提案人应当予以说明并提出处理意见，必要时应当同时提出修改或者废止其他法规相关规定的议案。

法制委员会和有关专门委员会审议法规案时，认为需要修改或者废止其他法规相关规定的，应当提出处理意见。

第五十六条　省人民代表大会制定的地方性法规由大会主席团发布公告予以公布；省人大常委会制定的地方性法规和作出的法规解释由常务委员会发布公告予以公布。

地方性法规被修改的，应当同时公布新的法规文本。

地方性法规被废止的，除由其他法规规定废止该法规的以外，由常务委员会发布公告予以公布。

在省人大常委会公报上刊登的地方性法规文本为标准文本。

第五十七条　地方性法规标题的题注应当载明制定机关、通过日期。经过修改的法规，应当依次载明修改机关、修改日期。

第五十八条　地方性法规明确要求有关国家机关对专门事项作出配套的具体规定的，有关国家机关应当自法规施行之日起1年内作出规定，地方性法规对配套的具体规定制定期限另有规定的，从其规定。有关国家机关未能在期限内作出配套的具体规定的，应当向省人大常委会说明情况。

第五十九条　有关专门委员会、法制工作机构可以组织对有关地方性法规或者地方性法规中有关规定进行立法后评估。评估情况应当向常务委员会报告。

第七章　规章的备案审查

第六十条　省人民政府和市、州人民政府制定的规章，应当于公布后30日内报省人大常委会备案。

第六十一条　国家机关、社会团体、企业事业组织以及公民认为省人民政府和市、州人民政府制定的规章同宪法、法律、行政法规、本省地方性法规相抵触的，可以向省人大常委会书面提出进行审查的建议，由法制工作机构进行研究，必要时，送有关专门委员会进行审查、提出意见。

有关专门委员会和法制工作机构可以对报送备案的规章进行主动审查。

第六十二条　有关专门委员会和法制工作机构对省人民政府和市、州人民政府制定的规章进行审查，认为其与宪法、法律、行政法规和本省的地方性法规相抵触的，可以向制定机关提出书面审查意见、研究意见；也可以由法制委员会与有关专门委员会、法制工作机构召开联合审查会议，要求制定机关到会说明情况，再向制定机关提出书面审查意见。制定机关应当在2个月内将是否修改的意见向法制委员会和有关专门委员会或者法制工作机构反馈。

法制委员会、有关专门委员会、法制工作机构根据前款规定，向制定机关提出审查意见、研究意见，制定机关按照所提意见对规章进行修改或者废止的，审查终止。

第六十三条　法制委员会、有关专门委员会、法制工作机构经审查、研究认为省人民政府制定的规章同宪法、法律、行政法规和省人民代表大会及其常务委员会制定的地方性法规相抵触而制定机关不予修改的，应当向主任会议提出予以撤销的议案、建议，由主任会议决定提请常务委员会会议审议决定。

对市、州人民政府制定的规章提出的审查意见、研究意见，由主任会议决定交市、州人民代表大会常务委员会处理。

第六十四条　有关专门委员会和法制工作机构应当将审查、研究情况向提出审查建议的国家机关、社会团体、企业事业组织以及公民反馈，并可以向社会公开。

第八章　附　则

第六十五条　本条例自公布之日起施行。1985 年 12 月 18 日贵州省第六届人民代表大会常务委员会第十六次会议通过的《贵州省制定地方性法规的程序的暂行规定》同时废止。

陕西省地方立法条例[*]

（2001年2月19日陕西省第九届人民代表大会第四次会议通过，2016年1月29日陕西省第十二届人民代表大会第四次会议修订）

第一章　总　则

第一条　为了规范地方立法活动，提高立法质量，发挥立法的引领和推动作用，保证宪法、法律和行政法规的实施，根据《中华人民共和国地方各级人民代表大会和地方各级人民政府组织法》、《中华人民共和国立法法》和有关法律，结合本省实际，制定本条例。

第二条　省和设区的市地方性法规的制定、修改、废止和解释，适用本条例。

省和设区的市的人民政府规章的制定、修改和废止，依照《中华人民共和国

---

　*　来源：陕西人大网（http://www.sxrd.gov.cn），http://www.sxrd.gov.cn/site/1/html/5/44/29789.htm（2016/8/20）。

立法法》和国务院《规章制定程序条例》、《法规规章备案条例》以及本条例的规定执行。

第三条 地方立法应当遵循《中华人民共和国立法法》规定的基本原则，在不同宪法、法律和行政法规相抵触的前提下，从本行政区域的具体情况和实际需要出发，在法律规定的权限范围内进行。

地方性法规和地方政府规章规范应当明确、具体，具有针对性和可执行性，对上位法已经明确规定的内容，一般不作重复性规定。

第二章　省地方性法规

第一节　立法权限

第四条 省人民代表大会及其常务委员会可以就下列事项制定地方性法规：

（一）为执行法律、行政法规，需要根据本省实际情况作具体规定的事项；

（二）法律规定由省人民代表大会或者省人民代表大会常务委员会作出规定的事项；

（三）属于地方性事务需要制定地方性法规的事项；

（四）除《中华人民共和国立法法》第八条规定的事项外，其他尚未制定法律、行政法规，根据需要可以先行制定地方性法规的事项。

第五条 下列事项，由省人民代表大会制定地方性法规：

（一）法律规定应当由省人民代表大会制定地方性法规的事项；

（二）涉及省人民代表大会职权的事项；

（三）本省行政区域特别重大事项。

省人民代表大会常务委员会制定和修改除前款规定以外的其他地方性法规；在省人民代表大会闭会期间，对省人民代表大会制定的地方性法规进行部分补充和修改，但不得同该地方性法规的基本原则相抵触。

第六条 省人民代表大会及其常务委员会制定地方性法规时，需要设定行政许可、行政处罚和行政强制等措施的，应当遵守《中华人民共和国行政许可法》、《中华人民共和国行政处罚法》和《中华人民共和国行政强制法》等法律有关立法权限的规定。

第二节　省人民代表大会立法程序

第七条 省人民代表大会主席团可以向省人民代表大会提出法规案，由省人民代表大会会议审议。

省人民代表大会常务委员会、省人民政府、省人民代表大会各专门委员会，可以向省人民代表大会提出法规案，由主席团决定列入会议议程。

第八条 十名以上的代表联名，可以向省人民代表大会提出法规案，由主席团决定是否列入会议议程，或者先交有关的专门委员会审议、提出是否列入会议议程的意见，再决定是否列入会议议程。

专门委员会审议法规案时，可以邀请提案人列席会议，发表意见。

第九条 向省人民代表大会提出的法规案，在省人民代表大会闭会期间，可以先向常务委员会提出，经常务委员会会议依照本条例第二章第三节规定的有关程序审议后，决定提请省人民代表大会审议，由常务委员会或者提案人向大会全体会议作说明。

常务委员会依照前款规定审议法规案，应当通过多种形式征求省人民代表大会代表的意见，并将有关情况予以反馈；专门委员会和工作委员会进行立法调研，可以邀请有关的省人民代表大会代表参加。

第十条 常务委员会决定提请省人民代表大会会议审议的法规案，应当在会议举行的三十日前将法规草案发给代表。

第十一条 列入省人民代表大会会议议程的法规案，大会全体会议听取提案人的说明后，由各代表团进行审议。

各代表团审议法规案时，提案人应当派人听取意见，回答询问。

各代表团审议法规案时，根据代表团的要求，有关机关、组织应当派人介绍情况。

第十二条 列入省人民代表大会会议议程的法规案，由有关的专门委员会进行审议，向主席团提出审议意见，并印发会议。

第十三条 列入省人民代表大会会议议程的法规案，由法制委员会根据各代表团和有关的专门委员会的审议意见，对法规案进行统一审议，向主席团提出审议结果报告和法规草案修改稿，对重要的不同意见应当在审议结果报告中予以说明，经主席团会议审议通过后，印发会议。

第十四条 列入省人民代表大会会议议程的法规案，必要时，主席团常务主席可以召开各代表团团长会议，就法规案中的重大问题听取各代表团的审议意见，进行讨论，并将讨论的情况和意见向主席团报告。

主席团常务主席也可以就法规案中重大的专门性问题，召集代表团推选的有关代表进行讨论，并将讨论的情况和意见向主席团报告。

第十五条　列入省人民代表大会会议议程的法规案，在交付表决前，提案人要求撤回的，应当说明理由，经主席团同意，并向大会报告，对该法规案的审议即行终止。

第十六条　法规案在审议中有重大问题需要进一步研究的，经主席团提出，由大会全体会议决定，可以授权常务委员会根据代表的意见进一步审议，作出决定，并将决定情况向省人民代表大会下次会议报告；也可以授权常务委员会根据代表的意见进一步审议，提出修改方案，提请省人民代表大会下次会议审议决定。

第十七条　法规草案修改稿经各代表团审议，由法制委员会根据各代表团的审议意见进行修改，提出法规草案表决稿，由主席团提请大会全体会议表决，由全体代表的过半数通过。

第十八条　省人民代表大会通过的地方性法规由主席团发布公告予以公布。

第三节　省人民代表大会常务委员会立法程序

第十九条　常务委员会主任会议可以向常务委员会提出法规案，由常务委员会会议审议。

省人民政府、省人民代表大会各专门委员会，可以向常务委员会提出法规案，由常务委员会主任会议决定列入常务委员会会议议程，或者先交有关的专门委员会审议或者工作委员会审查，提出报告，再决定列入常务委员会会议议程。如果常务委员会主任会议认为法规案有重大问题需要进一步研究，可以建议提案人修改完善后再向常务委员会提出。

第二十条　常务委员会组成人员五人以上联名，可以向常务委员会提出法规案，由常务委员会主任会议决定是否列入常务委员会会议议程，或者先交有关的专门委员会审议或者工作委员会审查，提出是否列入会议议程的意见，再决定是否列入常务委员会会议议程。不列入常务委员会会议议程的，应当向常务委员会会议报告或者向提案人说明。

有关的专门委员会审议或者工作委员会审查法规案时，可以邀请提案人列席会议，发表意见。

第二十一条　提请常务委员会会议审议的法规案，提案人应当在会议举行的一个月前向常务委员会提出。

列入常务委员会会议议程的法规案，除特殊情况外，应当在会议举行的七日前将法规草案发给常务委员会组成人员。

常务委员会会议审议法规案，应当邀请有关的省人民代表大会代表列席会议，可以邀请公民旁听会议。

第二十二条　列入常务委员会会议议程的法规案，一般应当经三次常务委员会会议审议后再交付表决。

常务委员会会议第一次审议法规案，在全体会议上听取提案人的说明，由分组会议进行初步审议。

常务委员会会议第二次审议法规案，在全体会议上听取法制委员会关于法规草案修改情况和主要问题的汇报，由分组会议进一步审议。

常务委员会会议第三次审议法规案，在全体会议上听取法制委员会关于法规草案审议结果的报告，由分组会议对法规草案修改稿进行审议。

常务委员会审议法规案时，根据需要，可以召开联组会议或者全体会议，对法规草案中的主要问题进行讨论。

第二十三条　列入常务委员会会议议程的法规案，各方面意见比较一致的，可以经两次常务委员会会议审议后交付表决；调整事项较为单一或者部分修改的法规案，各方面的意见比较一致的，也可以经一次常务委员会会议审议即交付表决。

调整事项较为单一或者部分修改的法规案，在常务委员会全体会议上听取提案人的说明和法制委员会审议结果的报告，由分组会议对法规草案和草案修改稿进行审议。提案人是法制委员会的，在常务委员会全体会议上听取法制委员会的说明，分组会议审议后，由法制委员会提出审议结果的报告，印发常务委员会会议。

第二十四条　常务委员会分组会议审议法规案时，提案人应当派人听取意见，回答询问。

常务委员会分组会议审议法规案时，根据会议的要求，有关机关、组织应当派人介绍情况。

第二十五条　列入常务委员会会议议程的法规案，由有关的专门委员会进行审议，提出审议意见，印发常务委员会会议。

有关的工作委员会对列入常务委员会会议议程的法规案可以进行审查，提出审查意见，印发常务委员会会议。

有关的专门委员会审议和工作委员会审查法规案时，可以邀请其他专门委员会的成员、工作委员会的负责人列席会议，发表意见。

第二十六条　列入常务委员会会议议程的法规案，由法制委员会根据常务委员会组成人员、有关的专门委员会的审议意见和工作委员会的审查意见以及各方面提出的意见，对法规案进行统一审议，提出修改情况的汇报或者审议结果报告和法规草案修改稿，对重要的不同意见应当在汇报或者审议结果报告中予以说明。对有关的专门委员会的审议意见和工作委员会的审查意见没有采纳的，应当向有关的委员会反馈。

法制委员会审议法规案时，应当邀请有关的专门委员会的成员、工作委员会的负责人列席会议，发表意见。

常务委员会法制工作机构负责对列入常务委员会会议议程的法规案进行修改，向法制委员会提出法规草案修改建议稿。

第二十七条　专门委员会审议和工作委员会审查法规案时，应当召开全体会议，根据需要，可以要求有关机关、组织派有关负责人说明情况。

第二十八条　有关的委员会之间对法规草案的重要问题意见不一致时，应当向常务委员会主任会议报告。

第二十九条　列入常务委员会会议议程的法规案，法制委员会、有关的委员会和常务委员会法制工作机构应当就法规案的有关问题调查研究，听取各方面的意见。听取意见可以采取座谈会、论证会、听证会、实地考察等多种形式。

法规案有关问题专业性较强，需要进行可行性评价的，应当召开论证会，听取有关专家、部门和省人民代表大会代表等方面的意见。论证情况应当向常务委员会报告。

法规案有关问题存在重大意见分歧或者涉及利益关系重大调整，需要进行听证的，应当召开听证会，听取有关基层和群体代表、部门、人民团体、专家、省人民代表大会代表和社会有关方面的意见。听证情况应当向常务委员会报告。

常务委员会法制工作机构应当将法规草案发送省人民代表大会代表、设区的市人民代表大会常务委员会以及有关部门、组织和专家征求意见。

第三十条　列入常务委员会会议议程的法规案，应当在常务委员会会议后将法规草案、法规草案修改稿及其起草、修改的说明等向社会公布，征求意见，但是经常务委员会主任会议决定不公布的除外。向社会公布征求意见的时间一般不少于三十日。征求意见的情况应当向社会通报。

第三十一条　列入常务委员会会议议程的法规案，常务委员会办事机构应当收集整理分组审议的意见，分送法制委员会、有关的委员会和常务委员会法制工作机构，并根据需要，印发常务委员会会议。

第三十二条　拟提请常务委员会会议审议通过的法规案，在法制委员会提出审议结果报告前，常务委员会法制工作机构可以对法规草案中主要制度规范的可行性、法规出台时机、法规实施的社会效果和可能出现的问题等进行评估。评估情况由法制委员会在审议结果报告中予以说明。

第三十三条 列入常务委员会会议议程的法规案，在交付表决前，提案人要求撤回的，应当说明理由，经常务委员会主任会议同意，并向常务委员会报告，对该法规案的审议即行终止。

第三十四条 法规草案修改稿经常务委员会会议审议，由常务委员会法制工作机构根据常务委员会组成人员的审议意见进行修改，经法制委员会审议提出法规草案表决稿，由常务委员会主任会议提请常务委员会全体会议表决，由常务委员会全体组成人员的过半数通过。

法规草案表决稿交付常务委员会会议表决前，常务委员会主任会议根据常务委员会会议审议的情况，可以决定将个别意见分歧较大的重要条款提请常务委员会会议单独表决。

单独表决的条款经常务委员会会议表决后，常务委员会主任会议根据单独表决的情况，可以决定将法规草案表决稿交付表决，也可以决定暂不付表决，交法制委员会进一步审议。

第三十五条 列入常务委员会会议审议的法规案，因各方面对制定该法规的必要性、可行性等重大问题存在较大意见分歧搁置审议满两年的，或者因暂不付表决经过两年没有再次列入常务委员会会议议程审议的，由法制委员会提出建议，由常务委员会主任会议向常务委员会报告，该法规案终止审议。

第三十六条 对多部法规中涉及同类事项的个别条款进行修改，一并提出法规案的，经常务委员会主任会议决定，可以合并表决，也可以分别表决。

第三十七条 常务委员会通过的地方性法规由常务委员会发布公告予以公布。

第四节　法规解释

第三十八条 省地方性法规的解释权属于省人民代表大会常务委员会。

省地方性法规有以下情况之一的，由省人民代表大会常务委员会解释：

（一）法规的规定需要进一步明确具体含义的；

（二）法规制定后出现新的情况，需要明确适用地方性法规依据的。

第三十九条 省人民政府、省高级人民法院、省人民检察院、省人民代表大会各专门委员会、省人民代表大会常务委员会各工作委员会以及设区的市人民代表大会常务委员会，可以向省人民代表大会常务委员会提出省地方性法规解释的要求。

第四十条　省人民代表大会常务委员会法制工作机构拟订省地方性法规解释草案，由常务委员会主任会议决定列入常务委员会会议议程。

第四十一条　省地方性法规解释草案经省人民代表大会常务委员会会议审议，由法制委员会根据常务委员会组成人员的审议意见进行审议、修改，提出省地方性法规解释草案表决稿。

第四十二条　省地方性法规解释草案表决稿由省人民代表大会常务委员会主任会议提请常务委员会全体会议表决，经常务委员会全体组成人员的过半数通过，由常务委员会发布公告予以公布。

第四十三条　省人民代表大会常务委员会的法规解释同省地方性法规具有同等效力。

第五节　其他规定

第四十四条　省人民代表大会及其常务委员会应当坚持科学立法、民主立法，加强对地方立法工作的组织协调，发挥在地方立法工作中的主导作用。

第四十五条　省人民代表大会常务委员会通过立法规划、年度立法计划等形式，加强对地方立法工作的统筹安排。编制立法规划和年度立法计划，应当认真研究代表议案和建议，广泛征集意见，科学论证评估，根据本省经济社会发展和民主法治建设的需要，确定立法项目，提高立法的及时性、针对性和系统性。立法规划和年度立法计划由常务委员会主任会议通过并向社会公布。

立法规划应当于省人民代表大会换届后六个月内完成编制工作；年度立法计划应当于省人民代表大会会议后一个月内完成编制工作。

省人民代表大会常务委员会法制工作机构负责编制立法规划和拟订年度立法计划，并按照常务委员会的要求，督促立法规划和年度立法计划的落实。

有关单位不能按时完成立法规划、立法计划确定的起草任务，应当向省人民代表大会常务委员会法制工作机构和有关的委员会说明原因，由常务委员会法制工作机构或者有关的委员会向常务委员会主任会议报告。

第四十六条　省人民代表大会及其常务委员会的有关的委员会、常务委员会法制工作机构应当提前参与有关方面的法规草案起草工作；综合性、全局性、基础性的重要法规草案，可以由有关的委员会或者常务委员会法制工作机构组织起草。

专业性较强的法规草案，可以吸收相关领域的专家参与起草工作，或者委托有关专家、教学科研单位、社会组织起草。

省人民代表大会及其常务委员会的有关的委员会、常务委员会法制工作机构以及省人民政府在组织起草法规草案中，对部门间争议较大的重要立法事项，应当请有关专家、教学科研单位、社会组织等第三方进行评估。向省人民代表大会常务委员会提出法规案时，应当提供第三方评估报告。

第四十七条　提出法规案，应当同时提出法规草案文本及其说明，并提供必要的参阅资料。修改法规的，还应当提交修改前后的对照文本。法规草案的说明应当包括制定或者修改法规的必要性、可行性和主要内容，以及起草过程中对重大分歧意见的协调处理情况。

第四十八条　向省人民代表大会及其常务委员会提出的法规案，在列入会议议程前，提案人有权撤回。

第四十九条　交付省人民代表大会及其常务委员会全体会议表决未获通过的法规案，如果提案人认为必须制定该地方性法规，可以按照本条例规定的程序重新提出，由主席团、常务委员会主任会议决定是否列入会议议程；其中，未获得省人民代表大会通过的法规案，应当提请省人民代表大会审议决定。

第五十条　省地方性法规应当明确规定施行日期。

省地方性法规涉及公民、法人和其他组织重要权益或者需要做必要的实施准备工作的，从公布到施行的日期一般不少于三个月。

第五十一条　省人民代表大会及其常务委员会公布地方性法规的公告，应当载明制定机关、通过和施行日期。

省地方性法规连同公告，应当及时在省人民代表大会常务委员会公报和中国人大网、陕西人大网以及陕西日报等全省范围内发行的报纸上刊载。

在省人民代表大会常务委员会公报上刊登的省地方性法规文本为标准文本。

第五十二条　省地方性法规的修改和废止程序，适用本章的有关规定。

省地方性法规被修改的，应当公布新的省地方性法规文本。

省地方性法规被废止的，由省人民代表大会主席团或者常务委员会予以公布，但是由其他的省地方性法规规定废止的除外。

第五十三条　省地方性法规草案与本省其他法规相关规定不一致的，提案人应当予以说明并提出处理意见，必要时应当同时提出修改或者废止其他法规相关规定的议案。

省人民代表大会专门委员会审议或者常务委员会工作委员会审查法规草案时，认为需要修改或者废止其他地方性法规相关规定的，应当提出处理意见。

第五十四条　省地方性法规的类别名称可以称条例、规定、办法、规则。

省地方性法规根据内容需要，可以分编、章、节、条、款、项、目。编、章、节、条的序号用中文数字依次表述，款不编序号，项的序号用中文数字加括号依次表述，目的序号用阿拉伯数字依次表述。

省地方性法规标题的题注应当载明制定机关、通过日期。经过修改的法规，应当依次载明修改机关、修改日期。

第五十五条　省地方性法规规定明确要求省人民政府、设区的市或者其他有关行政机关对专门事项作出配套的具体规定的，应当自法规施行之日起一年内作出规定，省地方性法规对配套的具体规定制定期限另有规定的，从其规定。省人民政府、设区的市或者其他有关行政机关未能在期限内作出配套的具体规定的，应当向省人民代表大会常务委员会说明情况。

第五十六条　省人民代表大会常务委员会应当建立立法专家咨询制度、立法协商制度和立法基层联系点制度，健全立法工作与社会公众的沟通机制。

第五十七条　省人民代表大会及其常务委员会制定或者修改的省地方性法规实施一年后，主要负责执行的部门应当将法规实施情况书面报告法制委员会、有关的委员会和常务委员会法制工作机构。

省人民代表大会及其常务委员会的有关的委员会、常务委员会法制工作机构可以组织对有关法规或者法规中的有关规定进行立法后评估。评估情况应当向常务委员会报告。

第五十八条　省人民代表大会常务委员会应当根据国家立法情况和本省经济社会发展需要，及时安排常务委员会法制工作机构组织开展省地方性法规的清理工作。国家制定或者修改的法律、行政法规颁布后，省地方性法规的规定同法律、行政法规相抵触的，应当及时予以修改或者废止。

第五十九条　省人民代表大会常务委员会法制工作机构可以对省地方性法规有关具体问题的询问进行研究予以答复，并报常务委员会备案。

第六十条　省人民代表大会常务委员会法制工作机构负责省地方性法规的汇编、出版和译本的审定。

省地方性法规的条文释义，由省人民代表大会常务委员会法制工作机构组织编写和审定。

第六十一条　省地方性法规颁布后，各级人民政府和有关部门应当将省地方性法规纳入普法宣传教育规划和年度计划，推动省地方性法规的贯彻实施，提高全社会法治意识。

第三章 设区的市地方性法规

第六十二条 设区的市人民代表大会及其常务委员会根据本市的具体情况和实际需要，在不同宪法、法律、行政法规和省地方性法规相抵触的前提下，可以对城乡建设与管理、环境保护、历史文化保护等方面的事项制定地方性法规，法律对设区的市制定地方性法规的事项另有规定的，从其规定。设区的市地方性法规须报省人民代表大会常务委员会批准后施行。

西安市已经制定的地方性法规，涉及前款规定事项范围以外的，继续有效。

第六十三条 设区的市地方性法规案的提出、审议和表决程序，根据《中华人民共和国地方各级人民代表大会和地方各级人民政府组织法》，参照《中华人民共和国立法法》和本条例有关的规定，由设区的市人民代表大会规定。

设区的市地方性法规草案由负责统一审议的机构提出审议结果的报告和草案修改稿。

第六十四条 设区的市人民代表大会常务委员会编制立法规划、年度立法计划，确定立法项目时，应当与全国人民代表大会常务委员会、国务院和省人民代表大会常务委员会立法规划、年度立法计划相协调。

第六十五条 省人民代表大会常务委员会对报请批准的设区的市地方性法规，应当对其合法性进行审查，同宪法、法律、行政法规和省地方性法规不抵触的，应当在四个月内予以批准。

省人民代表大会常务委员会会议对报请批准的设区的市地方性法规，一般实行一次会议审查决定。

第六十六条 设区的市人民代表大会及其常务委员会制定的地方性法规，由设区的市人民代表大会常务委员会报请省人民代表大会常务委员会批准。报请批准地方性法规时，应当提交书面报告、法规文本及其说明，并提供必要的参阅资料。修改法规的，还应当提交修改前后的对照文本。

设区的市人民代表大会常务委员会报请批准的地方性法规与省人民政府规章相关规定不一致的，应当予以说明。

第六十七条 报请省人民代表大会常务委员会批准的设区的市地方性法规，由省人民代表大会常务委员会法制工作机构对其合法性进行审查后，提请省人民代表大会法制委员会审查。

省人民代表大会法制委员会对报请批准的设区的市地方性法规审查认为同宪

法、法律、行政法规和省地方性法规不抵触的，应当提出审查意见的报告，由常务委员会主任会议决定列入常务委员会会议议程；同宪法、法律、行政法规和省地方性法规相抵触的，可以在审查意见的报告中提出不予批准建议，也可以报经常务委员会主任会议同意，退回报请批准的设区的市人民代表大会常务委员会修改。

第六十八条 省人民代表大会法制委员会经审查认为，报请批准的设区的市地方性法规同省人民政府规章相抵触的，应当提出处理意见，由常务委员会主任会议提请常务委员会会议作出处理决定。

第六十九条 报请批准的设区的市地方性法规，列入省人民代表大会常务委员会会议议程的，应当将报请批准的设区的市地方性法规文本和说明等相关资料、省人民代表大会法制委员会审查意见的报告，印发省人民代表大会常务委员会会议。

省人民代表大会常务委员会会议对报请批准的设区的市地方性法规进行审查时，设区的市人民代表大会常务委员会应当派有关负责人到会，回答询问。

经省人民代表大会常务委员会分组会议审查后，报请批准的设区的市地方性法规同宪法、法律、行政法规和省地方性法规不抵触的，由法制委员会提出批准决定草案，由常务委员会主任会议决定将批准决定草案提交常务委员会全体会议表决，由常务委员会全体组成人员的过半数通过。

第七十条 列入省人民代表大会常务委员会会议议程报请批准的设区的市地方性法规，在批准决定草案交付表决前，报请批准的设区的市人民代表大会常务委员会要求撤回的，经省人民代表大会常务委员会主任会议同意，并向常务委员会会议报告，对该地方性法规的审查即行终止。省人民代表大会常务委员会主任会议可以建议设区的市人民代表大会常务委员会撤回报请批准的地方性法规。

第七十一条 省人民代表大会常务委员会批准的设区的市地方性法规，由设区的市人民代表大会常务委员会发布公告予以公布，公告应当载明批准机关和批准日期。

设区的市地方性法规公布后，应当及时在设区市的人民代表大会常务委员会公报和中国人大网、陕西人大网、设区的市人民代表大会网站以及在设区的市行政区域范围内发行的报纸上刊载。

在设区的市人民代表大会常务委员会公报上刊登的地方性法规文本为标准文本。

第七十二条 设区的市地方性法规由设区的市人民代表大会常务委员会解

释，报省人民代表大会常务委员会备案。

省人民代表大会常务委员会批准设区的市修改、废止的地方性法规，按照本章的规定进行审查批准。

第四章　地方政府规章

第七十三条　省和设区的市的人民政府可以根据法律、行政法规和本省的地方性法规，制定地方政府规章。地方政府规章可以就下列事项作出规定：

（一）为执行法律、行政法规、地方性法规的规定需要制定规章的事项；

（二）法律、行政法规、地方性法规规定省、设区的市人民政府应当制定规章予以具体规定的事项；

（三）属于本行政区域的具体行政管理事项。

设区的市人民政府依照前款规定制定地方政府规章，限于城乡建设与管理、环境保护、历史文化保护等方面的事项。西安市人民政府已经制定的规章，涉及上述事项范围以外的，继续有效。

应当制定地方性法规但条件尚不成熟的，因行政管理迫切需要，省和设区的市的人民政府可以先制定地方政府规章。地方政府规章实施满两年需要继续实施规章所规定的行政措施的，应当提请本级人民代表大会或者其常务委员会制定地方性法规，未提请制定地方性法规的，该规章所规定的有关行政措施自行失效。

没有法律、行政法规、地方性法规的依据，地方政府规章不得设定减损公民、法人和其他组织权利或者增加其义务的规范。

第七十四条　省人民政府制定规章时，没有法律、行政法规和省地方性法规依据，因行政管理需要，设定临时性的行政许可或者设定警告、一定数额罚款的行政处罚的，应当遵守《中华人民共和国行政许可法》、《中华人民共和国行政处罚法》的有关立法权限和罚款限额的规定。设定临时性的行政许可实施满一年需要继续实施的，应当提请省人民代表大会及其常务委员会制定地方性法规。

设区的市人民政府制定规章时，没有法律、行政法规和省、本市的地方性法规依据，因行政管理需要，设定警告或者一定数额罚款的行政处罚的，应当遵守《中华人民共和国行政处罚法》有关立法权限和罚款限额的规定。

地方政府规章不得设定行政强制措施。设区的市人民政府规章不得设定行政许可。

第七十五条　省人民政府法制机构拟订省人民政府年度立法计划，报省人民政府审批。省人民政府年度立法计划中涉及的地方性法规项目应当与省人民代表大会常务委员会的立法规划、年度立法计划相衔接。省人民政府法制机构应当及时跟踪了解省人民政府各部门落实立法计划的情况，加强组织协调和督促指导。

第五章　适用与备案审查

第七十六条　省人民代表大会及其常务委员会制定的地方性法规和省人民政府制定的规章，在本省行政区域内适用。

设区的市人民代表大会及其常务委员会制定经省人民代表大会常务委员会批准的地方性法规和设区的市人民政府制定的规章，在该设区的市行政区域内适用。

第七十七条　省地方性法规的效力高于省人民政府规章和设区的市人民政府规章。

设区的市地方性法规的效力高于设区的市人民政府规章。

省人民政府制定的规章的效力高于本行政区域内的设区的市人民政府制定的规章。

第七十八条　地方性法规、地方政府规章不溯及既往，但为了更好地保护公民、法人和其他组织的权利和利益而作的特别规定除外。

第七十九条　同一机关制定的地方性法规、地方政府规章，特别规定与一般规定不一致的，适用特别规定；新的规定与旧的规定不一致的，适用新的规定。同一机关制定的新的一般规定与旧的特别规定不一致时，由制定机关裁决。

省人民代表大会及其常务委员会制定的地方性法规，对同一事项的新的一般规定与旧的特别规定不一致，不能确定如何适用时，由省人民政府、省高级人民法院、省人民检察院、省人民代表大会各专门委员会、省人民代表大会常务委员会各工作委员会和设区的市人民代表大会常务委员会提请省人民代表大会常务委员会裁决。

设区的市地方性法规与新制定或者修改的省地方性法规对同一事项规定不一致的，适用省地方性法规，设区的市地方性法规应当及时修改或者废止。

第八十条　设区的市地方性法规与省人民政府规章之间对同一事项的规定不一致，不能确定如何适用时，由省人民政府提出意见，省人民政府认为应当适用设区的市地方性法规的，可以决定在该设区的市行政区域内适用地方性法规的规定；认为应当适用省人民政府规章的，应当提请省人民代表大会常务委员会裁决。

第八十一条 依照本条例第七十九条第二款、第八十条规定，提请省人民代表大会常务委员会裁决的，由省人民代表大会常务委员会法制工作机构进行审查，提出意见，经法制委员会审议提出裁决决定草案，由常务委员会主任会议决定，列入常务委员会会议议程。裁决决定草案经常务委员会会议审议，由常务委员会全体组成人员的过半数通过。

第八十二条 省人民代表大会常务委员会制定和批准的地方性法规、省和设区的市人民政府的规章有下列情形之一的，由有关机关依照本条例第八十三条规定的权限予以改变或者撤销：

（一）超越权限的；

（二）违反宪法、法律、行政法规规定的；

（三）地方政府规章违反省地方性法规规定的；

（四）设区的市人民政府规章违反本市地方性法规规定或者违反省人民政府规章规定的；

（五）设区的市地方性法规与省人民政府规章对同一事项的规定不一致，经裁决应当改变或者撤销一方的规定的；

（六）地方政府规章的规定被认为不适当，应当予以改变或者撤销的；

（七）违背法定程序的。

第八十三条 省人民代表大会有权改变或者撤销省人民代表大会常务委员会制定的不适当的地方性法规，有权撤销省人民代表大会常务委员会批准的不适当的设区的市地方性法规。

省人民代表大会及其常务委员会有权撤销省人民政府制定的不适当的规章。

设区的市人民代表大会及其常务委员会有权撤销本级人民政府制定的不适当的规章。

省人民政府有权改变或者撤销设区的市人民政府制定的不适当的规章。

省人民代表大会改变或者撤销地方性法规的程序、省人民代表大会及其常务委员会撤销省人民政府规章的程序，适用本条例第二章的有关规定。

第八十四条 省和设区的市的人民代表大会及其常务委员会制定的地方性法规应当在公布后的三十日内，由省人民代表大会常务委员会报全国人民代表大会常务委员会和国务院备案。

设区的市的人民代表大会常务委员会应当在地方性法规公布后的二十日内，将公布地方性法规的公告、地方性法规文本和有关资料报省人民代表大会常务委员会。

第八十五条 省和设区的市的人民政府制定的规章应当在公布后的三十日内报国务院备案，同时报本级人民代表大会常务委员会备案；设区的市人民政府规章应当同时报省人民代表大会常务委员会和省人民政府备案。

第八十六条 省高级人民法院、省人民检察院和各设区的市人民代表大会常务委员会认为地方政府规章同宪法、法律、行政法规或者省地方性法规相抵触的，可以向省人民代表大会常务委员会书面提出进行审查的要求，由常务委员会法制工作机构进行研究，必要时，送有关的委员会进行审查、提出意见。

前款规定以外的其他国家机关和社会团体、企业事业组织以及公民认为地方政府规章同宪法、法律、行政法规或者省地方性法规相抵触的，可以向省人民代表大会常务委员会书面提出进行审查的建议，由常务委员会法制工作机构进行研究，必要时，送有关的委员会进行审查、提出意见。

省人民代表大会常务委员会法制工作机构和有关的委员会，可以对报送备案的规范性文件进行主动审查。

第八十七条 省人民代表大会专门委员会、常务委员会工作委员会在审查、研究中认为，地方政府规章的内容同宪法、法律、行政法规或者省地方性法规相抵触的，可以向制定机关提出书面审查意见、研究意见；也可以由法制委员会与有关的委员会、常务委员会法制工作机构联合召开审查会议，要求制定机关到会说明情况，再向制定机关提出书面审查意见。制定机关应当在两个月内研究提出是否修改的意见，并向法制委员会和有关的委员会、常务委员会法制工作机构反馈。

省人民代表大会法制委员会、有关的委员会、常务委员会法制工作机构根据前款规定，向制定机关提出审查意见、研究意见，制定机关按照所提意见对地方政府规章进行修改或者废止的，审查终止。

省人民代表大会法制委员会、有关的委员会、常务委员会法制工作机构经审查、研究认为，地方政府规章的内容同宪法、法律、行政法规或者省地方性法规相抵触而制定机关不予修改的，应当向常务委员会主任会议提出予以撤销的议案、建议，由常务委员会主任会议决定提请常务委员会会议审议决定。

第八十八条 省人民代表大会法制委员会、有关的委员会、常务委员会法制工作机构应当按照规定要求，将审查、研究情况向提出审查建议的国家机关、社会团体、企业事业组织以及公民反馈，并可以向社会公开。

第八十九条 省地方性法规向全国人民代表大会常务委员会和国务院备案后，全国人民代表大会法律委员会、有关的专门委员会、常务委员会工作机构对省地方性法规提出书面审查意见、研究意见的，由省人民代表大会常务委员会法制工作机构听取有关的委员会意见后，在一个月内向常务委员会主任会议提出是否修改或者废止的意见。

省人民代表大会常务委员会应当在两个月内将是否修改或者废止的意见报全国人民代表大会法律委员会、有关的专门委员会、常务委员会工作机构。

省地方性法规按照审查意见、研究意见修改或者废止的程序，适用本条例第二章的有关规定。

第六章　附　则

第九十条　本条例自公布之日起施行。1989 年 9 月 23 日陕西省第七届人民代表大会常务委员会第九次会议通过的《陕西省人民代表大会常务委员会制定地方性法规程序的规定》同时废止。

青海省人民代表大会及其常务委员会立法程序规定[*]

（2001 年 1 月 17 日青海省第九届人民代表大会第四次会议通过，2016 年 11 月 25 日青海省第十二届人民代表大会常务委员会第三十次会议修订）

目　录

第一章　总　则

第一条　为了规范省人民代表大会及其常务委员会的立法活动，提高立法质量，根据《中华人民共和国地方各级人民代表大会和地方各级人民政府组织法》和《中华人民共和国立法法》的有关规定，结合本省实际，制定本规定。

第二条　省人民代表大会及其常务委员会制定、修改、废止和解释地方性法规，省人民代表大会常务委员会（以下简称常务委员会）批准西宁市、海东市、自治州的地方性法规和自治州、自治县的自治条例、单行条例，适用本规定。

＊　来源：青海人大网（http://www.qhrd.gov.cn），http://www.qhrd.gov.cn/Desktop.aspx?path=qhrdww/qhrdww/InfoView&gid=7ed36dd0-0de2-48f1-b1ee-1f26e06b7592&tid=Cms_Info（2017/5/11）。

第三条　省人民代表大会及其常务委员会立法应当遵循立法法规定的基本原则，不同宪法、法律、行政法规相抵触，符合本省的具体情况和实际需要。

第四条　省人民代表大会及其常务委员会加强对立法工作的组织协调，发挥在立法工作中的主导作用。

第五条　地方性法规规范应当明确、具体，具有针对性和可执行性，对上位法已经明确规定的内容，一般不作重复性规定。

第二章　立法规划和立法计划

第六条　常务委员会通过立法规划、年度立法计划等形式，加强对立法工作的统筹安排。编制立法规划和年度立法计划，应当认真研究代表议案和建议，广泛征集意见，科学论证评估，根据经济社会发展和民主法治建设的需要，确定立法项目，提高立法的及时性、针对性和系统性。

第七条　常务委员会立法规划和年度立法计划，先由省人民政府、省人民代表大会各专门委员会和西宁市、海东市、各自治州、自治县人民代表大会常务委员会提出建议项目，由常务委员会工作机构协调、拟订草案，提请主任会议决定。

立法规划和年度立法计划由主任会议通过并向社会公布。

第八条　常务委员会年度立法计划分为立法项目和立法调研项目。拟列入立法计划的立法项目，提案人应当完成起草工作，并在年内提请常务委员会会议审议，立法调研项目应当完成立法的必要性、可行性等相关论证工作。

第九条　立法规划和年度立法计划在实施过程中需要调整的，有关机关或者组织应当向常务委员会提出报告，由常务委员会法制工作委员会会同有关机构进行研究，提出是否调整的意见，提请主任会议决定。

第三章　省人民代表大会立法程序

第十条　省人民代表大会主席团可以向省人民代表大会提出地方性法规案，由省人民代表大会会议审议。

常务委员会、省人民政府、省人民代表大会各专门委员会，可以向省人民代表大会提出地方性法规案，由主席团决定列入会议议程。

省人民代表大会代表十人以上联名，可以向省人民代表大会提出地方性法规案，由主席团决定是否列入会议议程，或者先交有关专门委员会审议、提出是否列入会议议程的意见，再由主席团决定是否列入会议议程。专门委员会审议时，可以邀请提案人列席会议，发表意见。

第十一条　向省人民代表大会提出的地方性法规案，在代表大会闭会期间，向常务委员会提出，经常务委员会会议审议后，再决定提请省人民代表大会审议，由常务委员会或者提案人向大会全体会议作说明。

常务委员会依照前款规定审议地方性法规案，应当通过多种形式征求省人民代表大会代表的意见，并将有关情况予以反馈；专门委员会和常务委员会工作机构进行立法调研，可以邀请有关的省人民代表大会代表参加。

第十二条　常务委员会决定提请省人民代表大会会议审议的地方性法规案，应当在会议举行的三十日前将地方性法规草案及其说明发给代表。

第十三条　列入省人民代表大会会议议程的地方性法规案，大会全体会议听取提案人关于地方性法规草案的说明后，由各代表团进行审议。

各代表团审议地方性法规案时，提案人应当派人参加，听取意见，回答询问。有关机关、组织应当根据代表团的要求，派人介绍情况。

第十四条　列入省人民代表大会会议议程的地方性法规案，由有关专门委员会进行审议，向主席团提出审议意见，并印发会议。

第十五条　列入省人民代表大会会议议程的地方性法规案，由法制委员会根据各代表团和有关专门委员会的审议意见，对地方性法规案进行统一审议，向主席团提出审议结果报告和地方性法规草案修改稿，对重要的不同意见应当在审议结果报告中予以说明，经主席团会议审议后，印发会议。

第十六条　省人民代表大会审议地方性法规案过程中，主席团常务主席可以召开各代表团团长会议，就地方性法规案中的重大问题听取各代表团的审议意见，进行讨论；也可以就地方性法规案中的重大专门性问题，召集有关代表进行讨论。讨论的情况和意见应当向主席团报告。

第十七条　地方性法规案在审议中有重大问题需要进一步研究的，经主席团提出，由大会全体会议决定，可以授权常务委员会根据代表的意见进行审议，作出决定，并将决定情况向省人民代表大会下次会议报告；也可以授权常务委员会根据代表的意见进一步审议，提出修改方案，提请省人民代表大会下次会议审议决定。

第十八条　列入省人民代表大会会议议程的地方性法规案，在交付表决前，提案人要求撤回的，应当说明理由，经主席团同意并向大会报告，对该地方性法规案的审议即行终止。

第十九条　地方性法规草案修改稿经各代表团审议，由法制委员会根据各代表团的审议意见进行修改，提出地方性法规草案表决稿，由主席团提请大会全体会议表决，以全体代表的过半数通过。

第二十条　省人民代表大会通过的地方性法规，由大会主席团发布公告予以公布。

第四章　省人民代表大会常务委员会立法程序

第二十一条　主任会议可以向常务委员会提出地方性法规案，由常务委员会会议审议。

省人民政府、省人民代表大会各专门委员会，可以向常务委员会提出地方性法规案，由主任会议决定列入常务委员会会议议程，或者先交有关专门委员会审议、提出审议意见报告，再决定列入常务委员会会议议程。

主任会议认为地方性法规案有重大问题需要进一步研究的，可以建议提案人修改完善后再向常务委员会提出。

第二十二条　常务委员会组成人员五人以上联名，可以向常务委员会提出地方性法规案，由主任会议决定是否列入常务委员会会议议程，或者先交有关专门委员会审议，提出是否列入会议议程的意见，再决定是否列入会议议程。主任会议决定不列入会议议程的，应当向常务委员会会议报告，并向提案人说明。

专门委员会审议时，可以邀请提案人列席会议，发表意见。

第二十三条　列入常务委员会会议议程的地方性法规案，提案人应当在常务委员会会议举行的三十日前，将地方性法规草案及有关材料送交常务委员会办公厅。

第二十四条　列入常务委员会会议议程的地方性法规案，除特殊情况外，常务委员会办公厅应当在会议举行的七日前，将地方性法规草案及其说明发给常务委员会组成人员。

第二十五条　列入常务委员会会议议程的地方性法规案，一般应当经两次常务委员会会议审议后交付表决。

列入常务委员会会议议程的地方性法规案，各方面意见较多或者有重大意见分歧的，可以经两次常务委员会会议审议后交付下次常务委员会会议表决；调整事项较为单一或者部分修改的地方性法规案，各方面意见比较一致的，可以经一次常务委员会会议审议后即交付表决。

第二十六条 常务委员会会议第一次审议地方性法规案，听取提案人的说明。会议对地方性法规草案的合法性、必要性、可行性及可操作性等主要问题进行审议。

常务委员会会议第二次审议地方性法规案，听取法制委员会作关于地方性法规草案审议结果报告和修改情况及主要问题的汇报。会议对地方性法规草案修改稿的重点、难点及主要分歧意见进行审议。

第二十七条 常务委员会审议地方性法规案时，由分组会议进行审议，根据需要，可以召开联组会议或者全体会议审议。

常务委员会会议审议地方性法规案时，提案人和有关机关、组织应当派人介绍情况，听取意见，回答询问。

常务委员会会议审议地方性法规案时，应当邀请有关的省人民代表大会代表列席会议。

第二十八条 列入常务委员会会议议程的地方性法规案，由有关专门委员会进行审议，提出审议意见，印发常务委员会会议。

有关专门委员会审议地方性法规草案时，可以邀请其他专门委员会的成员列席会议，发表意见。有关机关、组织应当根据专门委员会的要求，派人说明情况。

第二十九条 常务委员会会议第一次审议地方性法规案后，法制委员会根据常务委员会组成人员、有关专门委员会的审议意见和各方面提出的建议，对地方性法规草案进行统一审议，提出审议结果报告、地方性法规草案修改稿和草案修改稿修改情况的汇报、地方性法规草案表决稿，对重要的不同意见应当在审议结果报告和修改情况的汇报中予以说明。

法制委员会审议地方性法规案时，应当邀请有关专门委员会的成员列席会议，发表意见。

第三十条 专门委员会之间对地方性法规案中的重要问题意见不一致时，应当向主任会议报告。

法制委员会对有关专门委员会的重要意见没有采纳的，应当向有关专门委员会反馈。

第三十一条 列入常务委员会会议议程的地方性法规案，法制委员会、有关专门委员会或者常务委员会工作机构可以采取座谈会、论证会、听证会等形式，征求和听取各方面的意见。

地方性法规案有关问题专业性较强，需要进行可行性评价的，应当召开论证会，听取有关专家、部门和省人民代表大会代表等方面的意见。论证情况应当向常务委员会报告。

地方性法规案有关问题存在重大意见分歧或者涉及利益关系重大调整，需要进行听证的，应当召开听证会，听取有关基层和群体代表、部门、人民团体、专家、省人民代表大会代表和社会有关方面的意见。听证情况应当向常务委员会报告。

常务委员会工作机构应当将地方性法规草案发送相关领域的省人民代表大会代表、市（州）、县级人大常委会以及有关部门、组织和专家征求意见。

第三十二条　列入常务委员会会议议程的重要的地方性法规案，应当在常务委员会会议后将地方性法规草案及其起草说明等向社会公布，征求意见，但是经主任会议决定不公布的除外。向社会公布征求意见的时间一般不少于二十日。征求意见的情况应当向社会通报。

第三十三条　拟提请常务委员会会议审议通过的地方性法规案，在法制委员会提出审议结果报告前，常务委员会工作机构可以对地方性法规草案中主要制度规范的可行性、出台时机、实施的社会效果和可能出现的问题等进行评估。评估情况由法制委员会在审议结果报告中予以说明。

第三十四条　列入常务委员会会议议程的地方性法规案，在交付表决前，提案人要求撤回的，应当说明理由，经主任会议同意，并向常务委员会报告，对该地方性法规案的审议即行终止。

第三十五条　地方性法规草案表决稿，由主任会议提请常务委员会全体会议表决，以常务委员会全体组成人员的过半数通过。

地方性法规草案表决稿交付常务委员会会议表决前，主任会议根据常务委员会会议审议的情况，可以决定将个别意见分歧较大的重要条款提请常务委员会会议单独表决。

单独表决的条款经常务委员会会议表决后，主任会议根据单独表决的情况，可以决定将地方性法规草案表决稿交付表决，也可以决定暂不付表决，交法制委员会和有关的专门委员会进一步审议。

第三十六条　对多部地方性法规中涉及同类事项的个别条款进行修改，一并提出地方性法规案的，经主任会议决定，可以合并表决，也可以分别表决。

第三十七条　列入常务委员会会议审议的地方性法规案，因各方面对制定该地方性法规的必要性、可行性等重大问题存在较大意见分歧搁置审议满两年的，或者因暂不付表决经过两年没有再次列入常务委员会会议议程的，由主任会议向常务委员会报告，该地方性法规案终止审议。

第三十八条　常务委员会通过的地方性法规，由常务委员会发布公告予以公布。

第五章　地方性法规的修改、废止和解释

第三十九条　地方性法规的修改和废止程序，适用第三章、第四章的有关规定。

地方性法规被修改的，应当公布新的地方性法规文本。

地方性法规被废止的，除由其他地方性法规规定废止该法规的以外，由常务委员会发布公告予以公布。

第四十条　省人民代表大会及其常务委员会制定的地方性法规，如果条文本身需要进一步明确具体含义或者因新的情况需要明确适用依据的，由常务委员会解释。

第四十一条　地方性法规解释草案由常务委员会法制工作委员会研究拟订，报主任会议决定列入常务委员会会议议程。

第四十二条　地方性法规解释草案经常务委员会会议审议，由法制委员会根据常务委员会组成人员的审议意见进行修改，提出表决稿，经常务委员会全体组成人员的过半数通过，由常务委员会发布公告予以公布。

地方性法规解释与地方性法规具有同等效力。

第六章　常务委员会批准地方性法规和自治条例、单行条例程序

第四十三条　西宁市、海东市、自治州的人民代表大会及其常务委员会制定的地方性法规，自治州、自治县人民代表大会制定的自治条例、单行条例，应当报请省人民代表大会常务委员会审查批准。

报请批准的地方性法规和自治条例、单行条例，由省人民代表大会各专门委员会按照职责分工承担审查的具体工作。

第四十四条　西宁市、海东市、自治州的地方性法规草案和自治州、自治县的自治条例、单行条例草案，在提请本级人民代表大会常务委员会初次审议的三十日前，应当连同说明及立法依据等资料，送有关专门委员会征求意见。

有关专门委员会应当在收到地方性法规草案和自治条例、单行条例草案后的十五日内，重点对其合法性、合理性、可执行性等提出修改意见，并予以反馈。

第四十五条　报请批准的地方性法规和自治条例、单行条例，经有关专门委员会审查，提出审查报告，由主任会议决定列入常务委员会会议议程。

第四十六条　常务委员会会议审议报请批准的地方性法规和自治条例、单行条例时，听取报请机关负责人的说明和有关专门委员会的审查报告，由分组会议进行审议。

第四十七条　常务委员会会议对报请批准的地方性法规，应当对其合法性进行审查，认为同宪法、法律、行政法规和本省的地方性法规不抵触的，应当在四个月内予以批准。

常务委员会会议审查认为报请批准的地方性法规同宪法、法律、行政法规和本省的地方性法规相抵触需要修改的，可以由有关专门委员会修改，修改稿应当征得报请机关的同意；也可以退回报请机关修改后再报请批准。

第四十八条　常务委员会对报请批准的自治条例和单行条例，应当审查其是否违背宪法和民族区域自治法的规定，是否违背法律或者行政法规的基本原则以及其他有关法律、行政法规专门就民族自治地方所作的规定。对不违背上述原则和规定的，应当予以批准。

常务委员会会议审查认为报请批准的自治条例和单行条例，对法律、行政法规、本省的地方性法规作出的变通规定违背法律、行政法规的基本原则，或者违背法律、行政法规专门就民族自治地方所做的规定需要修改的，可以由有关专门委员会修改，修改稿应当征得报请机关的同意；也可以退回报请机关修改后再报请批准。

第四十九条　报请批准的地方性法规和自治条例、单行条例，一般经常务委员会会议一次审议后即交付表决。

第五十条　常务委员会认为报请批准的地方性法规同省人民政府的规章相抵触的，根据情况作如下处理：

（一）报请批准的地方性法规不适当的，可以将报请批准的地方性法规退回报请机关修改后再报批；

（二）省人民政府的规章不适当的，可以批准报请批准的地方性法规，并通知省人民政府对规章予以修改，或者撤销省人民政府的规章；

（三）报请批准的地方性法规和省人民政府规章的规定均不适当的，分别按照（一）、（二）项规定处理。

第五十一条　报请批准的地方性法规和自治条例、单行条例，在交付常务委员会会议表决前，报请机关要求撤回的，应当说明理由，经主任会议同意，会议对该地方性法规和自治条例、单行条例的审议即行终止。

第五十二条 常务委员会会议批准地方性法规和自治条例、单行条例，应当作出批准决议。对不予批准的地方性法规和自治条例、单行条例，由常务委员会办公厅书面通知报请机关。

第五十三条 经常务委员会批准的地方性法规和自治条例、单行条例，由报请机关分别予以公布。

第五十四条 地方性法规和自治条例、单行条例修改和废止的批准程序，按照本章的规定办理。

第七章 其他规定

第五十五条 省人民代表大会有关的专门委员会、常务委员会工作机构应当提前参与有关地方性法规草案起草工作；综合性、全局性、基础性的重要地方性法规草案，可以由有关的专门委员会或者常务委员会工作机构组织起草。

专业性较强的地方性法规草案，可以吸收相关领域的专家参与起草，或者委托有关专家、教学科研单位、社会组织起草。

第五十六条 提出地方性法规案，应当同时提出地方性法规草案文本及其说明，并提供必要的参阅资料。

地方性法规草案的主要内容一般应当包括：立法目的、立法依据、适用范围、主管机关、调整对象、行为规范、法律责任、施行日期等。

地方性法规草案的说明应当包括制定或者修改法规的必要性、可行性和主要内容，以及起草过程中对重大分歧意见的协调处理情况。

修改地方性法规的，应当提交修改前后的对照文本。

报请批准的自治条例、单行条例，对法律法规作出变通规定的，应当作出具体说明。

第五十七条 地方性法规规定明确要求有关国家机关对专门事项作出配套的具体规定的，有关国家机关应当自法规施行之日起一年内作出规定，地方性法规对配套的具体规定制定期限另有规定的，从其规定。有关国家机关未能在期限内作出配套的具体规定的，应当向常务委员会说明情况。

第五十八条 省人民代表大会有关专门委员会、常务委员会工作机构可以组织对有关地方性法规或者地方性法规有关规定进行立法后评估。评估情况应当向常务委员会报告。

第五十九条　省人民代表大会闭会期间，常务委员会可以根据国家有关规定和本省实际需要，对省人民代表大会制定的地方性法规进行部分补充和修改，但是不得同该地方性法规的基本原则相抵触。

　　第六十条　省人民代表大会制定的地方性法规在《青海省人民代表大会汇刊》、青海人大网上刊登。常务委员会制定和批准的地方性法规和自治条例、单行条例在《青海省人民代表大会常务委员会公报》、青海人大网上刊登。青海日报社收到地方性法规和自治条例、单行条例的正式文本后，应当于十五日内在《青海日报》上刊登。

　　《青海省人民代表大会汇刊》和《青海省人民代表大会常务委员会公报》刊登的地方性法规和自治条例、单行条例文本为标准文本。

第八章　附　则

　　第六十一条　本规定自 2017 年 1 月 1 日起施行。1988 年 10 月 29 日青海省第七届人民代表大会常务委员会第五次会议通过的《青海省人民代表大会常务委员会制定地方性法规程序的规定》同时废止。

宁夏回族自治区人民代表大会及其常务委员会立法程序规定*

（2001 年 2 月 20 日宁夏回族自治区第八届人民代表大会第四次会议通过，2015 年 9 月 30 日宁夏回族自治区第十一届人民代表大会常务委员会第十九次会议修正，2017 年 3 月 30 日宁夏回族自治区第十一届人民代表大会常务委员会第三十次会议修正）

第一章 总 则

第一条 为了规范自治区人民代表大会及其常务委员会立法活动，提高立法质量，发挥立法的引领和推动作用，根据《中华人民共和国地方各级人民代表大会和地方各级人民政府组织法》、《中华人民共和国立法法》的规定，结合自治区实际，制定本规定。

第二条 自治区地方性法规、自治条例和单行条例的制定、修改和废止，批

---

* 来源：宁夏人大网（http://www.nxrd.gov.cn），http://www.nxrd.gov.cn/zlzx/dfxfg/2015dffg/201602/t20160219_3547874.html（2016/8/20）。

准设区的市的地方性法规，适用本规定。

第二章　自治区人民代表大会立法程序

第三条　自治区人民代表大会主席团可以向自治区人民代表大会提出法规案，由自治区人民代表大会会议审议。

自治区人民代表大会常务委员会、自治区人民政府、自治区人民代表大会专门委员会，可以向自治区人民代表大会提出法规案，由主席团决定列入会议议程。

第四条　一个代表团或者代表十人以上联名，可以向自治区人民代表大会提出法规案，由主席团决定是否列入会议议程，或者先交有关专门委员会审议，提出是否列入会议议程的意见，再由主席团决定是否列入会议议程。

专门委员会审议的时候，可以邀请提案人列席会议，发表意见。

第五条　向自治区人民代表大会提出的法规案，在自治区人民代表大会闭会期间，可以先向常务委员会提出，经常务委员会依照本规定的有关程序审议后，决定提请自治区人民代表大会审议，由常务委员会向大会全体会议作说明，或者由提案人向大会全体会议作说明。

常务委员会依照前款规定审议法规案，应当通过多种形式征求自治区人民代表大会代表的意见；立法调研可以邀请有关的自治区人民代表大会代表参加。

第六条　常务委员会决定提请自治区人民代表大会会议审议的法规案，应当在会议举行的一个月前将法规草案发给代表。

第七条　列入自治区人民代表大会会议议程的法规案，大会全体会议听取提案人说明后，由各代表团进行审议。

各代表团审议法规案时，提案人应当派人听取意见，回答询问；根据代表团的要求，有关机关、组织应当派人介绍情况。

第八条　主席团听取各代表团关于法规案审议情况的汇报。必要时，主席团常务主席可以召开各代表团团长会议就法规案中的重大问题进行讨论，也可以召集代表团推选的有关代表进行讨论，讨论情况和意见向主席团报告。

第九条　列入自治区人民代表大会会议议程的法规案，由法制委员会根据各代表团审议意见，对法规案进行统一审议，向主席团提出审议结果报告和法规草案表决稿，对重要的不同意见应当在审议结果报告中予以说明，由主席团提请大会全体会议表决，由全体代表的过半数通过。

第十条　列入自治区人民代表大会会议议程的法规案，在交付表决前，提案人要求撤回的，应当说明理由，经主席团同意，并向大会报告，对该法规案的审议即行终止。

第十一条　法规案在审议中有重大问题需要进一步研究的，经主席团提出，由大会全体会议决定，可以授权常务委员会根据代表的意见进一步审议，作出决定，并将决定情况向自治区人民代表大会下次会议报告；也可以授权常务委员会根据代表的意见进一步审议，提出修改方案，提请自治区人民代表大会下次会议审议决定。

第十二条　自治区自治条例案和单行条例案应当经常务委员会会议审议后，决定提请自治区人民代表大会审议；审议通过后，报全国人民代表大会常务委员会批准。

第十三条　自治区人民代表大会通过的地方性法规，由大会主席团发布公告予以公布。

自治区自治条例、单行条例报经全国人民代表大会常务委员会批准后，由自治区人民代表大会常务委员会发布公告予以公布。

第三章　自治区人民代表大会常务委员会立法程序

第十四条　自治区人民代表大会主席团交付常务委员会审议的法规案，由主任会议安排，提交常务委员会会议审议，也可以先交有关委员会审议、提出报告，再由主任会议提交常务委员会会议审议。

主任会议可以向常务委员会提出法规案，由常务委员会会议审议。

自治区人民政府、自治区人民代表大会专门委员会，可以向常务委员会提出法规案，由主任会议决定列入常务委员会会议议程，或者先交有关委员会审议、提出报告，再由主任会议决定列入常务委员会会议议程。如果主任会议认为法规案有重大问题需要进一步研究，可以建议提案人修改完善后再向常务委员会提出。

第十五条　常务委员会组成人员五人以上联名，可以向常务委员会提出法规案，由主任会议决定是否列入常务委员会会议议程，或者先交有关委员会审议、提出是否列入会议议程的意见，再由主任会议决定是否列入常务委员会会议议程。不列入常务委员会会议议程的，应当向常务委员会会议报告或者向提案人说明。

有关委员会审议代表联名提出的法规案的时候，可以邀请提案人列席会议，发表意见。

第十六条 列入常务委员会会议议程的法规案，除特殊情况外，应当在会议举行的七日前将法规草案发给常务委员会组成人员。

常务委员会会议审议法规案时，应当邀请有关的自治区人民代表大会代表列席会议。

第十七条 列入常务委员会会议议程的法规案，一般应当经两次常务委员会会议审议后交付表决。

常务委员会会议第一次审议法规案，在全体会议上听取提案人的说明，由分组会议进行初步审议。

常务委员会会议第二次审议法规案，在全体会议上听取法制委员会关于法规草案审议结果的报告，由分组会议对法规草案修改稿进行审议。

常务委员会审议法规案时，根据需要，可以召开联组会议或者全体会议，对法规草案的主要问题进行讨论。

调整事项较为单一或者部分修改的法规案，各方面意见比较一致的，可以经一次常务委员会会议审议即交付表决。

第十八条 常务委员会分组会议审议法规案时，提案人应当派人听取意见，回答询问；根据小组的要求，有关机关、组织应当派人介绍情况。

第十九条 列入常务委员会会议议程的法规案，有关委员会审议提出意见，经主任会议审议后，印发常务委员会会议。

有关委员会审议法规案时，可以邀请其他委员会的人员列席会议，发表意见。

第二十条 列入常务委员会会议议程的法规案，由法制委员会根据常务委员会组成人员、有关委员会的审议意见和各方面提出的意见，对法规案进行统一审议，提出修改情况的汇报或者审议结果报告和法规草案修改稿，对重要的不同意见应当在汇报或者审议结果报告中说明。对有关委员会的重要意见没有采纳的，应当向有关委员会反馈。

法制委员会审议法规案时，应当邀请有关委员会的人员列席会议，发表意见；也可以根据需要，要求有关机关、组织派有关负责人说明情况。

第二十一条 委员会之间对法规草案的重要问题意见不一致时，应当向主任会议报告。

第二十二条 列入常务委员会会议议程的法规案，有关委员会应当听取各方面意见。听取意见可以采取座谈会、论证会、听证会等多种形式。

有关委员会应当将法规草案发送相关领域的自治区人民代表大会代表、有关机关、组织和专家征求意见，将意见整理后送法制工作委员会，并根据需要，印发常务委员会会议。

第二十三条　列入常务委员会会议议程的法规案，应当将法规草案及有关起草、修改的说明等向社会公布，征求意见，但是经主任会议决定不公布的除外。

第二十四条　拟提请常务委员会会议审议通过的法规案，在法制委员会提出审议结果报告前，法制工作委员会可以对法规草案中主要制度规范的可行性、法规出台时机、法规实施的社会效果和可能出现的问题等进行评估。评估情况由法制委员会在审议结果报告中予以说明。

第二十五条　列入常务委员会会议议程的法规案，在交付表决前，提案人要求撤回的，应当说明理由，经主任会议同意，并向常务委员会会议报告，对该法规案的审议即行终止。

第二十六条　列入常务委员会会议议程的法规案，因各方面对制定该法规存在较大意见分歧搁置审议满两年的，或者因暂不付表决经过两年没有再次列入常务委员会会议议程的，由主任会议向常务委员会报告，该法规案终止审议。

第二十七条　法规草案修改稿经常务委员会会议审议，由法制委员会根据常务委员会组成人员的审议意见进行修改，提出法规草案表决稿，由主任会议提请常务委员会全体会议表决，由常务委员会全体组成人员的过半数通过。

法规草案表决稿交付常务委员会会议表决前，主任会议根据常务委员会会议审议的情况，可以决定将个别意见分歧较大的重要条款提请常务委员会会议单独表决。

单独表决的条款经常务委员会会议表决后，主任会议根据单独表决的情况，可以决定将法规草案表决稿交付表决，也可以决定暂不付表决，交法制委员会和有关委员会进一步审议。

第二十八条　对多部法规中涉及同类事项的个别条款进行修改，一并提出法规案的，经主任会议决定，可以合并表决，也可以分别表决。

第二十九条　常务委员会通过的地方性法规，由常务委员会发布公告予以公布。

第四章　批准设区的市的地方性法规程序

第三十条　自治区人民代表大会常务委员会应当对报请批准的设区的市的地方性法规的合法性进行审查，经审查与宪法、法律、行政法规和自治区地方性法规不抵触的，应当在四个月内予以批准。

第三十一条　对报请批准的设区的市的地方性法规，先由法制委员会和法制工作委员会进行审查，由法制委员会向主任会议提出报告，由主任会议决定是否提请常务委员会会议审查。

第三十二条　列入常务委员会会议议程审批的设区的市的地方性法规，在批准决定交付表决前，报请机关要求撤回的，经主任会议同意，并向常务委员会会议报告，对该地方性法规的审查即行终止。

第三十三条　经批准的设区的市的地方性法规，由市人民代表大会常务委员会发布公告予以公布。

第五章　其他规定

第三十四条　自治区人民代表大会常务委员会通过立法规划、年度立法计划等形式，加强对立法工作的统筹安排。编制立法规划和年度立法计划，应当认真研究代表议案和建议，广泛征集意见，科学论证评估。

第三十五条　有关委员会应当提前参与法规草案起草工作；综合性、全局性、基础性的重要法规草案，可以由有关委员会组织起草。

专业性较强的法规草案，可以吸收相关领域的专家参与起草工作，或者委托有关专家、教学科研单位、社会组织起草。

第三十六条　提出法规案，应当同时提出法规草案文本及其说明，并提供必要的参阅资料。修正法规的，还应当提交修改前后的对照文本。法规草案的说明应当包括制定或者修改该法规的必要性、可行性和主要内容。

第三十七条　向自治区人民代表大会及其常务委员会提出的法规案，在列入会议议程前，提案人有权撤回。

第三十八条　交付自治区人民代表大会及其常务委员会全体会议表决未获得通过的法规案，如果提案人认为必须制定该法规，可以按照法定的程序重新提出，由主席团、主任会议决定是否列入会议议程；其中，未获得自治区人民代表大会通过的法规案，应当提请自治区人民代表大会审议决定。

第三十九条　自治区人民代表大会闭会期间，自治区人民代表大会常务委员会可以根据国家有关规定和本自治区的实际需要，对自治区人民代表大会制定的地方性法规进行部分补充和修改。

第四十条　自治区人民代表大会及其常务委员会制定的法规应当明确规定施

行日期。

第四十一条　公布法规的公告应当载明法规的制定机关、通过和施行日期；公布自治条例和单行条例的公告，还应载明批准机关和批准时间。

法规公布后，应当及时在自治区人民代表大会常务委员会公报、宁夏人大网和宁夏日报上刊登。

在常务委员会公报上刊登的自治区地方性法规、自治条例和单行条例为标准文本。

第四十二条　法规被修改的，应当公布新的法规文本。

法规被废止的，除由其他法规规定废止该法规的以外，由常务委员会发布公告予以公布。

第四十三条　法规草案与其他法规相关规定不一致的，提案人应当予以说明并提出处理意见，必要时应当同时提出修改或者废止其他法规相关规定的议案。

法制委员会审议法规案时，认为需要修改或者废止其他法规相关规定的，应当提出处理意见。

第四十四条　法规标题的题注应当载明制定机关、通过日期。经过修改的法规，应当依次载明修改机关、修改日期。

第四十五条　法规规定明确要求有关国家机关对专门事项作出配套的具体规定的，有关国家机关应当自法规施行之日起一年内作出规定，法规对配套的具体规定制定期限另有规定的，从其规定。有关国家机关未能在期限内作出配套的具体规定的，应当向自治区人民代表大会常务委员会说明情况。

第四十六条　有关委员会可以组织对有关法规或者法规中有关规定进行立法后评估。评估情况应当向常务委员会报告。

第四十七条　自治区地方性法规的规定需要进一步明确具体含义的，由常务委员会法制工作委员会研究拟订解释草案，由主任会议决定列入常务委员会会议议程。

第四十八条　自治区地方性法规解释草案表决稿由常务委员会全体组成人员的过半数通过，由常务委员会发布公告予以公布。

第四十九条　常务委员会作出的地方性法规解释同地方性法规具有同等效力。

第五十条　对地方性法规有关具体问题的询问，常务委员会法制工作委员会会同有关委员会进行研究予以答复，重要问题的答复，应当报经主任会议同意。

第六章　附　则

第五十一条　本规定自公布之日起施行。

1991 年 6 月 22 日自治区第六届人民代表大会常务委员会第十九次会议通过的《宁夏回族自治区人民代表大会常务委员会制定和批准地方性法规程序的规定》同时废止。

新疆维吾尔自治区人民代表大会及其常务委员会立法条例*

（2003 年 1 月 16 日新疆维吾尔自治区第十届人民代表大会第一次会议通过，根据 2016 年 1 月 16 日新疆维吾尔自治区第十二届人民代表大会第四次会议《关于修改〈新疆维吾尔自治区人民代表大会及其常务委员会立法条例〉的决定》修正）

目 录

第一章　总　则

第一条　为了规范地方立法活动，提高地方立法质量，维护国家法制统一，发挥立法的引领和推动作用，保障自治区经济社会发展，全面推进依法治疆，建设法治新疆，根据《中华人民共和国民族区域自治法》、《中华人民共和国立法法》、《中华人民共和国地方各级人民代表大会和地方各级人民政府组织法》，结

---

* 来源：中国法律法规信息库（http：//law. npc. gov. cn/FLFG/index. jsp），http：//law. npc. gov. cn/FLFG/flfgByID. action？flfgID＝35546084&showDetailType＝QW&keyword＝&zlsxid＝03（2016/9/20）.

合自治区实际，制定本条例。

第二条　自治区人民代表大会及其常务委员会制定、修改、废止地方性法规、自治条例和单行条例，自治区人民代表大会常务委员会（以下简称常务委员会）批准地方性法规、自治条例和单行条例，适用本条例。

规章的备案审查，依照本条例有关规定执行。

第三条　地方立法应当遵循立法法确立的基本原则和维护祖国统一、民族团结、社会稳定、促进各民族的共同繁荣发展和社会进步的原则。

地方立法应当依照法定的权限和程序，维护社会主义法制统一，体现人民的意志，坚持立法公开，保障人民通过多种途径参与立法活动。

地方立法应当从自治区的实际需要出发，突出地方和民族特点，具有可操作性，防止地方保护主义和部门利益倾向。

第二章　立法权限

第四条　自治区人民代表大会有权依照宪法和民族区域自治法的规定，制定自治条例和单行条例，报全国人民代表大会常务委员会批准后生效。

第五条　自治区人民代表大会及其常务委员会依照宪法、法律规定的权限，可以就下列事项制定地方性法规：

（一）为执行法律、行政法规的规定，根据本行政区域的实际情况，需要作具体规定的事项；

（二）国家专属立法权以外尚未制定法律、行政法规的事项；

（三）属于地方性事务需要制定地方性法规的事项；

（四）法律规定由自治区人民代表大会或者常务委员会制定地方性法规的事项；

（五）其他应当制定地方性法规的事项。

法律规定应当由自治区人民代表大会制定地方性法规的事项，涉及自治区人民代表大会职权和本行政区域特别重大的事项，以及自治区人民代表大会认为应当由其制定地方性法规的事项，应当由自治区人民代表大会制定地方性法规。

制定地方性法规，对上位法已经明确规定的内容，一般不作重复性规定。

第六条　常务委员会在自治区人民代表大会闭会期间，可以对自治区人民代表大会制定的地方性法规进行部分补充和修改，但不得同该法规的基本原则相抵触。

第三章　自治区人民代表大会立法程序

第七条　自治区人民代表大会主席团可以向自治区人民代表大会提出地方性法规案，由自治区人民代表大会审议。

常务委员会、自治区人民政府、自治区高级人民法院、自治区人民检察院、自治区人民代表大会专门委员会，可以向自治区人民代表大会提出地方性法规案，由主席团决定列入会议议程。

第八条　一个代表团或者十名以上代表联名，可以向自治区人民代表大会提出地方性法规案，由主席团决定是否列入会议议程，或者先交有关专门委员会审议，提出是否列入会议议程的意见，再决定是否列入会议议程。

专门委员会审议法规案时，可以邀请提案人列席会议，发表意见。

第九条　在自治区人民代表大会闭会期间，向自治区人民代表大会提出的地方性法规案和自治条例、单行条例议案，可以先向常务委员会提出，经常务委员会依照本条例第四章规定的程序审议后，决定提请自治区人民代表大会审议，由常务委员会或者提案人向大会全体会议作说明。

常务委员会依照前款规定审议法规案，应当通过多种形式征求自治区人民代表大会代表的意见，并将有关情况予以反馈；专门委员会和常务委员会工作机构进行立法调研，可以邀请有关的自治区人民代表大会代表参加。

第十条　常务委员会决定提请自治区人民代表大会审议的地方性法规案，应当在会议举行前将地方性法规案印发代表。

第十一条　列入自治区人民代表大会会议议程的地方性法规案，大会全体会议听取提案人的说明后，由各代表团进行审议。

第十二条　列入自治区人民代表大会会议议程的地方性法规案，由自治区人民代表大会法制委员会根据各代表团的审议意见，对地方性法规案进行统一审议，向主席团提出审议结果的报告和法规草案修改稿，经主席团审议通过后，印发会议。对重要的不同意见，应当在审议结果报告中予以说明。

第十三条　主席团常务主席可以召开各代表团团长会议，就地方性法规案中重大问题听取各代表团的审议意见，也可以就地方性法规案中的重大的专门性问题，召集代表团推选的有关代表进行讨论，并将讨论的情况和意见向主席团报告。

第十四条　地方性法规案在审议中有重大问题需要进一步研究的，经主席团提出，由大会全体会议决定，可以授权常务委员会根据代表的意见进一步审议，作出决定，并将决定情况向自治区人民代表大会下次会议报告；也可以授权常务委员会根据代表的意见进一步审议，提出修改方案，提请自治区人民代表大会下次会议审议决定。

第十五条 地方性法规草案修改稿经各代表团审议，由法制委员会根据各代表团审议的意见进行修改后，提出地方性法规草案表决稿，由主席团提请大会全体会议表决。

第十六条 自治区自治条例和单行条例的提出、审议和表决程序，依照本章的规定和本条例第七章的有关规定执行。

第四章　自治区人民代表大会常务委员会立法程序

第十七条 常务委员会主任会议可以向常务委员会提出地方性法规案，由常务委员会会议审议。

自治区人民代表大会专门委员会可以向常务委员会提出地方性法规案，由常务委员会主任会议决定列入常务委员会会议议程；自治区人民政府、自治区高级人民法院、自治区人民检察院，可以向常务委员会提出地方性法规案，由有关专门委员会或者常务委员会有关工作委员会提出审议、审查意见报告，经常务委员会主任会议决定列入常务委员会会议议程。如果主任会议认为该地方性法规案有重大问题需要进一步研究，可以建议提案人修改完善后再向常务委员会提出。

常务委员会组成人员五人以上联名，可以向常务委员会提出地方性法规案，由常务委员会主任会议决定是否列入常务委员会会议议程，或者先交有关专门委员会或者常务委员会有关工作委员会研究，提出是否列入会议议程的意见，再决定是否列入会议议程；不列入会议议程的，应当向常务委员会会议报告并向提案人说明。

有关专门委员会、常务委员会有关工作委员会应当对地方性法规案的必要性、合法性、可行性进行审查。法规案经主任会议决定列入常务委员会会议议程的，其审议、审查意见报告应当印发常务委员会会议。

第十八条 提请常务委员会会议审议的地方性法规案，应当在会议举行的七日前将地方性法规草案及有关资料发给常务委员会组成人员。常务委员会组成人员应当对地方性法规案进行研究，准备审议意见。

第十九条 列入常务委员会会议议程的地方性法规案，一般应当经过两次常务委员会会议审议后交付表决。法规案经常务委员会两次会议审议，仍有重大问题需要进一步研究的，经主任会议决定可以经三次常务委员会会议审议后再交付表决；内容简单或者属于部分修改的法规案，各方面意见比较一致的，也可以经一次常务委员会会议审议后交付表决。

第二十条 常务委员会会议第一次审议地方性法规案，在全体会议上听取提案人的说明，由分组会议进行审议。

第二十一条 法规案经常务委员会会议第一次审议后，由法制委员会根据常务委员会组成人员、有关的专门委员会、常务委员会有关工作委员会和其他各方面提出的意见进行统一审议，提出审议结果的报告和法规草案修改稿。对法规案的重要意见不一致时应当向主任会议报告。对有关专门委员会、常务委员会有关工作委员会的重要意见没有采纳的，应当予以反馈。

第二十二条 拟提请常务委员会会议审议通过的法规案，在法制委员会提出审议结果报告前，常务委员会工作机构可以对法规草案中主要制度规范的可行性、法规出台时机、法规实施的社会效果和可能出现的问题等进行评估。评估情况由法制委员会在审议结果报告中予以说明。

第二十三条 常务委员会会议第二次审议地方性法规案时，在全体会议上听取法制委员会关于地方性法规草案审议结果的报告，由分组会议对法规草案修改稿进行审议。

第二十四条 法规案经两次常务委员会会议审议，仍有重大问题需要进一步研究的，由主任会议提出，经联组会议或者全体会议同意，可以暂不交付表决，交法制委员会进一步审议，并交有关专门委员会审议或者常务委员会有关工作委员会研究。

常务委员会会议第三次审议法规案，依照本条例第二十三条的规定进行。

第二十五条 拟经一次常务委员会会议审议即交付表决的法规案，在常务委员会会议分组审议后，由法制委员会根据各方面的意见进行统一审议，提出审议结果的报告和法规草案修改稿。

前款规定的法规案在审议时有重大问题需要进一步研究的，依照本条例第二十四条规定的程序进行。

第二十六条 常务委员会会议审议法规案，根据需要，可以召开联组会议或者全体会议进行审议。法制委员会、有关专门委员会审议地方性法规案时，应当召开全体会议审议，可以邀请有关专门委员会的成员、常务委员会工作委员会负责人列席会议，发表意见；根据需要，可以要求有关机关、组织派有关负责人到会说明情况。

第二十七条　列入常务委员会会议议程的地方性法规案，法制委员会、有关专门委员会或者常务委员会有关工作委员会应当听取各方面的意见，并将法规草案发送有关机关、组织征求意见。听取意见可以采取座谈会、论证会、听证会等多种形式。

第二十八条　常务委员会会议审议法规案时，经主任会议决定，公民可以到会旁听，具体旁听办法由主任会议确定。

第二十九条　列入常务委员会会议议程的法规案，经主任会议决定，可以将法规草案在《新疆日报》及其他媒体上公布，征求意见。

第三十条　列入常务委员会会议审议的地方性法规案，因存在较大意见分歧搁置满两年的，或者因暂不付表决经过两年没有再次列入常务委员会会议议程审议的，由主任会议向常务委员会报告，该法规案终止审议。

第三十一条　法规草案修改稿经常务委员会会议审议，主任会议决定交付表决的，由法制委员会根据常务委员会组成人员的审议意见进行修改后，提出法规草案修改稿修改情况的报告和法规草案表决稿，由主任会议提请常务委员会全体会议表决。

法规草案表决稿交付常务委员会会议表决前，主任会议根据常务委员会会议审议的情况，可以决定将个别意见分歧较大的重要条款提请常务委员会会议单独表决。

单独表决的条款经常务委员会会议表决后，主任会议根据单独表决的情况，可以决定将法规草案表决稿交付表决，也可以决定暂不付表决，交法制委员会和有关的专门委员会进一步审议。

第三十二条　对多部法规中的个别条款进行修改，一并提出法规案的，经主任会议决定，可以合并表决，也可以分别表决。

第三十三条　经常务委员会全体会议表决未获得通过的法规案，如果提案人认为必须制定该法规，可以按照本章规定的程序重新提出。

第五章　地方性法规的解释

第三十四条　自治区人民代表大会及其常务委员会制定的地方性法规，有下列情况之一的，由常务委员会解释：

（一）地方性法规的规定需要进一步明确具体含义的；

（二）地方性法规实施后出现新的情况，需要明确适用依据的。

第三十五条 自治区人民政府、自治区高级人民法院、自治区人民检察院和自治区人民代表大会专门委员会以及设区的市、自治州人民代表大会常务委员会、自治区人民代表大会常务委员会地区工作委员会可以向常务委员会提出地方性法规解释要求。

第三十六条 常务委员会工作机构研究拟定法规解释草案，由主任会议提请常务委员会会议审议。

第三十七条 地方性法规解释草案经常务委员会会议审议，由法制委员会根据常务委员会组成人员的审议意见进行审议修改，提出地方性法规解释草案表决稿。

第三十八条 常务委员会对地方性法规的解释与地方性法规具有同等效力。

第三十九条 常务委员会法制工作委员会可以会同有关工作委员会，对自治区人民代表大会及其常务委员会制定的法规有关具体问题的询问予以研究答复，并报常务委员会备案。

第四十条 自治区人民代表大会及其常务委员会制定的属于行政管理事项方面的法规，在实施过程中出现具体应用问题的，由自治区人民政府进行解释，并报自治区人民代表大会常务委员会备案。

自治区人民代表大会常务委员会认为具体应用问题的解释不适当的，应当责成原解释机关予以纠正，或者依法予以撤销。

第六章 批准地方性法规、自治条例和单行条例程序

第四十一条 报请批准地方性法规、自治条例和单行条例，报请机关应当向常务委员会提交报请批准该地方性法规、自治条例和单行条例的书面报告，并附地方性法规、自治条例和单行条例文本及其说明和有关资料。

第四十二条 报请批准的地方性法规、自治条例和单行条例，由法制委员会提出审查报告，经常务委员会主任会议决定，提请常务委员会会议审议。

报请批准的地方性法规、自治条例和单行条例，在列入常务委员会会议议程前，常务委员会有关工作委员会应当组织征求意见。

第四十三条 常务委员会对报请批准的地方性法规，应当对其合法性进行审查，同宪法、法律、行政法规和自治区地方性法规不抵触的，应当自收到报请批准该地方性法规的书面报告之日起四个月内予以批准。

常务委员会对报请批准的自治条例和单行条例，应当审查其是否违背法律或

者行政法规的基本原则，是否违背宪法、民族区域自治法的规定以及其他法律、行政法规对民族自治地方作出的专门规定。

第四十四条 常务委员会办公厅应当在常务委员会批准地方性法规、自治条例和单行条例的决定通过之日起七日内，书面通知报请机关。对未予批准的，应当及时通知报请机关。

自治区人民代表大会常务委员会批准的地方性法规、自治条例和单行条例，分别由设区的市、自治州、自治县的人民代表大会常务委员会发布公告予以公布。

第七章　其他规定

第四十五条 自治区人民代表大会及其常务委员会加强对立法工作的组织协调，发挥在立法工作中的主导作用。

第四十六条 常务委员会根据本行政区域的具体情况和实际需要，制定自治区地方立法规划和年度立法计划。编制地方立法规划和年度立法计划，应当认真研究代表议案和建议，广泛征集意见，科学论证评估，根据自治区经济发展、社会稳定和长治久安的需要，确定立法项目，提高立法的及时性、针对性和系统性。立法规划和年度立法计划由主任会议通过并向社会公布。

自治区人民代表大会常务委员会工作机构负责编制立法规划和拟订年度立法计划，并按照自治区人民代表大会常务委员会的要求，督促立法规划和年度立法计划的落实。

设区的市和自治州、自治县制定的立法规划和年度立法计划，报自治区人民代表大会常务委员会备案。

第四十七条 自治区人民代表大会有关的专门委员会、常务委员会工作机构应当提前参与有关方面的法规草案起草工作；综合性、全局性、基础性的重要法规草案，可以由有关的专门委员会或者常务委员会工作机构组织起草。

专业性较强的法规草案，可以吸收相关领域的专家参与起草工作，或者委托有关专家、教学科研单位、社会组织起草。

第四十八条 向自治区人民代表大会及其常务委员会提出地方性法规案，应当包括法规草案及其说明；说明应当包括制定该项法规的必要性、起草过程、主要内容以及重要问题的协调处理情况等。修改法规的，还应当提交修改前后的对照文本。

第四十九条 自治区人民代表大会及其常务委员会会议审议地方性法规案和

常务委员会会议审议报请批准的地方性法规、自治条例和单行条例时，提案人或报请机关应当派人听取意见，回答询问。根据需要，有关机关、组织应当派人介绍情况。

第五十条　列入自治区人民代表大会及其常务委员会会议议程的法规案和列入常务委员会会议议程的报请批准的地方性法规、自治条例和单行条例，在交付表决前，提案人或者报请机关要求撤回的，应当说明理由，分别经主席团、主任会议同意并分别向大会会议、常务委员会会议报告，对该地方性法规案和报批的地方性法规、自治条例和单行条例的审议即行终止。

第五十一条　自治区人民代表大会及其常务委员会会议表决法规案，常务委员会会议表决关于批准地方性法规、自治条例和单行条例的决定，分别以全体代表、常务委员会全体组成人员的过半数通过。

第五十二条　自治区人民代表大会及其常务委员会通过的地方性法规，分别由大会主席团、常务委员会发布公告予以公布。自治区人民代表大会通过的自治条例和单行条例，报全国人民代表大会常务委员会批准后，由自治区人民代表大会常务委员会发布公告予以公布。地方性法规和自治条例、单行条例应当于通过或收到批准决定之日起七日内在《新疆日报》上全文刊登，并及时在《新疆维吾尔自治区人民代表大会常务委员会公报》上刊登。在《新疆维吾尔自治区人民代表大会常务委员会公报》上刊登的文本为标准文本。

常务委员会批准的地方性法规、自治条例和单行条例，由报请机关发布公告予以公布，并在公告上注明批准机关和批准时间。

第五十三条　地方性法规明确要求有关国家机关对专门事项作出配套的具体规定的，有关国家机关应当自法规施行之日起一年内作出规定。有关国家机关未能在期限内作出配套的具体规定的，应当向自治区人民代表大会常务委员会说明情况。

第五十四条　自治区人民代表大会有关的专门委员会、常务委员会工作机构可以组织对有关法规或者法规中有关规定进行立法后评估。评估情况应当向常务委员会报告。

第五十五条　自治区人民代表大会及其常务委员会制定的地方性法规，常务委员会批准的地方性法规、自治条例和单行条例，由常务委员会在法规公布后三十日内报全国人民代表大会常务委员会和国务院备案。

自治条例、单行条例报送备案时，应当说明对法律、行政法规、地方性法规作出变通的情况。

自治区人民政府规章和设区的市、自治州人民政府规章应当在公布后三十日内报自治区人民代表大会常务委员会备案。

第五十六条 自治区人民政府、自治区高级人民法院、自治区人民检察院认为设区的市、自治州人民代表大会及其常务委员会制定的地方性法规同宪法、法律、行政法规、自治区地方性法规相抵触的，认为自治州、自治县制定的自治条例、单行条例违背法律或者行政法规的基本原则，违背宪法、民族区域自治法的规定以及其他法律、行政法规对民族自治地方所作的专门规定的，可以向自治区人民代表大会常务委员会书面提出进行审查的要求。

自治区高级人民法院、自治区人民检察院和设区的市和自治州、自治县人民代表大会常务委员会认为自治区人民政府的规章同宪法、法律、行政法规、自治区地方性法规相抵触的，可以向自治区人民代表大会常务委员会书面提出进行审查的要求。

其他国家机关、组织和公民，可以对本条第一款、第二款所列法规、规章、自治条例、单行条例，向自治区人民代表大会常务委员会书面提出进行审查的建议。

对上述要求和建议，由自治区人民代表大会常务委员会交法制工作委员会会同有关工作委员会研究，必要时交法制委员会进行审查，提出意见。

第五十七条 自治区人民代表大会及其常务委员会制定的地方性法规之间，特别规定与一般规定不一致的，适用特别规定；新的规定与旧的规定不一致的，适用新的规定，对同一事项，新的一般规定与旧的特别规定不一致，不能确定如何适用时，由常务委员会裁决。

第五十八条 地方性法规、自治条例和单行条例，规章不溯及既往，但为有效保护公民、法人和其他组织的权益而作的特别规定除外。

第八章 附 则

第五十九条 本条例自 2003 年 3 月 1 日起施行。1985 年新疆维吾尔自治区第六届人民代表大会常务委员会第十三次会议通过的《新疆维吾尔自治区人民代表大会常务委员会关于制定自治区地方性法规程序的规定》同时废止。

二、副省级城市和计划单列市＊
（6个）

中国地方立法条例选编

＊目前,副省级城市有沈阳、大连、长春、哈尔滨、南京、宁波、厦门、青岛、武汉、成都、广州、深圳、西安、杭州、济南等15个城市,其包括大连、青岛、宁波、厦门和深圳等5个计划单列市。

广州市地方性法规制定办法[*]

（2001年3月2日广州市第十一届人民代表大会第四次会议通过　2001年3月29日广东省第九届人民代表大会常务委员会第二十五次会议批准　根据2009年10月15日广州市第十三届人民代表大会常务委员会第二十三次会议通过、2010年1月22日广东省第十一届人民代表大会常务委员会第十六次会议批准的《广州市人民代表大会常务委员会关于修改〈广州市地方性法规制定办法〉的决定》第一次修正　根据2015年5月20日广州市第十四届人民代表大会常务委员会第三十九次会议通过、2015年12月3日广东省第十二届人民代表大会常务委员会第二十一次会议批准的《广州市人民代表大会常务委员会关于因行政区划调整修改〈广州市建筑条例〉等六十六件地方性法规的决定》第二次修正　根据2016年6月29日广州市第十四届人民代表大会常务委员会第五十三次会议通过、2016年9月29日广东省第十二届人民代表大会常务委员会第二十八次会议批准的《广州市人民代表大会常务委员会关于修改〈广州市地方性法规制定办法〉的决定》第三次修正）

目　录

---

[*] 来源：广州人大网（http://www.rd.gz.cn/index.html），http://www.rd.gz.cn/page.do? pa=ff8080814501d8df01450782375e311f&guid=2fcc754a9bb64a67bd866c8db9806f10&og=ff8080813f79425b013fd0f2dacd0711（2016/9/16）。

第一章 总 则

第一条 为了规范立法活动，提高立法质量，发挥立法的引领和推动作用，根据《中华人民共和国地方各级人民代表大会和地方各级人民政府组织法》和《中华人民共和国立法法》，结合本市实际情况，制定本办法。

第二条 本办法适用于本市地方性法规的制定、修改、废止和相关活动。

第三条 制定地方性法规应当遵循《中华人民共和国立法法》规定的基本原则，符合本市实际需要，具有地方特色。

第二章 地方性法规制定权限

第四条 人民代表大会及其常务委员会可以就《中华人民共和国立法法》第七十二条、第七十三条规定的事项，制定地方性法规。

第五条 在法定权限内，需要进行地方立法的，下列事项只能制定地方性法规：

（一）授权具有管理公共事务职能的组织实施行政处罚的；

（二）涉及地方性法规才能设定的行政处罚的；

（三）设定行政许可的；

（四）设定行政强制措施的；

（五）依法应当由地方性法规规定的其他地方立法事项。

第六条 在人民代表大会闭会期间，常务委员会可以对人民代表大会制定的地方性法规进行部分补充和修改，但是不得同该地方性法规的基本原则相抵触，并且应当将补充和修改的情况向人民代表大会报告。

第三章 地方性法规制定规划与计划

第七条 常务委员会编制地方性法规制定规划和计划，应当向人民政府、人民政协、人民法院、人民检察院、常务委员会各工作委员会、各民主党派、有关人民团体、各区人民代表大会常务委员会、市人大代表和公众等征集建议项目。

任何单位和个人都可以向人民代表大会及其常务委员会书面提出制定、修改或者废止地方性法规的建议。

第八条 常务委员会每届任期编制地方性法规制定规划。

地方性法规案的提案权人在每届常务委员会任期届满前的六个月内，可以向常务委员会提出下一届任期的地方性法规制定规划的建议项目。

提案权人提出制定或者修改地方性法规制定规划建议项目的，应当同时提交地方性法规制定建议书，其内容主要包括建议制定或者修改地方性法规的名称、立法必要性，需要解决的主要问题和拟采取的对策及其可行性。

提案权人以外的单位或者个人提出制定或者修改地方性法规制定规划建议项目的，可以只提出建议项目的名称和立法的主要理由。

第九条 常务委员会每个工作年度编制地方性法规制定计划。

地方性法规案的提案权人在征集地方性法规制定计划建议项目的时限内，可以向常务委员会提出已列入规划的项目或者其他项目，作为下一年度地方性法规制定计划的建议项目。

提案权人提出下一年度制定或者修改地方性法规制定计划建议项目的，应当按照常务委员会关于法规立项的有关规定提交该项目的立项建议书、法规草案初稿及其注释稿、立项论证报告等材料，其中立项论证报告应当包括制定或者修改地方性法规的必要性、合法性、合理性、可行性、规范性、准备情况和效益预期等说明。

提案权人以外的单位或者个人提出制定或者修改地方性法规制定计划建议项目的，可以只提出建议项目的名称和立法的主要理由。

提出废止地方性法规制定计划建议项目的，应当提交建议废止地方性法规的名称和理由。

第十条 常务委员会法制工作委员会应当通过召开座谈会、论证会等方式，听取常务委员会其他工作委员会、人民政府有关部门、各区人民代表大会常务委员会、常务委员会组成人员、立法顾问、市人大代表、市政协委员、专家和公众等对地方性法规制定规划、计划建议项目的意见，对建议项目的必要性、合法性、可行性等进行审查和论证，拟订每届的地方性法规制定规划草案稿；以地方性法规制定规划为基础，拟订每年的地方性法规制定计划草案稿。

地方性法规制定规划和计划，由法制工作委员会提请主任会议决定。

第十一条 列入地方性法规制定计划的项目，不能按照年度安排制定的，提案权人应当向主任会议报告，由主任会议决定调整。

没有列入地方性法规制定计划而又需要在当年制定的地方性法规建议项目，

经法制工作委员会会同有关的委员会审查、提出报告后，由主任会议决定是否列入地方性法规制定计划；特别急需制定的，可以依照本办法第四章和第五章的有关规定直接提出地方性法规案。

第四章　人民代表大会制定地方性法规程序

第十二条　人民代表大会主席团可以向人民代表大会提出地方性法规案，由人民代表大会会议审议。

常务委员会、人民政府、人民代表大会专门委员会可以向人民代表大会提出地方性法规案，由主席团决定列入会议议程。

第十三条　十名以上的市人大代表联名，可以向人民代表大会提出地方性法规案，由主席团决定是否列入会议议程，或者先交有关的专门委员会审议，提出是否列入会议议程的意见，再决定是否列入会议议程。

专门委员会审议的时候，应当邀请提案人列席会议，发表意见。

第十四条　向人民代表大会提出的地方性法规案，在人民代表大会闭会期间，可以先向常务委员会提出，经常务委员会会议依照本办法第五章规定的有关程序审议后，决定提请人民代表大会审议，由常务委员会向大会全体会议作说明，或者由提案人向大会全体会议作说明。

第十五条　常务委员会决定提请人民代表大会会议审议的地方性法规案，应当在会议举行的一个月前将地方性法规草案发给市人大代表。

第十六条　列入人民代表大会会议议程的地方性法规案，大会全体会议听取提案人的说明后，由各代表团进行审议。

各代表团审议地方性法规案时，提案人应当派人听取意见，回答询问。

各代表团审议地方性法规案时，根据代表团的要求，有关机关、组织应当派人介绍情况。

第十七条　列入人民代表大会会议议程的地方性法规案，由有关的专门委员会进行审议，向主席团提出审议意见，并印发会议。

第十八条　列入人民代表大会会议议程的地方性法规案，由法制委员会根据各代表团的审议意见和其他方面的意见，对地方性法规案进行统一审议，向主席团提出审议结果报告和地方性法规草案修改稿，对重要的不同意见应当在审议结果报告中予以说明，经主席团会议审议通过后，印发会议。

第十九条　列入人民代表大会会议议程的地方性法规案，必要时，主席团常务主席可以召开各代表团团长会议，就地方性法规案中的重大问题听取各代表团的审议意见，进行讨论，并将讨论的情况和意见向主席团报告。

主席团常务主席也可以就地方性法规案中的重大的专门性问题，召集代表团推选的有关市人大代表进行讨论，并将讨论的情况和意见向主席团报告。

第二十条 列入人民代表大会会议议程的地方性法规案，在交付表决前，提案人要求撤回的，应当说明理由，经主席团同意，并向大会报告，对该地方性法规案的审议即行终止。

第二十一条 地方性法规案在审议中有重大问题需要进一步研究的，经主席团提出，由大会全体会议决定，可以授权常务委员会根据市人大代表的意见进一步审议，作出决定，并将决定情况向人民代表大会下次会议报告；也可以授权常务委员会根据市人大代表的意见进一步审议，提出修改方案，提请人民代表大会下次会议审议决定。

第二十二条 地方性法规草案修改稿经各代表团审议，由法制委员会根据各代表团的审议意见进行修改，提出地方性法规草案表决稿，由主席团提请大会全体会议表决，由全体市人大代表的过半数通过。

第二十三条 市人大代表联名提出的地方性法规案，主席团决定交由有关专门委员会提出是否列入会议议程意见的，按照《广州市人民代表大会代表议案条例》的有关规定处理。

第五章 常务委员会制定地方性法规程序

第二十四条 主任会议可以向常务委员会提出地方性法规案，由常务委员会会议审议。

人民政府、专门委员会可以向常务委员会提出地方性法规案，由主任会议决定列入常务委员会会议议程，或者先交有关的专门委员会审议、提出报告，再决定列入常务委员会会议议程。如果主任会议认为地方性法规案有重大问题需要进一步研究，可以建议提案人修改完善后再向常务委员会提出。

第二十五条 常务委员会组成人员五人以上联名，可以向常务委员会提出地方性法规案，由主任会议决定是否列入常务委员会会议议程，或者先交有关的专门委员会审议，提出是否列入会议议程的意见，再决定是否列入常务委员会会议议程。不列入常务委员会会议议程的，由有关的专门委员会根据主任会议的决定，向常务委员会报告或者向提案人说明。

有关的专门委员会审议的时候，应当邀请提案人列席会议，发表意见。

第二十六条 列入常务委员会会议议程的地方性法规案，除特殊情况外，应当在会议举行的七日前将地方性法规草案发给常务委员会组成人员。

第二十七条 列入常务委员会会议议程的地方性法规案，应当经三次常务委员会会议审议后再交付表决，本办法另有规定的除外。

常务委员会会议第一次审议地方性法规案，在全体会议上听取提案人的说明和有关的专门委员会审议意见的报告，由分组会议对地方性法规草案进行审议。由主任会议或者专门委员会提出的地方性法规案，在全体会议上听取提案人的说明，由分组会议对地方性法规草案进行审议。有关专门委员会如果提出草案修改建议稿，可以一并进行审议。

常务委员会会议第二次审议地方性法规案，在全体会议上听取法制委员会审议意见的报告，由分组会议对地方性法规草案二次审议稿进行审议。

常务委员会会议第三次审议地方性法规案，在全体会议上听取法制委员会关于地方性法规草案二次审议稿的审议结果的报告，由分组会议对地方性法规草案修改稿进行审议。地方性法规草案修改稿经常务委员会会议审议，由法制委员会根据常务委员会组成人员的审议意见进行修改，提出地方性法规草案表决稿和修改情况的报告，由主任会议提请本次或者下次常务委员会全体会议对地方性法规草案表决稿进行表决。

常务委员会会议审议地方性法规案时，根据需要，可以召开联组会议或者全体会议，对地方性法规草案中的主要问题进行讨论。

第二十八条 列入常务委员会会议议程的地方性法规案，各方面意见比较一致的，可以经两次常务委员会会议审议后交付表决，审议程序依照本办法第二十七条第二款和第四款的有关规定进行。

第二十九条 列入常务委员会会议议程的调整事项较为单一、部分修改或者废止的地方性法规案，各方面意见比较一致的，可以经一次常务委员会会议审议后交付表决。

常务委员会会议审议拟一次审议交付表决的地方性法规案，在全体会议上听取提案人的说明和有关的专门委员会审议意见的报告，由分组会议进行审议。由主任会议或者专门委员会提出的拟一次审议交付表决的地方性法规案，在全体会议上听取提案人的说明，由分组会议进行审议。

调整事项较为单一、部分修改或者废止的地方性法规案经常务委员会审议，由法制委员会根据常务委员会组成人员的审议意见进行修改，提出草案表决稿、修改或者废止决定草案，由主任会议提请常务委员会全体会议表决。法制委员会在该次常务委员会全体会议上作审议结果的报告或者提出书面报告。

第三十条　常务委员会分组会议审议地方性法规案时，提案人应当派人听取意见，回答询问。

常务委员会分组会议审议地方性法规案时，根据小组的要求，有关机关、组织应当派人介绍情况。

第三十一条　列入常务委员会会议议程的地方性法规案，依照本办法第二十七条第二款和第二十九条第二款规定程序的要求，由有关的专门委员会根据各方面提出的意见，对地方性法规草案进行审议，提出审议意见的报告，对重要的不同意见应当在审议意见的报告中予以说明。

有关的专门委员会审议地方性法规案时，应当邀请法制委员会和其他有关的专门委员会的成员列席会议，发表意见。

第三十二条　列入常务委员会会议议程的地方性法规案，依照本办法第二十七条第三款、第四款规定程序的要求，由法制委员会根据常务委员会组成人员的审议意见、有关的专门委员会和各方面提出的意见，对地方性法规案进行统一审议，提出审议意见报告或者审议结果报告和地方性法规草案二次审议稿或者地方性法规草案修改稿，对重要的不同意见应当在审议意见报告或者审议结果报告中予以说明。对有关的专门委员会的重要意见没有采纳的，应当向有关的专门委员会反馈。

法制委员会审议地方性法规案时，应当邀请有关的专门委员会的成员列席会议，发表意见。

第三十三条　法制委员会以及有关的专门委员会审议地方性法规案时，应当召开全体会议审议，根据需要，可以要求有关机关、组织派有关负责人说明情况。

第三十四条　各委员会之间对地方性法规草案的重要问题意见不一致时，应当向主任会议报告。

第三十五条　列入常务委员会会议议程的地方性法规案，应当征求下列各方面的意见：

（一）公众；

（二）地方性法规草案涉及的行政相对人或者利害关系人；

（三）市人大代表、市政协委员；

（四）人民政府及其相关行政部门、人民政协、司法机关；

（五）各民主党派、工商联、有关人民团体和无党派人士；

（六）各基层立法联系点；

（七）各区人民代表大会常务委员会；

（八）各有关社会团体；

（九）常务委员会立法顾问和有关专家；

（十）其他需要征求意见的单位或者个人。

第三十六条　征求意见可以采取召开座谈会、论证会、听证会，实地调研、委托社情民意调查机构调查以及在本行政区域发行的报纸或者互联网上公布征求意见等多种形式。

召开座谈会、论证会或者进行实地调研等，常务委员会有关工作委员会可以根据情况向新闻媒体和公众开放。在互联网上征求意见的，应当同时公布地方性法规草案注释稿以及对主要制度的说明等。重要的地方性法规案可以在本行政区域发行的报纸上公布征求意见。

常务委员会有关工作委员会应当将收集的各方面对法规草案的意见整理后印发常务委员会会议。其中，常务委员会立法顾问的意见单独印发会议，其他各方面意见可以综合整理印发会议。

第三十七条　地方性法规案有关内容专业性较强，需要进行可行性、合法性论证的，常务委员会有关工作委员会应当召开论证会，听取有关部门、专家和市人大代表等方面的意见。论证情况应当向常务委员会报告。

地方性法规案涉及部门间争议较大的重要立法事项，常务委员会有关工作委员会应当组织有关专家、教学科研单位或者社会组织等第三方进行评估。评估情况应当向常务委员会报告。

第三十八条　地方性法规案有关内容涉及群众重大切身利益或者重大利益调整，或者存在重大意见分歧，需要进行听证的，常务委员会有关工作委员会应当召开立法听证会，听取人民政府、市人大代表、市政协委员、专家等方面的意见和行政相对人等公众的意见。

立法听证会应当遵循公开、公平、公正的原则。常务委员会有关工作委员会应当将听证情况向常务委员会报告。

第三十九条　列入常务委员会会议议程的地方性法规案，常务委员会工作机构应当收集整理分组审议的意见和各方面提出的意见以及其他有关资料，分送法制委员会和有关的委员会，印发常务委员会会议。

第四十条　拟提请常务委员会会议审议通过的地方性法规案，在法制委员会提出审议结果报告前，法制工作委员会可以对法规案中主要制度规范的可行性、法规出台时机、法规实施的社会效果和可能出现的问题等进行评估。评估情况由法制委员会在审议结果报告中予以说明。

第四十一条 列入常务委员会会议议程的地方性法规案，在交付表决前，提案人要求撤回的，应当说明理由，经主任会议同意，并向常务委员会报告，对该地方性法规案的审议即行终止。

第四十二条 地方性法规案经常务委员会三次会议审议后，仍有重大问题需要进一步研究的，由主任会议决定，可以暂不付表决，交法制委员会会同有关的委员会进一步审议。法制委员会会同有关的委员会审议修改后，认为可以提请常务委员会继续审议的，由主任会议决定列入常务委员会会议议程。继续审议的程序由主任会议参照本办法第二十七条的有关规定决定。

第四十三条 列入常务委员会会议审议的地方性法规案，因各方面对制定该地方性法规的必要性、可行性等重大问题存在较大意见分歧搁置审议满两年的，或者因暂不交付表决，经过两年没有再次列入常务委员会会议议程审议的，由主任会议向常务委员会报告，该地方性法规案终止审议。

第四十四条 地方性法规草案表决稿交付常务委员会会议表决前，主任会议根据常务委员会会议审议的情况，可以决定将个别意见分歧较大的重要条款提请常务委员会会议单独表决。

第四十五条 对多部地方性法规中涉及同类事项的个别条款进行修改，一并提出地方性法规案的，经主任会议决定，可以合并表决，也可以分别表决。

第四十六条 地方性法规草案表决稿、废止或者修改决定草案，由常务委员会全体组成人员的过半数通过。

第六章 地方性法规解释

第四十七条 地方性法规解释权属于常务委员会。地方性法规有以下情况之一的，由常务委员会解释：

（一）地方性法规的规定需要进一步明确具体含义的；

（二）地方性法规公布施行后出现新的情况，需要明确适用地方性法规依据的。

地方性法规中援引法律、行政法规和本省地方性法规的条文，常务委员会不作解释。

第四十八条 人民政府、人民法院、人民检察院、有关的专门委员会以及区人民代表大会常务委员会可以向常务委员会提出地方性法规解释要求。

第四十九条 法制工作委员会研究拟订地方性法规解释草案稿。地方性法规解释草案由主任会议决定列入常务委员会会议议程。

第五十条 地方性法规解释草案经常务委员会会议审议，由法制委员会根据常务委员会组成人员的审议意见进行审议、修改，提出地方性法规解释草案表决稿。

第五十一条 地方性法规解释草案表决稿由常务委员会全体组成人员的过半数通过后，由常务委员会发布公告予以公布，并报省人民代表大会常务委员会备案。

第五十二条 常务委员会的地方性法规解释同地方性法规具有同等效力。

第七章 其他规定

第五十三条 地方性法规草案由人民政府起草的，人民代表大会有关专门委员会、常务委员会有关工作委员会应当提前参与起草工作。

综合性、全局性、基础性的重要地方性法规草案，可以由有关专门委员会或者常务委员会有关工作委员会组织起草。

第五十四条 地方性法规案的起草、论证和评估，可以邀请相关领域的专家参与，也可以委托有关专家、教学科研单位等起草、论证或者评估。

第五十五条 人民代表大会主席团、常务委员会、专门委员会、常务委员会主任会议以及人民政府等提出地方性法规案，应当同时提出地方性法规草案文本及其说明、草案文本注释稿，并提供必要的资料。修改地方性法规的，还应当提交修改前后的对照文本。地方性法规草案的说明应当包括制定或者修改该地方性法规的必要性、可行性和主要内容，以及起草过程中对重大分歧意见的协调处理情况；拟设定行政许可、行政强制措施的，还应当包括设定的必要性、可能产生的影响以及召开听证会、论证会后听取和采纳意见的情况。

市人大代表十人以上联名、常务委员会组成人员五人以上联名提出地方性法规案，应当同时提出地方性法规草案文本及其说明、草案文本注释稿，并提供必要的相关资料。

第五十六条 常务委员会应当建立和实行基层立法联系点制度。

编制地方性法规制定规划、计划或者制定、修改地方性法规的，常务委员会有关工作委员会应当征求基层立法联系点的意见。

第五十七条　向人民代表大会及其常务委员会提出的地方性法规案，在列入会议议程前，提案人有权撤回。

第五十八条　经人民代表大会及其常务委员会通过的地方性法规，应当于通过之日起十五日内，将地方性法规文本及说明报请广东省人民代表大会常务委员会批准。

第五十九条　报送批准的地方性法规，省人民代表大会常务委员会退回修改的，由法制委员会根据省人民代表大会常务委员会的修改意见，提出部分修改的地方性法规案，由主任会议决定列入常务委员会会议议程，依照本条第二款规定审议和本办法第四十六条规定表决后，再报送省人民代表大会常务委员会批准。

常务委员会会议审议退回修改的地方性法规案，在全体会议上听取法制委员会的说明，分组会议对地方性法规修正案进行审议。分组会议审议后，由法制委员会根据常务委员会组成人员的意见提出法规修改决定草案。

第六十条　地方性法规应当依照《中华人民共和国立法法》以及《广东省地方立法条例》的有关规定予以公布和刊登。

在常务委员会公报上刊登的地方性法规文本为标准文本。

《广州日报》是本市刊登地方性法规的指定报纸。《广州日报》应当在常务委员会规定的时间内刊登地方性法规和向社会公开征求意见的地方性法规草案。

第六十一条　常务委员会应当建立立法意见采纳情况的反馈机制。

法制工作委员会可以在互联网等媒体上公开立法主要意见的采纳情况。

第六十二条　法制工作委员会可以对有关地方性法规具体问题的询问予以答复，并报常务委员会备案。

第六十三条　常务委员会应当建立和实行法规实施准备情况报告制度。

第六十四条　人民政府及其有关部门应当加强对地方性法规的宣传，使公众了解法规的内容，提高法规的实施效果。

常务委员会工作机构应当通过多种方式向社会宣传地方性法规。

第六十五条　地方性法规规定人民政府或者有关部门另行制定规范性文件的，人民政府或者有关部门应当自地方性法规施行之日起六个月内制定公布，并报常务委员会备案。地方性法规对规范性文件的制定期限另有规定的，从其规定。

人民政府或者有关部门未能在前款规定的期限内公布规范性文件的，应当在制定期限届满后的一个月内向常务委员会说明情况。

第六十六条　法制工作委员会可以自行组织或者委托第三方，通过实地调研、民意调查、召开座谈会、论证会等方式，对地方性法规进行立法后评估。评估情况应当向主任会议或者常务委员会报告。

第六十七条 常务委员会、专门委员会应当加强对地方性法规实施情况的监督检查。

人民政府、人民法院、人民检察院应当按照常务委员会的要求，报告地方性法规的执行、适用情况。

第六十八条 法制工作委员会应当根据实际情况对已经生效施行的地方性法规定期进行清理，提出处理的意见。

地方性法规清理情况以及处理意见，应当向主任会议报告。经主任会议同意的地方性法规清理意见，作为地方性法规制定计划立项或者调整的依据之一。

第八章 附　则

第六十九条 本办法所称提案权人是指依法有权向人民代表大会或者常务委员会提出地方性法规案的人民代表大会主席团、常务委员会、主任会议、人民政府、专门委员会、十名以上联名的市人大代表和五名以上联名的常务委员会组成人员。

第七十条 本办法所称人民代表大会、常务委员会、人民政府、人民政协、人民法院、人民检察院、司法机关、民主党派、工商联、人民团体等，是指广州市本级的国家机关、组织。

第七十一条 本办法自 2001 年 5 月 1 日起施行。1987 年 4 月 28 日广州市第八届人民代表大会常务委员会第二十八次会议通过，1991 年 7 月 11 日广州市第九届人民代表大会常务委员会第二十六次会议修正的《广州市制定地方性法规规定》同时废止。

深圳市制定法规条例[*]

（2001 年 3 月 31 日深圳市第三届人民代表大会第二次会议通过，2001 年 5 月 31 日广东省第九届人民代表大会常务委员会第二十六次会议批准，2012 年 1 月 12 日深圳市第五届人民代表大会第三次会议第一次修订，2012 年 3 月 30 日广东省第十一届人民代表大会常务委员会第三十三次会议批准，2016 年 2 月 4 日深圳市第六届人民代表大会第二次会议第二次修订，2016 年 3 月 31 日广东省第十二届人民代表大会常务委员会第二十五次会议批准）

目　录

第一章　总　则

第一条　为了规范制定法规活动，提高立法质量，发挥立法的引领和推动作用，根据宪法、《中华人民共和国地方各级人民代表大会和地方各级人民政府组

* 来源：深圳人大网（www.szrd.gov.cn），http://www.szrd.gov.cn/contenthtml/108/2016082610194.html（2016/9/16）.

织法》、《中华人民共和国立法法》，结合本市实际，制定本条例。

第二条　市人民代表大会及其常务委员会制定、修改、废止法规以及其他立法相关活动适用本条例。

本条例所称法规，包括深圳市法规和深圳经济特区法规。

第三条　立法应当遵循宪法的规定和立法法的基本原则，从实际出发，体现地方特色，适应本市经济社会发展和全面深化改革的要求。

第四条　市人民代表大会及其常务委员会应当加强对立法工作的组织协调，发挥在立法工作中的主导作用。

第五条　法规规定应当明确、具体，具有针对性和可执行性。对上位法已经明确规定的内容，一般不作重复性规定。

第二章　立法权限

第六条　市人民代表大会及其常务委员会为执行法律、行政法规和广东省地方性法规的规定，根据本市的实际情况制定深圳市法规，在深圳市范围内实施。

制定深圳市法规，限于城市建设与管理、环境保护、历史文化保护等方面的事项。法律另有规定的，从其规定。

制定深圳市法规不得同宪法、法律、行政法规和广东省地方性法规相抵触。

第七条　市人民代表大会及其常务委员会根据全国人民代表大会常务委员会的授权决定制定经济特区法规，在深圳经济特区范围内实施。

制定深圳经济特区法规应当遵循宪法的规定以及法律和行政法规的基本原则；注重发挥先行先试和创新变通作用，引领、推动和保障深圳经济特区的改革和发展。

第八条　下列事项由市人民代表大会制定法规：

（一）市人民代表大会法定职责和议事程序的具体规定；

（二）市人民代表大会及其常务委员会的立法程序；

（三）本市全局性、长远性重大改革事项以及其他特别重大的事项；

（四）其他需要由市人民代表大会制定法规的事项。

除上述市人民代表大会制定法规以外的事项，由市人民代表大会常务委员会制定法规。

市人民代表大会闭会期间，市人民代表大会常务委员会可以对市人民代表大会制定的法规进行部分补充和修改，但是不得同该法规的基本原则相抵触。

每届市人民代表大会常务委员会应当提出一定数量的法规案提请市人民代表大会审议。

第九条 市人民代表大会及其常务委员会可以根据改革发展的需要，就行政管理等领域的特定事项决定在一定期限内在全部或者部分区域暂时调整或者暂时停止适用深圳市法规或者深圳经济特区法规的有关规定。

第三章 立法规划和年度立法计划

第十条 市人民代表大会常务委员会通过立法规划、年度立法计划等形式，加强对立法工作的统筹安排。

第十一条 常务委员会法制工作机构编制常务委员会立法规划，由常务委员会主任会议通过后书面报告常务委员会。

常务委员会法制工作机构依据立法规划和实际情况，编制年度立法计划，由主任会议通过后书面报告常务委员会。

第十二条 编制立法规划和年度立法计划，应当认真研究代表议案和建议，广泛征集意见，科学论证评估，根据经济社会发展和民主法治建设的需要，确定立法项目，提高立法的及时性和针对性。

第十三条 立法规划、年度立法计划由常务委员会法制工作机构、市人民政府法制工作机构分别组织实施，市人民代表大会专门委员会和常务委员会工作委员会在各自职责范围内协助组织实施。

立法规划、年度立法计划在执行过程中需要进行调整的，由主任会议根据常务委员会法制工作机构的意见作出决定。

第十四条 立法规划、年度立法计划应当向社会公布，并抄送广东省人民代表大会常务委员会法制工作机构。

第四章 市人民代表大会制定法规程序

第十五条 市人民代表大会主席团可以向市人民代表大会提出法规案，由市人民代表大会会议审议。

市人民代表大会常务委员会、市人民政府、市人民代表大会专门委员会，可以向市人民代表大会提出法规案，由主席团决定列入会议议程。

第十六条 一个代表团或者十名以上代表联名，可以向市人民代表大会提出法规案,由市人民代表大会议案审查委员会审议并提出是否列入会议议程的意见,再由主席团决定是否列入会议议程。

第十七条 向市人民代表大会提出的法规案,在市人民代表大会闭会期间,可以向常务委员会提出,经常务委员会会议审议后,决定提请市人民代表大会审议,由常务委员会或者提案人向大会全体会议作说明。

常务委员会依照前款规定审议法规案,应当通过多种形式征求市人民代表大会代表的意见,并将有关情况予以反馈;市人民代表大会专门委员会和常务委员会工作委员会进行立法调研,应当邀请有关的市人民代表大会代表参加。

第十八条 常务委员会决定提请市人民代表大会审议的法规案,一般应当在会议举行的三十日前将法规草案发给代表。

第十九条 列入市人民代表大会会议议程的法规案,大会全体会议听取常务委员会或者提案人的说明后,由各代表团进行审议。

各代表团审议法规案时,提案人应当派人到会听取意见,回答询问。有关机关、组织应当根据代表团的要求派人到会介绍情况。

第二十条 列入市人民代表大会会议议程的法规案,由市人民代表大会法制委员会根据各代表团的审议意见,对法规案进行统一审议,向主席团提出审议结果的报告和法规草案修改稿,经主席团会议审议通过后,印发会议。

法制委员会对于重要的不同意见,应当在审议结果的报告中予以说明。

第二十一条 主席团常务主席可以在必要时召开各代表团团长会议,就法规案中的重大问题听取各代表团的审议意见,进行讨论,并将讨论情况和意见向主席团报告。

主席团常务主席也可以就法规案中重大的专门性问题,召集代表团推选的有关代表进行讨论,并将讨论情况和意见向主席团报告。

第二十二条 列入市人民代表大会会议议程的法规案,在交付表决前,提案人要求撤回的,应当说明理由,经主席团同意,并向大会报告,对该法规案的审议即行终止。

第二十三条 法规案在审议中有重大问题需要进一步研究的,经主席团提出,由大会全体会议决定,可以授权常务委员会根据代表的意见进一步审议,作出决定,并将决定情况向市人民代表大会下次会议报告;也可以授权常务委员会根据代表的意见进一步审议,提出修改方案,提请市人民代表大会下次会议审议决定。

第二十四条 法规草案修改稿经各代表团审议后,由法制委员会根据各代表团的审议意见进行修改，提出法规草案表决稿，由主席团提请大会全体会议表决，由全体代表的过半数通过。

第二十五条　常务委员会决定提请市人民代表大会会议审议的法规案，一般应当在大会前一个月将法规草案及起草说明向社会公开，但是经主任会议决定不公开的除外。

其他法规案经主席团决定列入市人民代表大会会议议程的，应当在作出决定后及时将法规草案及起草说明向社会公开，但是经主席团决定不公开的除外。

各代表团对法规案的审议意见应当及时向社会公开。

第五章　市人民代表大会常务委员会制定法规程序

第二十六条　常务委员会主任会议可以向常务委员会提出法规案，由常务委员会会议审议。

市人民政府、市人民代表大会专门委员会可以向常务委员会提出法规案，由主任会议决定列入常务委员会会议议程，或者先交有关专门委员会、常务委员会工作委员会研究提出意见，再决定列入常务委员会会议议程。主任会议认为法规案有重大问题需要进一步研究的，可以建议提案人修改完善后再向常务委员会提出。

第二十七条　常务委员会组成人员五人以上联名，可以向常务委员会提出法规案，由主任会议决定是否列入常务委员会会议议程，或者先交有关专门委员会、常务委员会工作委员会研究提出意见，再决定是否列入常务委员会会议议程。不列入常务委员会会议议程的，应当向常务委员会会议报告或者向提案人说明。

第二十八条　列入常务委员会会议议程的法规案，应当在会议举行的七日前将法规草案及相关材料发给常务委员会组成人员。

第二十九条　法规草案内容与本市其他法规相关规定不一致的，提案人应当予以说明并提出处理意见，必要时同时提出修改或者废止本市其他法规的议案。

专门委员会、常务委员会工作委员会审议、研究法规案时，认为需要修改或者废止本市其他法规的，应当提出处理意见。

第三十条　以深圳经济特区法规形式提出法规案的，提案人应当说明先行先试的内容或者对法律、行政法规、广东省地方性法规作出变通的情况。

第三十一条　列入常务委员会会议议程的法规案，一般应当经三次常务委员会会议审议后再交付表决。

列入常务委员会会议议程的法规案，各方面意见比较一致的，经主任会议决定，可以经两次常务委员会会议审议后交付表决；调整事项较为单一、部分修改的法规案或者废止法规案，各方面意见比较一致的，经主任会议决定，也可以经一次常务委员会会议审议即交付表决。

市人民政府、常务委员会组成人员五人以上联名提出的法规案，由有关专门委员会、常务委员会工作委员会进行初审。

列入常务委员会会议议程的法规案，由市人民代表大会法制委员会进行统一审议。

第三十二条　专门委员会、常务委员会工作委员会对法规案进行初审的，应当组织调研论证，并向常务委员会会议提出初审意见报告。

初审意见报告应当包括下列内容：

（一）立法必要性；

（二）法规草案采用深圳市法规或者深圳经济特区法规形式的理由；

（三）主要立法依据；

（四）法规草案主要制度的合法性、合理性和可执行性；

（五）法规草案征求意见情况及主要争议问题；

（六）主要修改建议；

（七）其他需要说明的问题。

第三十三条　负责初审工作的专门委员会、常务委员会工作委员会进行立法调研、论证及对法规案进行初审时，可以邀请常务委员会法制工作机构派人参加。

法制委员会审议法规案时，可以邀请负责初审工作的专门委员会、常务委员会工作委员会和其他相关单位派人列席会议，发表意见。

第三十四条　专门委员会、常务委员会工作委员会根据法规案审议的需要，经主任会议同意，可以就法规草案中专业性较强的条款组织有关单位在常务委员会会议第一次审议法规案时进行解读。

第三十五条　常务委员会会议第一次审议法规案，在全体会议上听取提案人的说明和专门委员会、常务委员会工作委员会的初审意见报告，由分组会议对法规草案和初审意见以及其他需要审议的事项进行审议。

第三十六条　负责法规案初审工作的专门委员会、常务委员会工作委员会应当在常务委员会会议第一次审议结束后三个工作日内，将初审意见报告以及其他与法规案有关的材料移送常务委员会法制工作机构。

第三十七条　法规案经常务委员会会议审议后，法制委员会一般应当在四个月内提请常务委员会会议再次审议。有重大问题需要进一步研究或者其他特殊原因，不能在四个月内提请常务委员会会议审议的，应当向主任会议作出说明。

第三十八条　常务委员会会议第二次审议法规案，由法制委员会根据常务委员会组成人员的审议意见、初审意见和各方面提出的意见进行审议，向常务委员会会议提出法规草案修改稿和修改说明，对重要的不同意见应当在修改说明中予以说明。

第三十九条　常务委员会会议第二次审议法规案，在全体会议上听取法制委员会关于法规草案的修改说明，由分组会议进行审议。

分组会议主要就下列事项进行审议：

（一）修改说明中提出的主要问题；

（二）第一次审议中意见分歧较大的问题；

（三）其他需要审议的事项。

第四十条　常务委员会会议第三次审议法规案，由法制委员会根据常务委员会组成人员的审议意见和各方面提出的意见进行审议，向常务委员会会议提出法规草案修改稿和审议结果的报告。

第四十一条　常务委员会会议第三次审议法规案，在全体会议上听取法制委员会关于法规草案审议结果的报告，由分组会议对法规草案修改稿进行审议。

分组会议主要就审议结果的报告中提出的问题和其他重要问题进行审议。

第四十二条　法规案经常务委员会会议三次审议后，主任会议决定暂不交付表决，需要继续审议的，法制委员会再次审议后提出法规草案修改稿和修改说明，由主任会议决定列入常务委员会会议议程。

第四十三条　分组会议审议法规案时，召集人可以要求提案人、有关专门委员会、常务委员会工作委员会就法规案有关问题作补充说明。

第四十四条　列入常务委员会会议议程的法规案，经主任会议决定，可以采用联组审议的方式进行审议，并可以根据需要就法规案中存在重大意见分歧的问题，组织常务委员会组成人员在联组会议上进行辩论。

第四十五条　常务委员会会议审议法规案时，提案人应当派人听取意见，回答询问。

第四十六条　法制委员会同有关专门委员会、常务委员会工作委员会对法规案的重要问题意见不一致时，应当向主任会议报告。

第四十七条　常务委员会会议审议法规案时，应当邀请市人民代表大会代表列席会议。

专门委员会、常务委员会工作委员会初审法规案，法制委员会审议法规案，可以邀请市人民代表大会代表列席会议。

专门委员会、常务委员会工作委员会就法规案进行调研、论证时，可以邀请市人民代表大会代表参加。

第四十八条　法规案有关问题专业性较强，需要进行可行性评价的，应当召开论证会，听取有关专家、部门、人民代表大会代表以及有关方面的意见。论证情况应当向常务委员会报告。

第四十九条　法规案有关问题存在重大意见分歧或者涉及利益关系重大调整，需要进行听证的，应当召开听证会，听取有关基层和群体代表、部门、人民团体、专家、人民代表大会代表和社会有关方面的意见。听证情况应当向常务委员会报告并向社会公开。

第五十条　拟提请常务委员会会议审议通过的法规案，在法制委员会提出审议结果的报告前，常务委员会法制工作机构可以对法规草案中主要制度的可行性、法规出台时机、法规实施的社会效果和可能出现的问题等进行评估。评估情况由法制委员会在审议结果的报告中予以说明。

第五十一条　提请常务委员会会议审议的法规案，应当在常务委员会会议第一次审议前将法规草案及起草说明向社会公布，征求意见，但是经主任会议决定不公布的除外；法规草案修改稿对法规草案作出重大修改的，一般应当在常务委员会会议第三次审议前将法规草案修改稿及修改说明向社会公布，征求意见。向社会公布征求意见的时间一般不少于十五日。

列入常务委员会会议议程的法规案，在常务委员会会议审议之后将法规草案、法规草案修改稿以及相关起草、修改的说明或者审议结果的报告向社会公开，但是经主任会议决定不公开的除外。

常务委员会组成人员对法规案的审议意见应当及时向社会公开。

第五十二条　法规草案、法规草案修改稿应当征求市人民代表大会代表、各区人民代表大会常务委员会的意见。各区人民代表大会常务委员会应当听取市、区人民代表大会代表和基层市民以及有关方面的意见，并将意见反馈有关专门委员会、常务委员会工作委员会。

法规草案修改稿对法规草案作出重大修改的，应当听取提案人和有关方面的意见。

第五十三条　常务委员会会议审议法规案，组成人员就有关事项或者条款出现重大意见分歧时，经主任会议决定，可以提请常务委员会会议进行单独表决。单独表决后，由主任会议根据表决结果对法规案作出相应处理。

第五十四条 法规草案修改稿或者法规草案经常务委员会会议审议后拟提交表决的，由法制委员会根据常务委员会组成人员的审议意见进行修改，提出法规草案表决稿，由主任会议提请常务委员会全体会议表决。

第五十五条 对本市多项法规中涉及同类事项的个别条款进行修改，一并提出法规案的，经主任会议决定，可以合并表决，也可以分别表决。

第五十六条 常务委员会会议表决法规案，由常务委员会全体组成人员的过半数通过。

第五十七条 列入常务委员会会议议程的法规案，常务委员会认为有必要提请市人民代表大会审议的，经常务委员会决定，提请市人民代表大会审议。

第五十八条 列入常务委员会会议议程，并经第一次审议的法规案，必要性、合法性和可行性等重大问题需要进一步研究的，法制委员会、常务委员会组成人员五人以上联名可以提出搁置审议的意见，由主任会议决定是否搁置审议。

搁置审议的法规案，法制委员会、常务委员会组成人员五人以上联名可以提出继续审议的意见，由主任会议决定是否列入常务委员会会议议程继续审议。

搁置审议满两年没有再次列入常务委员会会议议程的法规案，终止审议，由主任会议报告常务委员会。

第五十九条 列入常务委员会会议议程的法规案，在交付表决前，提案人要求撤回的，应当说明理由，经主任会议同意并向常务委员会报告，对该法规案的审议即行终止。

第六章　法规解释

第六十条 市人民代表大会及其常务委员会制定的法规，有下列情形之一的，由常务委员会解释：

（一）法规的规定需要进一步明确具体含义的；

（二）法规制定后出现新的情况，需要明确适用法规依据的。

第六十一条 市人民政府、市中级人民法院、市人民检察院、市人民代表大会专门委员会、常务委员会组成人员五人以上联名可以向常务委员会提出解释法规的要求。

其他单位和个人可以向常务委员会或者前款规定的有关单位提出法规解释的

建议。

第六十二条 法规解释由负责该法规初审工作的专门委员会、常务委员会工作委员会拟订法规解释草案提交市人民代表大会法制委员会审议后，提请主任会议决定列入常务委员会会议议程。

第六十三条 法规解释草案经常务委员会会议审议，由法制委员会根据常务委员会组成人员的审议意见进行审议、修改，提出法规解释草案表决稿。

第六十四条 法规解释草案表决稿由常务委员会全体组成人员的过半数通过。

法规解释同法规具有同等效力。

第七章 法规报请批准、公布和备案

第六十五条 制定、修改或者废止深圳市法规，由市人民代表大会常务委员会法制工作机构根据需要就有关问题征求广东省人民代表大会常务委员会法制工作机构的意见。

第六十六条 制定、修改或者废止深圳市法规的，应当在通过之日起十五日内报请广东省人民代表大会常务委员会批准。

第六十七条 广东省人民代表大会常务委员会批准深圳市法规附修改意见的，由常务委员会法制工作机构依照修改意见进行修改，报告主任会议后公布实施，并向常务委员会报告。

第六十八条 公布法规的公告应当载明该法规的制定机关以及通过、批准和实施日期。

经过修改的法规，应当依次载明修改机关和日期。

第六十九条 市人民代表大会及其常务委员会通过的法规和有关法规问题的决定以及法规解释由常务委员会发布公告予以公布。作出修改法规决定的，应当同时公布修改后的法规文本。

深圳市法规应当在广东省人民代表大会常务委员会批准之日起十个工作日内，或者根据批准所附修改意见进行修改并报告主任会议之日起五个工作日内发布公告予以公布；深圳经济特区法规应当在通过之日起五个工作日内发布公告予以公布。

公布法规和有关法规问题的决定以及法规解释，应当在常务委员会公报、深圳人大网和《深圳特区报》、《深圳商报》上刊载。常务委员会办事机构应当于公布之日在深圳人大网上刊载电子文本。

在常务委员会公报上刊登的法规文本为标准文本。

第七十条　深圳市法规应当在公告之日起十五日内，将公告、法规文本以及说明报送广东省人民代表大会常务委员会。

常务委员会对深圳市法规作出解释的，应当在解释作出后的十五日内报广东省人民代表大会常务委员会备案。

第七十一条　深圳经济特区法规应当在公布之日起三十日内报全国人民代表大会常务委员会、国务院和广东省人民代表大会常务委员会备案。

常务委员会对深圳经济特区法规作出解释的，应当按照前款规定报送备案。

深圳经济特区法规报送备案时，应当说明对法律、行政法规、广东省地方性法规作出变通的情况。

第七十二条　根据本条例第九条规定作出决定的，应当按照本条例第七十条、第七十一条的规定报送备案。

第八章　其他规定

第七十三条　市人民代表大会专门委员会、常务委员会工作委员会应当提前参与有关方面的法规草案起草工作；综合性、全局性、基础性的重要法规草案，可以由专门委员会或者工作委员会组织起草。

专门委员会、常务委员会工作委员会组织起草法规草案时，可以邀请市人民代表大会代表参加；起草专业性较强的法规草案时，可以邀请相关领域的专家参与。

起草法规草案应当采取多种形式听取有关机关、组织、人民代表大会代表和社会公众的意见。

第七十四条　各区人民政府、市人民政府派出机构可以就本辖区内需要立法的事项组织起草法规草案，报请市人民政府，由市人民政府提出法规案。

市总工会、共青团深圳市委员会、市妇女联合会等人民团体可以组织起草相关法规草案，经市人民政府、主任会议或者有关专门委员会同意，由市人民政府、主任会议或者有关专门委员会提出法规案。

第七十五条　提出法规案时，应当同时提出法规草案及说明，提供注释稿和其他必要的参阅资料，注释稿应当对法规草案的立法依据、理由等逐条予以说明。修改法规的，还应当提交修改前后的对照稿。

法规草案说明应当包括制定或者修改法规的必要性、可行性和主要内容，以及起草过程中对重大分歧意见的论证及协调处理情况。

第七十六条　法规要求有关单位对专门事项作出具体规定的，有关单位应当自法规施行之日起六个月内作出规定。法规对具体规定的制定期限另有规定的，从其规定。

有关单位未能在期限内作出配套的具体规定的，应当向常务委员会作出说明。

第七十七条　对阶段性工作事项进行规定的法规或者条款应当明确有效期限。需要延长有效期限的，应当在有效期限届满前由市人民代表大会或者常务委员会依照法规修改程序作出决定。

第七十八条　制定或者修改的法规实施满一年后，由专门委员会或者常务委员会工作委员会根据需要组织对该法规或者法规中有关规定进行立法后评估。

立法后评估针对主要制度的科学性、合理性及实施效果等方面进行。评估情况应当向常务委员会报告并向社会公开。

第七十九条　制定或者修改的法规实施后，法规实施单位应当每年向常务委员会报告法规实施情况。

第八十条　有关法规适用问题的工作答复，经负责法规初审工作的专门委员会、常务委员会工作委员会提出意见后交常务委员会法制工作机构研究。常务委员会法制工作机构认为需要答复的，由常务委员会办事机构根据常务委员会法制工作机构拟定的答复意见予以答复。

第八十一条　法规案的起草、调研、论证、表决前评估和立法后评估，可以根据实际需要，委托高等院校、科研机构、行业协会等进行，由接受委托的单位提交法规草案建议稿和相关报告等。

第八十二条　常务委员会可以聘请立法咨询专家为专门委员会、常务委员会工作委员会开展立法相关工作提供咨询论证意见。

常务委员会办事机构可以为常务委员会组成人员聘请法律专业人员作为法律助理，为常务委员会组成人员审议法规案提供相关服务。

第九章　附　则

第八十三条　本条例自 2016 年 7 月 1 日起施行。

西安市制定地方性法规条例[*]

（2002 年 12 月 5 日西安市第十三届人民代表大会第二次会议通过，2003 年 1 月 5 日陕西省第九届人民代表大会常务委员会第三十四次会议批准，2016 年 2 月 4 日西安市第十五届人民代表大会第六次会议修订通过，2016 年 5 月 26 日陕西省第十二届人民代表大会常务委员会第二十七次会议批准）

第一章　总　则

第一条　为了规范制定地方性法规活动，提高立法质量，根据《中华人民共和国地方各级人民代表大会和地方各级人民政府组织法》、《中华人民共和国立法法》和《陕西省地方立法条例》，结合本市实际，制定本条例。

第二条　西安市地方性法规的制定、修改、废止和解释，适用本条例。

第三条　制定地方性法规遵循下列原则：

＊ 来源：西安人大网（http://www.china-xa.gov.cn/），http://fzgzw.china-xa.gov.cn/wygzdt/7973.jhtml（2016/9/16）。

（一）维护社会主义法制统一，不得与宪法、法律、行政法规和陕西省地方性法规相抵触；

（二）适应本市经济、社会发展需要，实事求是，突出地方特色；

（三）发扬社会主义民主，保障群众通过多种途径参与立法活动；

（四）科学合理地规定公民、法人和其他组织的权利与义务、地方国家机关的权力与责任；

（五）法规规范明确、具体，具有针对性和可执行性。

第二章　立法权限

第四条　市人民代表大会及其常务委员会可以就下列事项，制定地方性法规：

（一）为执行法律、行政法规和陕西省地方性法规的规定，需要根据本市的实际情况作具体规定的；

（二）属于本市地方性事务，需要制定地方性法规的；

（三）除《中华人民共和国立法法》第八条规定应当制定法律的事项外，国家、陕西省尚未制定相关的法律、法规，根据本市的具体情况和实际，需要先行制定地方性法规的。

根据前款规定制定地方性法规，限于城乡建设与管理、环境保护、历史文化保护等方面的事项。法律另有规定的，从其规定。

第五条　下列事项，由市人民代表大会制定地方性法规：

（一）法律规定应当由市人民代表大会制定地方性法规的；

（二）涉及市人民代表大会职权的；

（三）市人民代表大会认为应当由其制定地方性法规的本市特别重大事项。

市人民代表大会常务委员会制定除前款规定以外的地方性法规；在市人民代表大会闭会期间，可以对市人民代表大会制定的地方性法规进行部分补充和修改，但不得与该地方性法规的基本原则相抵触。

第三章　市人民代表大会立法程序

第六条　市人民代表大会主席团、市人民代表大会常务委员会、市人民政府、市人民代表大会各专门委员会、十名以上市人民代表大会代表联名，可以向市人民代表大会提出法规案。

第七条 市人民代表大会主席团提出的法规案，由市人民代表大会会议审议。

市人民代表大会常务委员会、市人民政府、市人民代表大会各专门委员会提出的法规案，由主席团决定列入会议议程。

十名以上市人民代表大会代表联名提出的法规案，由主席团决定是否列入会议议程，或者先交有关的专门委员会审议、提出是否列入会议议程的意见，再决定是否列入会议议程。

专门委员会审议法规案时，可以邀请提案人列席会议，发表意见。

第八条 向市人民代表大会提出的法规案，在市人民代表大会闭会期间，可以先向常务委员会提出，经常务委员会依照本条例第四章规定的有关程序审议后，决定提请市人民代表大会审议，由常务委员会或者提案人向大会全体会议作说明。

常务委员会依照前款规定审议法规案，应当通过多种形式征求市人民代表大会代表的意见，并将有关情况予以反馈。专门委员会和常务委员会工作委员会进行立法调研，可以邀请有关的市人民代表大会代表参加。

第九条 常务委员会决定提请市人民代表大会审议的法规案，应当在会议举行的二十日前将法规草案送达市人民代表大会代表。

第十条 列入市人民代表大会会议议程的法规案，大会全体会议听取提案人的说明后，由各代表团进行审议。

各代表团审议法规案时，提案人应当派人听取意见，回答询问。

各代表团审议法规案时，根据代表团的要求，有关机关、组织应当派人介绍情况。

第十一条 列入市人民代表大会会议议程的法规案，由有关的专门委员会进行审议，向主席团提出审议意见，并印发会议。

第十二条 列入市人民代表大会会议议程的法规案，由法制委员会根据各代表团和有关的专门委员会的审议意见，对法规案进行统一审议，向主席团提出审议结果的报告和法规草案修改稿。对重要的不同意见应当在审议结果的报告中予以说明，经主席团会议审议通过后，印发会议。

第十三条 列入市人民代表大会会议议程的法规案，必要时，主席团常务主席可以召开各代表团团长会议，就法规案中的重大问题听取各代表团的审议意见，进行讨论，并将讨论的情况和意见向主席团报告。

主席团常务主席也可以就法规案中的重大的专门性问题，召集代表团推选的有关代表进行讨论，并将讨论的情况和意见向主席团报告。

第十四条　列入市人民代表大会会议议程的法规案，在交付表决前，提案人要求撤回的，应当说明理由，经主席团同意，并向大会报告，对该法规案的审议即行终止。

第十五条　法规案在审议中有重大问题需要进一步调查研究的，经主席团提出，由大会全体会议决定，可以授权常务委员会根据代表的意见进一步审议，作出决定，并将决定情况向市人民代表大会下次会议报告；也可以授权常务委员会根据代表的意见进一步审议，提出修改方案，提请市人民代表大会下次会议审议决定。

第十六条　法规草案修改稿经各代表团审议，由法制委员会根据各代表团的审议意见进行修改，提出法规草案表决稿，由主席团提请大会全体会议表决，由全体代表的过半数通过。

第四章　市人民代表大会常务委员会立法程序

第十七条　常务委员会主任会议、市人民政府、市人民代表大会各专门委员会、常务委员会组成人员五人以上联名，可以向常务委员会提出法规案。

第十八条　常务委员会主任会议提出的法规案，由常务委员会会议审议。

市人民政府、市人民代表大会各专门委员会提出的法规案，由常务委员会主任会议决定列入常务委员会会议议程，或者先交有关的专门委员会或者常务委员会工作委员会审议、审查，提出报告，再决定列入常务委员会会议议程。如果常务委员会主任会议认为法规案有重大问题需要进一步调查研究的，可以建议提案人修改完善后再向常务委员会提出。

常务委员会组成人员五人以上联名提出的法规案，由常务委员会主任会议决定是否列入会议议程，或者先交有关的专门委员会或者常务委员会工作委员会审议、审查，提出是否列入会议议程的意见，再决定是否列入常务委员会会议议程。不列入会议议程的，应当向常务委员会会议报告或者向提案人说明。

专门委员会或者常务委员会工作委员会审议、审查法规案时，可以邀请提案人列席会议，发表意见。

第十九条　提请常务委员会会议审议的法规案，提案人应当在会议举行的三十日前向常务委员会提出。

　　提请常务委员会会议审议的法规案，由常务委员会办事机构分送法制委员会、有关的专门委员会和常务委员会工作委员会。

　　第二十条　列入常务委员会会议议程的法规案，除特殊情况外，常务委员会办事机构应当在会议举行的七日前将法规草案送达常务委员会组成人员。

　　常务委员会会议审议法规案，可以邀请有关的市人民代表大会代表列席会议。

　　第二十一条　列入常务委员会会议议程的法规案，一般应当经两次常务委员会会议审议后再交付表决。

　　常务委员会会议第一次审议法规案，在全体会议上听取提案人的说明后，由分组会议对提案人的说明、法规草案和有关的专门委员会、常务委员会工作委员会的书面意见，进行初步审议。

　　常务委员会会议第二次审议法规案，在全体会议上听取法制委员会关于法规草案审议结果的报告，由分组会议对法规草案审议结果的报告和法规草案修改稿进行审议。

　　常务委员会会议审议法规案，根据需要，可以召开全体会议对法规草案中的主要问题进行讨论。

　　第二十二条　列入常务委员会会议议程的法规案，各方面意见比较一致的，可以经一次会议审议即交付表决。

　　列入常务委员会会议议程的法规案，经常务委员会会议审议，分歧意见较大的，可以经三次会议审议，付诸表决。

　　第二十三条　列入常务委员会会议议程的法规案，由有关的专门委员会或者常务委员会工作委员会审议、审查，提出意见，印发常务委员会会议。

　　有关的专门委员会或者常务委员会工作委员会审议、审查法规案时，可以邀请其他专门委员会成员或者有关的常务委员会工作委员会负责人列席会议，发表意见。

　　第二十四条　常务委员会分组会议审议法规案时，提案人应当派人听取意见，回答询问。

　　常务委员会分组会议审议法规案时，根据小组的要求，有关机关、组织应当派人介绍情况。

　　第二十五条　列入常务委员会会议议程的法规案，由法制委员会根据常务委员会组成人员、有关的专门委员会的审议意见或者常务委员会工作委员会的审查意见以及各方面提出的意见，进行统一审议，提出审议结果的报告和法规草案修改稿。对重要的不同意见应当在审议结果的报告中予以说明。

对有关的专门委员会的重要审议意见或者常务委员会工作委员会的重要审查意见没有采纳的，应当向有关的专门委员会或者常务委员会工作委员会反馈。

法制委员会审议法规案时，应当邀请有关的专门委员会成员或者有关的常务委员会工作委员会负责人列席会议，发表意见。

第二十六条　专门委员会或者常务委员会工作委员会审议、审查法规案时，应当召开全体会议，根据需要，可以要求有关机关、组织派有关负责人说明情况。

第二十七条　专门委员会或者常务委员会工作委员会之间对法规草案的重要问题意见不一致时，应当向常务委员会主任会议报告。

第二十八条　列入常务委员会会议议程的法规案，法制委员会、有关的专门委员会和常务委员会工作委员会应当听取各方面的意见。听取意见可以采取座谈会、论证会、听证会等多种形式。

法规案有关问题专业性较强，需要进行可行性评价的，应当召开论证会，听取有关专家、部门和市人民代表大会代表等方面的意见。论证情况应当向常务委员会报告。

法规案有关问题存在重大意见分歧或者涉及利益关系重大调整，需要进行听证的，应当召开听证会，听取有关基层和群体代表、部门、人民团体、专家、市人民代表大会代表和社会有关方面的意见。听证情况应当向常务委员会报告。

常务委员会法制工作委员会应当将法规草案发送相关领域的市人民代表大会代表、区县人民代表大会常务委员会、有关部门、组织和专家征求意见。

第二十九条　列入常务委员会会议议程的法规案，应当在常务委员会会议后，将法规草案及其起草、修改的说明向社会公布，征求意见，但经常务委员会主任会议决定不公布的除外。

向社会公布征求意见的时间一般不少于三十日，征求意见的情况应当向社会通报。

第三十条　列入常务委员会会议议程的法规案，常务委员会办事机构应当收集整理分组审议意见，分送法制委员会、有关的专门委员会和常务委员会工作委员会，并根据需要，印发常务委员会会议。

第三十一条　拟提请常务委员会会议审议通过的法规案，在法制委员会提出审议结果的报告前，常务委员会法制工作委员会可以对法规案中主要制度规范的可行性、法规出台时机、法规实施的社会效果和可能出现的问题等进行评估。评估情况由法制委员会在审议结果的报告中予以说明。

第三十二条　列入常务委员会会议议程的法规案，在交付表决前，提案人要求撤回的，应当说明理由，经常务委员会主任会议同意，并向常务委员会报告，对该法规案的审议即行终止。

第三十三条　法规草案修改稿经常务委员会会议审议，由法制委员会根据常务委员会组成人员的审议意见进行修改，提出法规草案表决稿，由常务委员会主任会议提请常务委员会全体会议表决，由常务委员会全体组成人员的过半数通过。

法规草案表决稿交付常务委员会会议表决前，常务委员会主任会议根据常务委员会会议审议的情况，可以决定将个别意见分歧较大的重要条款提请常务委员会会议单独表决。

单独表决的条款经常务委员会会议表决后，常务委员会主任会议根据单独表决情况，可以决定将法规草案表决稿交付表决，也可以决定暂不交付表决，交法制委员会、有关的专门委员会或者常务委员会工作委员会进一步审议。

第三十四条　列入常务委员会会议议程的法规案，因各方面对制定该法规的必要性、可行性等重大问题存在较大意见分歧搁置审议满两年的，或者因暂不付表决经过两年没有再次列入常务委员会会议议程审议的，由常务委员会主任会议向常务委员会报告，该法规案终止审议。

第三十五条　对多部地方性法规中涉及同类事项的个别条款进行修改，一并提出法规案的，经常务委员会主任会议决定，可以合并表决，也可以分别表决。

第五章　报请批准与公布

第三十六条　市人民代表大会及其常务委员会通过的地方性法规，由常务委员会报请陕西省人民代表大会常务委员会批准。

报请陕西省人民代表大会常务委员会批准地方性法规时，应当提交书面报告、法规文本及其说明，并提供必要的参阅资料。修改法规的，还应当提交修改前后的对照文本。

第三十七条　常务委员会报请批准的法规，在陕西省人民代表大会常务委员会批准前，常务委员会可以要求撤回。

第三十八条　市人民代表大会及其常务委员会制定的地方性法规，经陕西省人民代表大会常务委员会批准后，由市人民代表大会常务委员会发布公告予以公布。

公告应当载明制定机关、通过日期，批准机关、批准日期和施行日期。

法规公布后，应当及时在常务委员会公报和中国人大网、陕西人大网、西安日报、西安人大网上刊登。

在常务委员会公报上刊登的法规文本为标准文本。

第三十九条　地方性法规公布后的二十日内，常务委员会法制工作委员会应当将公布法规的公告、法规文本等有关资料报陕西省人民代表大会常务委员会。

第六章　修改、废止和解释

第四十条　已公布施行的地方性法规的修改或者废止，依照本条例有关立法程序的规定进行。

第四十一条　地方性法规被修改的，应当公布新的法规文本。

地方性法规被废止的，除由其他法规规定该地方性法规废止的以外，由常务委员会予以公布。

第四十二条　西安市地方性法规的解释权属于市人民代表大会常务委员会。

地方性法规的规定需要进一步明确具体含义或者地方性法规制定后出现新的情况需要明确适用法规依据的，由常务委员会解释。

第四十三条　市人民政府、市中级人民法院、市人民检察院、市人民代表大会各专门委员会、常务委员会工作委员会和区县人民代表大会常务委员会，可以向常务委员会提出地方性法规解释的要求。

第四十四条　常务委员会法制工作委员会研究拟定法规解释草案，由常务委员会主任会议决定列入常务委员会会议议程。

第四十五条　列入常务委员会会议议程的法规解释草案，经常务委员会会议审议，由法制委员会根据常务委员会组成人员的审议意见进行修改，提出法规解释草案表决稿。

第四十六条　法规解释草案表决稿由常务委员会主任会议提请常务委员会全体会议表决，经常务委员会全体组成人员的过半数通过，由常务委员会发布公告予以公布，并报陕西省人民代表大会常务委员会备案。

第四十七条　常务委员会的法规解释同地方性法规具有同等效力。

第七章　其他规定

第四十八条　市人民代表大会及其常务委员会加强对立法工作的组织协调，发挥在立法工作中的主导作用。

第四十九条　市人民代表大会常务委员会通过立法规划、年度立法计划等形式，加强对立法工作的统筹安排。编制立法规划和拟定年度立法计划应当认真研究代表议案和建议，广泛征集意见，科学论证评估，并与国家和陕西省人民代表大会常务委员会立法规划、年度立法计划相衔接。

常务委员会法制工作委员会负责编制立法规划和拟定年度立法计划，由常务委员会主任会议讨论通过并向社会公布。

第五十条　常务委员会办事机构负责督促立法规划和年度立法计划的落实。

有关单位不能按时完成立法规划、年度立法计划确定的起草任务，应当书面报告常务委员会办事机构并说明原因，由常务委员会办事机构向常务委员会主任会议报告。

第五十一条　有关的专门委员会、常务委员会工作委员会应当提前参与有关方面的法规草案起草工作；综合性、全局性、基础性的重要法规草案，可以由有关的专门委员会、常务委员会工作委员会组织起草。

专业性较强的法规草案，可以吸收相关领域的专家参与起草工作，或者委托有关专家、教学科研单位、社会组织起草。

对部门间争议较大的重要立法事项，起草单位应当进行协调；协调确有难度的，可以委托有关专家、教学科研单位、社会组织等第三方进行评估。

第五十二条　向市人民代表大会及其常务委员会提出法规案，应当附有法规草案及其说明，并提供必要的参阅资料。修改法规的还应当提交修改前后的对照表。

法规草案的说明应当包括制定或者修改法规的必要性、可行性和主要内容，以及起草过程中对重大分歧意见的协调处理情况。

对部门间争议较大的重要立法事项进行第三方评估的，还应当提供评估报告。

第五十三条　交付表决未获通过的法规案，提案人认为必须制定地方性法规的，可以依照本条例规定的程序重新提出，由市人民代表大会主席团、常务委员会主任会议决定是否列入会议议程；其中，未获得市人民代表大会通过的法规案，应当提请市人民代表大会审议决定。

第五十四条 法规草案与本市其他地方性法规相关规定不一致的，提案人应当予以说明并提出处理意见，必要时应当同时提出修改或者废止其他地方性法规相关规定的议案。

专门委员会、常务委员会工作委员会审议或者审查法规草案时，认为需要修改或者废止其他地方性法规相关规定的，应当提出处理意见。

第五十五条 地方性法规的类别名称可以称条例、规定、办法等。

法规标题的题注应当载明制定机关、通过日期，批准机关、批准日期。经过修改的地方性法规，还应当依次载明修改机关、修改日期，批准机关、批准日期。

法规根据内容需要，可以分章、节、条、款、项、目。章、节、条的序号用中文数字表示，款不编序号，项的序号用中文数字加括号表示，目的序号用阿拉伯数字表示。

第五十六条 地方性法规要求市人民政府对专门事项作出配套的具体规定的，市人民政府应当自地方性法规施行之日起一年内作出。地方性法规对配套的具体规定制定期限另有规定的，从其规定。

市人民政府未能在期限内作出配套的具体规定的，应当向常务委员会说明情况。

第五十七条 市人民代表大会常务委员会应当建立立法专家顾问制度、基层立法联系点制度，健全立法工作与社会公众的沟通机制。

第五十八条 常务委员会法制工作委员会可以对地方性法规有关具体问题的询问进行研究并予以答复，并报常务委员会主任会议备案。对重要问题的答复，应当经常务委员会主任会议同意。

第五十九条 常务委员会法制工作委员会负责西安市地方性法规的汇编、出版和译本的审定。

西安市地方性法规的释义，由常务委员会法制工作委员会组织编写和审定。

第八章 适用与监督

第六十条 西安市地方性法规在本市行政区域内适用。

第六十一条 市人民代表大会常务委员会和各专门委员会、常务委员会工作委员会，应当对地方性法规的实施情况进行监督检查。

市人民政府、市中级人民法院、市人民检察院应当按照常务委员会的要求，报告地方性法规的贯彻执行情况。

第六十二条 市人民代表大会及其常务委员会制定或者修改的地方性法规施行之日起满一年,主要负责组织实施的单位应当将法规实施情况书面报告法制委员会、有关的专门委员会或者常务委员会工作委员会。

有关的专门委员会和常务委员会工作委员会可以组织对有关法规或者法规中有关规定进行立法后评估。评估情况应当向常务委员会报告。

第九章 附 则

第六十三条 本条例自公布之日起施行。

成都市地方立法条例*

（2016 年 1 月 15 日成都市第十六届人民代表大会第四次会议通过，2016 年 6 月 1 日四川省第十二届人民代表大会常务委员会第二十五次会议批准）

目 录

第一章 总 则

第一条 为了规范本市地方立法活动，提高地方立法的质量和效率，发挥地方立法对改革发展的引领和推动作用，根据《中华人民共和国地方各级人民代表大会和地方各级人民政府组织法》和《中华人民共和国立法法》的有关规定，结合本市实际，制定本条例。

第二条 本条例适用于本市地方立法活动。

前款所称地方立法，是指本市地方性法规和规章的制定、修改、废止、解释

---

* 来源：成都人大网（http://www.cdrd.gov.cn/html/），http://www.cdrd.gov.cn/html/statute/statute/10052.shtml（2016/9/16）。

以及市人民代表大会常务委员会审查规章的活动。

第三条 本条例所称地方性法规，是指由市人民代表大会及其常务委员会制定，报经四川省人民代表大会常务委员会批准，在本市行政区域内实施，具有普遍约束力的规范性文件。

本条例所称规章，是指市人民政府以政府令方式公布，在本市行政区域内实施，具有普遍约束力，在一定期限内可以反复适用的规范性文件。

本条例所称地方性法规案，是指依照法定权限和程序向市人民代表大会及其常务委员会提出的制定、修改或者废止地方性法规的议案。

第四条 市人民代表大会及其常务委员会可以就城乡建设与管理、环境保护和历史文化保护等方面的事项制定地方性法规。

法律对市人民代表大会及其常务委员会制定地方性法规的事项另有规定的，从其规定。

市人民政府可以根据法律、行政法规和本省、市地方性法规，在本条第一款规定事项范围内制定规章。

第五条 本市已经制定的地方性法规、规章，涉及本条例第四条规定事项范围以外的，继续有效；与其后颁布的上位法相抵触的，市人民代表大会及其常务委员会、市人民政府应当及时予以修改或者废止。

第六条 本市地方立法涉及下列内容的，由市人民代表大会或者其常务委员会在法定权限范围内制定地方性法规进行规定：

（一）拟设定行政许可事项的；

（二）拟设定行政强制措施的；

（三）市人民政府规章无权设定的行政处罚的；

（四）公民、法人和其他组织之间民事法律关系的。

第七条 下列事项，由市人民代表大会制定地方性法规：

（一）法律规定由市人民代表大会制定的；

（二）规范市人民代表大会自身活动的；

（三）本市需要制定地方性法规予以规范的重大事项。

前款第三项所指的重大事项由市人民代表大会主席团认定。

常务委员会制定本条第一款规定以外的地方性法规；对市人民代表大会制定的地方性法规可以进行部分补充和修改，但不得与该地方性法规的基本原则相抵触。

第八条 地方立法应当依照法定的权限和程序，维护社会主义法制的统一与尊严，不得与上位法相抵触。

地方性法规和规章应当明确、具体，突出本市特色，具有针对性、可执行性，一般不与上位法已有规范内容相重复。

第九条 地方立法应当从本市实际出发，适应经济社会发展要求，科学合理地规定公民、法人和其他组织的权利与义务、国家机关的权力与责任。

地方立法应当体现人民的意志，发扬社会主义民主，坚持立法公开，保障人民通过多种途径参与立法活动。

第二章 地方性法规

第一节 规划与计划

第十条 市人民代表大会及其常务委员会应当加强对立法工作的组织协调，发挥在地方立法工作中的主导作用。

常务委员会应当根据本市经济社会发展和全面深化改革需要，制定本届人民代表大会及其常务委员会的立法规划和年度立法计划，统筹安排地方立法工作，提高地方立法工作的及时性、针对性。

第十一条 常务委员会法制工作机构在编制立法规划和下一年度立法计划前，应当通过新闻媒体向社会公开征集地方立法项目建议。

市人民政府、市人民代表大会各专门委员会、常务委员会工作机构，应当在每年的十月三十一日前，向常务委员会提交下一年度制定、修改、废止地方性法规的立法项目建议。本市其他国家机关和人民团体、社会组织、公民，可以向常务委员会提出地方立法项目建议。

地方立法项目建议应当以书面形式提出，并包括下列内容：

（一）法规案名称；

（二）立法依据和目的；

（三）需要解决的主要问题和拟采取的立法对策等内容。

第十二条 常务委员会法制工作机构应当会同有关专门委员会、市人民政府相关部门、人民团体等，对各方面提出的立法项目建议进行论证，提出是否列入立法规划和年度立法计划的意见，提请主任会议讨论决定。

拟通过地方立法设定行政许可或者行政强制措施的，常务委员会法制工作机构应当会同有关专门委员会、市人民政府相关部门、人民团体等，对合法性、必要性、可行性进行评估。

第十三条 立法规划和年度立法计划由常务委员会法制工作机构组织编制，提请主任会议讨论通过后，向社会公布。

年度立法计划应当包含地方立法项目、提案人、起草主体、送审时间等内容。

立法规划和年度立法计划由常务委员会法制工作机构负责督促落实。因立法条件发生变更，或者本市经济社会发展迫切需要，确需增减地方立法项目或者调整地方性法规案提请审议时间的，应当报经主任会议讨论决定。

第二节 起 草

第十四条 主任会议提出的地方性法规案，由主任会议决定交由有关专门委员会或者常务委员会有关工作机构负责起草。

市人民政府提出的地方性法规案，由市人民政府有关部门负责起草。

有关专门委员会提出的地方性法规案，由有关专门委员会负责起草或者组织有关单位起草。

常务委员会组成人员五人以上联名提出的地方性法规案，由提案人负责起草，也可以根据提案人的申请由主任会议决定交由有关专门委员会或者常务委员会有关工作机构组织起草。

第十五条 涉及部门较多且协调复杂的综合性法规案，可以由有关专门委员会或者常务委员会法制工作机构组织起草。

专业性较强的地方性法规案，提案人、起草责任单位可以委托有关专家、教学科研单位、社会组织起草，或者聘请相关领域的专家参与起草工作。提案人、起草责任单位可以分别委托两个以上的主体同时起草同一地方性法规案，也可以将同一地方性法规案的不同部分，分别委托不同的主体进行起草。

第十六条 提案人、起草责任单位应当根据年度立法计划的安排，及时组织相关负责人、法学学者、相关领域专家等人员，必要时邀请相关领域的市人民代表大会代表、基层实际工作人员，组成地方性法规案起草小组，作出起草进度安排。

由市人民政府负责提出的地方性法规案，有关专门委员会、常务委员会法制工作机构可以根据需要提前参与起草工作，或者根据需要听取有关草案起草工作的情况汇报，督促起草工作按期完成。

第十七条 提案人、起草责任单位应当针对地方性法规案拟调整规范的问题，总结实践经验、开展调查研究、广泛听取各方面意见，并在地方性法规案提请审议前，做好有关沟通与协调工作。

第十八条 地方性法规案有下列情形之一的，在提请审议前，提案人、起草责任单位应当组织立法听证，并将听证报告作为法规案的附件一并报送：

（一）拟设定行政许可的；

（二）拟设定行政强制措施的；

（三）拟设定责令停产停业、暂扣或者吊销许可证、暂扣执照等重大行政处罚的；

（四）其他涉及公民、法人和其他组织重大利益关系的事项。

第十九条 地方性法规案涉及改革发展稳定大局、关系人民群众切身利益且拟减损其权利或者增加其义务的，提案人、起草责任单位应当在提请审议前，开展社会稳定风险评估，并将评估报告作为法规案的附件一并报送。

第二十条 地方性法规案与本市其他地方性法规相关规定不一致的，提案人应当予以说明并提出处理意见，必要时应当同时提出修改或者废止其他地方性法规的议案。

第二十一条 提出地方性法规案，应当同时提出草案文本及起草说明，并提供相关的参阅资料。修改法规的，还应当提交修改前后的对照文本。

地方性法规案的起草说明应当包括制定或者修改法规的必要性、可行性和主要内容，以及起草过程中对重大分歧意见的协调处理情况。

第二十二条 提请常务委员会审议的地方性法规案，在报请主任会议决定列入常务委员会会议议程一个月前，起草责任单位应当向有关专门委员会报送草案文本及起草说明。

有关专门委员会应当会同常务委员会法制工作机构，在收到草案文本及起草说明之日起十日内，对草案的主要规范内容及起草工作是否符合本条例规定进行审议。

有关专门委员会和常务委员会法制工作机构认为草案的主要规范内容或者起草工作不符合本条例规定的，应当向起草责任单位提出理由、依据和补充完善的建议意见；认为符合本条例规定的，应当建议主任会议决定列入常务委员会会议议程。

第二十三条 向市人民代表大会及其常务委员会提出的地方性法规案，在列入会议议程前，提案人有权撤回。

第三节　市人民代表大会立法程序

第二十四条　市人民代表大会主席团可以向市人民代表大会提出地方性法规案，由市人民代表大会会议审议。

常务委员会、市人民政府、各专门委员会，可以向市人民代表大会提出地方性法规案，由大会主席团决定列入会议议程。

一个代表团或者十名以上的市人民代表大会代表联名，可以向市人民代表大会提出地方性法规案，由大会主席团决定是否列入会议议程，或者先交有关专门委员会审议、提出是否列入会议议程的意见，再决定是否列入会议议程。不列入会议议程的，应当向提案人说明。

专门委员会审议地方性法规案时，可以邀请提案人列席会议，发表意见。

第二十五条　常务委员会向市人民代表大会提出地方性法规案，应当先依照本条例第二章第四节规定的有关程序审议，表决通过该议案后再提请市人民代表大会审议，由常务委员会向大会全体会议作说明。

市人民政府、各专门委员会向市人民代表大会提出地方性法规案的，在市人民代表大会闭会期间，可以先向常务委员会提出，经常务委员会会议依照本条例第二章第四节规定的有关程序审议后，决定提请市人民代表大会审议，由常务委员会向大会全体会议作说明，或者由提案人向大会全体会议作说明。

常务委员会依照本条第一、二款规定审议地方性法规案，应当通过多种形式征求市人民代表大会代表的意见，并将有关情况予以反馈；专门委员会和常务委员会工作机构进行立法调研，可以邀请有关的市人民代表大会代表参加。

第二十六条　常务委员会提请市人民代表大会会议审议的地方性法规案，常务委员会有关工作机构应当在会议举行的十日前将法规草案及起草说明送达市人民代表大会代表。

第二十七条　列入市人民代表大会会议议程的地方性法规案，大会全体会议听取常务委员会或者提案人的说明后，由各代表团进行审议。

各代表团审议地方性法规案时，提案人应当派人听取意见，回答询问；有关机关、组织应当根据代表团的要求，派人介绍情况。

列入市人民代表大会会议议程的地方性法规案，由有关专门委员会进行审议，向大会主席团提出审议意见，并印发会议。

第二十八条　法制委员会根据各代表团和有关专门委员会的审议意见，对地方性法规草案进行统一审议，向大会主席团提出审议结果报告和法规草案修改稿，对重要的不同意见应当在审议结果报告中予以说明，经大会主席团会议审议通过后，印发会议。

第二十九条 列入市人民代表大会会议议程的地方性法规案，必要时，大会主席团常务主席可以召开各代表团团长会议，也可以召开各代表团推选的有关代表会议，就法规案中的重大问题进行讨论，并将讨论的情况和意见向大会主席团报告。

第三十条 列入市人民代表大会会议议程的地方性法规案在交付表决前，提案人要求撤回的，应当说明理由，经大会主席团同意，并向大会报告，对该法规案的审议即行终止。

第三十一条 地方性法规案在审议中有重大问题需要进一步研究的，经大会主席团提出，由大会全体会议决定，可以授权常务委员会根据代表的意见进行审议，提出修改方案，提请市人民代表大会下次会议审议决定；也可以授权常务委员会根据代表的意见进行审议，作出决定，并将审议情况向市人民代表大会下次会议报告。

第三十二条 地方性法规草案修改稿经各代表团审议后，由法制委员会根据审议意见进行修改，提出法规草案表决稿，由大会主席团提请大会全体会议表决，由全体代表的过半数通过。

第四节　市人民代表大会常务委员会立法程序

第三十三条 主任会议可以向常务委员会提出地方性法规案，由常务委员会会议审议。

市人民政府、各专门委员会，可以向常务委员会提出地方性法规案，由主任会议决定列入常务委员会会议议程，或者先交有关专门委员会审议、提出报告，再决定列入常务委员会会议议程。如果主任会议认为该法规案有重大问题需要进一步研究，可以建议提案人修改完善后再向常务委员会提出。

常务委员会组成人员五人以上联名，可以向常务委员会提出地方性法规案，由主任会议决定是否列入常务委员会会议议程，或者先交有关专门委员会审议、提出是否列入会议议程的意见，再决定是否列入常务委员会会议议程。不列入常务委员会会议议程的，应当向常务委员会会议报告或者向提案人说明。

有关专门委员会审议地方性法规案时，可以邀请提案人列席会议，发表意见。

第三十四条 提请常务委员会审议的地方性法规案，应当按照本条例第二十一条的规定，在常务委员会会议举行十日前报送常务委员会办公厅。

列入常务委员会会议议程的法规案，常务委员会办公厅一般应当在会议举行的五日前将法规草案及起草说明送达常务委员会组成人员。

第三十五条　列入常务委员会会议议程的地方性法规案，一般应当经三次常务委员会会议审议后再交付表决。

常务委员会会议第一次审议法规案，在全体会议上听取提案人的说明和有关专门委员会的审议意见，由分组会议进行审议。

常务委员会会议第二次审议法规案，在全体会议上听取法制委员会关于法规草案修改情况的报告，由分组会议对法制委员会提出的法规草案第二次审议稿进行审议。

常务委员会会议第三次审议法规案，在全体会议上听取法制委员会关于法规草案审议结果的报告，由分组会议对法制委员会提出的法规草案修改稿进行审议。

第三十六条　列入常务委员会会议议程的地方性法规案，各方面意见比较一致的，经法制委员会与有关专门委员会协商后提出，由主任会议决定，可以经两次常务委员会会议审议后交付表决。法规案经两次常务委员会会议审议即交付表决的，由主任会议在常务委员会会议第一、二次审议法规案期间决定。

经两次常务委员会会议审议即交付表决的法规案，常务委员会会议第二次审议法规案时，在全体会议上听取法制委员会关于法规草案审议结果的报告，由分组会议对法制委员会提出的法规草案修改稿进行审议。

第三十七条　列入常务委员会会议议程的地方性法规修正案，各方面意见比较一致的，经法制委员会与有关专门委员会协商后提出，由主任会议决定，可以经一次常务委员会会议审议即交付表决。

经一次常务委员会会议审议即交付表决的地方性法规修正案，由提案人在常务委员会全体会议上作起草说明，有关专门委员会的审议意见印发常务委员会会议。经常务委员会分组会议审议后，法制委员会根据分组会议审议意见和有关专门委员会的审议意见向常务委员会会议提出书面审议结果报告和法规修改决定草案。

本条所称地方性法规修正案，是指按照法定的权限和程序提出的修改地方性法规部分内容的议案。

第三十八条　地方性法规废止案的审议，按照本条例第三十七条第二款的规定办理。

前款所称地方性法规废止案，是指按照法定的权限和程序提出的废止地方性法规的议案。

第三十九条 常务委员会审议地方性法规案时，根据需要，可以召开联组会议或者全体会议，对法规案中的主要问题进行讨论。

常务委员会分组会议或者联组会议审议法规案时，提案人应当派人听取意见，回答询问。

第四十条 法制委员会提出的法规草案第二次审议稿、法规草案修改稿，对前一审次法规草案的立法意图作了更改，或者对常务委员会组成人员的重要审议意见没有采纳的，应当在修改情况报告或者审议结果报告中予以说明。对有关专门委员会的重要审议意见没有采纳的，应当向有关专门委员会反馈。

法制委员会审议地方性法规案时，认为需要修改或者废止本市其他法规的，应当提出处理意见。

第四十一条 法制委员会、有关专门委员会审议地方性法规案时，应当召开全体会议，并邀请其他有关专门委员会的成员列席会议，要求有关机关、组织派有关负责人说明情况。根据需要，可以邀请市人民代表大会代表列席会议。

第四十二条 法制委员会、有关专门委员会之间对地方性法规案的重要问题意见不一致时，应当向主任会议报告。

第四十三条 列入常务委员会会议议程的地方性法规案，法制委员会和常务委员会法制工作机构应当听取并吸收各方面提出的合理意见。听取意见可以采取座谈会、论证会、听证会等多种形式。

法规案有关问题专业性较强，需要进行可行性评价的，应当召开论证会，听取有关专家、市人民政府相关部门和市人民代表大会代表等方面的意见。论证情况应当向常务委员会报告。

法规案有关问题存在重大意见分歧或者涉及权利义务关系重大调整，需要进行听证的，应当召开听证会，听取有关基层和群体代表、市人民政府相关部门、人民团体、专家、市人民代表大会代表和社会有关方面的意见。听证情况应当向常务委员会报告。立法听证的具体程序由常务委员会另行制定。

第四十四条 列入常务委员会会议议程的地方性法规案，除主任会议决定不公布的以外，法制委员会和常务委员会法制工作机构应当在常务委员会会议第一次审议后将法规草案及起草说明向社会公布，征求意见。向社会公布征求意见的时间不少于三十日，征求意见的情况应当向社会通报。

法制委员会和常务委员会法制工作机构应当将法规草案发送相关领域的市人民代表大会代表、区（市）县人民代表大会常务委员会、市人民政府相关部门、有关组织和专家征求意见。

法制委员会和常务委员会法制工作机构应当及时整理汇总各方面提出的意见，印送常务委员会组成人员。

第四十五条 常务委员会可以在部分乡（镇）人民政府、街道办事处以及村（居）民委员会等基层单位设置地方立法联系点，直接听取人民群众对于地方性法规案的意见和建议。

第四十六条 列入常务委员会会议议程的地方性法规案，常务委员会办公厅应当收集整理分组审议的意见，印送常务委员会组成人员、法制委员会、有关专门委员会和常务委员会法制工作机构。

第四十七条 列入常务委员会会议议程的地方性法规案，在交付表决前，提案人要求撤回的，应当说明理由，经主任会议同意，并向常务委员会报告，对该法规案的审议即行终止。

第四十八条 地方性法规草案修改稿经常务委员会会议审议，由法制委员会根据常务委员会组成人员的审议意见进行修改，提出法规草案表决稿，由主任会议提请常务委员会全体会议表决，由常务委员会全体组成人员的过半数通过。

法规草案表决稿交付常务委员会会议表决前，主任会议根据常务委员会会议审议的情况，可以决定将个别意见分歧较大的重要条款提请常务委员会会议单独表决。

单独表决的条款经常务委员会会议表决后，主任会议根据单独表决的情况，可以决定将法规草案表决稿交付表决，也可以决定暂不付表决，交法制委员会进一步审议。

第四十九条 列入常务委员会会议审议的地方性法规案，因各方面对制定、修改、废止该法规的必要性、可行性等重大问题存在较大意见分歧搁置审议满两年的，或者因暂不付表决经过两年没有再次列入常务委员会会议议程审议的，由主任会议向常务委员会报告，该法规案终止审议。

第五节 地方性法规的解释

第五十条 地方性法规由常务委员会负责解释，报省人民代表大会常务委员会批准。

地方性法规解释与地方性法规具有同等的效力。

第五十一条 地方性法规有下列情形之一的，常务委员会应当按照本节规定的程序进行解释：

（一）法规某些条文规定比较原则，需要明确具体含义的；

（二）法规之间针对同一事项新的一般规定与旧的特别规定不相一致，且新的法规对如何适用未作专门规定的；

（三）法规生效后出现新的情况，部分条文规定内容需要进一步明确界限的。

第五十二条 解释地方性法规应当坚持法制统一原则，不得与上位法相抵触，不得违背或者超越所解释地方性法规条文的立法原意。

地方性法规解释不得对具体司法、行政执法案件作出指导性意见。

第五十三条 市人民政府、市中级人民法院、市人民检察院和各专门委员会、区（市）县人民代表大会常务委员会，可以向常务委员会提出解释的要求。由常务委员会法制工作机构会同有关专门委员会研究后提出意见，提请主任会议审议决定。

前款规定之外的其他法人、组织，认为地方性法规需要解释的，可以向常务委员会法制工作机构提出解释的建议。常务委员会法制工作机构认为需要解释的，应当提请主任会议审议决定；认为不需要解释的，应当向提议人说明理由。

第五十四条 地方性法规解释要求、建议应当以书面形式提出，并载明下列事项：

（一）法规名称及需要解释的具体条款；

（二）主要争议内容及理由；

（三）提议人名称、日期；

（四）常务委员会法制工作机构认为需要了解的其他情况。

第五十五条 地方性法规解释草案由常务委员会法制工作机构，在征求有关专门委员会、市人民政府相关部门的意见后拟订，由主任会议决定列入常务委员会会议议程。

第五十六条 地方性法规解释草案经过常务委员会会议审议后，由法制委员会根据常务委员会组成人员的审议意见进行审议、修改，提出法规解释草案表决稿，由主任会议提请常务委员会全体会议表决。

法规解释草案表决稿由常务委员会全体组成人员的过半数通过。

第三章 规 章

第五十七条 市人民政府可以在法定权限范围内，就下列事项制定规章：

（一）为执行其上位法规定，需要制定规章的事项；

（二）属于本市行政区域内的具体行政管理的事项。

没有法律、行政法规或者本省、市地方性法规的依据，市人民政府规章不得设定减损公民、法人和其他组织权利或者增加其义务的规范。

第五十八条 应当制定地方性法规但条件尚不成熟的，因行政管理迫切需要，市人民政府可以先制定规章。

前款规定的规章实施满两年需要继续实施规章所规定的行政措施的，市人民政府应当及时提出地方性法规案，提请市人民代表大会或者其常务委员会制定法规。

本条第一款规定的规章实施满两年，市人民政府未向市人民代表大会或者其常务委员会提出制定相应地方性法规的议案，或者所提出的议案未列入市人民代表大会或者其常务委员会会议议程的，该规章所规定的行政措施自动失效。

第五十九条 地方性法规明确要求市人民政府制定配套规章的，市人民政府应当自法规施行之日起一年内制定规章。法规对制定期限另有规定的，从其规定。

市人民政府未能按时制定配套规章的，应当及时向常务委员会说明情况。

第六十条 市人民政府制定规章应当遵循下列原则：

（一）体现职权与责任相统一的原则，在赋予有关行政机关必要的职权的同时，应当规定其行使职权的条件、程序和应当承担的责任；

（二）体现全面深化改革精神，科学规范行政行为，促进政府职能向经济调节、市场监管、社会管理和公共服务转变；

（三）符合精简、统一、效能的原则，相同或者相近的职能应当规定由一个行政机关承担，提高行政管理效能。

第六十一条 年度规章制定工作计划中的项目应当与市人民代表大会常务委员会的立法规划和年度立法计划相衔接。

市人民政府法制工作部门编制年度规章制定工作计划应当征求市人民代表大会有关专门委员会和常务委员会法制工作机构的意见。

第六十二条 规章应当自公布之日起三十日内报送常务委员会备案。

报送备案的文件应当包括下列内容：

（一）备案报告；

（二）规章文本及其说明；

（三）相关上位法文本。

第六十三条 常务委员会法制工作机构收到报送备案的规章后，对符合本条例第六十二条规定的，应当及时进行登记；对不符合规定的，应当暂缓登记并通知报备机关于七日内补充报送或者重新报送。

第六十四条 常务委员会审查规章，主要审查其是否存在下列不适当情形：

（一）同其上位法相抵触；

（二）超越法定权限；

（三）没有法律、行政法规或者本省、市地方性法规的依据，减损公民、法人和其他组织的合法权利，或者增加公民、法人和其他组织的义务；

（四）违反法定程序；

（五）其他不适当情形。

第六十五条 有关专门委员会、常务委员会法制工作机构应当对报送备案的规章进行审查。

常务委员会法制工作机构认为报送的规章有本条例第六十四条所列情形之一、需要会同有关专门委员会或者常务委员会其他工作机构审查的，应当转交有关专门委员会或者常务委员会其他工作机构进行审查。

有关专门委员会或者常务委员会其他工作机构应当在收到常务委员会法制工作机构的初步审查意见之日起三十日内，提出书面审查意见送常务委员会法制工作机构。情况特别复杂的，可以延长至九十日。

第六十六条 有关专门委员会、常务委员会工作机构审查规章时，发现规章有本条例第六十四条所列情形之一的，应当召开审查会议。召开审查会议时，可以要求市人民政府相关部门、相关单位到会说明情况、提供相关资料。

有关专门委员会、常务委员会工作机构审查规章时，根据工作需要可以邀请常务委员会组成人员或者市人民代表大会代表参加审查工作；也可以通过召开座谈会、论证会、听证会或者开展专题调研等方式进行审查。

第六十七条 常务委员会法制工作机构的初步审查意见与有关专门委员会或者常务委员会其他工作机构的审查意见不一致的，法制工作机构应当与有关专门委员会或者常务委员会其他工作机构协商后提出处理意见。

第六十八条 常务委员会法制工作机构与有关专门委员会或者常务委员会其他工作机构一致认为，规章有本条例第六十四条所列情形之一的，常务委员会法制工作机构应当向主任会议提出审查意见的报告，经主任会议决定后向市人民政府发出修改或者废止规章的审查意见书。

市人民政府收到审查意见书后，应当在三十日内研究提出是否修改或者废止规章的书面处理意见。常务委员会法制工作机构应当在收到处理意见之日起三日内将反馈意见送有关专门委员会或者常务委员会其他工作机构，并及时向主任会议报告。

市人民政府收到审查意见书后，未在规定时限内提出处理意见或者不同意修改、废止规章的，常务委员会法制工作机构可以提出撤销该规章的建议，由主任会议决定是否向常务委员会提出撤销该规章的议案。

第六十九条 市中级人民法院、市人民检察院或者区（市）县人民代表大会常务委员会认为规章有本条例第六十四条所列情形之一的，可以向常务委员会书面提出审查要求。常务委员会法制工作机构应当在收到审查要求后，按照本节规定的审查程序办理。

前款规定以外的其他国家机关、公民、法人和其他组织，认为规章有本条例第六十四条所列情形之一，并向常务委员会书面提出审查建议的，常务委员会法制工作机构应当在收到书面审查建议之日起七日内，向审查建议提起人发出受理回执。

常务委员会法制工作机构应当自收到书面审查建议之日起三十日内对该规章进行初审。法制工作机构认为不需要进入审查程序的，应当自收到书面审查建议之日起三十日内书面回复审查建议提起人；需要进入审查程序的，按照本节规定的审查程序办理。

根据审查要求或者审查建议实施规章审查工作结束后，常务委员会法制工作机构应当在二十日内将审查结果书面告知市人民政府有关部门、有关单位和审查要求、审查建议的提起人。

第四章 其他规定

第七十条 市人民代表大会及其常务委员会通过的地方性法规、地方性法规解释，由常务委员会报请省人民代表大会常务委员会批准。

报请批准地方性法规、地方性法规解释的书面报告、文本及其说明和有关资料的准备工作，由常务委员会法制工作机构负责办理。

第七十一条 地方性法规、地方性法规解释和规章应当明确规定施行日期。

制定、修订后地方性法规和规章的施行日期与公布日期之间的期限，应当设定在一个月以上。

第七十二条 常务委员会对获得批准的地方性法规、地方性法规解释发布公告予以公布。必要时，召开新闻发布会予以公布。公布地方性法规、地方性法规解释的公告，应当载明制定机关、批准机关和通过、批准、施行日期。

地方性法规修改的，应当公布新的文本。

地方性法规废止的，除由其他地方性法规规定废止该法规的以外，由常务委员会发布公告予以公布。

地方性法规、地方性法规解释公布后，应当及时在常务委员会公报、成都人大网站和全市范围内发行的市级报纸上刊载。

在常务委员会公报上刊登的地方性法规、地方性法规解释文本为标准文本。

第七十三条 地方性法规的名称为条例、规定、实施办法、决定等。

规章的名称为规定、办法。

第七十四条 地方性法规、规章明确要求本市有关国家机关对专门事项作出配套规定的，本市有关国家机关应当自法规、规章施行之日起一年内作出规定。法规、规章对制定期限另有规定的，从其规定。

本市有关国家机关未能按时作出配套规定的，应当向常务委员会、市人民政府说明情况。

第七十五条 有关专门委员会、常务委员会法制工作机构可以组织对有关地方性法规或者地方性法规中的有关规定进行立法后评估。评估情况应当向常务委员会报告。具体评估办法由常务委员会另行制定。

第七十六条 地方性法规、规章生效施行后，相关上位法发生变更的，原起草责任单位应当在新的上位法生效施行前，完成相关法规、规章的清理工作，并向常务委员会法制工作机构、市人民政府法制工作部门提交清理结果的报告。

第七十七条 地方性法规的效力高于市人民政府规章。

地方性法规之间、市人民政府规章之间，特别规定与一般规定不一致的，适用特别规定；新的规定与旧的规定不一致的，适用新的规定。

地方性法规之间对同一事项的新的一般规定与旧的特别规定不一致，不能确定如何适用时，由常务委员会裁决。

市人民政府规章之间对同一事项的新的一般规定与旧的特别规定不一致，不能确定如何适用时，由市人民政府裁决。

第七十八条 地方性法规、规章不溯及既往，但为了更好地保护公民、法人和其他组织的权利和利益而作的特别规定除外。

第五章 附 则

第七十九条 本条例中十日以内期限的规定是指工作日，不含法定节假日。

　　第八十条　本条例自公布之日起施行。2001 年 2 月 25 日成都市第十三届人民代表大会第四次会议通过、2001 年 3 月 30 日四川省第九届人民代表大会常务委员会第二十二次会议批准的《成都市人民代表大会及其常务委员会制定地方性法规程序规定》同时废止。

杭州市立法条例 *

（2016 年 2 月 5 日杭州市第十二届人民代表大会第六次会议通过，2016 年 3 月 31 日浙江省第十二届人民代表大会常务委员会第二十八次会议批准）

第一章　总　则

第一条　为了规范本市的地方立法活动，完善地方立法程序，提高地方立法质量，发挥立法的引领和推动作用，根据《中华人民共和国立法法》《中华人民共和国地方各级人民代表大会和地方各级人民政府组织法》和《浙江省地方立法条例》，结合本市实际，制定本条例。

第二条　市人民代表大会及其常务委员会制定、修改和废止地方性法规以及相关立法活动，适用本条例。

本市政府规章的制定、修改和废止，依照本条例的有关规定执行。

---

* 来源：杭州人大网（http://www.hzrd.gov.cn/），http://www.hzrd.gov.cn/wxzl/flfg/hzsfg/yxfg/201604/t20160421_643331.html（2016/9/16）.

第三条 市人民代表大会及其常务委员会依照法律规定的权限制定地方性法规。

规定本市特别重大事项的地方性法规，应当由市人民代表大会通过。

在市人民代表大会闭会期间，常务委员会可以对市人民代表大会制定的地方性法规进行部分补充和修改，但是不得同该法规的基本原则相抵触。

第四条 市人民政府依照法律规定，可以就执行法律、行政法规、地方性法规规定，制定政府规章。

应当制定法规但条件尚不成熟的，因行政管理迫切需要，可以先制定政府规章。规章实施满两年需要继续实施规章所规定的行政措施的，应当提请市人民代表大会或者其常务委员会制定地方性法规。

没有法律、行政法规、地方性法规的依据，本市政府规章不得设定减损公民、法人和其他组织权利或者增加其义务的规范。

第五条 制定地方性法规和政府规章应当遵循立法法规定的基本原则，解决实际问题，不得同宪法、法律、行政法规和省的地方性法规相抵触，一般不重复上位法的规定。

第六条 市人民代表大会及其常务委员会应当加强对地方立法工作的组织协调，健全地方立法工作机制，发挥在地方立法工作中的主导作用。

第二章 立法准备

第七条 市人民代表大会常务委员会通过立法规划、年度立法计划等形式，加强对地方立法工作的统筹安排。

编制立法规划和年度立法计划，应当认真研究代表议案和建议，广泛征集意见，科学论证评估，根据经济社会发展和民主法治建设的需要，确定立法项目，提高立法的及时性和针对性。

年度立法计划由常务委员会法制工作委员会负责编制，经主任会议通过并向社会公布。

法制工作委员会根据常务委员会的要求，督促年度立法计划的落实。

第八条 年度立法计划中的立法项目分为正式项目、预备项目和调研项目。正式项目是法规草案基本成熟，具备立法条件，计划当年要提请常务委员会会议审议的项目。预备项目是法规草案基本成熟，在具备立法条件时，可以提请常务委员会会议审议的项目。调研项目是法规草案需要进一步完善，为将来立法作准备的项目。

第九条 市有关部门和单位申报列入常务委员会年度立法计划的立法项目的，应当按照规定提出制定该地方性法规的可行性报告、法规草案建议稿和相关材料。

列入常务委员会年度立法计划的正式项目，应当确定地方性法规的提案人和提请时间。未按时提请审议的，提案人应当向主任会议提出书面说明。

第十条 列入市人民代表大会常务委员会年度立法计划的地方性法规草案，一般由提案人组织由立法工作者、实务工作者及专家、学者等方面人员组成的起草小组起草。专业性较强的地方性法规草案也可以由提案人委托有关专家、教学科研单位、社会组织起草。

重要的地方性法规草案，可以由有关的专门委员会或者常务委员会工作机构组织起草。

有关的专门委员会、常务委员会工作机构应当提前参与有关方面的地方性法规草案起草工作。提案人可以邀请有关市人民代表大会代表参与草案起草工作。

第十一条 起草地方性法规草案，应当同时提出法规草案文本及其说明，并提供必要的参阅资料。修改法规的，还应当提交修改前后的对照文本。

地方性法规草案的说明应当包括制定或者修改法规的必要性、可行性和主要内容，以及起草过程中对重大分歧意见的协调处理情况。

第十二条 起草地方性法规草案，应当针对问题深入调查研究，广泛听取意见，遵循立法技术规范，提高法规草案质量。

地方性法规草案起草过程中，应当通过座谈、论证、听证、咨询等工作机制，保证人民群众的利益诉求和意志主张的充分表达。

第三章 市人民代表大会立法程序

第十三条 市人民代表大会主席团可以向市人民代表大会提出地方性法规案，由市人民代表大会会议审议。

市人民代表大会常务委员会、市人民政府、市人民代表大会各专门委员会，可以向市人民代表大会提出地方性法规案，由主席团决定列入会议议程。

第十四条 市人民代表大会代表十人以上联名，可以向市人民代表大会提出地方性法规案，由主席团决定是否列入会议议程，或者先交有关的专门委员会审议、提出是否列入会议议程的意见，再决定是否列入会议议程。主席团决定不列入会议议程的，应当向大会报告或者向提案人说明。

专门委员会审议的时候，可以邀请提案人列席会议，发表意见。

第十五条 拟向市人民代表大会提出地方性法规案，在市人民代表大会闭会期间，可以先向常务委员会提出，经常务委员会会议依照有关程序审议后，决定提请市人民代表大会审议，由常务委员会向大会全体会议作说明，或者由提案人向大会全体会议作说明。

常务委员会依照前款规定审议地方性法规案，应当通过多种形式征求市人民代表大会代表的意见，并将有关情况予以反馈；专门委员会和常务委员会工作机构进行立法调研，应当邀请有关的市人民代表大会代表参加。

第十六条 常务委员会决定提请市人民代表大会会议审议的地方性法规案，应当在会议举行的三十日前将法规草案发给代表。

第十七条 列入市人民代表大会会议议程的地方性法规案，大会全体会议听取提案人的说明后，由各代表团进行审议。

各代表团审议地方性法规案时，提案人应当派人听取意见，回答询问。

各代表团审议地方性法规案时，根据代表团的要求，有关机关、组织应当派人介绍情况。

第十八条 列入市人民代表大会会议议程的地方性法规案，可以由有关的专门委员会进行审议，向主席团提出审议意见，并印发会议。

第十九条 列入市人民代表大会会议议程的地方性法规案，由法制委员会根据各代表团和有关的专门委员会的审议意见，对地方性法规案进行统一审议，向主席团提出审议结果报告和法规草案修改稿，对重要的不同意见应当在审议结果报告中予以说明，经主席团会议审议通过后，印发会议。

地方性法规草案修改稿经各代表团审议，由法制委员会根据各代表团的审议意见进行修改，向主席团提出关于地方性法规草案修改稿修改情况的说明和地方性法规草案表决稿。

第二十条 列入市人民代表大会会议议程的地方性法规案经各代表团审议后，各方面意见比较一致的，由法制委员会根据各代表团和有关的专门委员会的审议意见，向主席团提出审议结果报告和地方性法规草案表决稿。

第二十一条 列入市人民代表大会会议议程的地方性法规案，必要时，主席团常务主席可以召开各代表团团长会议，就地方性法规案中的重大问题听取各代表团的审议意见，进行讨论，并将讨论的情况和意见向主席团报告。

主席团常务主席也可以就地方性法规案中的重大的专门性问题，召集代表团推选的有关代表进行讨论，并将讨论的情况和意见向主席团报告。

第二十二条　列入市人民代表大会会议议程的地方性法规案，在交付表决前，提案人要求撤回的，应当说明理由，经主席团同意，并向大会报告，对该地方性法规案的审议即行终止。

第二十三条　地方性法规案在审议中有重大问题需要进一步研究的，经主席团提出，由大会全体会议决定，可以授权常务委员会根据代表的意见进一步审议，作出决定，并将决定情况向市人民代表大会下次会议报告；也可以授权常务委员会根据代表的意见进一步审议，提出修改方案，提请市人民代表大会下次会议审议决定。

第二十四条　地方性法规草案表决稿由主席团提请大会全体会议表决，由全体代表的过半数通过。

第四章　市人民代表大会常务委员会立法程序

第二十五条　市人民代表大会常务委员会主任会议可以向常务委员会提出地方性法规案，由常务委员会会议审议。

第二十六条　市人民政府可以向常务委员会提出地方性法规案，由主任会议决定列入常务委员会会议议程，或者先交有关的专门委员会审议、提出报告，再决定列入常务委员会会议议程。市人民政府应当在常务委员会会议举行三十日前，将拟提请会议审议的地方性法规草案送交常务委员会。

第二十七条　市人民代表大会各专门委员会可以向常务委员会提出地方性法规案，由主任会议决定列入常务委员会会议议程。

第二十八条　主任会议认为市人民政府、市人民代表大会各专门委员会提出的地方性法规案有重大问题需要进一步研究的，可以建议提案人修改完善后再向常务委员会提出。

第二十九条　常务委员会组成人员五人以上联名，可以向常务委员会提出地方性法规案，由主任会议决定是否列入常务委员会会议议程，或者先交有关的专门委员会审议、提出是否列入会议议程的意见，再决定是否列入常务委员会会议议程。不列入会议议程的，应当向常务委员会会议报告或者向提案人说明。

专门委员会审议的时候，可以邀请提案人列席会议，发表意见。

第三十条　地方性法规案提出后，列入常务委员会会议议程前，主任会议先交有关的专门委员会审议的，有关的专门委员会应当在规定的时间内提出审议意见。

专门委员会应当对地方性法规案的立法必要性、主要内容的可行性和是否列入常务委员会会议议程，提出意见，并向主任会议报告。

主任会议决定列入常务委员会会议议程的，专门委员会的审议意见书面印发常务委员会会议。

专门委员会审议地方性法规案时，可以邀请其他专门委员会的成员列席会议，发表意见。

第三十一条 列入常务委员会会议议程的地方性法规案，除特殊情况外，常务委员会办公厅应当在常务委员会会议举行的五日前，将地方性法规草案及有关材料发给常务委员会组成人员。

第三十二条 列入常务委员会会议议程的地方性法规案，一般应当经两次常务委员会会议审议后再交付表决。地方性法规案涉及本市重大事项或者各方面存在较大分歧意见的，经主任会议决定，可以经过三次常务委员会会议审议后再交付表决。

常务委员会会议第一次审议地方性法规案，在全体会议上听取提案人的说明，再结合有关专门委员会的书面审议意见，由分组会议进行审议。

实行两次审议的地方性法规案，常务委员会会议第二次审议时，在全体会议上听取法制委员会关于地方性法规草案审议结果的报告，由分组会议对地方性法规草案修改稿进行审议。

实行三次审议的地方性法规案，常务委员会会议第二次审议时，在全体会议上听取法制委员会关于地方性法规草案修改情况和重要问题的汇报，由分组会议进一步审议；常务委员会会议第三次审议时，在全体会议上听取法制委员会关于地方性法规草案审议结果的报告，由分组会议对地方性法规草案修改稿进行审议。

第三十三条 地方性法规案的调整事项比较单一或者只作部分修改，且各方面意见比较一致的，经主任会议决定，可以经过一次常务委员会会议审议后交付表决。

实行一次审议的地方性法规案，在常务委员会全体会议上听取提案人的说明和法制委员会关于地方性法规草案审议结果的报告，由分组会议进行审议。提案人为法制委员会的，在全体会议上不再听取法制委员会关于地方性法规草案审议结果的报告。

第三十四条 常务委员会会议审议地方性法规案时，根据需要，可以召开联组会议或者全体会议进行审议，对地方性法规草案中的主要问题进行讨论或者辩论。

常务委员会会议审议地方性法规案，应当安排必要的时间，保证常务委员会组成人员充分发表意见。

第三十五条　常务委员会分组会议审议地方性法规案时，提案人应当派人听取意见，回答询问。

常务委员会分组会议审议地方性法规案时，根据小组要求，有关机关、组织应当派人介绍情况。

第三十六条　常务委员会会议审议地方性法规案，应当邀请有关的市人民代表大会代表列席会议；经主任会议决定，可以邀请有关的全国人民代表大会代表或者省人民代表大会代表列席。

第三十七条　地方性法规案经常务委员会会议第一次审议后，常务委员会法制工作委员会应当将地方性法规草案及其说明及时发送市人民代表大会代表，各区、县（市）人民代表大会常务委员会，有关机关、组织、基层立法联系点和专家、学者等征求意见。

地方性法规案经常务委员会会议第一次审议后，常务委员会法制工作委员会应当将地方性法规草案及其说明通过杭州人大网向社会公布，征求意见，但是经主任会议决定不公布的除外。

列入常务委员会会议议程的重要的地方性法规案，经主任会议决定，可以将地方性法规草案或者草案修改稿在《杭州日报》公布，征求意见。

第三十八条　列入常务委员会会议议程的地方性法规案，法制委员会、有关的专门委员会和常务委员会工作机构应当就地方性法规案的有关问题进行调查研究，听取各方面的意见。听取意见和调查研究可以采取召开座谈会、论证会、听证会、实地考察等形式。

法规案有关问题专业性较强，需要进行可行性评价的，应当召开论证会，听取有关专家、部门和市人民代表大会代表等方面的意见，或者委托第三方组织论证。论证情况应当向常务委员会报告。

法规案有关问题存在重大意见分歧或者涉及利益关系重大调整，需要进行听证的，应当召开听证会，听取有关基层和群体代表、部门、人民团体、专家、市人民代表大会代表和社会有关方面的意见。听证情况应当向常务委员会报告。

第三十九条　法制委员会、有关的专门委员会和常务委员会工作机构进行立法调研，应当通过多种方式发挥市人民代表大会代表的作用。

第四十条　列入常务委员会会议议程的地方性法规案，由法制委员会根据常务委员会组成人员、有关的专门委员会的审议意见和各方面提出的意见，对地方性法规案进行统一审议。

法制委员会统一审议后，提出地方性法规草案修改稿，由主任会议决定交付常务委员会会议审议。法制委员会对重要的不同意见应当在审议结果报告或者修改情况的报告中予以说明。对有关的专门委员会的重要审议意见没有采纳的，应当向有关的专门委员会反馈。

法制委员会审议地方性法规案时，应当邀请有关的专门委员会的成员列席会议，发表意见。

法制委员会与专门委员会之间对地方性法规草案的重要问题意见不一致的，应当向主任会议报告。

第四十一条　拟提请常务委员会审议通过的地方性法规案，在法制委员会提出审议结果报告前，常务委员会法制工作委员会可以对法规草案中主要制度规范的可行性、法规出台时机、法规实施的社会效果和可能出现的问题等进行评估。评估情况由法制委员会在审议结果报告中予以说明。

第四十二条　地方性法规草案修改稿或者地方性法规草案经常务委员会会议审议，由法制委员会根据常务委员会组成人员的审议意见进行修改，提出地方性法规草案表决稿，由主任会议提请常务委员会全体会议表决，由常务委员会全体组成人员的过半数通过。表决前，由法制委员会对地方性法规草案修改情况进行说明。

地方性法规草案表决稿交付常务委员会会议表决前，主任会议根据常务委员会会议审议的情况，可以决定将个别意见分歧较大的重要条款提请常务委员会会议单独表决。

单独表决的条款经常务委员会会议表决后，主任会议根据单独表决的情况，可以决定将法规草案表决稿交付表决，也可以决定暂不付表决，交法制委员会和有关的专门委员会进一步审议。

第四十三条　列入常务委员会会议议程的地方性法规案，在交付表决前，提案人要求撤回的，应当说明理由，经主任会议同意，并向常务委员会报告，对该地方性法规案的审议即行终止。

第四十四条　列入常务委员会会议审议的地方性法规案，因各方面对制定该地方性法规的必要性、可行性等重大问题存在较大意见分歧，搁置审议满两年的，或者因暂不交付表决经过两年没有再次列入常务委员会会议议程审议的，由主任会议向常务委员会报告，该地方性法规案终止审议。

第四十五条　对多件地方性法规中涉及同类事项的个别条款进行修改，一并提出法规案的，经主任会议决定，可以合并表决，也可以分别表决。

第五章　地方性法规报批和公布程序

第四十六条　市人民代表大会及其常务委员会在拟举行会议审议表决地方性法规草案三十日前，可以将该法规草案修改稿报送省人民代表大会常务委员会法制工作委员会征求意见。

第四十七条　市人民代表大会及其常务委员会制定的地方性法规应当依法报请省人民代表大会常务委员会批准。报请批准时应当提交报请批准地方性法规的书面报告、地方性法规文本及其说明。

第四十八条　报请批准的地方性法规经省人民代表大会常务委员会批准后，由市人民代表大会常务委员会发布公告予以公布。公告应当注明制定机关、通过时间、批准机关、批准时间和施行日期。

第四十九条　常务委员会公告及其颁布的地方性法规，应当在杭州市人民代表大会常务委员会公报和杭州人大网以及《杭州日报》上全文刊载。

在杭州市人民代表大会常务委员会公报上刊登的地方性法规文本为标准文本。

第五十条　地方性法规被修改的，应当公布新的法规文本。

地方性法规被废止的，除由其他地方性法规规定废止该法规的以外，由市人民代表大会常务委员会发布公告予以公布。

第五十一条　市人民代表大会常务委员会应当在地方性法规公布之日起十五日内，将公布的地方性法规的公告及地方性法规文本和有关材料报送省人民代表大会常务委员会，由省人民代表大会常务委员会报全国人民代表大会常务委员会和国务院备案。

第六章　其他规定

第五十二条　交付市人民代表大会及其常务委员会全体会议表决未获得通过的地方性法规案，如果提案人认为必须制定该地方性法规，可以按照规定的程序重新提出，由主席团、主任会议决定是否列入会议议程；其中，未获得市人民代表大会通过的地方性法规案，应当提请市人民代表大会审议决定。

第五十三条　地方性法规明确要求有关国家机关对专门事项作出配套的具体规定的，有关国家机关应当自法规施行之日起一年内作出规定，法规对配套的具体规定制定期限另有规定的，从其规定。有关国家机关未能在期限内作出配套的具体规定的，应当向市人民代表大会常务委员会说明情况。

第五十四条　地方性法规实施情况实行报告制度。法规施行一年后的第二个月，由法规主要实施单位向常务委员会书面报告实施情况。

第五十五条　地方性法规草案有关内容与其他地方性法规相关规定不一致的，提案人应当予以说明并提出处理意见，必要时应当同时提出修改或者废止其他地方性法规相关规定的议案。

法制委员会和有关专门委员会审议地方性法规案时，认为需要修改或者废止其他地方性法规相关规定的，应当提出处理意见。

第五十六条　市人民代表大会有关的专门委员会、常务委员会工作机构可以组织对有关地方性法规或者地方性法规中有关规定进行立法后评估。评估情况应当向常务委员会报告。

第五十七条　国家机关、社会团体、企业事业组织以及公民发现地方性法规的内容与法律、行政法规相抵触，或者与相关地方性法规不协调，或者不适应新的形势要求的，可以向常务委员会提出修改和废止的意见、建议。

第五十八条　常务委员会应当根据需要及时组织开展地方性法规清理工作。

第五十九条　市人民代表大会及其常务委员会可以根据改革发展的需要，决定就行政管理等领域的特定事项授权在一定期限内在部分地方暂时调整或者暂时停止适用市的地方性法规设定的部分规定，并依照本条例第五章的有关规定报请省人民代表大会常务委员会审查批准后，由市人民代表大会常务委员会发布公告予以公布。

第六十条　市人民代表大会及其常务委员会制定的地方性法规，由常务委员会解释。

市人民政府、市中级人民法院、市人民检察院和市人民代表大会各专门委员会以及各区、县（市）人民代表大会常务委员会，可以向常务委员会提出地方性法规解释要求。

常务委员会法制工作委员会研究拟订地方性法规解释草案，由主任会议决定列入常务委员会会议议程。

地方性法规解释草案经常务委员会会议审议，由法制委员会根据常务委员会组成人员的审议意见进行审议、修改，提出地方性法规解释草案表决稿，由主任会议提请常务委员会全体会议表决，由常务委员会组成人员过半数通过，并依照本条例第五章的有关规定报请省人民代表大会常务委员会审查批准后，由市人民代表大会常务委员会予以公布，并及时在杭州市人民代表大会常务委员会公报和杭州人大网以及《杭州日报》上刊载。

市人民代表大会常务委员会的地方性法规解释同地方性法规具有同等效力。

第六十一条　法制委员会可以对有关具体问题的法规询问进行研究予以答复，并报常务委员会备案。

第七章　适用与备案审查

第六十二条　地方性法规在本市行政区域内具有法律效力。地方性法规的效力高于本市政府规章。政府规章的规定与地方性法规的规定出现不一致时，政府规章服从地方性法规。

第六十三条　市人民代表大会及其常务委员会制定的地方性法规，特别规定与一般规定不一致的，适用特别规定；新的规定与旧的规定不一致的，适用新的规定。

第六十四条　地方性法规、政府规章不溯及既往，但是为了更好地保护公民、法人和其他组织的权利和利益而作的特别规定除外。

第六十五条　地方性法规之间对同一事项的新的一般规定与旧的特别规定不一致，不能确定如何适用时，由常务委员会裁决。

第六十六条　本市政府规章应当在公布后的三十日内，向常务委员会备案。

第六十七条　常务委员会对应当报备的本市政府规章和其他规范性文件进行主动审查，有权撤销市人民政府制定的不适当的规章与规范性文件。

第八章　附　则

第六十八条　本条例自 2016 年 5 月 1 日起施行。《杭州市制定地方性法规的规定》同时废止。

厦门市人民代表大会及其常务委员会立法条例*

（2001年2月24日厦门市第十一届人民代表大会第四次会议通过，2001年3月30日福建省第九届人民代表大会常务委员会第二十五次会议批准，根据2005年2月26日厦门市第十二届人民代表大会第三次会议《厦门市人民代表大会关于修改〈厦门市人民代表大会及其常务委员会立法条例〉的决定》修正，2005年3月27日福建省第十届人民代表大会常务委员会第十六次会议批准，根据2016年1月22日厦门市第十四届人民代表大会第五次会议《厦门市人民代表大会关于修改〈厦门市人民代表大会及其常务委员会立法条例〉的决定》第二次修正，2016年4月1日福建省第十二届人民代表大会常务委员会第二十二次会议批准）

目　录

第一章　总　则

第一条　为了规范立法活动，提高立法质量，发挥立法的引领和推动作用，根

---

*　来源：厦门人大网（http://www.xmrd.gov.cn/），http://www.xmrd.gov.cn/xwzx/qwfb/201604/t20160428_4887448.htm（2016/9/16）.

据《中华人民共和国立法》、《全国人民代表大会关于授权厦门市人民代表大会及其常务委员会和厦门市人民政府分别制定法规和规章在厦门经济特区实施的决定》和《福建省人民代表大会及其常务委员会立法条例》，结合本市实际，制定本条例。

第二条　市人民代表大会及其常务委员会制定、修改、废止法规和审查市人民政府报请备案的规章，适用本条例。

第三条　市人民代表大会及其常务委员会根据全国人民代表大会的授权决定制定厦门经济特区法规。

市人民代表大会及其常务委员会根据立法法关于设区的市立法的规定制定厦门设区的市的地方性法规。

第四条　厦门经济特区法规应当遵循宪法的规定以及法律、行政法规的基本原则。厦门设区的市的地方性法规不得同宪法、法律、行政法规和本省法规相抵触。

第五条　规定下列事项的法规应当由市人民代表大会通过：

（一）法律规定由市人民代表大会规定的事项；

（二）属于本市需要制定法规的特别重大事项；

（三）规范市人民代表大会活动需要制定法规的事项。

在厦门市人民代表大会闭会期间，厦门市人民代表大会常务委员会可以对厦门市人民代表大会制定的法规进行部分补充和修改，但是不得同该法规的基本原则相抵触。

第六条　市人民代表大会及其常务委员会加强对立法工作的组织协调，推动政府发挥在立法中的重要作用，统筹各方力量有序参与立法活动，发挥市人民代表大会及其常务委员会在立法工作中的主导作用。

第二章　立法规划、计划的编制和法规草案的起草

第七条　立法规划和年度立法计划由市人民代表大会常务委员会法制工作委员会（以下简称法制工作委员会）负责编制，并按照市人民代表大会常务委员会（以下简称常务委员会）的要求，督促立法规划和年度立法计划的落实。

编制立法规划和年度立法计划应当充分听取市人民代表大会有关专门委员会（以下简称有关专门委员会）、常务委员会工作机构、市人民政府法制工作机构和各方面意见。

编制立法规划和年度立法计划应当认真研究代表议案和建议，向市人民代表大会代表（以下简称代表）和社会各界公开征集项目建议。

立法规划和年度立法计划由常务委员会主任会议（以下简称主任会议）讨论通过后，提请常务委员会审议决定，并向社会公布。年度立法计划项目的增减、调整，须报主任会议同意，并向常务委员会报告。

年度立法计划分为正式项目、备选项目和调研项目，正式项目的内容包括：立法项目、提案人、起草单位、送审时间等。

第八条 国家机关和社会团体、企业事业组织以及公民都可以向市人民代表大会及其常务委员会提出立法建议。

立法建议的内容包括：法规名称、立法依据、立法宗旨和目的、需要解决的主要问题和采取的对策等。

第九条 立法建议申请列入年度立法计划正式项目的，应当提交法规草案初稿。草案初稿应当包括立法的目的、上位法依据、主要制度设计、适用范围、权利义务关系、相关配套制度等。

法制工作委员会可以对立法建议项目的必要性、立法依据、制度创新、需要解决的主要问题进行立法前评估。

第十条 法规起草可以采取以下方式：

（一）提案人起草；

（二）提案人委托有关专家或组织起草；

（三）提案人招标起草。

第十一条 法规起草应当深入调查研究，总结实践经验，广泛听取有关机关、组织和公民的意见。

专门委员会、常务委员会工作机构应当提前参与法规草案起草工作；综合性、全局性、基础性的重要法规草案，可以由专门委员会或者常务委员会工作机构组织起草。

第十二条 法规草案涉及执法主体、职责划分、经费保障等主要内容存在较大分歧意见的，应当作出明确规定。

第十三条 对于上位法已经明确规定的内容，法规草案中一般不作重复性规定。

第十四条 提案人应当按照立法计划规定时限提出法规议案。不能按时提出的，应当向主任会议作出书面报告。

第三章 市人民代表大会立法程序

第十五条 市人民代表大会主席团（以下简称主席团）可以向市人民代表大

会提出制定、修改、废止法规的议案（以下简称法规案），由市人民代表大会会议审议。

常务委员会、市人民政府、市人民代表大会专门委员会可以向市人民代表大会提出法规案，由主席团决定列入会议议程。

第十六条　一个代表团或者十名以上的代表联名，可以向市人民代表大会提出法规案，由主席团决定是否列入大会议程；或者先交由有关专门委员会审议，提出是否列入会议议程的意见，再决定是否列入会议议程，列入会议议程的，有关专门委员会的审议意见应当印发会议。

专门委员会审议法规案的时候，可以邀请提案人列席会议，发表意见。

第十七条　向市人民代表大会提出法规案，应当同时提交法规草案文本及其说明，并提交必要的资料。修改法规的，还应当提交修改前后的对照文本。法规草案的说明应当包括制定或者修改该法规的必要性、可行性和主要内容，以及起草过程中对重大分歧意见的协调处理情况。法规案为经济特区法规项目的，还应当对法律、行政法规、地方性法规作出变通的情况予以说明。

第十八条　向市人民代表大会提出法规案，在市人民代表大会闭会期间，可以先向常务委员会提出，经常务委员会会议依照本条例第四章规定的有关程序审议后，决定提请市人民代表大会审议，由常务委员会向大会全体会议作说明，或者由提案人向大会全体会议作说明。

第十九条　常务委员会决定提请市人民代表大会会议审议的法规案，应当在会议举行前将法规草案及其说明、必要的资料，发给代表。

第二十条　列入市人民代表大会会议议程的法规案，大会全体会议听取常务委员会或者提案人的说明后，由各代表团进行审议。各代表团审议法规案时，提案人应当派人听取意见，回答询问；根据代表团的要求，有关机关或者组织应当派人介绍情况。

第二十一条　列入市人民代表大会会议议程的法规案，由市人民代表大会法制委员会（以下简称法制委员会）根据各代表团和有关专门委员会的审议意见，对法规案进行统一审议，向主席团提出审议结果报告和法规草案修改稿，对重要的不同意见应当在审议结果报告中予以说明，经主席团会议审议通过后，印发会议。

第二十二条　列入市人民代表大会会议议程的法规案，必要时，主席团常务主席可以召开各代表团团长会议，就法规案中的重大问题听取各代表团的审议意见，进行讨论，并将讨论的情况和意见向主席团报告。

主席团常务主席也可以就法规案中的重大的专门性问题，召集代表团推选的有关代表进行讨论，也可以向有关专家咨询，并将讨论的情况和意见向主席团报告。

第二十三条 向市人民代表大会提出的法规案，在列入会议议程前，提案人有权撤回。列入市人民代表大会会议议程的法规案，在交付表决前，提案人要求撤回的，应当说明理由，经主席团同意，并向大会报告，对该法规案的审议即行终止。

第二十四条 法规案在审议中有重大问题需要进一步研究的，经主席团提出，由大会全体会议决定，可以授权常务委员会根据代表的意见进一步审议，作出决定，并将决定情况向市人民代表大会下次会议报告；也可以授权常务委员会根据代表的意见进一步审议，提出修改方案，提请市人民代表大会下次会议审议决定。

第二十五条 法规草案修改稿经各代表团审议，由法制委员会根据各代表团的审议意见进行修改，提出法规草案表决稿，由主席团提请大会全体会议表决，由全体代表的过半数通过。

第二十六条 交付市人民代表大会全体会议表决未获通过的法规案，如果提案人认为必须制定该法规，可以按照本条例规定的程序重新向市人民代表大会提出，由主席团决定是否列入会议议程；列入会议议程的，应当提请市人民代表大会审议决定。

第二十七条 市人民代表大会通过的厦门经济特区法规由主席团发布公告予以公布。市人民代表大会通过的厦门设区的市的地方性法规，报经福建省人民代表大会常务委员会批准后，由市人民代表大会常务委员会发布公告予以公布。

法规通过或者批准后在常务委员会公报和门户网站上刊载，七日内在《厦门日报》上刊登。

在常务委员会公报上刊登的法规文本为标准文本。

第四章 市人民代表大会常务委员会立法程序

第二十八条 主任会议可以向常务委员会提出法规案，由常务委员会审议。

市人民政府、市人民代表大会专门委员会可以向常务委员会提出法规案，由主任会议决定列入常务委员会会议议程，或者先交由有关专门委员会审议，提出报告，再决定列入常务委员会会议议程。如果主任会议认为法规案有重大问题需要进一步研究，可以建议提案人修改完善后再向常务委员会提出。

第二十九条 常务委员会组成人员五人以上联名，可以向常务委员会提出法规案，由主任会议决定是否列入常务委员会会议议程，或者先交由有关专门委员会审议，提出是否列入会议议程的意见，再决定是否列入常务委员会会议议程。不列入常务委员会会议议程的，应当向常务委员会会议报告并向提案人说明。

有关专门委员会审议的时候，可以邀请提案人列席会议，发表意见。

第三十条 向常务委员会提出法规案，应当同时提交法规草案文本及其说明，并提交必要的资料。修改法规的，还应当提交修改前后的对照文本。法规草案的说明应当包括制定或者修改该法规的必要性、可行性和主要内容，以及起草过程中对重大分歧意见的协调处理情况。法规案为经济特区法规项目的，还应当对法律、行政法规、地方性法规作出变通的情况予以说明。

列入常务委员会会议议程的法规案，应当在会议举行的七日前将法规草案及其说明、必要的资料，发给常务委员会组成人员。

常务委员会会议审议法规案时，邀请相关代表列席会议，发表意见。代表要求列席会议的，应当邀请其列席。

第三十一条 列入常务委员会会议议程的法规案，一般应当经三次常务委员会会议审议后再交付表决；各方面意见比较一致的，可以经两次常务委员会会议审议后交付表决；修改、废止法规案，各方面的意见比较一致的，也可以经一次常务委员会会议审议即交付表决。

第三十二条 常务委员会会议第一次审议法规案，在全体会议上听取提案人的说明和有关专门委员会审议报告，对法规草案进行审议。

常务委员会会议第二次审议法规案，在全体会议上听取法制委员会关于法规草案修改情况及其他主要问题的汇报，对法规草案修改稿进行审议。

常务委员会会议第三次审议法规案，在全体会议上听取法制委员会关于法规草案审议结果的报告，对法规草案修改稿进行审议。

法规草案修改稿经常务委员会会议审议后，由法制委员会根据常务委员会组成人员的审议意见进行修改，形成法规草案表决稿，由主任会议提请常务委员会全体会议表决，由常务委员会全体组成人员的过半数通过。

第三十三条 常务委员会会议对法规案进行审议一般采用分组会议审议方式进行，也可以采用联组会议或者全体会议审议。

第三十四条 常务委员会第一次审议法规案前，由有关专门委员会进行审议，提出审议报告和草案修改建议稿。

第三十五条 常务委员会第一次审议法规案时，负责法规草案审议的有关专门委员会可以组织起草部门和有关单位人员，向常务委员会组成人员就法规草案内容进行解读。

第三十六条 法制委员会根据常务委员会组成人员、有关专门委员会和各方面提出的意见，对法规案进行统一审议，提出修改情况的汇报或者审议结果报告和法规草案修改稿，对重要的不同意见应当在汇报或者审议结果报告中予以说明。对有关专门委员会的重要意见没有采纳的，应当向有关专门委员会反馈。

第三十七条 市人民代表大会专门委员会审议法规案时，应当召开全体会议审议，可以邀请其他专门委员会的成员或者常务委员会工作机构的负责人列席会议，发表意见；根据需要，可以要求有关机关、组织派有关负责人说明情况。

第三十八条 市人民代表大会专门委员会之间对法规草案的重要问题意见不一致时，应当向主任会议报告。

第三十九条 列入常务委员会会议议程的法规案，法制委员会、有关专门委员会应当听取各方面的意见。听取意见可以采取座谈会、论证会、听证会等多种形式。

法规草案有关问题专业性较强，需要进行可行性评价的，应当召开论证会，听取有关专家、部门和代表等方面的意见。论证情况应当向常务委员会报告。

法规草案有关问题存在重大意见分歧或者涉及利益关系重大调整，需要进行听证的，应当召开听证会，听取有关基层和群体代表、部门、人民团体、专家、代表和社会有关方面的意见。听证情况应当向常务委员会报告。

法规草案还应当征求相关领域代表、区人民代表大会常务委员会以及有关部门、组织和专家的意见。

第四十条 列入常务委员会会议议程的法规案，应当将法规草案在报纸或者网络上公布，征求意见。征求意见的时间一般不少于三十日。

第四十一条 向常务委员会提出的法规案，在列入会议议程前，提案人有权撤回。

列入常务委员会会议议程的法规案，在交付表决前，提案人要求撤回的，应当说明理由，经主任会议同意，并向常务委员会报告，对该法规案的审议即行终止。

第四十二条 常务委员会审议的法规案，因各方面对制定该法规案的必要性、可行性等重大问题存在较大意见分歧的，由主任会议决定，可以搁置审议。

法规案经常务委员会三次会议审议后，仍有重大问题需要进一步研究的，由主任会议决定，可以暂不交付表决，交由法制委员会和有关专门委员会进一步审议。

第四十三条　法规案搁置审议满两年的，或者因暂不交付表决满两年没有再次列入常务委员会会议议程审议的，由主任会议向常务委员会报告，该法规案终止审议。

第四十四条　法规草案表决稿交付常务委员会会议表决前，主任会议根据常务委员会会议审议的情况，可以决定将个别意见分歧较大的重要条款提请常务委员会会议单独表决。

单独表决的条款经常务委员会会议表决后，主任会议根据单独表决的情况，可以决定将法规草案表决稿交付表决，也可以决定暂不付表决，交法制委员会进一步审议。

第四十五条　对多部法规中涉及同类事项的个别条款进行修改，一并提出修正案的，经主任会议决定，可以合并表决，也可以分别表决。

第四十六条　交付常务委员会全体会议表决未获通过的法规案，如果提案人认为必须制定法规，可以按照本条例规定的程序重新提出，由主任会议决定是否列入会议议程。

第四十七条　常务委员会会议通过的厦门经济特区法规，由常务委员会发布公告予以公布。

常务委员会通过的厦门设区的市的地方性法规，报经省人民代表大会常务委员会批准后，由市人民代表大会常务委员会发布公告予以公布。

法规通过或者批准后在常务委员会公报和门户网站上刊载，七日内在《厦门日报》上刊登。

在常务委员会公报上刊登的法规文本为标准文本。

第五章　法规的报批、备案

第四十八条　市人民代表大会及其常务委员会制定的厦门设区的市的地方性法规，应当在法规通过后十五日内，向省人民代表大会常务委员会报请批准。

第四十九条　省人民代表大会常务委员会审查认为报请批准的厦门设区的市的地方性法规需要修改的，由法制委员会提出修改意见，经主任会议，提请常务委员会审议决定。

第五十条　市人民代表大会及其常务委员会制定的厦门经济特区法规由常务

委员会于法规公布后三十日内向全国人民代表大会常务委员会、国务院和省人民代表大会常务委员会备案。

第六章　法规解释

第五十一条　法规解释权属于常务委员会。常务委员会的法规解释同法规具有同等效力。法规有以下情况之一的，由常务委员会负责解释：

（一）法规的规定需要进一步明确具体含义的；

（二）法规制定后出现新的情况，需要明确适用法规依据的。

第五十二条　市人民政府、市中级人民法院、市人民检察院、厦门海事法院和市人民代表大会专门委员会、区人民代表大会常务委员会，可以向常务委员会提出法规解释的要求。

第五十三条　法制委员会会同有关专门委员会拟订法规解释草案，由主任会议决定列入常务委员会会议议程。

法规解释草案经常务委员会会议审议，由法制委员会根据常务委员会组成人员的审议意见进行修改，提出法规解释草案表决稿，由常务委员会全体组成人员过半数通过。

厦门经济特区法规解释由常务委员会发布公告予以公布；厦门设区的市的地方性法规解释应当在通过后十五日内报送省人民代表大会常务委员会批准，经省人民代表大会常务委员会批准后，由市人民代表大会常务委员会发布公告予以公布。

第五十四条　市人民政府根据法规授权对法规具体应用问题作出的解释，应当予以公布，并于公布之日起七日内报常务委员会备案。

第五十五条　法规解释、具体应用问题的解释不得与法规的原意相违背。

第七章　规章的备案审查

第五十六条　市人民政府制定的规章，应当自公布之日起三十日内，报送常务委员会备案。报送备案的文件包括规章文本、说明和备案报告。

第五十七条　市中级人民法院、市人民检察院、厦门海事法院、市人民代表大会专门委员会、区人民代表大会常务委员会认为规章同宪法、法律、行政法规和本省、市法规相抵触的，可以向常务委员会书面提出进行审查的要求，由法制工作委员会分送有关专门委员会进行审查，提出意见。

前款规定以外的其他国家机关和社会团体、企业事业组织以及公民认为规章同宪法、法律、行政法规和本省、市法规相抵触的，可以向常务委员会书面提出进行审查的建议，由法制工作委员会研究，必要时，由有关专门委员会进行审查，提出意见。

法制委员会和有关专门委员会可以对报送备案的规章进行主动审查。

第五十八条　法制委员会或者有关专门委员会在审查中认为规章同宪法、法律、行政法规和本省、市法规相抵触的，可以向市人民政府提出书面审查意见；也可以由法制委员会与有关专门委员会召开联合审查会议，要求市人民政府到会说明情况，再向市人民政府提出书面审查意见。市人民政府在收到书面审查意见后，应当在两个月内研究提出是否修改或者废止的意见，并向法制委员会和有关专门委员会反馈。

第五十九条　法制委员会或者有关专门委员会审查认为规章同宪法、法律、行政法规和本省、市法规相抵触或者不适当而市人民政府不予修改或者废止的，应当向常务委员会提出书面审查意见和予以撤销的议案，由主任会议决定提请常务委员会会议审议决定。

第六十条　常务委员会会议审议规章撤销案，在全体会议上听取法制委员会或者有关专门委员会审查意见的报告，进行审议，作出决定。

常务委员会对规章作出的撤销决定，由常务委员会发布公告予以公布。

第八章　附　则

第六十一条　市人民代表大会及其常务委员会通过的法规修正案或者废止案应当作出关于修改或废止法规的决定，并予以公布，作出修改法规决定的，应当同时公布修改后的法规文本。

第六十二条　法规规定明确要求有关国家机关对专门事项作出配套的具体规定的，有关国家机关应当自法规施行之日起一年内作出规定，法规对配套的具体规定制定期限另有规定的，从其规定。有关国家机关未能在期限内作出配套的具体规定的，应当向常务委员会说明情况。

第六十三条　本条例自公布之日起施行。1994 年 5 月 19 日厦门市第十届人大常委会第八次会议通过的《厦门市制定法规规定》和 1997 年 10 月 10 日厦门市第十届人大常委会第三十二次会议通过的《厦门市人民代表大会常务委员会关于法规解释的若干规定》同时废止。

三、省会城市*

（9个）

中国地方立法条例选编

---

*不包括已升格为副省级城市的广州、南京、武汉、西安、成都、济南、杭州、沈阳、长春和哈尔滨等10个省会城市。

乌鲁木齐市制定地方性法规条例[*]

（2015年12月25日乌鲁木齐市第十五届人民代表大会常务委员会第三十次会议通过修改，2016年3月31日新疆维吾尔自治区第十二届人民代表大会常务委员会第二十一次会议批准修改）

目 录

第一章　总　则

第一条　为了规范本市制定地方性法规的活动，提高地方立法质量，根据《中华人民共和国地方各级人民代表大会和地方各级人民政府组织法》和《中华人民共和国立法法》，结合本市实际，制定本条例。

第二条　本市地方性法规的制定、修改、废止和解释适用本条例。

第三条　市人民代表大会及其常务委员会可以就下列事项制定地方性法规：

（一）为执行法律、行政法规、自治区地方性法规的规定，根据本行政区域的实际情况，需要作具体规定的事项；

* 来源：中国法律法规信息库（http://law.npc.gov.cn/FLFG/index.jsp），http://law.npc.gov.cn/FLFG/flfgByID.action？flfgID=35610868&showDetailType=QW&keyword=&zlsxid=03（2016/9/19）.

（二）属于本市地方性事务需要制定地方性法规的事项；

（三）国家专属立法权以外尚未制定法律和行政法规，根据本市实际，需要制定地方性法规的其他事项。

国家制定的法律或者行政法规生效后，地方性法规同法律或者行政法规相抵触的规定无效，应及时予以修改或者废止；对上位法已经明确规定的内容，地方性法规一般不做重复性规定。

第四条 地方性法规案的提出、审议和表决程序，由市人民代表大会规定。

制定本市地方性法规，涉及市人民代表大会职权和本行政区域特别重大的事项，以及市人民代表大会认为应当由其制定地方性法规的事项，应当提请市人民代表大会制定地方性法规。

在市人民代表大会闭会期间，常务委员会可以对市人民代表大会制定的地方性法规进行部分补充和修改，但不得同该法规的基本原则相抵触。

第五条 制定本市地方性法规应当遵循宪法的基本原则，不同宪法、法律、行政法规及自治区地方性法规相抵触，根据本行政区域的实际需要，突出地方特色，急需先立。

地方性法规规定的内容，应当明确、具体，具有针对性和可执行性。

地方性法规应当科学合理地规定公民、法人和其他组织的权利与义务、国家机关的权力与责任，避免地方保护主义和部门利益倾向。

第二章 市人民代表大会制定地方性法规程序

第六条 市人民代表大会主席团可以向市人民代表大会提出法规案，由市人民代表大会会议审议。

常务委员会、市人民政府、市中级人民法院、市人民检察院、市人民代表大会专门委员会，可以向市人民代表大会提出法规案。

第七条 一个代表团或者十名以上代表联名，可以向市人民代表大会提出法规案，由主席团决定是否列入会议议程，或者先交有关的专门委员会审议，提出是否列入会议议程的意见，再决定是否列入会议议程。

专门委员会审议法规案时，可以邀请提案人列席会议，发表意见。

第八条 向市人民代表大会提出法规案，在市人民代表大会闭会期间，可以先向常务委员会提出，经常务委员会依照本条例第三章规定的程序审议后，决定提请市人民代表大会审议，由常务委员会或者提案人向大会全体会议作说明。

第九条　常务委员会决定提请市人民代表大会审议的法规案，应当在会议举行 30 日前将法规案印发代表。

第十条　列入市人民代表大会会议议程的法规案，大会全体会议听取提案人法规案的说明后，由各代表团进行审议。

各代表团审议法规案时，提案人应当派人听取意见，回答询问；根据代表团的要求，有关机关、组织应当派人介绍情况。

第十一条　列入市人民代表大会会议议程的法规案，由市人民代表大会法制委员会根据各代表团的审议意见，对法规草案进行统一审议，向主席团提出审议结果的报告和法规草案修改稿，经主席团审议通过后，印发会议；对重要的不同意见应当在审议结果报告中予以说明。

第十二条　列入市人民代表大会会议议程的法规案，必要时，主席团常务主席可以召开各代表团团长会议，就法规案中重大问题听取各代表团的审议意见，进行讨论；也可以就法规案中的重大的专门性问题，召集代表团推选的有关代表进行讨论，并将讨论的情况和意见向主席团报告。

第十三条　列入市人民代表大会会议议程的法规案，在交付表决前，提案人要求撤回的，应当说明理由，经主席团同意，并向大会报告，对该法规案的审议即行终止。

第十四条　法规案在审议中有重大问题需要进一步研究的，经主席团提出，由大会全体会议决定，可以授权常务委员会根据代表的意见进一步审议，做出决定，并将决定情况向市人民代表大会下次会议报告；也可以授权常务委员会根据代表的意见进一步审议，提出修改方案，提请市人民代表大会下次会议审议决定。

第十五条　法规草案修改稿经各代表团审议，由市人民代表大会法制委员会根据各代表团的审议意见进行修改，提出法规草案表决稿，由主席团提请大会全体会议表决，由全体代表的过半数通过。

第三章　市人民代表大会常务委员会制定地方性法规程序

第十六条　常务委员会主任会议可以向常务委员会提出法规案，由常务委员会会议审议。

市人民政府、市中级人民法院、市人民检察院、市人民代表大会专门委员会，可以向常务委员会提出法规案，由主任会议决定列入常务委员会会议议程。主任会议认为法规案有重大问题需要进一步研究，可以建议提案人修改完善后再向常务委员会提出。

第十七条 常务委员会组成人员五人以上联名，可以向常务委员会提出法规案，由主任会议决定是否列入常务委员会会议议程，或者先交有关的专门委员会或工作委员会研究，并提出意见，再决定是否列入常务委员会会议议程。不列入议程的，应当向常务委员会会议报告或者向提案人说明。

市人民代表大会专门委员会审议法规案时，可以邀请提案人列席会议，发表意见。

第十八条 列入常务委员会会议议程的法规案，除特殊情况外，应当在举行会议的七日前将法规草案、法规草案说明及有关资料发给常务委员会组成人员。

第十九条 列入常务委员会会议议程的法规案，一般应当经过两次常务委员会会议审议后再交付表决。根据审议情况，仍有重大问题需要进一步研究的，由主任会议决定，也可以经过常务委员会会议第三次审议后再交付表决。

常务委员会会议第一次审议法规案，在全体会上听取提案人的说明，由分组会议进行审议。

常务委员会会议第二次审议法规案，在全体会上听取市人民代表大会法制委员会关于法规草案审议结果的报告，由分组会议对法规草案修改稿进行审议。

第二十条 列入常务委员会会议议程的内容单一的法规案和有关法规问题的决定案，审议时各方面意见比较一致的，可以经一次常务委员会会议审议后交付表决。

第二十一条 拟经一次常务委员会会议审议即交付表决的法规案，在常务委员会会议分组审议后，由市人民代表大会法制委员会根据各方面的意见进行统一审议，提出审议结果的报告和法规草案修改稿。

第二十二条 常务委员会审议法规案时，根据需要，可以邀请自治区、市人民代表大会代表列席会议，发表意见。

第二十三条 常务委员会分组会议审议法规案时，提案人应当派人听取意见，回答询问；根据审议的要求，有关机关、组织应当派人介绍情况。

第二十四条 列入常务委员会会议议程的法规案，由市人民代表大会法制委员会根据常务委员会组成人员、有关的专门委员会和其他有关方面提出的意见，对法规案进行统一审议，提出审议结果的报告和法规草案修改稿，对重要的不同意见应当在审议结果报告中予以说明。对有关专门委员会重要审议意见没有采纳的，应当向有关的专门委员会反馈。

市人民代表大会法制委员会审议法规案时，应当邀请有关专门委员会、工作委员会负责人和其他有关方面的专家学者列席会议，发表意见。

第二十五条　列入常务委员会会议议程的法规案，市人民代表大会法制委员会或常务委员会有关工作委员会应当通过调研、召开座谈会、论证会、听证会等多种形式广泛听取各方面的意见。

常务委员会法制工作委员会应当将法规草案修改稿发送有关机关、组织和自治区人民代表大会常务委员会有关工作委员会征求意见。

第二十六条　列入常务委员会会议议程的涉及人民群众切身利益的重要的法规案，经主任会议决定，可以将法规草案在《乌鲁木齐晚报》及其他媒体和网络上公布，广泛征求各方面意见，实行开门立法，扩展公民有序参与立法途径。

第二十七条　列入常务委员会会议议程的法规案，在交付表决前提案人要求撤回的，应当说明理由，经主任会议同意并向常务委员会报告，对该法规案的审议即行终止。

第二十八条　法规案经常务委员会三次审议后，仍有重大问题需要进一步研究的，由主任会议提出，经全体会议同意，可以暂不付表决，交市人民代表大会法制委员会进一步审议。

第二十九条　列入常务委员会会议审议的法规案，因各方面对制定该法规的必要性、可行性等重大问题存在较大意见分歧搁置审议满两年的，或者因暂不付表决经过两年没有再次列入常务委员会会议议程审议的，由主任会议向常务委员会报告，该法规案终止审议。

第三十条　法规草案修改稿经常务委员会会议审议，由市人民代表大会法制委员会根据常务委员会组成人员的审议意见进行修改，提出法规草案表决稿，由主任会议提请常务委员会全体会议表决，由常务委员会全体组成人员的过半数通过。

第四章　地方性法规解释

第三十一条　本市地方性法规需要进一步明确具体含义，或者地方性法规制定后出现新的情况需要明确适用法规依据的，由常务委员会解释。

第三十二条　市人民政府、市中级人民法院、市人民检察院、市人民代表大会专门委员会和区、县人民代表大会常务委员会可以向市人民代表大会常务委员会提出本市地方性法规解释要求。

第三十三条　常务委员会法制工作委员会研究拟定法规解释草案，由主任会议决定列入常务委员会会议议程。

第三十四条　法规解释草案经常务委员会会议审议，由市人民代表大会法制委员会根据常务委员会组成人员的审议意见进行审议、修改，提出法规解释草案表决稿。

第三十五条　法规解释草案表决稿，由常务委员会全体组成人员的过半数通过。

第三十六条　常务委员会的法规解释同法规具有同等效力。

第五章　其他规定

第三十七条　常务委员会根据本市行政区域的具体情况和实际需要，制定本市制定地方性法规规划和年度计划，并报自治区人民代表大会常务委员会备案。

第三十八条　向市人民代表大会及其常务委员会提出法规案，应当同时提出法规草案文本及其说明，并提供相关资料。法规草案的说明应当包括制定法规的必要性，主要内容以及重要问题协调处理情况等。

第三十九条　市人民代表大会及其常务委员会通过的法规和法规解释，在通过后十五日内，由常务委员会报送自治区人民代表大会常务委员会批准。经批准后由常务委员会发布公告予以公布。

第四十条　交付市人民代表大会及其常务委员会全体会议表决未获通过的法规案，如果提案人认为必须制定法规，可以按照本条例规定的程序重新提出，由主席团或主任会议决定是否列入会议议程；其中未获得市人民代表大会通过的法规案，应当提请市人民代表大会审议决定。

第四十一条　公布法规的公告，应当载明该法规的通过机关和日期，批准机关和日期。公告上刊登的地方性法规文本为标准文本。

法规公告公布后，应及时将法规标准文本在《乌鲁木齐晚报》、《乌鲁木齐人大》和乌鲁木齐人大之窗网站上刊登。

第四十二条　法规修改和废止程序适用制定程序。

法规部分条文被修改的，应当公布新的法规文本。

第四十三条　法规根据内容需要，可以分章、节、条、款、项、目。

章、节、条的序号用中文数字依次表述，款不编序号，项的序号用中文数字加括号依次表述，目的序号用阿拉伯数字依次表述。

第四十四条　常务委员会法制工作委员会可以对有关本市地方性法规具体问

题的询问进行研究，予以答复，并报告常务委员会备案。需要进行立法解释的按本条例第四章的规定执行。

　　第四十五条　常务委员会法制工作委员会应当将公布施行的地方性法规定期汇编成册。

　　第四十六条　制定地方性法规所需经费，应当列入财政预算，实行专款专用。

第六章　附　则

　　第四十七条　本条例自公布之日起施行。

兰州市地方立法条例*

（2001 年 3 月 15 日兰州市第十二届人民代表大会第六次会议通过，2001 年 3 月 30 日甘肃省第九届人大常委会第二十一次会议批准，根据 2010 年 4 月 29 日兰州市第十四届人大常委会第二十三次会议通过的关于《兰州市人民代表大会及其常务委员会立法程序的规定》的决定修正，2010 年 7 月 29 日甘肃省第十一届人大常委会第十六次会议批准，根据 2015 年 12 月 30 日兰州市第十五届人民代表大会及其常务委员会第二十八次会议《关于修改〈兰州市人民代表大会及其常务委员会立法程序的规定〉的决定》修正，2016 年 4 月 1 日甘肃省第十二届人大常委会第二十二次会议批准）

目　录

＊ 来源：中国法律法规信息库（http://law.npc.gov.cn/FLFG/index.jsp），http://law.npc.gov.cn/FLFG/flfgByID.action? flfgID＝35670410&showDetailType＝QW&keyword＝&zlsxid＝03（2016/11/23）.

第一章 总 则

第一条 为了规范市人民代表大会及其常务委员会的立法活动，维护法制统一，健全本市地方立法制度，提高立法质量，发挥立法的引领和推动作用，全面推进依法治市，根据《中华人民共和国地方各级人民代表大会和地方各级人民政府组织法》、《中华人民共和国立法法》、《中华人民共和国各级人民代表大会常务委员会监督法》等法律法规的有关规定，结合本市实际，制定本条例。

第二条 市人民代表大会及其常务委员会制定、修改、废止地方性法规及规范性文件的备案审查，适用本条例。

第三条 市人民代表大会及其常务委员会必须遵循立法的基本原则，科学立法、民主立法，坚持不抵触、可操作、有特色的地方立法原则，坚持从实际出发，依照法定权限和程序开展立法活动。

第四条 市人民代表大会及其常务委员会加强对立法工作的组织协调，发挥在立法工作中的主导作用。

第五条 市人民代表大会及其常务委员会根据本市的具体情况和实际需要，在不同宪法、法律、行政法规和甘肃省的地方性法规相抵触的前提下，可以对城乡建设与管理、环境保护、历史文化保护等方面的事项制定地方性法规。法律对设区的市制定地方性法规事项另有规定的，从其规定。

新修改的立法法施行之前已经制定的地方性法规，涉及本条第一款规定事项范围外的，继续有效。

第六条 市人民代表大会常务委员会建立和完善组成人员和工作人员立法工作学习培训制度、立法咨询专家制度和立法联系点制度，加强立法工作人才队伍建设。

第七条 地方性法规应当符合精细化立法的要求，条文设置应当科学、合理、明确、具体、实用，具有针对性和可操作性。

制定地方性法规，对上位法已经明确规定的内容，不作重复性规定。

第二章 立法项目库、五年立法规划、年度立法计划

第八条 市人民代表大会常务委员会通过建立立法项目库、编制五年立法规划和年度立法计划、建立健全立法协商制度等途径和方式，加强对立法工作的统

筹安排。

第九条 市人民代表大会常务委员会根据本市经济社会发展、民主法治建设、环境保护和生态文明建设的需要，常年向社会征集立法项目，建立立法项目库，并做好相应的日常维护更新工作。

立法项目库由常务委员会法制工作机构负责管理和运行，常务委员会其他工作机构配合协助。

常务委员会法制工作机构和其他工作机构应当认真研究和汲取代表议案和建议，广泛征集意见，科学评估论证，合理确定入库的立法项目和淘汰出库的立法项目。法制工作机构每年年底向常务委员会主任会议报告立法项目库的运行情况。

第十条 市人民代表大会常务委员会应当依据立法项目库，在每届代表大会第一次会议召开后的四个月之内编制完成本届五年立法规划。

第十一条 市人民代表大会代表、专门委员会、常务委员会各工作机构、市人民政府及其部门、市中级人民法院、市人民检察院、其他组织和社会团体、公民都可以提出制定、修改、废止地方性法规的建议。

市人民代表大会常务委员会法制工作机构根据各方面的意见建议和立法项目库，在常务委员会每届任期的最后一年拟订下一届五年立法规划草案，经新一届主任会议研究后，提请市人民代表大会常务委员会会议审议通过。

第十二条 市人民代表大会常务委员会主任会议应当根据五年立法规划，结合实际情况，于每年第一季度编制出年度立法计划。

常务委员会法制工作机构牵头年度立法计划的协调论证工作，其他工作机构予以配合，于每年第四季度拟定出下一年的年度立法计划草案，并负责向主任会议提交。

年度立法计划包括制定、修改、废止的立法项目和重点调研论证的立法项目以及立法评估等与立法有关的内容。

第十三条 编制年度立法计划，先由市人民代表大会常务委员会各工作机构对口征求有关部门和组织的意见，提出计划建议；然后由常务委员会法制工作机构统一汇总，根据市人民代表大会常务委员会工作要点、立法项目库、五年立法规划和上年度计划实施情况，提出本年度立法计划草案，由主任会议决定。

第十四条 五年立法规划和年度立法计划需要进行调整的，由常务委员会法制工作机构提出意见，提请主任会议决定。

第十五条 年度立法计划由市人民代表大会常务委员会印发，分项明确责任单位、完成时限、要求送审和安排审议的时间，并根据需要提出有关工作要求。提请审议的机关、起草单位和常务委员会有关工作机构应当认真组织实施。

拟制定、修改、废止的法规应当在年内按计划要求提请市人民代表大会或其常务委员会审议，确实不能按期送审的，应当向常务委员会主任会议说明原因。

重点调研论证的法规应当在年内完成调研论证工作，形成法规草案，其中比较成熟的可以及时提请审议。

第三章　法规起草

第十六条　市人民代表大会常务委员会主任会议、市人民代表大会专门委员会、市人民政府可以根据立法规划和计划组织专门起草小组或者指定有关部门起草法规。

市人民代表大会常务委员会组成人员可以起草或者委托他人起草法规。

综合性、全局性、基础性的重要法规草案，可以由有关的专门委员会、常务委员会工作机构组织起草。

专业性较强的法规草案，可以吸收相关领域的专家参与起草，或者委托有关专家、教学科研单位、社会组织起草。

负责起草法规的起草小组、部门、单位和个人，应当在规定时限内完成起草任务。

第十七条　起草法规必须提出法规草案和说明。

法规草案的基本内容包括：立法目的和依据、适用范围、基本原则、执法主体、权利义务、保障措施、法律责任、时效等。

法规草案说明的基本内容包括：制定、修改、废止法规的必要性、法律依据、起草过程、主要内容、分歧意见的协调情况和其他需要说明的问题。

第十八条　起草法规应当深入调查研究，广泛听取各方面的意见。实行立法公开，完善座谈、论证、听证、征询、咨询等制度，保证人民群众的利益诉求和意志主张充分表达。立法调研、座谈、论证、听证等活动应当邀请有关的市人民代表大会代表参加。

第十九条　市人民政府有关部门起草的法规草案中涉及两个以上部门行政管理权限或者其他重大问题有分歧意见的，市人民政府在提出法规案前应当负责做好协调工作。

第二十条　市人民代表大会专门委员会和常务委员会有关工作机构可以提前

介入政府有关部门和其他机构承担的法规起草工作，掌握工作进度，参与或组织调研论证，提出意见建议。

第二十一条　市人民代表大会常务委员会第一次审议的法规草案应当在常务委员会会议召开之前三十日报送法规草案的议案。市人民代表大会常务委员会有关工作机构应当做好法规草案议案的督促报送、资料接受和调研论证工作。

第四章　法规案的提出

第二十二条　市人民代表大会主席团可以向市人民代表大会提出法规案，由市人民代表大会会议审议。

市人民代表大会常务委员会、市人民政府、市人民代表大会专门委员会，可以向市人民代表大会提出法规案，由主席团决定列入会议议程。

第二十三条　一个代表团或者十名以上代表联名，可以向市人民代表大会提出法规案，由主席团决定是否列入会议议程，或者先交法制委员会审议，提出是否列入会议议程的意见，再决定是否列入会议议程。

法制委员会审议时，可以邀请提案人列席会议，发表意见。

第二十四条　市人民代表大会闭会期间，向代表大会提出的法规案可以先向常务委员会提出，经常务委员会依照本条例第六章规定的有关程序审议后，提请市人民代表大会会议审议。

第二十五条　市人民代表大会常务委员会主任会议可以向常务委员会提出法规案，由常务委员会会议审议。

市人民政府、市人民代表大会专门委员会可以向市人民代表大会常务委员会提出法规案，由主任会议决定列入常务委员会会议议程，或者先交有关专门委员会审议或常务委员会有关工作机构研究审查，提出报告，再决定列入常务委员会会议议程。如果主任会议认为法规案有重大问题需要进一步研究的，可以建议提案人修改完善后再向常务委员会提出。

第二十六条　市人民代表大会常务委员会组成人员五人以上联名，可以向常务委员会提出法规案，由主任会议决定是否列入常务委员会会议议程，或者先交有关专门委员会审议或常务委员会有关工作机构研究审查，提出是否列入会议议程的意见，再决定是否列入常务委员会会议议程。不列入常务委员会会议议程的，应当向常务委员会会议报告或者向提案人说明。

有关专门委员会审议或常务委员会有关工作机构研究审查法规案时，可以邀请提案人列席会议，发表意见。

第二十七条　市人民代表大会常务委员会决定提请市人民代表大会会议审议的法规案，一般应当在会议举行的三十日前将法规草案送交代表。

列入常务委员会会议议程的法规案，除特殊情况外，应当在会议举行的七日前将法规草案送交常务委员会组成人员。

第二十八条　向市人民代表大会及其常务委员会提出的法规案，在列入会议议程前，提案人有权撤回。

第二十九条　交付市人民代表大会及其常务委员会全体会议表决未获得通过的法规案，如果提案人认为必须制定该法规，可以按照本规定的有关程序重新提出，分别由主席团、主任会议决定是否列入会议议程。

第五章　市人民代表大会对法规案的审议和表决

第三十条　列入市人民代表大会会议议程的法规案，大会全体会议听取提案人的说明后，由各代表团进行审议。

各代表团审议法规案时，提案人应当听取意见，回答询问；根据代表团的要求，有关机关、组织应当派人介绍情况。

有关专门委员会可以向主席团提出书面审议意见。

第三十一条　列入市人民代表大会会议议程的法规案，由法制委员会根据各代表团和有关专门委员会的审议意见进行统一审议，向主席团提出审议结果报告和法规草案修改稿，重要的不同意见应当在审议结果报告中予以说明，经主席团会议审议通过后，印发会议。

第三十二条　列入市人民代表大会会议议程的法规案，必要时，主席团常务主席可以召开各代表团团长会议，就法规案中的重大问题听取各代表团的审议意见，进行讨论，并将讨论情况和意见向主席团报告。

主席团常务主席也可以就法规案中重大的专门性问题，召集代表团推选的有关代表进行讨论，并将讨论情况和意见向主席团报告。

第三十三条　列入市人民代表大会会议议程的法规案，在交付表决前，提案人要求撤回的，应当说明理由，经主席团同意并向大会报告，对该法规案的审议即行终止。

第三十四条　法规案在审议中有重大问题需要进一步研究的，经主席团提出，由大会全体会议决定，可以授权常务委员会根据代表的意见进一步审议作出决定,并将决定情况向市人民代表大会下次会议报告;也可以授权常务委员会根据代表的意见进一步审议提出修改方案,提请市人民代表大会下次会议审议决定。

第三十五条　法规草案修改稿经各代表团和有关专门委员会审议,由法制委员会根据审议意见进行修改,提出法规草案表决稿,由主席团提请大会全体会议表决,以全体代表的过半数通过。

第三十六条　市人民代表大会闭会期间,市人民代表大会常务委员会可以对市人民代表大会制定的法规进行部分补充和修改,按规定程序报经批准后公布施行,但是不得同该法规的基本原则相抵触。

第六章　市人民代表大会常务委员会对法规案的审议和表决

第三十七条　列入常务委员会会议议程的法规案,一般应当经两次常务委员会会议审议后交付表决。

常务委员会会议第一次审议法规案,在全体会议上听取提案人的说明,由分组会议进行审议。

常务委员会会议第二次审议法规案,在全体会议上听取市人民代表大会法制委员会关于法规审议结果的报告,由分组会议对其提出的法规草案修改稿进行审议。

常务委员会会议审议法规案时,可以根据需要召开联组会议或者全体会议,对法规草案中的主要问题或审议中不同重要意见进行讨论、辩论。

常务委员会审议法规案应当邀请有关的市人民代表大会的代表列席会议,应当通过多种形式征求市人民代表大会代表的意见,并将有关情况予以反馈。

第三十八条　理由充分的废止案、只有少量修改的修正案或修改决定、个别内容单一各方面意见比较一致的法规案,可以经一次常务委员会会议审议即交付表决。

经一次常务委员会会议审议即交付表决的法规案,在全体会议上听取提案人的说明和法制委员会的审议结果报告,由分组会议进行审议。

第三十九条　法规案经常务委员会两次会议审议后,仍有重大问题需要进一步研究,或者需要进行较大修改的,由主任会议提出,经常务委员会会议同意,可以暂不付表决,交法制委员会继续进行协调、审议和修改,提请常务委员会会议第三次审议后再付表决。

第三次审议法规案时，在常务委员会会议上听取法制委员会关于法规草案修改稿修改情况的汇报，由分组会议对其提出的法规草案修改二稿进行审议。

第四十条　常务委员会会议审议法规案时，提案人应当派人听取意见，回答询问；根据会议要求，有关机关、组织应当派人介绍情况。

第四十一条　常务委员会会议第一次审议法规案前，由市人民代表大会有关专门委员会审议或由常务委员会有关工作机构研究审查提出意见，经主任会议决定印发常务委员会会议。

常务委员会会议第一次审议结束后，市人民代表大会有关专门委员会或常务委员会有关工作机构应当根据会议审议意见，十个工作日内提出修改建议和草案修改建议稿，连同一审分组审议时常委会组成人员和列席人员的发言记录及其他相关资料一并移交常务委员会法制工作机构。

常务委员会法制工作机构对移交的修改建议和草案修改建议稿，应当认真组织研究和修改，为法制委员会、常务委员会的审议和主任会议作出相关决定做好准备工作。

第四十二条　列入常务委员会会议议程拟进入二审或三审的法规案，由法制委员会根据常务委员会组成人员的审议意见和市人民代表大会有关专门委员会、常务委员会有关工作机构及各方面提出的意见，对法规案进行统一审议，提出法规草案审议结果的报告和对法规草案二次审议稿修改意见的报告，以及法规草案二次审议稿或者三次审议稿。对重要的不同意见应当在报告中予以说明。

第四十三条　法制委员会审议法规案时，应当召开全体会议进行审议。根据需要，可以邀请市人民代表大会有关专门委员会、常务委员会有关工作机构负责人和立法咨询专家参加会议，发表意见；也可以要求法规起草单位、市人民政府法制工作部门和有关机关、组织派有关负责人说明情况。

第四十四条　市人民代表大会有关专门委员会之间、常务委员会工作机构之间对法规草案的重要问题意见不一致时，应当向常务委员会主任会议报告。

第四十五条　列入常务委员会会议议程的法规案，有关专门委员会、常务委员会有关工作机构应当听取各方面的意见。听取意见可以采取召开座谈会、论证会、听证会和书面征询等形式。

常务委员会法制工作机构应当将各方面的意见，及时整理，向法制委员会提出法规草案送审稿。

第四十六条　列入常务委员会审议的法规案，经常务委员会会议第一次审议后，应当将法规草案及其起草、修改的说明等向社会公布，征求意见，经主任会议决定不公布的除外。向社会公布征求意见的时间一般不少于三十日。征求意见的情况应当向社会通报。

各机关、组织和公民提出的意见，由常务委员会法制工作机构负责收集、整理，印送法制委员会和主任会议。

第四十七条 列入常务委员会会议议程的法规案，常务委员会有关工作机构应当向法制委员会和其他有关专门委员会、常务委员会提供审议所必需的有关材料。

第四十八条 列入常务委员会会议议程的法规案，在交付表决前，提案人要求撤回的，应当说明理由，经主任会议同意，并向常务委员会报告，对该法规案的审议即行终止。

第四十九条 列入常务委员会会议议程的法规案，因各方面对其必要性、可行性等重大问题存在较大分歧而搁置审议满两年，或者因暂不付表决经过两年没有再次列入常务委员会会议议程审议的，由主任会议向常务委员会报告，该法规案终止审议。

第五十条 拟提请常务委员会审议通过的法规案，在法制委员会提出审议结果前，常务委员会法制工作机构可以对法规草案中主要制度规范的可行性、法规出台时机、法规实施的社会效果和可能出现的问题等进行评估。评估情况由法制委员会在审议结果的报告中予以说明。

第五十一条 法制委员会对各种不同意见应当在审议结果报告中予以说明。对有关的专门委员会的审议意见和常务委员会工作机构的审查意见没有采纳的，应当予以反馈。法制委员会审议法规案时，应当邀请有关的专门委员会或者常务委员会工作机构的相关人员列席会议，发表意见。

第五十二条 法规草案或其二次审议稿、三次审议稿经常务委员会会议审议认为基本成熟的，由法制委员会根据常务委员会组成人员的审议意见进行修改，提出修改意见报告，由主任会议提请常务委员会全体会议表决，有修正案的先表决修正案，以常务委员会全体组成人员的过半数通过。常务委员会法制工作机构依照常务委员会表决通过的修改意见报告对修改稿或者修改二稿进行修改，形成法规表决通过稿。

对法规草案表决稿的修正案，应当由常务委员会组成人员五人以上联名书面提出，并写明修正的条款、依据和理由。经主任会议决定或者先交法制委员会审议提出意见后，再决定是否提请常务委员会会议进行表决。不提请会议表决的，应当向修正案的提出人说明。

第五十三条 法规草案表决稿交付常务委员会会议表决前,主任会议根据常务委员会会议审议的情况,可以决定将个别意见分歧较大的重要条款提请常务委员会会议单独表决。

单独表决的条款经常务委员会会议表决后,主任会议根据单独表决的情况,可以决定将法规草案表决稿交付表决,也可以决定暂不表决,交法制委员会和有关的专门委员会进一步审议。

第五十四条 多部法规涉及同类事项的个别条款需要修改的,可以一并提出法规案的,经主任会议决定,可以合并表决,也可以分别表决。

第七章　法规的报批和公布

第五十五条 市人民代表大会及其常务委员会通过的法规,由常务委员会提出报请批准的报告,连同该法规文本及其说明和必要的资料,一并报省人民代表大会常务委员会。修改的法规,还应当附报原法规或者与原法规的对照稿。

第五十六条 经省人民代表大会常务委员会批准的法规和修改、废止决定,由市人民代表大会常务委员会公布,并在常务委员会公报和中国兰州网、兰州人大网、《兰州日报》全文刊登。

在市人民代表大会常务委员会公报上刊登的法规为标准文本。

制定的法规以公告形式公布。公布修改决定,应同时公布根据修改决定修正后的法规。

省人民代表大会常务委员会在批准决定中要求修改的,由市人民代表大会常务委员会法制工作机构在公布前修改,并向法规的制定和批准机关备案。

第八章　法规的解释、施行和其他规定

第五十七条 市人民代表大会常务委员会相关的工作机构和法制工作机构应当会同法规实施机关共同做好法规公布后的新闻发布等宣传工作。

第五十八条 市人民代表大会及其常务委员会制定的法规,需要对其规定进一步明确具体含义,或者法规制定后出现新的情况,需要明确适用法规依据的,由市人民代表大会常务委员会解释。解释草案由常务委员会法制工作机构拟订,依照常务委员会审议、表决法规的程序通过后公布,报省人民代表大会常务委员会备案。法规解释同法规具有同等效力。

常务委员会法制工作机构可以对有关具体问题的法规询问进行研究予以答复，并报常务委员会备案。

第五十九条　法规的实施机关和施行日期由该法规作出规定。新制定法规的施行日期除必需即时生效的外，一般应当与公布时间相隔一至三个月；修改和废止的法规可以从公布之日起施行或者生效。

第六十条　市人民代表大会常务委员会对已经颁布实施的地方性法规或者法规中的有关规定进行立法后评估。立法后评估办法由常务委员会制定。

第六十一条　法规规定明确要求有关国家机关对专门事项作出配套的具体规定的，有关国家机关应当自法规施行之日起三个月内作出规定，市人民政府配套制定规章的可以自法规实施之日起六个月内完成，未能作出规定的，应当向市人民代表大会常务委员会说明情况。

第六十二条　新制定、修改的地方性法规实施满两年，实施部门应当组织法规实施情况的评估工作，并向市人民代表大会常务委员会书面报告法规实施情况。

第六十三条　应当制定地方性法规但条件尚不成熟的，因行政管理迫切需要，可以先制定市人民政府规章。规章实施满两年需要继续实施规章所规定的行政措施的，应当提请市人民代表大会或者常务委员会制定地方性法规。

第六十四条　没有法律、行政法规和本省、市地方性法规的依据，市人民政府规章不得设定减损公民、法人和其他组织权利或者增加其义务的规范。

第六十五条　市人民政府制定规章的立法规划和立法计划应当和市人民代表大会及其常务委员会制定地方性法规的立法规划和立法计划相衔接。

第六十六条　市人民政府起草规章应当深入调研、科学论证，征求各方面的意见，应当邀请有关的人大代表参与相关的立法活动。

第九章　备案与审查

第六十七条　在本行政区域内涉及公民、法人和其他组织权利义务、具有普遍约束力、可以反复适用的规范性文件，应当于公布之日起三十日内按下列规定报有关机关备案：

（一）本市地方性法规由市人民代表大会常务委员会向甘肃省人民代表大会常务委员会报送，再由甘肃省人民代表大会常务委员会报全国人民代表大会常务委员会和国务院备案；

（二）市人民政府制定的规章和发布的决定、命令等报国务院、甘肃省人民代表大会常务委员会、甘肃省人民政府和市人民代表大会常务委员会备案；

（三）市人民政府制定的其他规范性文件报市人民代表大会常务委员会备案；

（四）县（区）人民代表大会及其常务委员会的决议、决定报市人民代表大会常务委员会备案；

（五）县（区）人民政府的规范性文件报同级人民代表大会常务委员会备案；

（六）市、县（区）人民政府及其工作部门与其他机关联合制发的规范性文件，应当分别报同级人民代表大会常务委员会备案；

（七）乡（镇）人民代表大会的规范性文件报县（区）人民代表大会常务委员会备案；

（八）乡（镇）人民政府的规范性文件报同级人大主席团备案，街道办事处的规范性文件报同级人大工作委员会备案。

第六十八条 备案机关可以对报送备案的规范性文件进行主动审查，经审查，认为与法律、法规相抵触，或者超越法定权限及未按法定程序制定以及有其他不适当的情形，应当通知报送机关改正。经通知后仍不改正的，或者备案机关研究认为应当撤销的，依照相关规定依法处理。

第六十九条 市、县（区）代表大会及其常务委员会、人民政府、人民法院、人民检察院和认为本条例第六十七条所列的规范性文件同法律、法规相抵触，或者超越法定权限及未按法定程序制定以及有其他不适当的情形，可以向市、县（区）人民代表大会常务委员会书面提出审查要求，由常务委员会法制工作机构分送有关专门委员会或常务委员会工作机构审查，提出意见。

前款规定以外的其他国家机关、社会团体、企业事业组织以及公民认为本条例第六十七条所列的规范性文件同法律、法规相抵触，或者超越法定权限及未按法定程序制定以及有其他不适当的情形，可以向市、县（区）人民代表大会常务委员会书面提出审查建议，由常务委员会法制工作机构进行研究，必要时送有关专门委员会或常务委员会工作机构审查，提出意见。

第七十条 市、县（区）人民代表大会专门委员会或常务委员会工作机构在审查中认为报送的规范性文件同法律、法规相抵触，或者超越法定权限及未按法定程序制定以及有其他不适当的情形，可以向制定机关提出书面审查意见；也可以由法制委员会与有关的专门委员会或常务委员会工作机构召开联合审查会议，要求制定机关到会说明情况，再向制定机关提出书面审查意见。

第七十一条 市、县（区）人民代表大会法制委员会和有关的专门委员会或

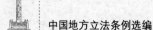

常务委员会工作机构认为报送的规范性文件同法律、法规相抵触，或者超越法定权限及未按法定程序制定以及有其他不适当的情形，而制定机关不予修改的，应当向主任会议提出书面审查意见和予以撤销的议案，由主任会议决定是否提请常务委员会会议审议决定。

第十章 附 则

第七十二条 本条例自公布之日起施行。2001 年 3 月 15 日兰州市第十二届人民代表大会第六次会议通过，根据 2010 年 4 月 29 日兰州市第十四届人大常委会第二十三次会议通过的《关于修改〈兰州市人民代表大会及其常务委员会立法程序的规定〉的决定》修正的《兰州市人民代表大会及其常务委员会立法程序的规定》同时废止。

银川市人民代表大会及其常务委员会立法程序规定[*]

（2001 年 2 月 28 日银川市第十一届人民代表大会第三次会议通过，2001 年 3 月 29 日宁夏回族自治区第八届人民代表大会常务委员会第十八次会议批准，2016 年 4 月 26 日银川市第十四届人民代表大会常务委员会第二十六次会议修订，2016 年 5 月 27 日宁夏回族自治区第十一届人民代表大会常务委员会第二十四次会议批准）

目 录

第一章 总 则

第一条 为了规范市人民代表大会及其常务委员会的立法活动，提高立法质量，发挥立法的引领和推动作用，推进依法治市，建设法治银川，根据《中华人民共和国地方各级人民代表大会和地方各级人民政府组织法》、《中华人民共和国立法法》等法律法规的规定，结合本市实际，制定本规定。

第二条 市人民代表大会及其常务委员会制定、解释、修改和废止地方性法

---

* 来源：银川人大网（http://rd.yinchuan.gov.cn/），http://rd.yinchuan.gov.cn/lfgz/flfg/201606/t20160607_122059.htm（2016/9/19）.

规，适用本规定。

第三条　市人民代表大会及其常务委员会制定地方性法规应当根据本市的具体情况和实际需要，体现和反映人民的意志和利益，不得同宪法、法律、行政法规和自治区的地方性法规相抵触。

第四条　市人民代表大会及其常委会根据本市的具体情况和实际需要，可以对城乡建设与管理、环境保护、历史文化保护等方面的事项制定地方性法规，法律另有规定的，从其规定。

制定地方性法规，对上位法已经明确规定的内容，一般不作重复性规定。

第二章　市人民代表大会立法程序

第五条　规定本市行政区域特别重大事项的地方性法规，应当由市人民代表大会通过。

第六条　市人民代表大会主席团可以向市人民代表大会提出法规案，由市人民代表大会会议审议。

市人民代表大会常务委员会（以下简称常务委员会）、市人民政府、市人民代表大会专门委员会，可以向市人民代表大会提出法规案，由主席团决定列入会议议程。

一个代表团或者代表十人以上联名，可以向市人民代表大会提出法规案，由主席团决定是否列入会议议程，或者先交市人民代表大会法制委员会（以下简称法制委员会）和有关专门委员会审议，提出报告，再由主席团决定是否列入会议议程。

第七条　在市人民代表大会闭会期间，向市人民代表大会提出的法规案，可以先向常务委员会提出，经常务委员会依照本规定的有关程序审议后，决定提请市人民代表大会审议，由常务委员会向大会全体会议作说明或者由提案人向大会全体会议作说明。

常务委员会依照前款规定审议法规案，应当通过多种形式征求市人民代表大会代表的意见；立法调研可以邀请有关的市人民代表大会代表参加。

第八条　列入市人民代表大会会议议程的法规案，大会全体会议听取提案人的说明后，由各代表团进行审议。

各代表团审议法规案时，提案人应当派人听取意见，回答询问；根据代表团的要求，有关机关、组织应当派人介绍情况。

第九条 列入市人民代表大会会议议程的法规案，由法制委员会根据各代表团的审议意见，对法规案进行统一审议和修改，向主席团提出审议报告和法规草案修改稿，审议报告应当对法规草案主要修改情况和重要的不同意见予以说明，经主席团会议审议通过后，印发会议。

第十条 法规草案修改稿经各代表团审议，由法制委员会根据各代表团的审议意见进行修改，提出法规草案表决稿，由主席团提请大会全体会议表决，由全体代表的过半数通过。

第十一条 列入市人民代表大会会议议程的法规案，在交付表决前，提案人要求撤回的，应当说明理由，经主席团同意，并向大会报告，对该法规案的审议即行终止。

第十二条 法规案在审议中有重大问题需要进一步研究的，经主席团提出，由大会全体会议决定，可以授权常务委员会根据代表的意见进一步审议，作出决定，并将决定情况向市人民代表大会下次会议报告；也可以授权常务委员会根据代表的意见进一步审议，提出修改方案，提请市人民代表大会下次会议审议决定。

第三章　市人民代表大会常务委员会立法程序

第十三条 市人民代表大会主席团交付常务委员会审议的法规案，由主任会议安排，提交常务委员会会议审议，也可以先交法制委员会审议，提出报告，再提交常务委员会会议审议。

主任会议可以向常务委员会提出法规案，由常务委员会会议审议。

市人民政府、市人民代表大会专门委员会，可以向常务委员会提出法规案，由主任会议决定列入常务委员会会议议程，或者先交法制委员会和有关专门委员会审议，提出报告，再决定列入常务委员会会议议程。

常务委员会组成人员五人以上联名，可以向常务委员会提出法规案，由主任会议决定是否列入会议议程，或者先交法制委员会和有关专门委员会审议，提出是否列入会议议程的意见，再由主任会议决定是否列入会议议程。不列入会议议程的，应当向提案人说明。

其他机关、团体或者组织可以向常务委员会提出制定法规的建议，由主任会议决定是否列入会议议程，或者先交法制委员会和有关专门委员会审议，提出是否列入会议议程的建议，再由主任会议决定是否列入会议议程，并且由主任会议向常务委员会提出法规案。不列入会议议程的，应当向提出建议的机关、团体或者组织说明。

法制委员会和有关专门委员会审议法规案或者立法建议时，可以邀请法规案提出人或者立法建议提出人列席会议，发表意见。

第十四条 列入常务委员会会议议程的法规案，一般应当经两次常务委员会会议审议后再交付表决。

常务委员会会议审议法规案时，应当邀请有关的市人民代表大会代表列席会议。

常务委员会会议审议法规案时，根据需要，可以召开联组会议或者全体会议，对法规草案的主要问题进行讨论。

法制委员会会议审议法规案时，应当邀请有关委员会的人员列席会议，发表意见；也可以根据需要，要求有关机关、团体、组织派有关负责人说明情况。

第十五条 常务委员会会议第一次审议法规案，在全体会议上听取提案人的说明，会议分组进行初步审议。

常务委员会会议第一次审议后的法规案，由法制委员会根据常务委员会组成人员的审议意见和各方面提出的意见，对法规案进行统一审议，向主任会议提出审议结果报告和法规草案修改稿，由主任会议决定提请常务委员会会议审议。审议结果报告中，对重要的不同意见应当说明，对有关专门委员会的重要不同意见没有采纳的，应当向有关专门委员会反馈。

第十六条 常务委员会会议第二次审议法规草案修改稿，在全体会议上听取法制委员会关于对法规案的审议结果报告，由分组会议进一步审议。

法规草案修改稿经常务委员会会议审议，由法制委员会根据常务委员会组成人员的审议意见进行修改，提出法规草案表决稿，由主任会议决定，提请常务委员会全体会议表决，由常务委员会全体组成人员的过半数通过。

第十七条 列入常务委员会会议议程的法规案，各方面意见比较一致的，也可以经一次常务委员会会议审议即可交付表决。

第十八条 列入常务委员会会议议程的法规案，法制委员会和有关专门委员会应当听取各方面意见。听取意见可以采取座谈会、论证会、听证会等形式。

第十九条 常务委员会会议分组审议法规案时，提案人应当派人听取意见，回答询问，介绍有关情况。

第二十条 列入常务委员会会议议程的法规案，应当在常务委员会会议初审后将法规草案向社会公布，征求意见，但是经主任会议决定不公布的除外。

第二十一条 列入常务委员会会议议程的法规案，在交付表决前，提案人要求撤回的，应当说明理由，经主任会议同意并向常务委员会会议报告，对该法规案的审议即行终止。

第四章 地方性法规的报批、备案、公布、解释、修改和废止

第二十二条 市人民代表大会及其常务委员会通过的地方性法规，报请自治区人民代表大会常务委员会批准，并按有关规定办理备案事宜。

经自治区人民代表大会常务委员会批准的地方性法规，由常务委员会发布公告，在银川人大网、银川日报上全文刊载。

第二十三条 法规的解释权属于常务委员会。法规有以下情况之一的，由常务委员会解释：

（一）法规的规定需要进一步明确具体含义的；

（二）法规制定后出现新的情况，需要明确适用法规依据的。

第二十四条 市人民政府、市中级人民法院、市人民检察院、市人民代表大会专门委员会和县级人民代表大会常务委员会，可以向常务委员会提出法规解释的要求。

第二十五条 常务委员会工作机构研究拟定法规解释草案，由主任会议提请常务委员会会议审议。

第二十六条 列入常务委员会会议议程的法规解释草案，经常务委员会会议审议，由法制委员会根据常务委员会组成人员的审议意见进行修改，提出法规解释草案表决稿，由主任会议提请常务委员会全体会议表决，由常务委员会组成人员过半数通过。

第二十七条 常务委员会审议通过的法规解释，报请自治区人民代表大会常务委员会批准后，由常务委员会发布公告予以公布。

第二十八条 市人民代表大会及其常务委员会制定的法规，需要修改或者废止的，由市人民代表大会及其常务委员会决定，其程序与制定法规的程序相同。

第二十九条 法规规定明确要求有关国家机关对专门事项作出配套的具体规定的，有关国家机关应当自法规施行之日起一年内作出规定，法规对配套的具体规定制定期限另有规定的，从其规定。有关国家机关未能在期限内作出配套的具体规定的，应当向常务委员会说明情况。

第三十条 常务委员会有关工作机构可以组织对有关法规或者法规中有关规定进行立法后评估。

第五章　其他规定

第三十一条　市人民代表大会及其常务委员会加强对立法工作的组织协调，发挥在立法工作中的主导作用。

第三十二条　提出法规案，应当同时提出法规草案文本及其说明，并提供必要的参阅资料。法规草案的说明应当包括制定或者修改该法规的必要性、可行性、起草过程和主要内容。

第三十三条　向市人民代表大会及其常务委员会提出的法规案，在列入会议议程前，提案人有权撤回。

第三十四条　交付市人民代表大会及其常务委员会全体会议表决未获得通过的法规案，如果提案人认为必须制定该法规，经过修改后，可以按照法定的程序重新提出，由主席团、主任会议决定是否列入会议议程；其中未获得市人民代表大会通过的法规案，应当提请市人民代表大会审议决定。

第三十五条　常务委员会决定提请市人民代表大会审议的法规案，应当在会议举行的一个月前将法规草案发给代表。

列入常务委员会会议议程的法规案，应当在会议举行的七日前将法规草案或者法规草案修改稿发给常务委员会组成人员。

第三十六条　常务委员会通过立法规划、年度立法计划等形式，加强对立法工作的统筹安排。

编制立法规划和年度立法计划，应当认真研究代表议案和建议，广泛征集意见，科学论证评估。

第三十七条　向市人民代表大会及其常务委员会提出法规案的，可以由提案人组织起草法规草案。

专业性较强的法规草案，可以吸收相关领域的专家参与起草工作，或者委托有关专家、教学科研单位、社会组织起草。

第三十八条　起草法规草案，应当依据国家法律、行政法规和自治区地方性法规，结合本市具体情况和实际需要，进行调查研究，广泛听取各方面的意见，充分论证。对不同意见，提出法规案的部门应当做好协调工作。

地方性法规应当包括法规名称、立法目的、立法依据和原则、适用范围、权利义务、法律责任、执法主体、生效时间等基本内容。

第三十九条　有关专门委员会和常务委员会工作机构，应当提前参与有关部门法规草案的起草工作。

第六章　附　则

第四十条　本规定自公布之日起施行。

太原市立法条例[*]

（2002 年 4 月 3 日太原市第十一届人民代表大会第一次会议通过，2002 年 5 月 24 日山西省第九届人民代表大会常务委员会第二十九次会议批准，2016 年 10 月 12 日太原市第十三届人民代表大会常务委员会第四十三次会议修订，2016 年 11 月 10 日山西省第十二届人民代表大会常务委员会第三十次会议批准）

第一章　总　则

第一条　为了规范地方立法活动，健全地方立法制度，提高立法质量，发挥立法的引领和推动作用，根据《中华人民共和国立法法》、《山西省地方立法条例》等有关法律、法规的规定，结合本市实际，制定本条例。

第二条　本条例适用于本市地方性法规的制定、修改、废止和解释等活动。

市人民政府规章的制定、修改、废止和备案审查，依照本条例有关规定执行。

---

[*] 来源：http://www.tyrd.gov.cn/2011/index.php? cid＝1&id＝7556（2017/5/11）.

第三条　本条例所称的地方性法规，是指市人民代表大会和市人民代表大会常务委员会按照法定职权和程序制定，报经山西省人民代表大会常务委员会批准的，在本市行政区域内实施的具有法律效力的规范性文件。

本条例所称规章，是指市人民政府按照法定职权和程序，根据法律、法规制定的实施细则、规定、规则、办法等规范性文件。

第四条　制定地方性法规和规章应当遵循立法法规定的基本原则，从国家整体利益和全市人民的根本利益出发，科学合理地规定公民、法人和其他组织的权利与义务、国家机关的权力与责任；坚持从实际出发，突出地方特色，解决实际问题。

地方性法规和规章内容应当明确、具体，具有针对性和可执行性，对上位法已经明确规定的内容，一般不作重复性规定。

第五条　制定地方性法规和规章应当发扬民主，广泛听取各方面意见，坚持立法公开，保障人民通过多种途径参与立法活动。

第六条　市人民代表大会及其常务委员会应当加强对地方立法工作的组织协调，健全地方立法工作机制，发挥在地方立法工作中的主导作用。

第七条　市人民代表大会及其常务委员会依照法律规定，制定城乡建设与管理、环境保护、历史文化保护等方面的地方性法规。

规定本市特别重大事项的地方性法规，应当由市人民代表大会通过。

在市人民代表大会闭会期间，常务委员会可以对市人民代表大会制定的地方性法规进行部分补充和修改，但是不得同该法规的基本原则相抵触。

第八条　市人民政府应当将立法经费列入本级财政预算，并予以保障。

第二章　立法规划和年度立法计划的编制

第九条　市人民代表大会常务委员会应当通过编制立法规划和年度立法计划等形式，加强对立法工作的统筹安排。

第十条　编制立法规划和年度立法计划，应当遵守下列规定：

（一）市人民政府应当在每届市人民代表大会第一次会议后的第一个月内向市人民代表大会常务委员会提出立法规划建议项目，并于每年的 10 月 30 日前向市人民代表大会常务委员会提出下一年度的立法计划建议项目。

（二）市人民代表大会各专门委员会、常务委员会各工作机构应当在每届市人民代表大会第一次会议后的第一个月内向市人民代表大会常务委员会提出立法规划建议项目，并于每年的 10 月 30 日前向市人民代表大会常务委员会提出下一年度的立法计划建议项目。

（三）县（市、区）人民代表大会常务委员会可以向市人民代表大会常务委员会提出立法建议，由市人民代表大会有关专门委员会或者常务委员会工作机构提出意见，于每年的10月30日前提交市人民代表大会常务委员会。

（四）社会团体、企业事业组织以及公民可以向市人民代表大会常务委员会提出立法建议，由市人民代表大会有关专门委员会或者常务委员会工作机构提出意见，于每年的10月30日前提交市人民代表大会常务委员会。

（五）市人民代表大会常务委员会法制工作委员会负责编制常务委员会的立法规划草案和年度立法计划草案，由法制委员会提请主任会议通过并向社会公布。

（六）编制立法规划和年度立法计划，应当认真研究代表提出的议案和建议，广泛征集意见，科学论证评估，根据本市经济社会发展和民主法治建设的需要，确定立法项目。

第十一条　立法规划和年度立法计划在实施过程中需要调整的，有关单位应当提出报告，经市人民代表大会常务委员会法制工作委员会会同有关专门委员会或者常务委员会工作机构进行研究，提出是否调整的意见，由主任会议决定。

第三章　法规草案的起草

第十二条　列入立法计划的法规项目，按照法规的性质和内容，由提案人负责组织起草。

专业性较强的法规草案，可以吸收相关领域的专家参与起草工作，或者委托有关专家、立法研究机构、教学科研单位、社会组织起草；综合性、全局性、基础性的重要法规草案，可以由有关专门委员会或者常务委员会工作机构组织起草。

承担法规起草工作的组织，应当按照立法计划的要求完成起草任务；不能如期完成起草任务的，应当向主任会议提出书面报告。

第十三条　起草法规草案，应当针对问题深入调查研究，广泛听取意见，遵循立法技术规范，提高法规草案质量。

第十四条　市人民政府向市人民代表大会及其常务委员会提出的法规草案，各部门之间有不同意见时，由市人民政府负责协调，并将协调处理情况向常务委员会说明。

第十五条　法规草案起草过程中，市人民代表大会有关专门委员会或者常务委员会工作机构应当提前参与法规草案起草工作，了解情况，提出建议和意见。

第四章　市人民代表大会立法程序

第十六条　市人民代表大会主席团可以向市人民代表大会提出法规案，由市人民代表大会会议审议。

市人民代表大会常务委员会、市人民政府、市人民代表大会各专门委员会可以向市人民代表大会提出法规案，由主席团决定列入会议议程。

第十七条　一个代表团或者市人民代表大会代表十人以上联名，可以向市人民代表大会提出法规案，由主席团决定是否列入会议议程，或者先交有关专门委员会审议，提出是否列入会议议程的意见，再决定是否列入会议议程。

有关专门委员会审议的时候，可以邀请提案人列席会议，发表意见。

第十八条　向市人民代表大会提出的法规案，在市人民代表大会闭会期间，可以先向常务委员会提出，经常务委员会会议依照本条例第五章规定的有关程序审议后，决定提请市人民代表大会审议，并由常务委员会向大会全体会议作说明，或者由提案人向大会全体会议作说明。

常务委员会依照前款规定审议法规案，应当通过多种形式征求市人民代表大会代表的意见，并将有关情况予以反馈；专门委员会和常务委员会工作机构进行立法调研，可以邀请有关的市人民代表大会代表参加。

第十九条　常务委员会决定提请市人民代表大会会议审议的法规案，应当在会议举行的三十日前将法规草案发给代表。

第二十条　列入市人民代表大会会议议程的法规案，大会全体会议听取常务委员会或者提案人的说明后，由各代表团进行审议。

各代表团审议法规案时，提案人应当派人听取意见，回答询问。

各代表团审议法规案时，根据代表团的要求，有关机关、组织应当派人介绍情况。

第二十一条　列入市人民代表大会会议议程的法规案，由有关专门委员会进行审议，并向主席团提出审议意见，印发会议。

第二十二条　列入市人民代表大会会议议程的法规案，由法制委员会根据各代表团和有关的专门委员会的审议意见，对法规案进行统一审议，并向主席团提出审议结果报告和法规草案修改稿，对重要的不同意见应当在审议结果报告中予以说明，经主席团会议审议通过后，印发会议。

第二十三条　列入市人民代表大会会议议程的法规案，必要时，主席团常务主席可以召开各代表团团长会议，就法规案中的重大问题听取各代表团的审议意见，进行讨论，并将讨论的情况和意见向主席团报告。

主席团常务主席也可以就法规案中的重大的专门性问题，召集代表团推选的有关代表进行讨论，并将讨论的情况和意见向主席团报告。

第二十四条　列入市人民代表大会会议议程的法规案，在交付表决前，提案人要求撤回的，应当说明理由，经主席团同意，并向大会报告，对该法规案的审议即行终止。

第二十五条　法规案在审议中有重大问题需要进一步研究的，经主席团提出，由大会全体会议决定，可以授权常务委员会根据代表的意见进一步审议，作出决定，并将决定情况向市人民代表大会下次会议报告；也可以授权常务委员会根据代表的意见进一步审议，提出修改方案，提请市人民代表大会下次会议审议决定。

第二十六条　法规草案修改稿经各代表团审议，由法制委员会根据各代表团的审议意见进行修改，提出法规草案表决稿，由主席团提请全体会议表决，由全体代表的过半数通过。

第五章　市人民代表大会常务委员会立法程序

第二十七条　主任会议可以向常务委员会提出法规案，由常务委员会会议审议。

市人民政府、市人民代表大会各专门委员会可以向常务委员会提出法规案，由主任会议决定列入常务委员会会议议程，或者先交有关专门委员会审议、常务委员会有关工作机构研究，提出报告，再决定列入常务委员会会议议程。如果主任会议认为法规案有重大问题需要进一步研究的，可以建议提案人修改完善后再向常务委员会提出。

第二十八条　常务委员会组成人员五人以上联名，可以向常务委员会提出法规案，由主任会议决定是否列入常务委员会会议议程，或者先交有关专门委员会审议、常务委员会有关工作机构研究，提出是否列入会议议程的意见，再决定是否列入常务委员会会议议程。不列入常务委员会会议议程的，应当由主任会议向常务委员会会议报告或者向提案人说明。

有关专门委员会审议或者常务委员会工作机构研究的时候，可以邀请提案人列席会议，发表意见。

第二十九条　列入常务委员会会议议程的法规案，提案人应当在常务委员会会议举行的二十日前，将法规草案、说明和相关资料报常务委员会；常务委员会办公厅应当在常务委员会会议举行的七日前，将法规草案、说明和相关资料印发常务委员会组成人员。

常务委员会会议审议法规案时，应当邀请有关的市人民代表大会代表列席会议。

第三十条　列入常务委员会会议议程的法规案，一般应当经两次常务委员会会议审议后，再交付表决。涉及面广、内容复杂或者在常务委员会会议第二次审议时，对法规案中的重大问题意见分歧较大的，经主任会议决定，可以经三次常务委员会会议审议后再交付表决。内容比较简单或者属于部分修改的法规案，各方面意见比较一致的，可以经一次常务委员会会议审议即交付表决。

列入常务委员会会议议程的法规案，可以实行隔次审议。

第三十一条　法规案在常务委员会第一次会议审议前，由有关专门委员会或者常务委员会工作机构，提出审议或者研究意见，印发常务委员会会议。

有关专门委员会审议或者常务委员会工作机构研究法规案时，应当召开全体会议审议或者研究，根据需要，可以要求有关机关、组织派有关负责人说明情况。

有关专门委员会审议或者常务委员会工作机构研究法规案时，可以邀请其他专门委员会或者常务委员会工作机构的成员列席会议，发表意见。

第三十二条　常务委员会会议第一次审议法规案，在全体会议上听取提案人的说明，由分组会议进行初步审议。

常务委员会会议第一次审议法规案时提出的意见，由有关专门委员会或者常务委员会工作机构进行审议或者研究，并提出修改意见。修改意见应当于常务委员会会议第一次审议后十日内送法制工作委员会。

第三十三条　列入常务委员会会议议程的法规案，由法制委员会根据常务委员会组成人员、有关专门委员会的审议意见和各方面提出的意见，对法规案进行统一审议，提出审议结果报告和法规草案修改稿，对重要的不同意见应当在审议结果报告中予以说明。对有关专门委员会的审议意见没有采纳的，应当向有关专门委员会反馈。

常务委员会会议第二次审议法规案，在全体会议上听取法制委员会关于法规草案审议结果的报告，由分组会议对法规草案修改稿进行审议。

第三十四条　常务委员会会议审议法规案时，根据需要，主任会议可以决定召开联组会议或者全体会议，对法规案中的主要问题进行讨论。

第三十五条　常务委员会分组会议审议法规案时，提案人应当派人听取意见，回答询问。

常务委员会分组会议审议法规案时，根据小组的要求，有关机关、组织应当派人介绍情况。

第三十六条　常务委员会会议审议法规案时，常务委员会办公厅应当收集整理分组审议的意见和各方面提出的意见以及其他有关资料，分送法制委员会和有关专门委员会、常务委员会工作机构，并根据需要，印发常务委员会会议。

第三十七条　委员会之间对法规草案的重要问题意见不一致时，应当向主任会议报告。

第三十八条　列入常务委员会会议议程的法规案，法制委员会和有关专门委员会、常务委员会工作机构应当听取有关方面的意见。听取意见可以采取座谈会、论证会、听证会、实地考察等形式。

法规案有关问题专业性较强，需要进行可行性评价的，应当召开论证会，听取有关专家、部门和市人民代表大会代表等方面的意见。论证情况应当向常务委员会报告。

法规案有关问题存在重大意见分歧或者涉及利益关系重大调整，需要进行听证的，应当召开听证会，听取有关基层和群体代表、部门、人民团体、专家、市人民代表大会代表和社会有关方面的意见。听证情况应当向常务委员会报告。

第三十九条　列入常务委员会会议议程的法规案，经常务委员会会议审议后，应当将法规草案及其起草、修改的说明向社会公布，征求意见。但是经主任会议决定不公布的除外。向社会公布征求意见的时间一般不少于三十日，征求意见情况应当向社会通报。

第四十条　拟提请常务委员会会议审议通过的法规案，在法制委员会提出审议结果报告前，法制工作委员会可以对法规案中主要制度规范的可行性、法规出台时机、法规实施的社会效果和可能出现的问题等进行评估。评估情况由法制委员会在审议结果报告中予以说明。

第四十一条　列入常务委员会会议议程的法规案，在交付表决前，提案人要求撤回的，应当说明理由，经主任会议同意，并向常务委员会报告，对该法规案的审议即行终止。

第四十二条　法规案经常务委员会两次会议审议后，仍有重大问题需要进一步研究的，由主任会议提出，经全体会议同意，可以暂不付表决，交法制委员会进一步审议。

第四十三条　列入常务委员会会议审议的法规案，因各方面对制定该法规的必要性、可行性等重大问题存在较大意见分歧搁置审议满两年的，或者因暂不付表决经过两年没有再次列入常务委员会会议议程审议的，由主任会议向常务委员会报告，终止该法规案的审议。

第四十四条 法规草案修改稿经常务委员会会议审议后，由法制委员会根据常务委员会组成人员的审议意见进行修改，提出法规草案表决稿，由主任会议提请常务委员会全体会议表决，由常务委员会全体组成人员的过半数通过。

法规草案表决稿交付常务委员会会议表决前，主任会议根据常务委员会会议审议的情况，可以决定将个别意见分歧较大的重要条款提请常务委员会会议单独表决。

单独表决的条款经常务委员会会议表决后，主任会议根据单独表决的情况，可以决定将法规草案表决稿交付表决，也可以决定暂不付表决，交法制委员会和有关专门委员会进一步审议。

第四十五条 常务委员会会议一次审议即交付表决的法规案，在全体会议上听取提案人的说明，经分组会议审议后，由法制委员会根据常务委员会组成人员审议意见进行审议、修改，提出法规草案表决稿，由主任会议提请常务委员会全体会议表决，由常务委员会全体组成人员的过半数通过。

第四十六条 对多部法规中涉及同类事项的个别条款进行修改，一并提出法规案的，经主任会议决定，可以合并表决，也可以分别表决。

第六章　法规的解释、修改与废止

第四十七条 市人民代表大会及其常务委员会制定的法规的解释权属于市人民代表大会常务委员会。

法规有以下情况之一的，由常务委员会解释：

（一）法规的规定需要进一步明确具体含义的；

（二）法规制定后出现新的情况，需要明确适用法规依据的。

第四十八条 市人民政府、市人民代表大会各专门委员会以及各县（市、区）人民代表大会常务委员会可以向市人民代表大会常务委员会提出法规解释要求。

第四十九条 市人民代表大会常务委员会法制工作委员会拟定法规解释草案，由主任会议决定列入常务委员会会议议程。

第五十条 法规解释草案经常务委员会会议审议后，法制委员会根据常务委员会组成人员的审议意见提出法规解释草案表决稿。

法规解释草案表决稿由常务委员会全体组成人员的过半数通过，由常务委员会发布公告予以公布，并报省人民代表大会常务委员会备案。

第五十一条 常务委员会的法规解释同法规具有同等效力。

第五十二条 市人民代表大会及其常务委员会应当适时修改或者废止法规。

法规的修改或者废止程序，适用本条例第四章、第五章和第八章的有关规定。

市人民代表大会及其常务委员会修改或者废止的地方性法规，由市人民代表大会常务委员会报经省人民代表大会常务委员会批准后，发布公告予以公布。

法规部分条文修改的，必须公布修改后的法规文本。

第七章　规章的制定及其备案审查程序

第五十三条 市人民政府规章由有关部门或者市人民政府法制机构具体负责起草。

市人民政府规章起草工作完成后，起草单位应当将草案及其说明、各方面对草案主要问题的不同意见和其他有关资料送市人民政府法制机构进行审查。

市人民政府规章应当经市政府常务会议或者全体会议决定，由市长签署命令予以公布。

第五十四条 市人民政府规章的制定、修改、废止的具体程序，根据《中华人民共和国立法法》、国务院《规章制定程序条例》和本条例的规定，由市人民政府规定。

第五十五条 市人民政府制定的规章，应当自公布之日起三十日内，报送市人民代表大会常务委员会备案。

报送备案的规章应当包括备案报告、规章文本和说明。

第五十六条 市人民代表大会常务委员会办公厅负责对备案规章进行登记、存档。

市人民代表大会有关专门委员会、常务委员会工作机构负责对备案规章进行审查、研究。

第五十七条 市人民政府规章有下列情形之一的，应当修改或者废止：

（一）超越权限的；

（二）同宪法、法律、行政法规、本省、市地方性法规和省人民政府规章相抵触的；

（三）规章之间对同一事项的规定不一致，经裁决应当改变或者撤销市人民政府规章的规定的；

（四）规章的规定被认为不适当，应当予以改变或者撤销的；

（五）违背法定程序的。

依照前款规定，市人民政府对规章不予修改或者废止的，市人民代表大会常务委员会应当依法予以撤销。

第五十八条 市人民代表大会有关专门委员会、常务委员会工作机构在审查、研究中认为市人民政府制定的规章同宪法、法律、行政法规和本省、市地方性法规相抵触，或者不适当的，可以向市人民政府提出书面意见。市人民政府接到书面意见后，应当在六十日内依照法定程序自行修改或者废止，并向有关专门委员会或者常务委员会工作机构反馈；市人民政府不予修改或者废止的，由主任会议提请常务委员会会议予以撤销。

第五十九条 市中级人民法院、市人民检察院、县（市、区）人民代表大会常务委员会认为市人民政府规章同宪法、法律、行政法规和本省、市地方性法规相抵触，或者不适当的，可以向市人民代表大会常务委员会书面提出进行审查的要求，由市人民代表大会有关专门委员会、常务委员会工作机构进行审查、研究，并提出意见。

前款规定以外的其他国家机关和社会团体、企业事业组织以及公民认为市人民政府规章同宪法、法律、行政法规和本省、市地方性法规相抵触，或者不适当的，可以向市人民代表大会常务委员会书面提出进行审查的建议，由市人民代表大会常务委员会工作机构进行研究，并提出意见。

第六十条 市人民代表大会常务委员会对市人民政府规章作出的撤销决定，由常务委员会发布公告予以公布。

第八章 其他规定

第六十一条 提出法规案，应当同时提出法规草案文本及其说明，并提供必要的参阅资料。修改法规的，还应当提交修改前后的对照文本。法规草案的说明应当包括制定或者修改法规的必要性、可行性和主要内容，以及在起草过程中对重大不同意见的协调处理情况。

第六十二条 向市人民代表大会及其常务委员会提出的法规案，在列入会议议程前，提案人有权撤回。

第六十三条 交付市人民代表大会及其常务委员会全体会议表决未获通过的法规案，如果提案人认为必须制定该法规，可以按照本条例规定的程序重新提出，由主席团或者主任会议决定是否列入会议议程；其中，未获市人民代表大会通过的法规案，应当提请市人民代表大会审议决定。

第六十四条　法规应当明确规定施行的日期。

第六十五条　市人民代表大会及其常务委员会制定的法规授权市人民政府制定配套的具体规定的，市人民政府应当自地方性法规实施之日起一年内制定，并报常务委员会备案。市人民政府未能在期限内作出配套的具体规定的，应当向常务委员会说明情况。

第六十六条　市人民代表大会或者常务委员会通过的法规，应当报请省人民代表大会常务委员会批准。

常务委员会办公厅应当在法规通过之日起十五日内将报请批准的书面报告、法规文本及其说明报送省人民代表大会常务委员会。

第六十七条　经市人民代表大会或者常务委员会通过、省人民代表大会常务委员会批准的法规，应当及时在市人民代表大会常务委员会公报、网站以及《太原日报》上发布公告，予以公布。

在常务委员会公报上刊登的地方性法规文本为标准文本。

第六十八条　地方性法规实施后，市人民代表大会有关专门委员会、常务委员会工作机构可以适时组织对有关地方性法规或者地方性法规中的有关规定进行立法后评估。评估情况应当向常务委员会报告。

第六十九条　市人民代表大会常务委员会应当根据法律、行政法规和山西省地方性法规的制定或者修改情况，以及本市地方性法规实施的具体情况，及时对本市地方性法规进行清理。

第七十条　市人民代表大会常务委员会根据工作需要，可以建立立法研究咨询基地、立法咨询专家库和基层立法联系点等制度。

第七十一条　对实施本市地方性法规的有关具体问题的询问，由常务委员会法制工作委员会研究予以答复，并报常务委员会备案。

第九章　附　则

第七十二条　本条例自公布之日起施行。1988 年 12 月 29 日市人民代表大会常务委员会通过 1998 年 2 月 27 日修正的《太原市人大常委会制定地方性法规的程序》同时废止。

合肥市人民代表大会及其常务委员会立法条例 *

（2001 年 1 月 12 日合肥市第十二届人民代表大会常务委员会第四次会议通过，2001 年 5 月 31 日安徽省第九届人民代表大会常务委员会第二十三次会议批准，根据 2009 年 6 月 20 日安徽省第十一届人民代表大会常务委员会第十二次会议关于批准《合肥市人民代表大会常务委员会关于修改〈合肥市人民代表大会及其常务委员会立法条例〉的决定》的决议第一次修正，根据 2016 年 5 月 27 日安徽省第十二届人民代表大会常务委员会第二十九次会议关于批准《合肥市人民代表大会常务委员会关于修改〈合肥市人民代表大会及其常务委员会立法条例〉的决定》的决议第二次修正）

目 录

第一章　总　则

第一条　为了规范地方立法工作，提高地方立法质量，发挥立法的引领和推动作用，根据《中华人民共和国立法法》，结合本市实际，制定本条例。

＊ 来源：安徽人大网（http://www.ahrd.gov.cn），http://www.ahrd.gov.cn/npcweb/web/info_view.jsp? strId＝1464594360485080（2017/5/18）.

第二条　市人民代表大会及其常务委员会制定、修改、废止和解释法规，适用本条例。

第二章　立法权限

第三条　规定属于法定立法权限范围内的特别重大事项的法规，应当由市人民代表大会通过。

第四条　在市人民代表大会闭会期间，常务委员会可以对市人民代表大会制定的法规进行补充和修改，但是不得同该法规的基本原则相抵触。

第五条　市人民代表大会及其常务委员会通过的法规，报经省人民代表大会常务委员会批准后，由市人民代表大会常务委员会公布施行。

第三章　市人民代表大会立法程序

第六条　市人民代表大会主席团可以向市人民代表大会提出法规案，由市人民代表大会会议审议。

市人民代表大会常务委员会、市人民政府、市人民代表大会有关专门委员会，可以向市人民代表大会提出法规案，由主席团决定列入会议议程。

第七条　一个代表团或者十名以上的代表联名，可以向市人民代表大会提出法规案，由主席团决定是否列入会议议程，或者先交有关专门委员会审议，提出是否列入会议议程的意见，再决定是否列入会议议程。

第八条　向市人民代表大会提出的法规案，在市人民代表大会闭会期间，可以先向常务委员会提出，经常务委员会会议审议后，决定提请市人民代表大会审议，由常务委员会或者提案人向大会全体会议作说明。

第九条　市人民代表大会常务委员会决定提请市人民代表大会审议的法规案，应当在会议举行一个月前将法规草案发给代表。

第十条　列入市人民代表大会会议议程的法规案，大会全体会议听取常务委员会或者提案人的说明后，由各代表团进行审议。

各代表团审议法规案时，提案人应当到会听取意见，回答询问；有关机关、组织应当根据代表团的要求，派人介绍有关情况。

第十一条　市人民代表大会法制委员会根据各代表团的审议意见和其他方面的意见对法规案进行统一审议，向主席团提出审议结果报告和法规草案修改稿，对重要的不同意见应当在审议结果报告中予以说明，经主席团会议审议通过后，印发会议。

第十二条 列入市人民代表大会会议议程的法规案，必要时，主席团常务主席可以召开各代表团团长会议，也可以召开各代表团推选的有关代表会议，就法规草案中的重大问题进行讨论，并将讨论的情况和意见向主席团报告。

第十三条 法规案在交付表决前，提案人要求撤回的，应当说明理由，经主席团同意，并向大会报告，对该项法规案的审议即行终止。

第十四条 法规案在审议中有重大问题需要进一步研究的，经主席团提出，由大会全体会议决定，可以授权市人民代表大会常务委员会根据代表的意见进一步审议，作出决定，并将决定情况向市人民代表大会下次会议报告；也可以授权常务委员会根据代表的意见进一步审议，提出修改方案，提请市人民代表大会下次会议审议决定。

第十五条 法规草案修改稿经各代表团审议后，由法制委员会根据审议的意见进行修改，提出审议结果的报告和法规草案表决稿，由主席团提请大会全体会议表决，由全体代表的过半数通过。

第四章　市人民代表大会常务委员会立法程序

第十六条 市人民代表大会常务委员会主任会议可以向常务委员会提出法规案，由常务委员会会议审议。

市人民政府、市人民代表大会有关专门委员会，可以向常务委员会提出法规案，由主任会议决定列入常务委员会会议议程，也可以先交有关专门委员会审议或者工作机构研究，提出报告，再决定是否列入常委会会议议程。如果主任会议认为该法规案有重大问题需要进一步研究的，可以建议提案人修改完善后再向常务委员会提出。

常务委员会组成人员五人以上联名，可以向常务委员会提出法规案，由主任会议决定是否列入常务委员会会议议程；或者先交市人民代表大会有关专门委员会审议或者常务委员会有关工作机构研究，提出是否列入会议议程的意见，再决定是否列入常务委员会会议议程。不列入常务委员会会议议程的，由主任会议委托有关专门委员会或者常务委员会有关工作机构，向常务委员会会议报告或者向提案人说明。

有关专门委员会审议或者有关工作机构研究法规案时，应当邀请提案人列席会议，发表意见。

第十七条 拟提请市人民代表大会常务委员会第一次审议的法规案，应当于常务委员会会议召开二十日前，报送常务委员会办公厅，办公厅应当及时将法规草案分送有关工作机构。

常务委员会办公厅应当将法规草案文本、立法依据、法规草案的说明以及有关专门委员会或者工作机构审查意见的报告，于常务委员会会议召开七日前送交常务委员会组成人员。

第十八条 列入市人民代表大会常务委员会会议议程的法规案，有关专门委员会和常务委员会有关工作机构应当采取座谈会、论证会、听证会等多种形式听取各方面的意见。

常务委员会有关工作机构应当开展立法协商协调，充分听取政协委员、民主党派、工商联、无党派人士、人民团体、社会组织以及有关专家、立法咨询专家的意见和建议；充分听取有关部门、行政管理相对人和社会有关方面的意见和建议，整理后印发常务委员会会议。

有关专门委员会和工作机构进行立法调研时，可以邀请有关的市人民代表大会代表参加。

在法规草案提请常务委员会会议再次审议前，法制工作委员会应当召开立法咨询专家论证会，并邀请省人民代表大会常务委员会有关工作机构人员参加，听取意见。

第十九条 市人民代表大会常务委员会建立基层立法联系点制度，发挥基层单位在立法中的作用。

法规草案应当在合肥人大网站、《合肥日报》和其他媒体上公布，征求社会意见。

鼓励社会公众参与立法工作，对公众提出的意见和建议进行认真分析和研究，并以适当方式予以反馈。

第二十条 列入市人民代表大会常务委员会会议议程的法规案一般应当经常务委员会两次会议审议后交付表决。

对法规案审议意见比较一致的，可以经一次常务委员会会议审议后交付表决。

部分修改的法规案和废止法规案，各方面意见比较一致的，也可以经一次常务委员会会议审议即交付表决。

第二十一条 市人民代表大会常务委员会会议第一次审议时，在全体会议上听取提案人的说明，印发或者听取有关专门委员会或者工作委员会的审查意见，由分组会议审议。

常务委员会会议第二次审议时，法制委员会在全体会议上作关于法规草案修改情况的说明，由分组会议对法规草案修改稿进行审议；根据常务委员会组成人员审议意见和各方面提出的意见，法制委员会在全体会议上作关于法规草案审议结果的报告，提出法规草案表决稿。

第二十二条　经市人民代表大会常务委员会会议一次审议即可以交付表决的法规案，在全体会议上听取提案人的说明，印发或者听取有关专门委员会或者工作委员会的审查意见，由分组会议审议；法制委员会在全体会议上作关于法规草案审议结果的报告，并提出法规草案表决稿。

第二十三条　市人民代表大会常务委员会会议审议法规案时，应当邀请有关的市人民代表大会代表列席会议，提案人以及有关机关、组织应当到会听取审议意见，回答询问。

第二十四条　市人民代表大会法制委员会根据常务委员会组成人员的审议意见和有关工作机构以及其他方面提出的意见，对法规案进行统一审议，提出修改情况的汇报以及草案修改稿，对重要的不同意见应当在修改情况的汇报中予以说明；对常务委员会有关工作机构的重要意见没有采纳的，应当向其反馈。

第二十五条　市人民代表大会法制委员会审议法规案时，应当邀请常务委员会有关工作机构负责人列席会议，发表意见；根据需要，可以要求有关机关、组织到会说明情况。

第二十六条　市人民代表大会常务委员会各工作委员会之间对法规案中的重要问题意见经协商后仍不一致时，法制委员会应当向主任会议报告。

第二十七条　法规草案修改稿经市人民代表大会常务委员会分组会议或者全体会议审议后，由法制委员会修改后提出法规草案表决稿，由主任会议提交常务委员会全体会议表决，由常务委员会全体组成人员过半数通过。

在法规案提交常务委员会全体会议表决前，对个别争议较大的重要条款，经主任会议决定，可以提请常务委员会会议先对该条款单独表决，再对法规案进行表决。

单独表决的条款经常务委员会会议表决后，主任会议根据单独表决的情况，可以决定将法规草案表决稿交付表决，也可以决定暂不交付表决，交法制委员会进一步审议。

第二十八条　列入市人民代表大会常务委员会会议议程的法规案，在交付表决前，提案人要求撤回的，应当说明理由，经主任会议同意并向常务委员会报告，对该法规案的审议即行终止。

第二十九条　法规案经市人民代表大会常务委员会两次会议审议后，仍有重大问题需要进一步研究的，由主任会议提出，经常务委员会全体会议同意，可以暂不交付表决，交市人民代表大会法制委员会进一步审议。

第三十条　列入市人民代表大会常务委员会会议审议的法规案，因各方面意见分歧较大搁置满两年的，或者因暂不交付表决经过两年没有再次列入常务委员会会议议程的，由主任会议向常务委员会报告，该法规案终止审议。

第五章　法规的解释

第三十一条　市人民代表大会及其常务委员会制定的法规有以下情况之一的，由市人民代表大会常务委员会解释：

（一）需要进一步明确具体含义的；

（二）实施后出现新的情况，需要明确适用依据的。

第三十二条　市人民政府、市中级人民法院、市人民检察院和市人民代表大会法制委员会、市人民代表大会常务委员会有关工作委员会以及县（市）区人民代表大会常务委员会可以向市人民代表大会常务委员会提出对本市法规解释的要求。

第三十三条　市人民代表大会常务委员会法制工作委员会应当会同有关工作机构研究拟订法规解释草案，由主任会议决定列入常务委员会会议议程。

第三十四条　法规解释草案经市人民代表大会常务委员会会议审议，由法制委员会根据常务委员会组成人员的审议意见进行审议、修改，提出法规解释草案表决稿，由常务委员会全体组成人员的过半数通过。报经省人民代表大会常务委员会批准后，由市人民代表大会常务委员会公布。法规解释与法规具有同等效力。

第三十五条　市人民政府及其主管部门对市人民代表大会及其常务委员会制定的有关法规作出的具体应用问题的解释，应当报市人民代表大会常务委员会备案。

第六章　其他规定

第三十六条　市人民代表大会常务委员会应当编制立法规划和年度立法计

划，并以书面形式报省人民代表大会常务委员会。

立法计划由常务委员会主任会议组织实施；实施过程中，因情况变化需要调整的，由常务委员会主任会议决定。

编制立法规划和制定年度立法计划，按照下列程序进行：

（一）市人民政府、市中级人民法院、市人民检察院和市人民代表大会各专门委员会、各县（市、区）人民代表大会常务委员会，可以向市人民代表大会常务委员会提出立法项目建议。

本市其他国家机关、人民团体、社会组织和公民个人，也可以提出立法项目建议。

有关机关、团体、组织提出立法项目建议，应当提交《立法项目建议书》，主要内容包括：法规名称、立法依据、立法的宗旨和目的、需要解决的主要问题和主要制度设计、起草法规的单位和提请审议的时间安排等。

（二）法制工作委员会应当在每届任期第一年编制立法规划草案，在每年第三季度拟订下一年度立法计划草案，由常务委员会主任会议决定，印发常委会组成人员，并报省人民代表大会常务委员会。

第三十七条 起草法规，应当根据涉及范围和内容需要成立起草小组。起草小组应当进行调查研究，广泛征求意见，进行协调、协商。

第三十八条 由政府法制工作机构或者政府有关部门起草法规的，市人民代表大会有关专门委员会和常务委员会有关工作机构应当提前参与有关问题的调研、讨论、论证，提出意见和建议。

综合性、基础性、全局性的重要法规草案，可以由市人民代表大会有关专门委员会或者常务委员会有关工作机构组织起草。

第三十九条 提出法规案，应当同时提交法规草案文本及其说明，并提供必要的资料。法规草案的说明应当包括制定该法规的必要性、法律依据和主要内容。

第四十条 交付市人民代表大会及其常务委员会全体会议表决未获通过的法规案，如果提案人仍然认为应当制定该法规，可以按照本条例规定的程序重新提出，由主席团或者主任会议决定是否列入会议议程；其中，未获得市人民代表大会通过的法规案，应当提请下一次市人民代表大会会议审议决定。

第四十一条 市人民代表大会及其常务委员会通过的法规，应当在通过后十五日内，由常务委员会将书面报告、法规文本及其说明和有关资料报送省人民代表大会常务委员会。

法规于批准之日起十五日内，在《合肥市人民代表大会常务委员会公报》、合肥人大网站以及《合肥日报》上全文公布。公布时应当载明该法规通过和批准的机关、时间。

在《合肥市人民代表大会常务委员会公报》上刊登的法规文本为标准文本。

法规部分条文被修改或者废止的，应当公布修改或者废止的决定，并同时公布新的法规文本。

第四十二条 法制工作委员会可以对有关法规具体问题的询问给予答复，并报常务委员会备案。

第七章 附 则

第四十三条 本条例自 2001 年 7 月 1 日起施行。《合肥市人民代表大会常务委员会制定法规的规定》同时废止。

长沙市人民代表大会及其常务委员会制定地方性法规条例*

（2001 年 1 月 8 日长沙市第十一届人民代表大会第四次会议通过，2001 年 3 月 30 日湖南省第九届人民代表大会常务委员会第二十一次会议批准，根据 2010 年 10 月 27 日长沙市第十三届人民代表大会常务委员会第二十六次会议《关于修改和废止部分地方性法规的决定》第一次修正，2010 年 11 月 27 日湖南省第十一届人民代表大会常务委员会第十九次会议批准，根据 2015 年 12 月 30 日长沙市第十四届人民代表大会常务委员会第二十六次会议《关于修改〈长沙市人民代表大会及其常务委员会制定地方性法规条例〉的决定》第二次修正，2016 年 3 月 30 日湖南省第十二届人民代表大会常务委员会第二十一次会议批准）

目 录

第一章 总 则

第一条 为了规范制定地方性法规活动，提高地方性法规质量，维护社会主

---

* 来源：长沙人大网（http://www.csrd.gov.cn），http://www.csrd.gov.cn/Info.aspx？ModelId＝1&Id＝18512（2017/5/11）.

义法制的统一，发挥立法对我市经济社会发展的引领和推动作用，根据《中华人民共和国立法法》，结合本市实际，制定本条例。

第二条 市人民代表大会及其常务委员会制定、修改和废止地方性法规，适用本条例。

第三条 规定本行政区域特别重大事项的地方性法规，应当由市人民代表大会制定。

市人民代表大会常务委员会制定除应当由市人民代表大会制定的地方性法规以外的其他地方性法规；在市人民代表大会闭会期间，可以对市人民代表大会制定的地方性法规进行部分补充和修改，但不得同该地方性法规的基本原则相抵触。

第四条 制定地方性法规应当遵循《中华人民共和国立法法》规定的基本原则，不得同宪法、法律、行政法规和本省地方性法规相抵触，从本市实际出发，适应经济社会发展和全面深化改革的要求，突出地方特色，防止地方保护主义和部门利益倾向。

地方性法规规范应当明确、具体，具有针对性和可执行性。

第二章　市人民代表大会制定地方性法规程序

第五条 市人民代表大会主席团可以向市人民代表大会提出地方性法规案，由市人民代表大会会议审议。

市人民代表大会常务委员会、市人民政府、市人民代表大会各专门委员会，可以向市人民代表大会提出地方性法规案，由主席团决定列入会议议程。

第六条 一个代表团或者十名以上的代表联名，可以向市人民代表大会提出地方性法规案，由主席团决定是否列入会议议程，或者先交有关的专门委员会审议、提出是否列入会议议程的意见，再决定是否列入会议议程。

专门委员会审议地方性法规案时，可以邀请提案人列席会议，发表意见。

第七条 在市人民代表大会闭会期间，向市人民代表大会提出的地方性法规案，可以先向常务委员会提出，经常务委员会会议依照本条例第三章规定的有关程序审议后，决定提请市人民代表大会审议，由常务委员会或者提案人向大会全体会议作说明。

常务委员会依照前款规定审议地方性法规案，应当通过多种形式征求市人民代表大会代表的意见，并将有关情况予以反馈；专门委员会和常务委员会立法工作机构进行立法调研，可以邀请有关的市人民代表大会代表参加。

第八条　常务委员会决定提请市人民代表大会会议审议的地方性法规案，应当在会议举行的十五日前将地方性法规草案发给代表。

第九条　列入市人民代表大会会议议程的地方性法规案，在大会全体会议听取提案人的说明后，由各代表团进行审议。

各代表团审议地方性法规案时，提案人应当派人听取意见，回答询问；有关机关、组织根据代表团的要求，应当派人介绍有关情况。

第十条　列入市人民代表大会会议议程的地方性法规案，由有关专门委员会进行审议，向主席团提出审议意见，并印发会议。

第十一条　法制委员会根据各代表团和有关专门委员会的审议意见，对地方性法规案进行统一审议，向主席团提出审议结果报告和地方性法规草案修改稿。对重要的不同意见应当在审议结果报告中予以说明，经主席团会议审议通过后，印发会议。

第十二条　列入市人民代表大会会议议程的地方性法规案，必要时，主席团常务主席可以召开各代表团团长会议，就地方性法规案中的重大问题听取各代表团的审议意见，进行讨论，并将讨论的情况和意见向主席团报告。

主席团常务主席也可以就地方性法规案中的重大的专门性问题，召集代表团推选的有关代表进行讨论，并将讨论的情况和意见向主席团报告。

第十三条　列入市人民代表大会会议议程的地方性法规案，在交付表决前，提案人要求撤回的，应当说明理由，经主席团同意，并向大会报告，对该地方性法规案的审议即行终止。

第十四条　地方性法规案在审议中有重大问题需要进一步研究的，经主席团提出，由大会全体会议决定，可以授权常务委员会根据代表的意见进一步审议，作出决定，并将决定情况向市人民代表大会下次会议报告；也可以授权常务委员会根据代表的意见进一步审议，提出修改方案，提请市人民代表大会下次会议审议决定。

第十五条　地方性法规草案修改稿经各代表团审议后，由法制委员会根据审议的意见进行修改，提出地方性法规草案表决稿，由主席团提请大会全体会议表决，由全体代表的过半数通过。

第三章　市人民代表大会常务委员会制定地方性法规程序

第十六条　主任会议可以向常务委员会提出地方性法规案，由常务委员会会议审议。

市人民政府、市人民代表大会各专门委员会，可以向常务委员会提出地方性法规案，由主任会议决定列入常务委员会会议议程，或者先交有关专门委员会审议、提出报告，再决定列入常务委员会会议议程。如果主任会议认为该地方性法规案有重大问题需要进一步研究，可以建议提案人修改完善后再向常务委员会提出。

第十七条　常务委员会组成人员五人以上联名，可以向常务委员会提出地方性法规案，由主任会议决定是否列入常务委员会会议议程，或者先交有关专门委员会审议、提出是否列入会议议程的意见，再决定是否列入常务委员会会议议程。对不列入常务委员会会议议程的，应当向常务委员会会议报告或者向提案人说明。

专门委员会审议的时候，可以邀请提案人列席会议，发表意见。

第十八条　列入常务委员会会议议程的地方性法规案，除特殊情况外，应当在会议举行的七日前将地方性法规草案发给常务委员会组成人员。

常务委员会会议审议地方性法规案时，应当邀请有关的市人民代表大会代表列席会议。

第十九条　列入常务委员会会议议程的地方性法规案，一般应当经两次常务委员会会议审议后再交付表决。

常务委员会会议第一次审议地方性法规案，在全体会议上听取提案人的说明，由分组会议进行初步审议。

常务委员会会议第二次审议地方性法规案，在全体会议上听取法制委员会关于地方性法规草案审议结果的报告，由分组会议对地方性法规草案修改稿进行审议。

常务委员会审议地方性法规案时，根据需要，可以召开联组会议或者全体会议，对地方性法规草案中的主要问题进行讨论。

第二十条　列入常务委员会会议议程的调整事项较为单一或者部分修改的地方性法规案，各方面意见比较一致的，可以经一次常务委员会会议审议即交付表决。

第二十一条 常务委员会会议审议地方性法规案，主要审议地方性法规草案是否与宪法、法律、行政法规和本省地方性法规相抵触，是否符合本市实际。

第二十二条 常务委员会审议地方性法规案时，提案人应当派人到会听取审议意见，回答有关询问。

常务委员会分组会议审议地方性法规案时，有关机关、组织的负责人应当列席会议。

第二十三条 列入常务委员会会议议程的地方性法规案，由有关的专门委员会进行审议，提出审议意见的报告，印发常务委员会会议。

有关的专门委员会审议地方性法规案时，可以邀请其他专门委员会的成员列席会议，发表意见。

第二十四条 列入常务委员会会议议程的地方性法规案，由法制委员会根据常务委员会组成人员、有关专门委员会的审议意见和其他方面提出的意见，进行统一审议，提出审议结果报告和地方性法规草案修改稿，对重要的不同意见应当在审议结果报告中予以说明。对有关专门委员会的审议意见没有采纳的，应当向有关的专门委员会反馈。

法制委员会审议地方性法规案时，应当邀请有关专门委员会的成员列席会议，发表意见。

第二十五条 专门委员会审议地方性法规案时，应当召开全体会议审议，根据需要，可以要求有关机关、组织派有关负责人说明情况。

第二十六条 专门委员会之间对地方性法规草案的重要问题意见不一致时，应当向主任会议报告。

第二十七条 列入常务委员会会议议程的地方性法规案，法制委员会、有关的专门委员会和常务委员会立法工作机构应当听取各方面的意见。听取意见可以采取座谈会、论证会、听证会等多种形式。

地方性法规案有关问题专业性较强，需要进行可行性评价的，应当召开论证会，听取有关专家、部门和市人民代表大会代表等方面的意见。论证情况应当向常务委员会报告。

地方性法规案有关问题存在重大意见分歧或者涉及利益关系重大调整，需要进行听证的，应当召开听证会，听取有关基层和群体代表、部门、人民团体、专家、市人民代表大会代表和社会有关方面的意见。听证情况应当向常务委员会报告。

常务委员会立法工作机构应当将地方性法规草案发送相关领域的市人民代表

大会代表、区县（市）人民代表大会常务委员会以及有关部门、组织和专家征求意见。

第二十八条 列入常务委员会会议议程的地方性法规案，应当在常务委员会会议后将地方性法规草案在《长沙晚报》或者其他媒体上向社会公布，广泛征求意见，但是经主任会议决定不公布的除外。公民、法人和其他组织提出的意见送常务委员会立法工作机构。

向社会公布征求意见的时间一般不少于三十日。征求意见的情况应当向社会通报。

长沙人大网应当相应地刊载地方性法规草案的起草、修改说明。

第二十九条 拟提请常务委员会会议审议通过的地方性法规案，在法制委员会提出审议结果报告前，常务委员会立法工作机构可以对地方性法规草案中主要制度规范的可行性、法规出台时机、法规实施的社会效果和可能出现的问题等进行评估。评估情况由法制委员会在审议结果报告中予以说明。

第三十条 列入常务委员会会议议程的地方性法规案，在交付表决前，提案人要求撤回的，应当说明理由，经主任会议同意，并向常务委员会报告，对该地方性法规案的审议即行终止。

第三十一条 列入常务委员会会议审议的地方性法规案，因各方面对制定该地方性法规的必要性、可行性等重大问题存在较大意见分歧搁置审议满两年的，或者因暂不付表决经过两年没有再次列入常务委员会会议议程审议的，由主任会议向常务委员会报告，该地方性法规案终止审议。

第三十二条 地方性法规草案修改稿经常务委员会会议审议，由法制委员会根据常务委员会组成人员的审议意见进行修改，提出地方性法规草案表决稿，由主任会议提请常务委员会全体会议表决，由常务委员会全体组成人员的过半数通过。

地方性法规草案表决稿交付常务委员会会议表决前，主任会议根据常务委员会会议审议的情况，可以决定将个别意见分歧较大的重要条款提请常务委员会会议单独表决。

单独表决的条款经常务委员会会议表决后，主任会议根据单独表决的情况，可以决定将地方性法规草案表决稿交付表决，也可以决定暂不付表决，交法制委员会和有关的专门委员会进一步审议。

第三十三条 对多部地方性法规中涉及同类事项的个别条款进行修改，一并提出地方性法规案的，经主任会议决定，可以合并表决，也可以分别表决。

第四章　地方性法规的报批、公布和解释

第三十四条　市人民代表大会及其常务委员会表决通过的地方性法规，由市人民代表大会常务委员会报请省人民代表大会常务委员会批准。

第三十五条　报请批准的地方性法规在省人民代表大会常务委员会批准后三十日内，由市人民代表大会常务委员会发布公告予以公布，并在长沙人大网和《长沙晚报》上刊载公告和该地方性法规全文。公告中应当注明制定、批准该地方性法规的机关和时间。

地方性法规公布后，应当在市人民代表大会常务委员会公报上全文刊登。在公报上刊登的地方性法规文本为标准文本。

第三十六条　市人民代表大会及其常务委员会制定的地方性法规，由常务委员会解释。

第三十七条　市人民代表大会及其常务委员会制定的地方性法规有以下情况之一的，市人民政府、市中级人民法院、市人民检察院和市人民代表大会各专门委员会以及各区、县（市）人民代表大会常务委员会可以向市人民代表大会常务委员会提出地方性法规解释要求：

（一）地方性法规的规定需要进一步明确具体含义的；

（二）地方性法规制定后出现新的情况，需要明确适用地方性法规依据的。

第三十八条　地方性法规解释草案由市人民代表大会常务委员会立法工作机构研究拟订，由主任会议提请常务委员会会议审议。

第三十九条　地方性法规解释草案经常务委员会会议审议，由法制委员会根据常务委员会组成人员的审议意见进行审议、修改，提出地方性法规解释草案表决稿。

第四十条　地方性法规解释草案表决稿由常务委员会全体组成人员的过半数通过，由常务委员会发布公告予以公布。

第四十一条　常务委员会作出的地方性法规解释，应当自公布之日起三十日内报省人民代表大会常务委员会备案。

第四十二条　常务委员会的地方性法规解释与地方性法规具有同等效力。

第五章　其他规定

第四十三条　市人民代表大会及其常务委员会加强对立法工作的组织协调，在地方性法规立项、重要制度设计和工作进度等方面发挥主导作用。

第四十四条　市人民代表大会常务委员会通过立法规划和年度立法计划，加强对立法工作的统筹安排。编制立法规划和年度立法计划，应当认真研究代表议案和建议，广泛征集意见，科学论证评估，根据经济社会发展和民主法治建设的需要，确定立法项目，提高立法的及时性、针对性和系统性。立法规划和年度立法计划由主任会议通过并向社会公布。

常务委员会立法工作机构会同相关机构编制立法规划和拟订年度立法计划，并按照常务委员会的要求，督促立法规划和年度立法计划的落实。

立法规划和年度立法计划在实施过程中需要部分调整的，由主任会议决定。

第四十五条　市人民代表大会有关的专门委员会、常务委员会立法工作机构应当提前参与有关方面的地方性法规草案起草工作；综合性、全局性、基础性的重要地方性法规草案，可以由有关的专门委员会或者常务委员会立法工作机构组织起草。

专业性较强的地方性法规草案，可以吸收相关领域的专家参与起草工作，或者委托有关专家、教学科研单位、社会组织起草。

第四十六条　提出地方性法规案，应当同时提出地方性法规草案文本及其说明，并提供必要的参阅资料。修改地方性法规的，还应当提交修改前后的对照文本。地方性法规草案的说明应当包括制定或者修改地方性法规的必要性、可行性和主要内容，以及起草过程中对重大分歧意见的协调处理情况。

第四十七条　向市人民代表大会及其常务委员会提出的地方性法规案，在列入会议议程前，提案人有权撤回。

第四十八条　交付市人民代表大会及其常务委员会全体会议表决未获得通过的地方性法规案，如果提案人认为必须制定该地方性法规，可以按照本条例规定的程序重新提出，由主席团、主任会议决定是否列入会议议程；其中，未获得市人民代表大会通过的地方性法规案，应当提请市人民代表大会审议决定。

第四十九条　市人民代表大会及其常务委员会制定的地方性法规的修改和废止程序，适用本条例的有关规定。

地方性法规被修改的，应当公布新的地方性法规文本。

地方性法规被废止的，除由其他地方性法规规定废止该地方性法规的以外，由常务委员会予以公布。

第五十条 地方性法规草案与其他地方性法规相关规定不一致的，提案人应当予以说明并提出处理意见，必要时应当同时提出修改或者废止其他地方性法规相关规定的议案。

法制委员会和有关的专门委员会审议地方性法规案时，认为需要修改或者废止其他地方性法规相关规定的，应当提出处理意见。

第五十一条 市人民代表大会有关的专门委员会、常务委员会立法工作机构应当适时组织对有关地方性法规或者地方性法规中有关规定进行立法后评估。评估情况应当向常务委员会报告。

第五十二条 市人民代表大会及其常务委员会制定的地方性法规之间，特别规定与一般规定不一致的，适用特别规定；新的规定与旧的规定不一致的，适用新的规定；对同一事项，新的一般规定与旧的特别规定不一致的，不能确定如何适用时，由市人民代表大会常务委员会裁决。

第五十三条 地方性法规不溯及既往，但为了更好地保护公民、法人和其他组织的合法权益而作的特别规定除外。

第五十四条 常务委员会立法工作机构可以对有关地方性法规具体问题的询问进行研究、予以答复，并报常务委员会备案。

第六章 附 则

第五十五条 本条例经省人民代表大会常务委员会批准，由长沙市人民代表大会常务委员会公布，自公布之日起施行。

贵阳市地方立法条例[*]

（2008 年 2 月 28 日贵阳市第十二届人民代表大会第三次会议通过，2008 年 5 月 30 日贵州省第十一届人民代表大会常务委员会第二次会议批准，2016 年 1 月 22 日贵阳市第十三届人民代表大会第六次会议通过《贵阳市人民代表大会关于修改〈贵阳市地方立法条例〉的决定》，根据 2016 年 3 月 31 日贵州省第十二届人民代表大会常务委员会第二十一次会议批准的《贵阳市人民代表大会关于修改〈贵阳市地方立法条例〉的决定》修正）

目 录

第一章 总 则

第一条 为了规范我市地方立法活动，提高地方立法质量，根据《中华人民共和国地方各级人民代表大会和地方各级人民政府组织法》《中华人民共和国立法法》的有关规定，结合本市实际，制定本条例。

第二条 市人民代表大会及其常务委员会制定、修改、废止和解释地方性法

---

* 来源：贵阳人大网（http://www.gysrd.gov.cn/index.aspx），http://www.gysrd.gov.cn/News_show.aspx? xid=3&lmid=203&&nid=6158（2016/9/19）.

规等立法活动，市人民政府规章的备案审查，适用本条例。

第三条 制定地方性法规，应当遵循《中华人民共和国立法法》的基本原则，坚持依法立法、为民立法、科学立法，以问题和需求为导向，发挥立法的引领和推动作用，立足本市实际，突出地方特色，增强可操作性，防止地方保护主义和部门利益倾向。

市人民代表大会及其常务委员会应当依照宪法和法律的规定，加强对立法工作的组织协调，发挥在立法工作中的主导作用。

第四条 在城乡建设与管理、环境保护、历史文化保护等方面以及法律规定的其他事项范围内，市人民代表大会及其常务委员会可以从以下方面制定地方性法规：

（一）为执行上位法的规定，需要本市作出具体规定的；

（二）属于本市地方性事务，需要制定地方性法规的；

（三）根据本市实际需要，先行制定地方性法规的。

前款所列事项中，涉及本行政区域特别重大事项、市人民代表大会职权范围内事项，需要制定地方性法规的，由市人民代表大会制定。

市人民代表大会闭会期间，市人民代表大会常务委员会（以下简称常务委员会）可以对市人民代表大会制定的地方性法规进行部分补充和修改，但是不得同该法规的基本原则相抵触。

第五条 除市人民代表大会及其常务委员会依法制定地方性法规、市人民政府依法制定规章外，其他机关、部门和事业组织不得制定发布带有立法性质的文件。

前款所称的带有立法性质的文件，是指对公民、法人和其他组织的权利、义务进行具体、明确的规范性调整，或者设定行政性收费、行政审批、行政处罚和行政强制等行政管理权力事项，具有普遍性约束力的公文规定。

第六条 立法经费列入本级财政预算。

第二章 立法准备

第七条 常务委员会根据经济社会发展的实际需要和人民群众的立法需求，建立地方立法项目库，按照年度制定立法计划。

第八条 常务委员会法制工作机构（以下简称法制工作机构）应当向社会公开征求立法项目、立法建议，收集市人民代表大会专门委员会（以下简称专门委员会)、市人民政府工作部门等有关方面的意见，研究市人民代表大会代表（以下简称市人大代表）提出的立法议案、建议以及常务委员会执法检查、专门委员会视察调研提出的立法建议，逐项分析、论证，报常务委员会主任会议（以下简称主任会议）通过，建立地方立法项目库，并且向社会公布。

地方立法项目库应当适时更新。

提出立法项目、立法建议，应当采用书面形式。

第九条 法制工作机构根据专门委员会、常务委员会其他工作机构、市人民政府工作部门以及有关单位的申请立项报告，结合地方立法项目库项目调研起草情况和实际需要，经过调查研究、充分论证和综合协调，提出立法计划草案。

立法计划包含审议类项目、调研类项目，以及其他立法工作任务。

第十条 提出立法计划的审议类项目，应当随申请立项报告提交法规初稿以及说明，说明应当包括调研起草情况，制定或者修改的必要性、可行性，规范的主要内容，涉及的重要体制、机制和措施，以及起草过程中对重大分歧意见的协调处理情况。

提出废止法规项目的，应当说明废止理由和废止后相关的社会关系调整的替代处理措施。

下列材料，应当一并提交：

（一）立法调研报告，包括工作现状和立法目的、依据、必要性、可行性，拟调整的社会关系以及立法的重点、难点，调研、论证和征求意见的情况；

（二）上位法立法情况、外地立法经验等立法资料。有上位法的，应当有关于如何处理本市立法与上位法关系的专项说明。

未提交法规初稿及其说明的，暂不列入立法计划的审议类项目，但可以列入调研类项目。

第十一条 提出立法计划的调研类项目，应当在申请立项报告中对立法必要性、需要规范的主要问题、法律法规政策依据和立法调研起草进度安排等作出说明。

列入立法计划的调研类项目，由相关专门委员会或者常务委员会工作机构牵头于当年完成调研，向主任会议提交符合本条例第十条第三款第一项规定的立法调研报告，并且对立法条件是否成熟和是否列入立法计划的审议类项目提出意见。

第十二条 立法计划草案由主任会议审议同意后提请常务委员会会议通过，并且向社会公布。

立法计划确需调整的,由主任会议审议决定。

第十三条 起草地方性法规可以采取下列形式:

(一)综合性、全局性、基础性或者规范市人民代表大会及其常务委员会工作的法规,由相关专门委员会或者常务委员会工作机构牵头组织起草;

(二)需要平衡多方利益关系、容易出现部门利益倾向或者专业性较强的法规,由法制工作机构、专门委员会、市人民政府有关部门联合起草,或者委托专家、教学科研单位、社会组织等第三方主体起草;

(三)重要的行政管理类法规,由市人民政府法制工作机构组织起草;

(四)其他的行政管理类法规,由市人民政府有关部门组织起草;

(五)创制性地方性法规,可以采取有偿征集法规草案形式进行起草。

法规起草人应当制定起草工作方案,成立起草小组,并且对任务、人员、时间和经费予以明确和落实。

第十四条 起草地方性法规应当符合以下要求:

(一)不得与宪法、法律、行政法规、省地方性法规抵触;

(二)与本市地方性法规协调;

(三)不重复法律、法规规定;

(四)行政许可、行政强制、行政处罚等依法设定;

(五)规定明确具体、便于实施;

(六)符合立法技术规范。

依法设定新的行政许可、行政强制等规定的,法规起草人应当举行听证会、论证会。

有关专门委员会、法制工作机构,可以提前介入,了解起草情况,参与调查研究和论证,提出意见和建议。

第十五条 市人民政府拟提出的法规案,涉及主管部门之间职责权限不明确,或者意见分歧较大的,市人民政府应当协调,形成统一意见。

专门委员会审议时,可以邀请提案人列席会议,发表意见。

第三章 市人民代表大会立法程序

第十六条 市人民代表大会主席团(以下简称主席团)可以向市人民代表大会提出法规案,由市人民代表大会会议审议。

常务委员会、市人民政府、各专门委员会,可以向市人民代表大会提出法规案，由主席团决定列入会议议程。

第十七条 市人民代表大会代表 10 人以上联名，可以向市人民代表大会提出法规案，由主席团决定是否列入会议议程，或者先交有关专门委员会审议、提出是否列入会议议程的意见，再决定是否列入会议议程。

第十八条 向市人民代表大会提出的法规案，在大会闭会期间，可以先向常务委员会提出，经常务委员会会议审议后，决定提请大会审议，由常务委员会或者提案人向大会全体会议作说明。

第十九条 列入市人民代表大会会议议程的法规案，大会全体会议听取关于该法规案说明后，由各代表团审议。

第二十条 列入市人民代表大会会议议程的法规案，除常务委员会决定提请的外，有关专门委员会应当进行审议，向主席团提出审议意见，并且印发会议。

第二十一条 市人民代表大会法制委员会（以下简称法制委员会）根据各代表团、有关专门委员会的审议意见，对法规案进行统一审议，向主席团提出审议结果报告和法规草案修改稿，对重要的不同意见应当在审议结果报告中予以说明。经主席团会议审议通过后，印发会议。

第二十二条 法规草案修改稿经各代表团审议后，由法制委员会根据审议意见进行修改，提出法规草案表决稿，由主席团提请大会全体会议表决，经全体代表的过半数通过。

第二十三条 法规案有重大问题需要进一步研究的，经主席团提出，由大会全体会议决定，可以授权常务委员会根据代表的意见进一步审议，作出决定，向市人民代表大会下次会议报告；也可以授权常务委员会根据代表的意见进一步审议，提出修改方案，提请市人民代表大会下次会议审议决定。

第四章 市人民代表大会常务委员会立法程序

第二十四条 主任会议可以向常务委员会提出法规案，由常务委员会会议审议。

市人民政府、各专门委员会可以向常务委员会提出法规案，由主任会议决定列入常务委员会会议议程，或者先交有关专门委员会审议、提出报告，再决定列入常务委员会会议议程。

第二十五条 常务委员会组成人员 5 人以上联名，可以向常务委员会提出法规案，由主任会议决定是否列入常务委员会会议议程，或者先交有关专门委员会审议、提出报告，再决定是否列入常务委员会会议议程。不列入常务委员会会议议程的，应当向常务委员会会议报告或者向提案人说明。

专门委员会审议时，可以邀请提案人列席会议，发表意见。

第二十六条 列入常务委员会会议议程的法规案，一般应当经三次常务委员会会议审议后交付表决，由常务委员会全体组成人员的过半数通过。

各方面意见一致的，经主任会议决定，可以经两次常务委员会会议审议后交付表决。废止的法规案、调整事项较为单一的法规案，各方面意见比较一致的，经主任会议决定，也可以经一次常务委员会会议审议后交付表决。

经三次常务委员会会议审议后，法规案仍有重大问题需要进一步研究的，由主任会议提出，经常务委员会全体会议同意，可以暂不付表决，交法制委员会和有关专门委员会审议后，提请主任会议决定。

第二十七条 常务委员会会议第一次审议法规案，在全体会议上听取提案人说明和有关专门委员会的审议报告，由会议进行审议。提案人是专门委员会的，只听取提案人说明。

常务委员会会议第二次审议法规案，在全体会议上听取法制委员会关于法规草案修改情况的报告，由会议进行审议。第二次审议法规案应当在第一次审议4个月后进行。

常务委员会会议第三次审议法规案，在全体会议上听取法制委员会关于法规草案审议结果的报告，由会议进行审议。法制委员会根据会议审议意见进行修改，提出法规草案表决稿，由主任会议决定提请常务委员会全体会议表决。

第二十八条 经一次常务委员会会议审议后即交付表决的法规案，在常务委员会会议第一次全体会议上听取提案人的说明和有关专门委员会的审议报告，在第二次全体会议上听取法制委员会关于法规草案审议结果的报告，经审议后进行表决。

经两次常务委员会会议审议后即交付表决的法规案，第一次审议按照本条例第二十七条第一款规定进行。第二次审议时，在常务委员会会议第一次全体会议上听取法制委员会关于法规草案审议结果的报告；法制委员会根据会议审议意见进行修改，提出法规草案表决稿，由主任会议决定提请全体会议表决。

第二十九条 常务委员会会议审议法规案时，对文本内容有重大分歧意见的，经主任会议决定，可以进行专项审议或者专题辩论，并且对争议条款实行单独表决。

主任会议根据单独表决的情况，可以决定将法规草案表决稿交付表决，也可以决定暂不交付表决，交法制委员会和有关专门委员会进一步审议并且提出报告。

第三十条　交有关专门委员会审议的法规案，有关专门委员会应当召开全体会议，对立法必要性，主要内容是否科学合理，行政许可、行政强制、行政处罚的设定是否合法恰当，重大问题的解决措施是否合法可行，是否将该法规案列入常务委员会会议议程等进行审议，提出审议意见。

有关专门委员会认为有重大问题需要进一步研究的，应当向主任会议提出报告，由主任会议决定是否列入常务委员会会议议程，或者交提案人修改后再交有关专门委员会审议。

有关专门委员会审议法规案，应当邀请法制委员会、其他有关专门委员会、法制工作机构参加。

第三十一条　法规案经常务委员会会议第一次审议后，法制工作机构根据常务委员会组成人员、有关专门委员会的审议意见，对法规草案进行修改。

法规草案修改后的征求意见稿以及修改说明，应当向社会公布，同时分送市人民政府、市政协、市各民主党派和工商联、县级人民代表大会常务委员会、市人大代表、有关部门、人民团体、社会组织、基层和群体代表、专家等征求意见。

公开征求意见的时间一般不少于 30 日，征求意见的情况应当向社会通报。

第三十二条　法制委员会根据各方面意见，对法规草案进行统一审议，提出审议结果报告和法规草案修改稿。对征求意见情况和重要的不同意见应当在审议结果报告中予以说明。

法制委员会统一审议法规案，应当召开全体会议，对其是否与上位法相抵触，是否符合立法技术规范要求等进行全面的审议，并且对是否作进一步审议修改或者提请表决提出意见。

第三十三条　法制委员会审议和法制工作机构修改法规案，应当邀请有关专门委员会、提案人参加。专门委员会之间对法规案的重要问题意见不一致的，应当提请主任会议决定。

第三十四条　有关专门委员会和法制工作机构对列入会议议程的法规案，应当采取座谈会、论证会、听证会等形式听取各方面意见。

法规案有关问题专业性较强，需要进行可行性论证的，应当召开论证会，听取有关部门、组织、市人大代表和专家等方面的意见。

法规案有关问题存在重大意见分歧或者关系重大利益调整，需要进行听证的，应当按照规定召开听证会，听取有关基层和群体代表、部门、人民团体、专家、市人大代表、行政管理相对人和社会有关方面的意见。

拟提请常务委员会会议审议通过的法规案，在法制委员会提出审议结果报告前，常务委员会工作机构可以对法规草案中主要制度规范的可行性、法规出台时机、法规实施的社会效果和可能出现的问题等进行评估。

论证、听证和评估的情况，应当向常务委员会报告。

第五章　法规解释

第三十五条　本市的地方性法规，有下列情况之一的，由常务委员会解释：

（一）法规规定需要进一步明确具体含义的；

（二）法规制定后出现新情况，需要明确适用法规依据的。

法规解释同法规具有同等效力。

第三十六条　市人民政府、市中级人民法院、市人民检察院、专门委员会、县级人民代表大会常务委员会，可以书面提出法规解释要求。

第三十七条　法规解释草案，由法制工作机构会同有关专门委员会拟定，经主任会议决定，提请常务委员会会议审议。

法制委员会根据常务委员会组成人员的审议意见进行修改，提出法规解释草案表决稿，由常务委员会全体组成人员的过半数通过。

第三十八条　法规解释通过后 15 日内，由常务委员会发布公告予以公布，报省人民代表大会常务委员会备案。

对市人民代表大会制定的地方性法规的解释，还应当向下一次市人民代表大会会议备案。

第六章　其他规定

第三十九条　提出法规案，应当同时提出法规草案文本及其说明，并且提供条文指引和其他必要的参阅资料。修改法规的，应当提交修改前后的对照文本或者对照表。

列入常务委员会议题计划的法规案，提案人应当在常务委员会会议举行 30 日前向常务委员会提交。

未按照规定时间提交的法规案，不列入议题计划明确的常务委员会会议议程，由提案人向主任会议书面报告情况，说明原因，提出补救措施。

法规起草人、提案人、有关专门委员会、法制工作机构和法制委员会，应当依次进行立法工作交接以及资料移交。

第四十条 常务委员会决定提请市人民代表大会会议审议的法规案，应当在会议举行的 15 日前将法规草案发给代表。

列入常务委员会会议议程的法规案，应当在会议举行的 7 日前将法规草案发给常务委员会组成人员。

常务委员会会议审议法规案时，应当邀请市人大代表列席会议。

第四十一条 法规草案与本市其他地方性法规相关规定不一致的，提案人应当予以说明并且提出处理意见，必要时应当同时提出修改或者废止其他法规相关规定的议案。

法制委员会和有关专门委员会审议法规案时，认为需要修改或者废止其他法规相关规定的，应当提出处理意见。

第四十二条 市人民代表大会及其常务委员会审议法规案时，提案人应当派人听取意见，回答询问；有关机关、组织应当根据要求派人介绍情况；涉及专业性问题，可以邀请有关单位、专家提供咨询意见。

市人民代表大会各代表团以及常务委员会分组审议法规案时，应当通读法规草案，保证审议时间。

第四十三条 向市人民代表大会及其常务委员会提出的法规案，列入会议议程前，提案人有权撤回；交付表决前，提案人要求撤回的，应当说明理由，经主席团或者主任会议同意，向市人民代表大会或者常务委员会报告，该法规案的审议即行终止。

列入常务委员会会议议程的法规案，因重大问题存在较大分歧搁置审议、暂不付表决满 1 年，没有再次列入常务委员会会议审议的，由主任会议向常务委员会报告，该法规案终止审议。

第四十四条 交付表决未获通过的法规案，如果提案人认为应当制定法规，可以按照规定程序重新提出，由主席团或者主任会议决定是否列入会议议程。

第四十五条 常务委员会应当在地方性法规通过之日起 15 日内，报请省人民代表大会常务委员会批准。

常务委员会应当在地方性法规批准之日起 20 日内，发布公告予以公布。地方性法规修正、修订的，应当公布新的文本。常务委员会公报刊登的文本为标准文本。

第四十六条 地方性法规明确要求市人民政府等有关国家机关、组织对专门事项作出配套的具体规定的，自地方性法规施行之日起，规章应当在 1 年内出台，其他规定应当在 6 个月内作出。其他地方性法规对期限另有规定的，从其规定。未能在期限内作出配套的具体规定的，应当向常务委员会说明情况。

对重要或者专业性较强的法规，相关专门委员会、常务委员会工作机构可以会同市人民政府法制工作部门和其他有关部门组织编写法规释义或者重点条文解读。

第四十七条　本市地方性法规有下列情形之一的，有关专门委员会、常务委员会工作机构根据常务委员会立法后评估计划，可以组织进行立法后评估，评估情况应当向常务委员会报告：

（一）实施满 3 年的；

（二）拟废止或者作重大修改的；

（三）公民、法人和其他组织反映强烈的；

（四）主任会议认为需要评估的。

经过立法后评估提出修改或者废止地方性法规的，应当对存在的主要问题、原因，以及修改的主要条文内容等，作出具体说明。

第四十八条　有关法规具体问题的询问，由法制工作机构会同有关专门委员会研究，提出答复意见，经主任会议同意后，予以答复，并且报常务委员会备案。

第四十九条　市人民政府制定的规章，应当于公布后 30 日内报常务委员会备案。

第五十条　国家机关、社会团体、企业事业组织以及公民认为市人民政府制定的规章同宪法、法律、行政法规和省、本市地方性法规相抵触的，可以向常务委员会书面提出审查的建议，由法制委员会会同有关专门委员会进行审查。

有关专门委员会和法制工作机构可以对报送备案的规章进行主动审查。

第五十一条　法制委员会、有关专门委员会、法制工作机构对市人民政府制定的规章进行审查时，可以要求制定机关说明情况，经审查认为其与宪法、法律、行政法规和省、本市的地方性法规相抵触的，可以提出书面审查意见交制定机关处理。

第五十二条　法制委员会、有关专门委员会、法制工作机构认为市人民政府制定的规章应当修改或者撤销而制定机关不予修改或者撤销的，可以提出处理建议，由主任会议决定向制定机关提出书面审查意见，制定机关应当在收到审查意见后 2 个月内提出处理报告。

制定机关不予修改或者撤销的，由主任会议提请常务委员会审议，决定是否撤销。

第五十三条 本市地方性法规清理可以采取以下方式：

（一）按照国家或者省的统一部署进行集中清理；

（二）根据本市经济社会发展和重大改革的需要进行专门清理；

（三）根据每年上位法的制定、修改或者废止等情况进行定期审查。

第七章 附 则

第五十四条 法规案包括制定、修正、修订、废止案。

第五十五条 本条例自 2008 年 8 月 1 日起施行。2001 年 1 月 8 日贵阳市第十届人民代表大会第五次会议通过的《贵阳市人民代表大会关于加强地方立法工作的决定》同时废止。

南宁市地方性法规制定条例[*]

（2016 年 2 月 20 日南宁市第十三届人民代表大会第七次会议通过　2016 年 3 月 31 日广西壮族自治区第十二届人民代表大会常务委员会第二十二次会议批准）

目　录

第一章　总　则

第一条　为了规范市人民代表大会及其常务委员会的立法活动，提高立法质量，发挥立法的引领和推动作用，全面推进依法治市，根据《中华人民共和国地方各级人民代表大会和地方各级人民政府组织法》《中华人民共和国立法法》《广西壮族自治区立法条例》的规定，结合本市实际，制定本条例。

第二条　本市地方性法规的制定、修改、废止和解释，适用本条例。

第三条　制定地方性法规应当依照法定的权限和程序，根据本市的具体情况

＊　来源：南宁人大网（http://rd.nanning.gov.cn/），http://rd.nanning.gov.cn/ggl/201604/t20160419_588770.html（2016/9/19）.

和实际需要，科学合理地规定公民、法人和其他组织的权利与义务、国家机关的权力与责任。

第四条　市人民代表大会及其常务委员会应当加强对立法工作的组织协调，发挥在立法工作中的主导作用。

第五条　立法经费列入市本级预算。

第二章　立法权限

第六条　在不与宪法、法律、行政法规和自治区地方性法规相抵触的情况下，市人民代表大会及其常务委员会可以就城乡建设与管理、环境保护、历史文化保护等方面的下列事项制定地方性法规：

（一）为执行法律、行政法规、自治区地方性法规的规定，需要根据本市的实际情况作出具体规定的事项；

（二）属于本市地方性事务需要制定地方性法规的事项；

（三）除《中华人民共和国立法法》第八条规定的事项以外，国家尚未制定法律或者行政法规，根据本市具体情况需要制定地方性法规的事项。

法律对制定地方性法规的事项另有规定的，从其规定。

第七条　规定本市特别重大事项的地方性法规，由市人民代表大会通过。

在市人民代表大会闭会期间，市人民代表大会常务委员会可以对市人民代表大会制定的地方性法规进行部分补充和修改，但是不得同该地方性法规的基本原则相抵触。

第八条　市人民代表大会及其常务委员会通过的地方性法规，须报自治区人民代表大会常务委员会批准后方可施行。

第九条　地方性法规所依据的上位法已经修改、废止或者规范事项的实际情况发生重大变化的，应当及时予以修改或者废止。

第十条　市人民代表大会及其常务委员会可以根据改革发展的需要，决定在一定期限内暂时调整或者暂时停止适用本市地方性法规的部分规定，并按照本条例第八条的规定报请批准。

第三章　立法准备

第十一条　常务委员会通过年度立法计划等形式加强对立法工作的统筹

安排。

编制年度立法计划应当遵循统筹协调、突出重点、急需先立、保证质量的原则。

常务委员会法制工作机构负责年度立法计划编制的具体工作。

第十二条 常务委员会法制工作机构应当在每年十月前向市级国家机关、县（区）人民代表大会常务委员会、市人民代表大会各专门委员会、民主党派、人民团体、市人民代表大会代表公开征集下一年度的立法计划项目建议。

常务委员会法制工作机构应当通过基层立法联系点、互联网以及新闻媒体等向社会公开征集立法计划项目建议。

第十三条 常务委员会法制工作机构应当组织有关的专门委员会、常务委员会工作机构及政府有关部门、专家，对立法计划项目建议进行研究、论证、评估，形成年度立法计划草案征求自治区人民代表大会常务委员会意见后，于每年第一季度报常务委员会主任会议通过并向社会公布。

常务委员会法制工作机构应当督促年度立法计划的落实。

第十四条 有关的专门委员会、常务委员会法制工作机构应当提前参与有关方面的法规草案起草工作；综合性、全局性、基础性的重要法规草案，可以由有关的专门委员会或者常务委员会法制工作机构组织起草；专业性较强的法规草案，经主任会议决定，可以吸收相关领域的专家参与起草工作，也可以委托有关专家、教学科研单位、社会组织起草。

第十五条 法规草案起草单位应当制定起草工作方案，并报送常务委员会法制工作机构。

起草法规草案，应当深入调查研究，广泛征求意见，对法规草案规范的主要问题或者各方面意见分歧较大的问题进行论证；对涉及利益关系重大调整的法规草案，应当采取召开有公民、法人和其他组织参加的座谈会、听证会等形式听取意见。

第十六条 地方性法规规范应当明确、具体，具有针对性和可执行性。对上位法已经明确规定的内容，一般不作重复性规定。

第十七条 常务委员会、主任会议、市人民政府、市人民代表大会专门委员会提出的法规案，应当分别经常务委员会会议、主任会议、市人民政府常务会议或者全体会议、专门委员会会议讨论通过。

第十八条 提出法规案，应当附有法规草案文本及其说明，以及就法规草案各条款的立法依据、事实、理由等作出详细说明的立法依据对照文本，并提供必要的参阅资料。修改法规的，还应当提交修改前后对照文本。

法规草案说明应当包含以下内容：

（一）制定或者修改法规的必要性、可行性、依据；

（二）主要内容；

（三）法规草案与本市其他地方性法规、部门规章、自治区人民政府规章不一致的规定及理由；

（四）行政执法主体的职责和职权划分等重大问题的协调处理情况；

（五）设立行政许可、行政强制等重大行政措施的必要性、合理性、可行性和可能产生的影响，以及论证听证情况；

（六）听取和采纳意见的情况；

（七）其他应当予以说明的情况。

第十九条　根据常务委员会年度立法计划安排提请常务委员会审议法规案，应当在常务委员会会议举行二十日前按照本条例第十八条规定的要求，将法规草案相关材料送常务委员会办事机构，办事机构应当在一个工作日内将材料送常务委员会法制工作机构审查。

经审查材料齐全的，将材料转送有关的专门委员会；材料不齐全的，限期补充材料。不能在常务委员会会议召开二十日前提交相关材料的，有关的专门委员会可以向主任会议建议暂不列入本次常务委员会会议议程。

第二十条　法规案不能按照年度立法计划确定的时间提请审议的，提案人应当书面向主任会议说明理由。书面说明报常务委员会备案。

年度立法计划需要调整的，由常务委员会法制工作机构提出意见，经征求自治区人民代表大会常务委员会意见后，报主任会议决定。

第二十一条　专门委员会、常务委员会法制工作机构应当按照有关规定组织开展立法调研活动。开展立法调研，可以邀请常务委员会组成人员、市人民代表大会代表和专家参加。

第四章　市人民代表大会立法审议程序

第二十二条　市人民代表大会主席团可以向市人民代表大会提出法规案，由市人民代表大会会议审议。

市人民代表大会常务委员会、市人民政府、市人民代表大会各专门委员会，可以向市人民代表大会提出法规案，由主席团决定列入会议议程。

第二十三条 十名以上代表联名，可以向市人民代表大会提出法规案，由主席团决定是否列入会议议程，或者先交有关的专门委员会审议、提出是否列入会议议程的意见，再由主席团决定是否列入会议议程。

专门委员会审议法规案时，应当邀请提案人列席会议，发表意见。

第二十四条 向市人民代表大会提出的法规案，在市人民代表大会闭会期间，可以向常务委员会提出，经常务委员会会议依照本条例第五章规定的有关程序审议后，决定提请市人民代表大会审议的，由常务委员会或者提案人向大会全体会议作说明。

常务委员会依照前款规定审议法规案，应当通过多种形式征求市人民代表大会代表的意见，并将有关情况予以反馈。

第二十五条 常务委员会决定提请市人民代表大会审议的法规案，应当在会议举行的一个月前，将法规草案及其相关材料发给代表。

第二十六条 向市人民代表大会提出的法规案，在列入会议议程前，提案人有权撤回。

第二十七条 列入市人民代表大会会议议程的法规案，大会全体会议听取提案人说明后，由各代表团进行审议。

各代表团审议法规案时，提案人应当派人听取意见，回答询问，有关机关、组织应当派人介绍情况。

第二十八条 列入市人民代表大会会议议程的法规案，由有关的专门委员会审议，向主席团提出审议意见，并印发会议。

第二十九条 列入市人民代表大会会议议程的法规案，由法制委员会根据各代表团和有关的专门委员会的审议意见，对法规案进行统一审议，向主席团提出审议结果报告和法规草案修改稿，对重要的不同意见应当在审议结果报告中予以说明，经主席团会议审议通过后，印发会议。

第三十条 列入市人民代表大会会议议程的法规案，必要时，主席团常务主席可以召开各代表团团长会议，就法规案中的重大问题听取各代表团的审议意见，进行讨论，并将讨论的情况和意见向主席团报告。

主席团常务主席也可以就法规案中的重大的专门性问题，召集代表团推选的有关代表进行讨论，并将讨论的情况和意见向主席团报告。

第三十一条 列入市人民代表大会会议议程的法规案，在交付表决前，提案人要求撤回的，应当说明理由，经主席团同意，并向大会报告，对该法规案的审议即行终止。

第三十二条 法规案在审议中有重大问题需要进一步研究的,经主席团提出,由大会全体会议决定,可以授权常务委员会根据代表的意见进一步审议,作出决定,并将决定情况向市人民代表大会下次会议报告;也可以授权常务委员会根据代表的意见进一步审议,提出修改方案,提请市人民代表大会下次会议审议。

第三十三条 法规草案修改稿经各代表团审议,由法制委员会根据各代表团的审议意见进行修改,提出法规草案表决稿,由主席团提请大会全体会议表决,由全体代表的过半数通过。

第五章 市人民代表大会常务委员会立法审议程序

第三十四条 主任会议可以向常务委员会提出法规案,由常务委员会会议审议。

市人民政府、市人民代表大会各专门委员会,可以向常务委员会提出法规案,由主任会议决定列入常务委员会会议议程,或者先交有关的专门委员会审议、提出报告,再决定列入常务委员会会议议程。主任会议认为法规案有重大问题需要进一步研究的,可以建议提案人修改完善后再向常务委员会提出,也可以退回提案人作其他处理。

第三十五条 常务委员会组成人员五人以上联名,可以向常务委员会提出法规案,由主任会议决定是否列入常务委员会会议议程,或者先交有关的专门委员会审议、提出是否列入常务委员会议议程的意见,再决定是否列入常务委员会会议议程。不列入常务委员会会议议程的,主任会议应当向常务委员会会议报告或者向提案人说明。

专门委员会审议法规案时,应当邀请提案人列席会议,发表意见。

第三十六条 向常务委员会提出的法规案,在列入会议议程前,提案人有权撤回。

第三十七条 列入常务委员会会议议程的法规案,常务委员会办事机构应当在会议举行的七日前将法规案相关材料发给常务委员会组成人员。

第三十八条 列入常务委员会会议议程的法规案,一般应当经三次常务委员会会议审议后交付表决。

常务委员会会议第一次审议法规案,在全体会议上听取提案人的说明和有关的专门委员会的审议意见,由分组会议进行初步审议。

常务委员会会议第二次审议法规案,在全体会议上听取法制委员会关于法规草案修改情况和主要问题的汇报，由分组会议进一步审议。

常务委员会会议第三次审议法规案，在全体会议上听取法制委员会关于法规草案审议结果的报告，由分组会议对法规草案修改稿进行审议。

常务委员会审议法规案时，根据需要，可以召开联组会议或者全体会议，对法规案中的主要问题进行讨论。

第三十九条　列入常务委员会会议议程的法规案，各方面的意见比较一致的，可以经过两次常务委员会会议审议后交付表决；调整事项较为单一或者部分修改的法规案，各方面的意见比较一致的，也可以经一次常务委员会会议审议后即交付表决。

经常务委员会会议两次审议交付表决的法规案，常务委员会进行第二次审议时，在全体会议上听取法制委员会关于法规草案审议结果的报告。

经常务委员会会议一次审议即交付表决的法规案，在全体会议上听取提案人的说明，听取法制委员会关于法规草案审议结果的报告。

第四十条　常务委员会会议审议法规案时，应当邀请有关的专门委员会成员、市人民代表大会代表和常务委员会法制工作机构负责人列席会议，发表意见。根据需要，可以安排公民旁听。

常务委员会会议分组审议法规案时，提案人应当派人听取意见，回答询问，有关机关、组织应当派人介绍情况。

第四十一条　列入常务委员会会议议程的法规案，有关的专门委员会提出审议意见，应当包括法规草案主要制度设计的必要性、合法性、合理性、可行性以及重大分歧问题的处理意见、需要继续研究的重大问题等。

第四十二条　经常务委员会会议审议的法规案，由常务委员会法制工作机构负责汇总整理分组审议的意见和各方面提出的意见以及其他有关资料，分送法制委员会和有关的专门委员会，并根据需要印发常务委员会会议。

第四十三条　经常务委员会会议审议的法规案，由常务委员会法制工作机构根据常务委员会组成人员的审议意见和各方面的意见进行研究，向法制委员会提出修改建议稿。

法制委员会根据常务委员会组成人员的意见、专门委员会的审议意见和各方面意见，对法规案进行统一审议，提出修改情况的汇报或者审议结果报告和法规草案修改稿，对重要的不同意见应当在汇报或者审议结果报告中予以说明。对有关的专门委员会的审议意见没有采纳的，应当向有关的专门委员会反馈。

第四十四条　法制委员会、有关的专门委员会审议法规案时，应当召开全体会议审议，并邀请相关的专门委员会成员、常务委员会法制工作机构负责人列席会议，发表意见。根据需要，可以要求有关机关、组织派有关负责人说明情况。

专门委员会之间对法规草案的重要问题意见不一致时，应当向主任会议报告。

第四十五条　列入常务委员会会议议程的法规案，法制委员会、有关的专门委员会和常务委员会法制工作机构应当听取各方面的意见。听取意见可以采用座谈会、论证会、听证会等形式进行。

法规案有关问题专业性较强，需要进行可行性评价的，应当召开论证会，听取有关专家、部门和市人民代表大会代表等方面的意见。论证情况应当向常务委员会报告。

法规案有关问题存在重大意见分歧或者涉及利益关系重大调整，需要进行听证的，应当召开听证会，听取有关基层和群体代表、部门、人民团体、专家、市人民代表大会代表和社会有关方面的意见。听证情况应当向常务委员会报告。

常务委员会法制工作机构应当将法规草案发送相关领域的市人民代表大会代表、县（区）人民代表大会常务委员会以及有关部门、组织和专家征求意见。

第四十六条　列入常务委员会会议议程的法规案，常务委员会法制工作机构应当在常务委员会会议后将法规草案及其起草、修改的说明等在南宁人大网站、新闻媒体上公布，向社会公开征求意见，但是经主任会议决定不公布的除外。向社会公开征求意见的时间一般不少于三十日。

公开征求意见的情况，应当印发常务委员会会议。对公众关注度高的，还应当向社会通报。

第四十七条　常务委员会组成人员在审议法规草案时提出的意见，涉及重大问题需要协调解决的，经主任会议决定，由有关的专门委员会在闭会后进行协调。

第四十八条　拟提请常务委员会会议审议通过的法规案，常务委员会法制工作机构可以对法规草案中主要制度规范的可行性、法规出台时机、法规实施的社会效果和可能出现的问题等进行评估，评估情况由法制委员会在审议结果报告中予以说明。

拟提请常务委员会会议审议通过的法规案，法制委员会应当组织有关的专门委员会、常务委员会法制工作机构、政府有关部门、专家等召开会议研究修改，并在表决前书面征求自治区人民代表大会常务委员会法制工作机构的意见。

第四十九条　列入常务委员会会议议程的法规案，在交付表决前，提案人要求撤回的，应当说明理由，经主任会议同意并向常务委员会报告，对该法规案的审议即行终止。

第五十条 法规草案修改稿经常务委员会会议审议，由法制委员会根据常务委员会组成人员的审议意见进行修改，提出法规草案表决稿，由主任会议提请常务委员会全体会议表决，由常务委员会全体组成人员的过半数通过。

法规草案表决稿交付常务委员会会议表决前，有关的专门委员会、常务委员会组成人员五人以上联名，可以提出对个别意见分歧较大的重要条款单独表决的建议，由主任会议决定是否单独表决；主任会议也可以直接决定将个别意见分歧较大的重要条款提请常务委员会会议单独表决。

根据单独表决的情况，主任会议可以决定将法规草案表决稿交付表决，也可以决定暂不交付表决，交法制委员会进一步审议。

第五十一条 法规案经三次常务委员会会议审议后，仍有重大问题需要进一步研究的，主任会议可以决定暂不交付表决，交法制委员会进一步审议。

暂不交付表决的法规案，经过修改或者协调，法规案中的重大问题得到解决的，由主任会议提请常务委员会会议继续审议。

第五十二条 对多部地方性法规中涉及同类事项的个别条款进行修改，一并提出法规案的，经主任会议决定，可以合并表决，也可以分别表决。

第五十三条 列入常务委员会会议审议的法规案，因重大问题存在较大分歧意见搁置审议满两年，或者因暂不交付表决经过两年没有再次列入常务委员会会议议程审议的，由主任会议向常务委员会报告，该法规案的审议即行终止。

第六章 法规报批和公布

第五十四条 市人民代表大会及其常务委员会通过的地方性法规，应当自通过之日起三十日内，由常务委员会报请自治区人民代表大会常务委员会批准。

报请批准地方性法规的书面报告、法规文本及其说明和有关资料的准备和报送工作，由常务委员会法制工作机构负责。

第五十五条 报请自治区人民代表大会常务委员会批准的市人民代表大会通过的地方性法规，需要修改的，由主任会议提出修改意见，经常务委员会会议审议通过后，向自治区人民代表大会常务委员会提出调整报告，修改内容向市人民代表大会下一次会议报告；需要终止立法的，由主任会议提请常务委员会会议决定撤回，并向市人民代表大会下一次会议报告。

第五十六条 报请自治区人民代表大会常务委员会批准的常务委员会通过的

地方性法规，需要修改且属于一般性条款的，由常务委员会法制工作机构提出修改意见，报主任会议同意，向自治区人民代表大会常务委员会提出调整报告；属于管理体制、先行先试、法规授权以及行政许可、行政强制设定等重要条款和核心制度的，由主任会议决定申请撤回，交有关的专门委员会或者常务委员会法制工作机构修改完善，由主任会议重新提请常务委员会审议；因立法条件变化需要终止立法的，由主任会议决定撤回，终止审议该法规案，并向常务委员会报告。

第五十七条　地方性法规应当自批准之日起三十日内在市人民代表大会常务委员会公报和南宁人大网以及南宁日报上发布公告予以公布，并自公布之日起十日内将有关材料送自治区人民代表大会常务委员会。

在常务委员会公报上刊登的地方性法规文本为标准文本。

法规公布和报送备案的具体工作由常务委员会法制工作机构负责。

第七章　法规解释

第五十八条　地方性法规实施后需要进一步明确具体含义，或者出现新的情况需要明确适用依据的，由常务委员会解释。

第五十九条　市人民政府、市中级人民法院、市人民检察院、市人民代表大会各专门委员会、县（区）人民代表大会常务委员会可以向市人民代表大会常务委员会提出地方性法规解释要求。

第六十条　需要对地方性法规进行解释的，常务委员会法制工作机构应当会同有关的专门委员会研究拟订地方性法规解释草案，由主任会议决定列入常务委员会会议议程。

不需要进行解释的，常务委员会法制工作机构应当研究拟定不予解释的意见，报主任会议决定并答复申请人。

第六十一条　地方性法规解释草案经常务委员会会议审议，由法制委员会根据常务委员会组成人员的审议意见进行审议、修改，提出地方性法规解释草案表决稿。

第六十二条　地方性法规解释草案表决稿，由主任会议决定提请常务委员会全体会议表决，经常务委员会全体组成人员的过半数通过，由常务委员会发布公告予以公布，并在解释后三十日内报自治区人民代表大会常务委员会备案。

第六十三条　常务委员会法制工作机构可以对地方性法规有关具体问题的询问进行研究答复，并报常务委员会备案。

第八章 其他规定

第六十四条 地方性法规的修改和废止程序,适用本条例第四章至第六章的规定。

地方性法规部分条文修改的,应当公布新的地方性法规文本。

第六十五条 法规草案与本市其他地方性法规相关规定不一致的,提案人可以同时提出修改或者废止本市其他地方性法规相关规定的议案。

法制委员会和有关的专门委员会审议法规案时,认为需要修改或者废止本市其他地方性法规相关规定的,应当提出处理意见。

第六十六条 地方性法规规定有关国家机关对专门事项作出配套规定的,除法规对制定期限另有规定外,有关国家机关应当自地方性法规施行之日起六个月内作出规定,并自公布后三十日内报常务委员会备案。

有关国家机关未能在期限内作出配套规定的,应当向主任会议报告。

第六十七条 地方性法规实施满两年后,或者地方性法规实施后实际情况发生重大变化的,有关的专门委员会、常务委员会工作机构可以组织对地方性法规或者地方性法规中的有关规定进行立法后评估。评估情况应当向常务委员会报告。

法规的主要执行机关应当自地方性法规施行后每两年将法规的贯彻实施情况书面报告常务委员会。

第六十八条 常务委员会法制工作机构负责本市地方性法规的印制、汇编和译本的审定工作。

第六十九条 市人民代表大会及其常务委员会应当在地方性法规立项、起草、审议等过程中开展立法工作协商,广泛听取各方面意见,根据需要征求政协委员、民主党派、工商联、无党派人士、人民团体、社会组织的意见建议。

第七十条 常务委员会应当建立立法专家顾问库,广泛听取立法专家的意见建议。

第七十一条 常务委员会应当建立基层立法联系点,广泛听取社会公众的意见建议。

第七十二条 立法调研、立法评估、法规清理等立法相关活动可以委托第三方进行。

第九章　附　则

第七十三条　本条例自公布之日起施行。2010 年 2 月 26 日南宁市第十二届人民代表大会第八次会议通过的《南宁市制定地方性法规规定》同时废止。

福州市人民代表大会及其常务委员会立法条例*

（2001年2月25日福州市第十一届人民代表大会第四次会议通过，2001年3月30日福建省第九届人民代表大会常务委员会第二十五次会议批准，根据2016年2月20日福州市第十四届人民代表大会第五次会议《关于修改〈福州市人民代表大会及其常务委员会立法条例〉的决定》修正，2016年4月1日福建省第十二届人民代表大会常务委员会第二十二次会议批准）

第一章 总 则

第一条 为了规范本市地方立法活动，提高地方立法质量，发挥立法的引领和推动作用，根据《中华人民共和国立法法》和《福建省人民代表大会及其常务委员会立法条例》等法律法规的规定，结合本市实际，制定本条例。

---

* 来源：福州人大网（http://www.fzrd.gov.cn/），http://www.fzrd.gov.cn/fzdfxfg/201604/t20160414_1058348.htm（2016/9/19）.

第二条　市人民代表大会及其常务委员会制定、修改、废止和解释地方性法规以及常务委员会审查市人民政府报请备案的规章，适用本条例。

第三条　地方立法应当严格遵循立法法规定的各项基本原则，应当从本市的具体情况和实际需要出发。

第四条　市人民代表大会及其常务委员会应当完善立法机制，加强对地方立法工作的组织协调和统筹安排，发挥在地方立法工作中的主导作用。

第五条　市人民代表大会依照法律规定的权限，可以就下列事项制定地方性法规：

（一）法律规定由市人民代表大会规定的事项；

（二）属于本市的需要制定地方性法规的特别重大事项。

常务委员会依照法律规定的权限，可以就下列事项制定地方性法规：

（一）法律规定由常务委员会规定的事项；

（二）市人民代表大会按照法定程序，授权常务委员会规定的事项；

（三）其他应当由常务委员会制定地方性法规的事项。

在市人民代表大会闭会期间，常务委员会可以对市人民代表大会制定的地方性法规进行部分补充或者修改，但是不得同该地方性法规的基本原则相抵触。

第六条　市人民代表大会及其常务委员会可以根据改革发展的需要，决定就特定事项授权在一定期限内在部分地方调整或者停止适用本市的地方性法规的部分规定。

第二章　立法规划和年度立法计划的编制

第七条　机关、社会团体、企业事业组织、政党、军事机关及公民可以向市人民代表大会常务委员会或者市人民政府提出立法建议。

立法建议应当采取书面形式，并明确需要解决的问题及解决的办法。

第八条　常务委员会法制工作委员会应当会同常务委员会其他工作机构、市人民政府法制工作机构，在广泛征求市人民代表大会代表和社会各方面意见的基础上编制立法规划、年度立法计划。

编制立法规划和年度立法计划，应当认真研究代表议案和建议，广泛征集意见，科学论证评估，根据本市经济社会发展和民主法治建设的需要，确定立法项目。

立法规划、年度立法计划经主任会议通过，印发常务委员会会议，并向社会公布。

第九条 常务委员会有关工作机构应当督促年度立法计划的落实。市人民政府拟提请常务委员会会议审议的法规案应当与常务委员会年度立法计划相衔接。

第十条 列入年度立法计划的立法项目，不能按时完成的，承办单位应当向主任会议报告，由主任会议决定项目的调整。

没有列入年度立法计划而又急需立法的项目，由主任会议决定是否列入年度立法计划，或者交由常务委员会法制工作委员会会同有关工作机构审查、提出报告后，再决定是否列入年度立法计划。

第三章　法规草案的起草

第十一条 市人民代表大会常务委员会指导法规草案的起草工作。

常务委员会或者主任会议认为必要时，可以确定常务委员会有关工作机构组织法规草案的起草工作。

市人民政府起草的法规草案，由其确定起草部门。

专业性较强的法规草案可以吸收相关领域的专家参与起草工作，或者委托有关教学科研单位、社会组织和专家起草。

第十二条 法规草案的起草实行立法责任制。起草单位应当在年度立法计划下达之日起三十日内确定起草班子、起草进度和经费，并报告常务委员会法制工作委员会和有关工作机构。

第十三条 起草法规草案，应当从全局利益出发，正确设定权利和义务，防止部门利益倾向。

法规草案应当结构严谨，条理清楚，文字规范、准确、简明。

第十四条 起草法规草案，应当采取座谈会、论证会等形式，广泛听取各方面的意见建议。

第十五条 常务委员会法制工作委员会和有关工作机构应当提前参与有关方面的法规草案起草工作。

第十六条 法规案应当包括法规草案文本及其说明、主要立法参考资料。修改法规的，还应当包括修改前后的对照文本。法规草案的说明应当包括制定或者修改法规的必要性、可行性和主要内容，以及起草过程中对重大分歧意见的协调处理情况。

第四章　市人民代表大会立法程序

第十七条　市人民代表大会主席团可以向市人民代表大会提出法规案，由市人民代表大会会议审议。

市人民代表大会常务委员会、市人民代表大会专门委员会、市人民政府，可以向市人民代表大会提出法规案，由主席团决定列入会议议程。

第十八条　一个代表团或者十名以上的市人民代表大会代表联名，可以向市人民代表大会提出法规案，由主席团决定是否列入大会议程，或者先交法制委员会审议、提出是否列入会议议程的意见，再决定是否列入会议议程。

法制委员会审议的时候，可以邀请提案人列席会议，发表意见。

第十九条　向市人民代表大会提出的法规案，在市人民代表大会闭会期间，可以先向常务委员会提出，经常务委员会会议依照本条例第五章规定的有关程序审议后，决定提请市人民代表大会审议，由常务委员会向大会全体会议作说明，或者由提案人向大会全体会议作说明。

第二十条　常务委员会决定提请市人民代表大会会议审议的法规案，应当在会议举行的十五日前将法规草案及其说明、主要立法参考资料发给代表。

第二十一条　列入市人民代表大会会议议程的法规案，大会全体会议听取提案人的说明后，由各代表团进行审议。

各代表团审议法规案时，提案人应当派人听取意见，回答询问。

各代表团审议法规案时，根据代表团的要求，有关机关、组织应当派人介绍情况。

第二十二条　列入市人民代表大会会议议程的法规案，由法制委员会根据各代表团的审议意见，对法规案进行统一审议，向主席团提出审议结果报告和法规草案修改稿，对重要的不同意见应当在审议结果报告中予以说明，经主席团会议审议通过后，印发会议。

第二十三条　列入市人民代表大会会议议程的法规案，必要时，主席团常务主席可以召开各代表团团长会议，就法规案中的重大问题听取各代表团的审议意见，进行讨论，并将讨论的情况和意见向主席团报告。

主席团常务主席也可以就法规案中的重大的专门性问题，召集代表团推荐的有关代表进行讨论，并将讨论的情况和意见向主席团报告。

第二十四条　向市人民代表大会提出的法规案，在列入会议议程前，提案人有权撤回。

列入市人民代表大会会议议程的法规案，在交付表决前，提案人要求撤回的，应当说明理由，经主席团同意，并向大会报告，对该法规案的审议即行终止。

第二十五条　法规案在审议中有重大问题需要进一步研究的，经主席团提出，由大会全体会议决定，可以授权常务委员会根据代表的意见进一步审议，作出决定，并将决定情况向市人民代表大会下次会议报告；也可以授权常务委员会根据代表的意见进一步审议，提出修改方案，提请市人民代表大会下次会议审议决定。

第二十六条　法规草案修改稿经各代表团审议，由法制委员会根据各代表团的审议意见进行修改，提出法规草案表决稿，由主席团提请大会全体会议表决，由全体代表的过半数通过。

第五章　市人民代表大会常务委员会立法程序

第二十七条　主任会议可以向常务委员会提出法规案，由常务委员会会议审议。

市人民政府、市人民代表大会专门委员会，可以向常务委员会提出法规案，由主任会议决定列入常务委员会会议议程，或者先交有关专门委员会审议或者常务委员会有关工作机构审查、提出报告，再决定列入常务委员会会议议程。如果主任会议认为法规案有重大问题需要进一步研究，可以建议提案人修改完善后再向常务委员会提出。

第二十八条　常务委员会组成人员五人以上联名，可以向常务委员会提出法规案，由主任会议决定是否列入常务委员会会议议程，或者先交有关专门委员会审议或者常务委员会有关工作机构审查、提出是否列入会议议程的意见，再决定是否列入常务委员会会议议程。不列入常务委员会会议议程的，应当向常务委员会会议报告或者向提案人说明。

有关专门委员会审议或者常务委员会有关工作机构审查时，可以邀请提案人列席会议，发表意见。

第二十九条　提请常务委员会会议审议的法规案，提案人应当在会议举行的三十日前将提请审议报告、法规草案及其说明、主要立法参考资料送达常务委员会。

第三十条　列入常务委员会会议议程的法规案，除特殊情况外，应当在会议举行的七日前将法规草案及其说明、主要立法参考资料发给常务委员会组成人员。

第三十一条　常务委员会会议第一次审议法规案，在全体会议上听取提案人的说明，进行初步审议。

常务委员会会议第二次审议法规案，在全体会议上听取常务委员会有关工作机构关于法规草案修改情况和主要问题的汇报，进行进一步审议。

常务委员会会议第三次审议法规案，在全体会议上听取法制委员会关于法规草案修改情况的汇报和审议结果的报告，对法规草案修改稿进行审议。

常务委员会会议审议法规案时，根据需要可以召开分组会议、联组会议或者全体会议，对法规案中的主要问题进行讨论。

第三十二条　列入常务委员会会议议程的法规案，一般应当经过三次常务委员会会议审议后再交付表决；各方面意见比较一致的法规案，可以经两次常务委员会会议审议后交付表决；调整事项较为单一或者部分修改、废止的法规案，各方面意见比较一致的，可以经一次常务委员会会议审议即交付表决。

第三十三条　常务委员会会议审议法规案时，提案人应当派人听取意见，回答询问。

常务委员会会议审议法规案时，根据会议的要求，有关机关、组织应当派人介绍情况。

第三十四条　常务委员会会议审议法规案时，应当邀请有关的市人民代表大会代表列席会议。

第三十五条　列入常务委员会会议议程的法规案，常务委员会有关工作机构应当开展调查研究和论证工作。

第三十六条　列入常务委员会会议议程的法规案，法制委员会应当根据常务委员会组成人员、常务委员会有关工作机构和各方面提出的意见，对法规案进行统一审议，提出修改情况的汇报或者审议结果报告和法规草案修改稿，对重要的不同意见应当在汇报或者审议结果报告中予以说明。对常务委员会有关工作机构的重要意见没有采纳的，应当向常务委员会有关工作机构反馈。

法制委员会审议法规案时，可以邀请常务委员会有关工作机构人员列席会议，发表意见。

第三十七条　列入常务委员会会议议程的法规案，法制委员会和常务委员会有关工作机构应当听取市人民代表大会代表、县（市、区）人民代表大会常务委员会等方面的意见。听取意见可以采取座谈会、论证会、听证会等多种形式。

法规案有关问题专业性较强，需要进行可行性评价的，应当召开论证会，听取有关专家、部门和市人民代表大会代表等方面的意见。论证情况应当向常务委员会报告。

法规案有关问题存在重大意见分歧或者涉及利益关系重大调整，需要进行听证的，应当召开听证会，听取利害关系人或者相关群体等方面的意见。采取听证会形式的，应当在举行听证会的十五日前将听证会的内容、对象、时间、地点等在福州人大网和《福州日报》等媒体上公告。听证情况应当向常务委员会报告。

第三十八条　列入常务委员会会议议程的法规案，应当将法规草案在福州人大网和《福州日报》等媒体上公布，征求意见，但是经主任会议决定不公布的除外。征求意见的时间一般不少于三十日。

第三十九条　向常务委员会提出的法规案，在列入会议议程前，提案人有权撤回。

列入常务委员会会议议程的法规案，在交付表决前，提案人要求撤回的，应当说明理由，经主任会议同意，并向常务委员会报告，对该法规案的审议即行终止。

第四十条　列入常务委员会会议议程的法规案，在交付表决前，常务委员会组成人员对其中的个别条款有较大意见分歧的，经主任会议决定，可以对该条款进行单独表决。

单独表决的条款经常务委员会会议表决后，主任会议根据单独表决的情况，可以决定将法规草案表决稿交付表决，也可以决定暂不付表决，交由法制委员会进一步审议。

第四十一条　法规案经常务委员会会议三次审议后，仍有重大问题需要进一步研究的，由主任会议提出，经全体会议同意可以暂不付表决，交由法制委员会进一步审议。

第四十二条　列入常务委员会会议审议的法规案，因各方面对制定该法规的必要性、可行性等重大问题存在较大意见分歧搁置审议满两年的，或者因暂不付表决经过两年没有再次列入常务委员会会议议程审议的，由主任会议向常务委员会报告，该法规案终止审议。

第四十三条　法规草案修改稿经常务委员会会议审议，由法制委员会根据常务委员会组成人员的审议意见进行修改，提出法规草案表决稿，由主任会议提请常务委员会全体会议表决，由常务委员会组成人员的过半数通过。

第四十四条　交付常务委员会全体会议表决未获得通过的法规案，如果提案人认为必须制定该法规，可以按照本条例规定的程序重新提出，由主任会议决定是否列入会议议程。

第六章　法规的报批和公布

第四十五条　市人民代表大会及其常务委员会通过的法规，应当自通过之日起十五日内报请福建省人民代表大会常务委员会批准。

第四十六条　福建省人民代表大会常务委员会批准的本市地方性法规，由市人民代表大会常务委员会发布公告予以公布，及时在常务委员会公报和福州人大网以及《福州日报》上刊载，并以新闻发布会等形式进行宣传。

在常务委员会公报上刊登的法规文本为标准文本。

第四十七条　福建省人民代表大会常务委员会依法退回修改的法规，由法制委员会提出修改决定稿，由主任会议决定列入常务委员会会议议程，按照本条例规定的程序表决通过后，再报请福建省人民代表大会常务委员会批准。

第七章　法规的解释、修改与废止

第四十八条　本市地方性法规有以下情况之一的，由市人民代表大会常务委员会解释：

（一）法规的规定需要进一步明确具体含义的；

（二）法规制定后出现新的情况，需要明确适用法规依据的。

第四十九条　市人民政府、市中级人民法院、市人民检察院、市人民代表大会专门委员会和常务委员会工作机构以及各县（市、区）人民代表大会常务委员会可以向市人民代表大会常务委员会提出法规解释要求。

第五十条　常务委员会法制工作委员会会同常务委员会有关工作机构研究拟订法规解释草案，由主任会议决定列入常务委员会会议议程。

法规解释草案经常务委员会会议审议，由法制委员会根据常务委员会组成人员的审议意见进行审议、修改，提出法规解释草案表决稿。

法规解释草案表决稿由常务委员会全体组成人员的过半数通过，报请福建省人民代表大会常务委员会批准后，由市人民代表大会常务委员会发布公告予以公布。

第五十一条　市人民代表大会常务委员会的法规解释同法规具有同等效力。

第五十二条　常务委员会法制工作委员会可以对本市的地方性法规有关具体问题的询问进行研究予以答复，并报常务委员会备案。

第五十三条　本市地方性法规的修改或者废止程序，适用本条例第四章或者第五章的有关规定。

本市地方性法规被修改的，应当公布新的法规文本。

对本市现行有效的地方性法规进行清理，可以采用集中修改或者废止的方式，对多部法规一并提出法规修改或者废止案。

第八章　规章的备案审查

第五十四条　市人民政府制定的规章，应当自公布之日起三十日内，报送市人民代表大会常务委员会备案。

报送备案的规章包括规章文本、说明和备案报告。

第五十五条　常务委员会办公厅负责对备案规章的登记、存档，并送常务委员会有关工作机构进行研究，提出意见；必要时，送法制委员会进行审查，提出审查意见。

法制委员会和常务委员会有关工作机构可以对报送备案的规范性文件的合法性和适当性进行主动审查。

第五十六条　常务委员会对报送备案的规章，主要审查是否存在下列情形：

（一）超越立法权限的；

（二）同宪法、法律、行政法规和本省、市地方性法规相抵触的；

（三）不同规章之间对同一事项的规定不一致的；

（四）规章的规定不适当，应当予以改变或者撤销的；

（五）违背法定程序的。

第五十七条　市中级人民法院、市人民检察院、县（市、区）人民代表大会常务委员会认为规章同宪法、法律、行政法规和本省、市地方性法规相抵触的，可以向常务委员会书面提出进行审查的要求，由法制委员会会同常务委员会有关工作机构进行审查、提出意见。

前款规定以外的其他国家机关和社会团体、企业事业组织以及公民认为规章同宪法、法律、行政法规和本省、市地方性法规相抵触的，可以向常务委员会书面提出进行审查的建议，由常务委员会有关工作机构进行研究，必要时，送法制委员会进行审查、提出审查意见。

第五十八条　法制委员会召开会议审查备案规章时，可以要求市人民政府有关负责人到会说明情况。

常务委员会有关工作机构认为必要时，可以召开会议对备案规章进行审查，并可以邀请有关人员列席会议，发表意见。

第五十九条　常务委员会有关工作机构对规章提出的书面研究意见，应当送法制委员会进行审查，由法制委员会向市人民政府提出。

第六十条　市人民政府收到法制委员会提出的书面审查意见后，应当在两个月内研究提出是否修改或者废止的意见，并向法制委员会书面反馈。

法制委员会审查认为规章有第五十六条规定情形而市人民政府不予修改或者废止的，应当向主任会议提出书面审查意见和撤销案，由主任会议决定是否提请常务委员会会议审议决定。

第六十一条　常务委员会会议审查备案规章撤销案，在全体会议上听取法制委员会对备案规章撤销案和审查意见的报告，并进行审议。

法制委员会根据常务委员会组成人员的审议意见，提出对备案规章撤销案审议的报告，经主任会议研究，提请常务委员会会议审议决定。

第六十二条　常务委员会对备案规章作出的撤销决定，由常务委员会发布公告予以公布。

第九章　附　则

第六十三条　地方性法规明确要求市人民政府以及有关部门对专门事项作出配套的具体规定的，市人民政府以及有关部门应当在地方性法规施行之日起六个月内作出规定。法规对配套的具体规定制定期限另有规定的，从其规定。市人民政府以及有关部门未能在期限内作出配套的具体规定，应当向常务委员会说明情况。

第六十四条　专门委员会、常务委员会工作机构可以组织对有关法规或者法规中有关规定进行立法后评估。评估情况应当向常务委员会报告。

第六十五条　常务委员会其他工作机构参与制定地方性法规工作的具体分工，由主任会议决定。

第六十六条　本条例自公布之日起施行。1999年7月29日福建省第九届人民代表大会常务委员会第十一次会议批准的《福州市人民代表大会常务委员会制定地方性法规的规定》同时废止。

四、经济特区市* 与较大市**
（3个）

中国地方立法条例选编

---

*不包括已升格为副省级城市的厦门和深圳等两个经济特区市。

**不包括已升格为副省级城市的宁波市、大连市和青岛市。

珠海市制定法规条例[*]

（2001 年 1 月 12 日珠海市第五届人民代表大会第三次会议通过，2001 年 3 月 29 日广东省第九届人民代表大会常务委员会第二十五次会议批准，根据 2016 年 1 月 21 日珠海市第八届人民代表大会第六次会议通过，2016 年 3 月 31 日广东省第十二届人民代表大会常务委员会第二十五次会议批准的《珠海市人民代表大会关于修改〈珠海市人民代表大会及其常务委员会制定法规规定〉的决定》修正）

目　录

第一章　总　则

第一条　为了规范立法活动，提高立法质量，发挥立法的引领和推动作用，根据《中华人民共和国地方各级人民代表大会和地方各级人民政府组织法》和《中华人民共和国立法法》的规定，制定本条例。

---

* 来源：珠海人大网（http://www.zhrd.gov.cn/），http://www.zhrd.gov.cn/zhfg/201604/t2016042 6_10929567.html（2016/11/26）.

第二条　市人民代表大会及其常务委员会制定、修改、废止法规和其他立法相关工作，适用本条例。

本条例所称法规，是指经济特区法规和设区的市法规。

第三条　立法应当遵循宪法的规定和立法法的基本原则，从实际出发，体现地方特色，适应本市经济社会发展和全面深化改革的要求。

法规的规定应当明确、具体，具有针对性和可执行性。

第四条　经济特区法规应当遵循宪法的规定以及法律和行政法规的基本原则，并体现改革创新精神。

设区的市法规不得与宪法、法律、行政法规和广东省地方性法规相抵触，限于城乡建设与管理、环境保护、历史文化保护等方面的事项。法律另有规定的，从其规定。

第五条　市人民代表大会及其常务委员会加强对立法工作的组织协调，发挥在立法工作中的主导作用。

第二章　立法规则、年度立法计划和法规起草

第六条　市人民代表大会常务委员会通过立法规划、年度立法计划等形式，加强对立法工作的统筹安排。编制立法规划和年度立法计划，应当认真研究代表议案和建议，广泛征集意见，科学论证评估，根据经济社会发展和民主法治建设的需要，确定立法项目，提高立法的及时性、针对性和协调性。立法规划和年度立法计划由主任会议通过并向社会公布。

第七条　编制立法规划和年度立法计划，应当向市人民代表大会代表、各区人民代表大会常务委员会、社会公众和有关单位等公开征集立法项目建议。

一切国家机关、政党、社会团体和其他组织以及公民都可以向市人民代表大会常务委员会提出制定法规的建议。

单位提出立法建议的，应当同时提交立项建议书，法规草案建议稿和依据稿、立项论证报告及必要的参阅资料；个人提出立法建议的，可以只提交立项建议书和法规草案建议稿。

第八条　市人民政府应当于每年十月底前向市人民代表大会常务委员会提出下一年度的立法计划建议。

第九条　市人民代表大会常务委员会法制工作机构负责编制市人民代表大会常务委员会立法规划、年度立法计划草案，报主任会议审定。确定的立法规划、

年度立法计划，有关机关和部门应当及时组织实施。

立法规划、年度立法计划的部分调整由主任会议审定。

市人民代表大会常务委员会有关工作机构负责督促立法规划和年度立法计划的组织实施。

第十条 有关部门和单位应当根据年度立法计划的安排，按时提出法规草案。起草法规草案应当注重专家参与、调查研究，广泛征求意见。专业性较强的法规草案，可以吸收相关领域的专家参与起草工作，或者委托有关专家、教学科研单位、社会组织起草。

各区人民政府、横琴新区和经济功能区管理机构可以就列入年度立法计划的本辖区内需要立法的事项组织起草法规草案，报请市人民政府审查，由市人民政府提出法规案。

其他有关机关、组织和公民可以向有权提出法规案的机关或者人员提出法规草案建议稿。

第十一条 市人民代表大会有关的专门委员会、常务委员会工作机构应当提前参与有关方面的法规草案起草工作；综合性、全局性、基础性的重要法规草案，可以由有关的专门委员会或者常务委员会工作机构组织起草。

第十二条 法规草案与本市其他法规相关规定不一致的，提案人应当予以说明并提出处理意见，必要时应当同时提出修改其他法规相关规定或者废止其他法规的议案。

法制委员会和有关的专门委员会审议法规案时，认为需要修改其他法规相关规定或者废止其他法规的，应当提出处理意见。

第三章 市人民代表大会的立法权限和程序

第十三条 下列事项应当由市人民代表大会制定法规：

（一）规定本市特别重大事项的；

（二）规定市人民代表大会及其常务委员会立法程序的；

（三）对市人民代表大会的法定职责、议事程序作出具体规定的；

（四）其他应当由市人民代表大会制定法规的。

第十四条 市人民代表大会主席团可以向市人民代表大会提出法规案，由市人民代表大会会议审议。

市人民代表大会常务委员会、市人民政府和市人民代表大会各专门委员会可以向市人民代表大会提出法规案，由主席团决定列入会议议程。

第十五条 十名以上的代表联名可以向市人民代表大会提出法规案，由主席团决定是否列入会议议程，或者先交有关的专门委员会审议，提出是否列入会议议程的意见，再由主席团决定是否列入会议议程。

专门委员会审议时，可以邀请提案人列席会议，发表意见。

第十六条 向市人民代表大会提出的法规案，在市人民代表大会闭会期间，可以先向常务委员会提出，经常务委员会依照本条例第四章的有关程序审议后，决定提请市人民代表大会审议。由常务委员会向大会全体会议作说明，或者由提案人向大会全体会议作说明。

常务委员会依照前款规定审议法规案，应当通过多种形式征求市人民代表大会代表的意见，并将有关情况予以反馈；专门委员会和常务委员会工作机构进行立法调研，可以邀请有关的市人民代表大会代表参加。

第十七条 向市人民代表大会提出法规案，应当同时提出法规草案文本及其说明，并提供必要的参阅资料。修改法规的，还应当提交修改前后的对照文本。法规草案的说明应当包括制定或者修改该法规的必要性、可行性和主要内容，以及起草过程中对重大分歧意见的协调处理情况。

第十八条 常务委员会决定提请市人民代表大会会议审议的法规案，应当在会议举行前一个月将法规草案发给代表。

第十九条 向市人民代表大会提出的法规案，在列入会议议程前，提案人有权撤回。

第二十条 列入市人民代表大会会议议程的法规案，大会全体会议听取提案人的说明后，由各代表团进行审议。

各代表团审议法规案时，提案人应当派人听取意见，回答询问。

各代表团审议法规案时，根据代表团的要求，有关机关、组织应当派人介绍情况。

第二十一条 列入市人民代表大会会议议程的法规案，由有关的专门委员会进行审议，向主席团提出审议意见，并印发会议。

第二十二条 列入市人民代表大会会议议程的法规案，由法制委员会根据各代表团和有关的专门委员会的审议意见，对法规案进行统一审议，向主席团提出审议结果报告和法规草案修改稿，对重要的不同意见应当在审议结果报告中予以说明，经主席团会议审议通过后，印发会议。

第二十三条 列入市人民代表大会会议议程的法规案，必要时，主席团常务主席可以召开各代表团团长会议，就法规案中的重大问题听取各代表团的审议意见，进行讨论，并将讨论的情况和意见向主席团报告。

主席团常务主席也可以就法规案中的重大的专门性问题，召集代表团推选的有关代表进行讨论，并将讨论的情况和意见向主席团报告。

第二十四条 列入市人民代表大会会议议程的法规案，在交付表决前，提案人要求撤回的，应当说明理由，经主席团同意，并向大会报告，对该法规案的审议即行终止。

第二十五条 法规案在审议中有重大问题需要进一步研究的，经主席团提出，由大会全体会议决定，可以授权常务委员会根据代表的意见进一步审议，作出决定，并将决定情况向市人民代表大会下次会议报告；也可以授权常务委员会根据代表的意见进一步审议，提出修改方案，提请市人民代表大会下次会议审议决定。

第二十六条 法规草案修改稿经各代表团审议，由法制委员会根据各代表团审议意见进行修改，提出法规草案表决稿，由主席团提请大会全体会议表决，由全体代表的过半数通过。

第二十七条 交付市人民代表大会全体会议表决未获得通过的法规案，如果提案人认为必须制定该法规，可以按照法定程序重新提出，由主席团决定是否列入会议议程。

第四章 市人民代表大会常务委员会的立法权限和程序

第二十八条 应当由市人民代表大会制定法规以外的下列事项，市人民代表大会常务委员会可以制定法规：

（一）为执行法律、行政法规和广东省地方性法规的规定，需要根据本行政区域的实际情况作出具体规定的；

（二）属于地方性事务需要制定法规的；

（三）除立法法第八条所列只能制定法律的事项外，国家尚未制定法律、行政法规的；

（四）全国人民代表大会及其常务委员会授权地方规定的；

（五）法律、行政法规规定由地方作出规定的。

在市人民代表大会闭会期间，市人民代表大会常务委员会可以对市人民代表大会制定的法规进行部分补充和修改，但不得同该法规的基本原则相抵触。

第二十九条 主任会议可以向常务委员会提出法规案，由常务委员会会议审议。

市人民政府、市人民代表大会各专门委员会，可以向市人民代表大会常务委员会提出法规案，由主任会议决定列入常务委员会会议议程，或者先交有关的专门委员会审议，提出报告，再决定列入常务委员会会议议程。如果主任会议认为法规案有重大问题需要进一步研究，可以建议提案人修改后再向常务委员会提出。

第三十条 常务委员会组成人员五名以上联名，可以向常务委员会提出法规案，由主任会议决定是否列入常务委员会会议议程，或者先交有关的专门委员会审议，提出是否列入会议议程的意见，再决定是否列入常务委员会会议议程。不列入常务委员会会议议程的，应当向常务委员会会议报告或者向提案人说明。

专门委员会审议时，可以邀请提案人列席会议，发表意见。

第三十一条 向市人民代表大会常务委员会提出法规案，应当同时提出法规草案文本及其说明，并提供法规草案依据稿等必要的参阅资料。修改法规的，还应当提交修改前后的对照文本。法规草案的说明应当包括制定法规的必要性、合法性、可行性和主要内容以及起草过程中对重大分歧意见的协调处理情况。

法规草案文本及有关资料，应当在会议举行四十五日前送达常务委员会；未按时送达的，一般不列入该次常务委员会会议议程。

第三十二条 主任会议决定法规案先交有关专门委员会审议的，专门委员会应当向主任会议提出初审报告；列入常务委员会会议议程的法规案，初审报告印发常务委员会会议。

初审报告应当包括法规草案主要制度的必要性、合法性、可行性以及主要争议问题和修改建议等内容。

专门委员会审议法规案时，可以邀请其他专门委员会的成员或者常务委员会工作机构的人员列席会议，发表意见。

第三十三条 对专业性较强的法规，主任会议可以决定由有关专门委员会或者工作委员会组织起草单位向常务委员会组成人员介绍专业知识、解读法规草案。

第三十四条 向市人民代表大会常务委员会提出法规案，在列入会议议程前，提案人有权撤回。

第三十五条 列入常务委员会会议议程的法规案一般应当经三次常务委员会会议审议后再交付表决。

常务委员会会议第一次审议法规案，在全体会议上听取提案人的说明，由分组会议主要就法规草案的必要性、可行性、合法性和主要制度、初审报告提出的问题等进行初步审议。

常务委员会会议第二次审议法规案，在全体会议上听取法制委员会关于法规草案修改情况的报告，由分组会议结合第一次审议中意见较为集中、分歧较大的问题以及其他重要问题对法规草案修改稿进行审议。

常务委员会会议第三次审议法规案，在全体会议上听取法制委员会关于法规草案审议结果的报告，由分组会议对法规草案修改稿进行审议。

列入常务委员会会议议程的法规案，各方面意见比较一致的，可以经两次常务委员会会议审议后交付表决。

第三十六条 调整事项较为单一的法规案、部分修改的法规案或者废止法规案，各方面意见比较一致的，也可以经一次常务委员会会议审议即交付表决。

常务委员会会议一次审议即交付表决的法规案，在全体会议上听取提案人的说明和法制委员会的审议报告，由分组会议对法规草案、部分修改法规的决定草案、废止法规的决定草案进行审议。其中，提案人是法制委员会的，在全体会议上听取法制委员会的说明。

第三十七条 常务委员会会议审议法规案时，应当邀请有关的市人民代表大会代表列席会议。

常务委员会分组会议审议法规案时，提案人应当派人听取意见，回答询问。

常务委员会分组会议审议法规案时，根据要求，有关机关、组织应当派人介绍情况。

第三十八条 列入常务委员会会议议程的法规案，由法制委员会根据常务委员会组成人员的审议意见和各方面提出的意见进行统一审议，提出修改情况报告或者审议结果报告和法规草案修改稿，对重要的不同意见应当在报告中予以说明。

法制委员会审议部分修改的法规案、废止法规案，应当提出修改情况报告或者审议结果报告和部分修改法规的决定草案、废止法规的决定草案。

法制委员会审议法规案时，应当邀请有关的专门委员会的成员列席会议，发表意见。

第三十九条 列入常务委员会会议议程的法规案，法制委员会应当听取各方面的意见。听取意见可以采用座谈会、论证会、听证会等多种形式。

法规案有关问题专业性较强，需要进行可行性评价的，应当召开论证会，听取有关专家、部门和市人民代表大会代表等方面的意见。论证情况应当向常务委员会报告。

法规案有关问题存在重大意见分歧或者涉及利益关系重大调整，需要进行听证的，应当召开听证会，听取有关基层和群体代表、部门、人民团体、专家、市人民代表大会代表和社会有关方面的意见。听证情况应当向常务委员会报告。

常务委员会法制工作机构应当将法规草案发送有关机关、组织和专家征求意见，并将法规草案、法规草案修改稿以及相关资料公布，征求社会各界意见，但是主任会议决定不公布的除外。向社会公布征求意见的时间一般不少于三十日，征求意见的情况应当向社会通报。根据需要，可以将意见整理后印发常务委员会会议。

第四十条 拟提请常务委员会会议审议通过的法规案，在法制委员会提出审议结果报告前，常务委员会工作机构可以对法规草案中主要制度规范的可行性、法规出台时机、法规实施的社会效果和可能出现的问题等进行评估。评估情况由法制委员会在审议结果报告中予以说明。

第四十一条 列入常务委员会会议议程的法规案，在交付表决前，提案人要求撤回的，应当说明理由，经主任会议同意，并向常务委员会报告，对该法规案的审议即行终止。

第四十二条 列入常务委员会会议议程的法规案，因各方面对制定法规的必要性、可行性等重大问题存在较大意见分歧搁置审议满两年，或者因暂不付表决经过两年没有再次列入常务委员会会议议程的，由主任会议向常务委员会报告，该法规案终止审议。

第四十三条 法规草案修改稿经常务委员会会议审议，由法制委员会根据常务委员会组成人员的审议意见进行修改，提出法规草案表决稿，由主任会议提请常务委员会全体会议表决，由常务委员会全体组成人员过半数通过。

法规草案表决稿交付常务委员会会议表决前，主任会议根据常务委员会会议审议的情况，可以决定将个别意见分歧较大的重要条款提请常务委员会会议单独表决。

单独表决的条款经常务委员会会议表决后，主任会议根据单独表决的情况，可以决定将法规草案表决稿交付表决，也可以决定暂不付表决，交法制委员会和有关专门委员会进一步审议。

第四十四条 对多部法规中涉及同类事项的个别条款进行修改，一并提出法规案的，经主任会议决定，可以合并表决，也可以分别表决。

第四十五条　交付市人民代表大会常务委员会全体会议表决未获得通过的法规案，如果提案人认为必须制定该法规，可以按照法定程序重新提出，由主任会议决定是否列入会议议程。

第五章　法规的报请批准、公布和备案

第四十六条　市人民代表大会及其常务委员会制定的经济特区法规，分别由大会主席团和常务委员会发布公告予以公布，并在公布后的三十日内报全国人民代表大会常务委员会、国务院和省人民代表大会常务委员会备案；报送备案时，应当说明对法律、行政法规、广东省地方性法规作出变通的情况。

第四十七条　市人民代表大会及其常务委员会制定的设区的市法规，报请广东省人民代表大会常务委员会批准后，由市人民代表大会常务委员会发布公告予以公布，并在公布后的十五日内将公告、法规文本及说明送省人民代表大会常务委员会。

第六章　法规解释

第四十八条　市人民代表大会及其常务委员会制定的法规，有下列情况之一的，由常务委员会解释：

（一）法规的规定需要进一步明确具体含义的；

（二）法规制定后出现新的情况，需要明确适用法规依据的。

第四十九条　市人民政府、市中级人民法院、市人民检察院、市人民代表大会各专门委员会、各区人民代表大会常务委员会可以向市人民代表大会常务委员会提出法规解释的要求。

第五十条　法制工作机构应当对法规的解释要求进行审查，认为有必要作出解释的，应当拟定法规解释草案，由主任会议决定列入常务委员会会议议程。

第五十一条　列入常务委员会会议议程的法规解释案，由法制委员会向全体会议作法规解释说明，由全体会议或者分组会议对法规解释草案进行审议。

第五十二条　法规解释草案经常务委员会会议审议，由法制委员会根据常务委员会组成人员的审议意见进行修改，提出法规解释草案表决稿。

法规解释草案表决稿由常务委员会全体组成人员的过半数通过，由常务委员会发布公告予以公布。

第五十三条 市人民代表大会常务委员会的法规解释同法规具有同等效力。

第五十四条 设区的市法规解释，应当在解释作出后的十五日内报省人民代表大会常务委员会备案。

第七章 附 则

第五十五条 法规规定明确要求有关国家机关对专门事项作出配套的具体规定的，有关国家机关应当自法规施行之日起一年内作出规定，法规对配套的具体规定制定期限另有规定的，从其规定。有关国家机关未能在期限内作出配套的具体规定的，应当向市人民代表大会常务委员会说明情况。

第五十六条 法规实施满一年后，组织实施单位应当向市人民代表大会常务委员会报告实施情况。

经主任会议决定，市人民代表大会有关专门委员会、常务委员会工作机构可以组织对有关法规或者法规中有关规定进行立法后评估。评估情况应当向常务委员会报告。

第五十七条 提请市人民代表大会常务委员会审议的法规案，根据需要，主任会议可以交由常务委员会有关工作机构进行研究，向主任会议提出意见。

第五十八条 市人民代表大会及其常务委员会制定的法规公布后，应当及时在常务委员会公报、门户网站和《珠海特区报》上刊登。

在常务委员会公报上刊登的法规文本为标准文本。

第五十九条 本条例自公布之日起施行，《珠海市人民代表大会常务委员会制定法规规定》和《珠海市人大常委会立法工作程序规定》同时废止。

大同市地方立法条例

（2001 年 4 月 16 日大同市第十一届人民代表大会第四次会议通过，根据 2004 年 8 月 26 日大同市第十二届人民代表大会常务委员会第九次会议《关于修改〈大同市地方立法条例〉的决定》第一次修正，根据 2015 年 4 月 28 日大同市第十四届人民代表大会常务委员会第二十四次会议《关于修改〈大同市地方立法条例〉的决定》第二次修正）

目 录

第一章 总 则

第一条 为了规范本市立法活动，提高立法质量，发挥立法的引领和推动作用，全面推进依法治国，建设社会主义法治国家，根据《中华人民共和国立法法》等法律法规，结合实际，制定本条例。

第二条 市人民代表大会及其常务委员会制定、修改、废止和解释地方性法规，适用本条例。

市人民政府规章的制定、修改和废止，依照本条例有关规定执行。

第三条 地方立法应当遵循立法法和山西省地方立法条例确立的基本原则。地方立法应当具有较强的针对性和可操作性,突出地方特色。

第四条 地方立法应当体现人民的意志,发扬社会主义民主,坚持立法公开,保障人民通过多种途径参与立法活动。

第五条 地方立法所需费用,应当列入市本级财政预算,并予以保障。

第二章　地方性法规的制定权限

第六条 市人民代表大会及其常务委员会的立法权限,按照《中华人民共和国立法法》的规定执行。

第七条 在市人民代表大会闭会期间,市人民代表大会常务委员会可以对市人民代表大会制定的地方性法规进行补充和修改,但不得同该法规的基本原则相抵触。

第三章　市人民代表大会法规案的提出、审议和通过

第八条 市人民代表大会主席团可以向市人民代表大会提出地方性法规案,由市人民代表大会会议审议。

市人民代表大会常务委员会、市人民政府、市人民代表大会各专门委员会,可以向市人民代表大会提出地方性法规案,由主席团决定列入会议议程。

第九条 市人民代表大会代表十人以上联名,可以向市人民代表大会提出地方性法规案,由主席团决定是否列入会议议程,或者先交有关的专门委员会审议、提出是否列入会议议程的意见,再决定是否列入会议议程。

专门委员会审议的时候,可以邀请提案人列席会议,发表意见。

第十条 向市人民代表大会提出的地方性法规案,在市人民代表大会闭会期间可以先向常务委员会提出,经常务委员会会议依照本条例第四章有关规定审议后,决定提请市人民代表大会审议。

第十一条 常务委员会决定提请市人民代表大会会议审议的地方性法规案,应当在会议举行的一个月前将地方性法规草案发给代表。

第十二条 列入市人民代表大会会议议程的地方性法规案,在会议期间提出的,由提案人向大会全体会议作说明;在闭会期间向市人民代表大会常务委员会提出的,由常务委员会或提案人向大会全体会议作说明。

第十三条 列入市人民代表大会会议议程的地方性法规案，大会全体会议听取常务委员会或提案人的说明后，由各代表团进行审议。

各代表团审议地方性法规案时，提案人应当派人听取意见，回答询问。有关机关、组织应当派人介绍情况。

第十四条 列入市人民代表大会会议议程的地方性法规案由有关的专门委员会进行审议，向主席团提出审议意见，并印发会议。

第十五条 列入市人民代表大会会议议程的地方性法规案，由法制委员会根据各代表团和有关的专门委员会的审议意见，对地方性法规案进行统一审议，提出审议结果报告和地方性法规草案修改稿，对重要的不同意见应当在审议结果报告中予以说明。

第十六条 列入市人民代表大会会议议程的地方性法规案，主席团常务主席可以召开各代表团团长会议，就地方性法规案中的重大问题听取各代表团的审议意见，进行讨论，并将讨论的情况和意见向主席团报告。

主席团常务主席也可以就地方性法规案中的重大的专门性问题，召集代表团推选的有关代表进行讨论，并将讨论的情况和意见向主席团报告。

第十七条 列入市人民代表大会会议议程的地方性法规案，在交付表决前，提案人要求撤回的，应当说明理由，经主席团同意，并向大会报告，对该地方性法规案的审议即行终止。

第十八条 地方性法规案在审议中有重大问题需要进一步研究的，经主席团提出，由大会全体会议决定，可以授权常务委员会根据代表的意见进一步审议，提出修改方案，提请市人民代表大会下次会议审议决定。

第十九条 地方性法规修改稿经各代表团审议，由法制委员会根据各代表团的审议意见进行修改，提出地方性法规草案表决稿，由主席团提请大会全体会议表决，由全体代表的过半数通过。

第四章　市人民代表大会常务委员会法规案的提出、审议和通过

第二十条 主任会议可以向常务委员会提出地方性法规案，由常务委员会会议审议。

市人民政府、市人民代表大会各专门委员会，可以向常务委员会提出地方性法规案，由主任会议决定提请常务委员会会议审议，或者先交有关的专门委员会审议、提出报告，再决定提请常务委员会会议审议。如果主任会议认为地方性法

规案有重大问题需要进一步研究，可以建议提案人修改完善后再向常务委员会提出。

第二十一条　常务委员会组成人员五人以上联名，可以向常务委员会提出地方性法规案，由主任会议决定是否提请常务委员会会会议审议，或者先交有关的专门委员会审议、提出是否提请常务委员会会议审议的意见，再决定是否提请常务委员会会议审议。不提请常务委员会会议审议的，应当向常务委员会会议报告或者向提案人说明。

专门委员会审议地方性法规案时，可以邀请提案人列席会议，发表意见。

第二十二条　拟提请常务委员会会议是议的地方性法规案，提案人应当在会议举行的三十日前将地方性法规案送交常务委员会。

第二十三条　拟列入常务委员会会议议程的地方性法规案，应当在会议举行的七日前将地方性法规草案发给常务委员会组成人员，特殊情况除外。

常务委会员审议地方性法规案时，应当邀请有关的市人大代表列席会议。

第二十四条　拟列入常务委员会会议议程的地方性法规案，由有关的专门委员会提出审议意见，或者由常务委员会有关工作机构提出意见，印发常务委员会会议。

有关的专门委员会审议或者常务委员会有关工作机构研究地方性法规案时，可以邀请市人民代表大会代表参加会议，发表意见。

第二十五条　列入常务委员会会议议程的地方性法规案，一般应当经两次常务委员会会议审议后再交付表决。如果在第二次审议时，对地方性法规案中的重大问题，仍有较大分歧的，经主任会议决定，可以经三次以上常务委员会会议审议后再交付表决。

部分修改的地方性法规案，各方面意见比较一致的，也可以经一次常务委员会会议审议即交付表决。

第二十六条　常务委员会会议第一次审议地方性法规案，在全体会议上听取提案人的说明以及有关专门委员会审议意见的报告或者常务委员会有关工作机构意见的报告后，由分组会议进行初步审议。

常务委员会会议第二次审议地方性法规案，在全体会议上听取法制委员会关于地方性法规草案审议结果的报告，由分组会议对地方性法规草案修改稿进行审议。

第二十七条　常务委员会审议地方性法规案时，根据需要，可以召开联组会议或者全体会议。

第二十八条　常务委员会分组会议审议地方性法规案时，提案人应当派人听取意见，回答询问。有关机关、组织应当派人介绍情况。

第二十九条　地方性法规案经常务委员会会议第一次审议后，由法制委员会根据常务委员会组成人员、有关的专门委员会的审议意见和各方面提出的意见，对地方性法规案进行统一审议，提出审议结果报告和地方性法规草案修改稿，对重要的不同意见应当在审议结果报告中予以说明。

法制委员会审议地方性法规时，可以邀请有关的专门委员会或者常务委员会工作机构的人员列席会议，发表意见。

第三十条　专门委员会审议地方性法规案时，应当召开全体会议审议，根据需要，可以要求有关机关、组织派人说明情况。

第三十一条　列入常务委员会会议议程的地方性法规案，法制委员会、有关的专门委员会和常务委员会工作机构应当听取各方面的意见。听取意见可以采取座谈会、论证会、听证会等多种形式。

第三十二条　列入常务委员会会议议程的重要的地方性法规案，在法制委员会统一审议后，经主任会议同意，由法制委员会向社会公布，征求意见。各机关、组织和公民提出的意见送常务委员会法制工作委员会。

第三十三条　列入常务委员会会议议程的地方性法规案，常务委员会法制工作委员会应当收集整理各方面提出的意见，分送法制委员会和有关专门委员会，并根据需要，印发常务委员会会议。

第三十四条　列入常务委员会会议议程的地方性法规案，在交付表决前，提案人要求撤回的，应当说明理由，经主任会议同意，并向常务委员会报告，对该地方性法规案的审议即行终止。

第三十五条　已经常务委员会会议审议的地方性法规案，搁置审议满两年的，由主任会议向常务委员会报告，该地方性法规案终止审议。

第三十六条　地方性法规草案修改稿经常务委员会会议审议，由法制委员会根据常务委员会组成人员的审方意见进行修改，提出地方性法规草案表决稿，由主任会议提请常务委员会全体会议表决。表决采取按电子表决器或者无记名投票的方式，由常务委员会全体组成人员的过半数通过。

第五章　地方性法规的报请批准和公布

第三十七条　市人民代表大会或市人民代表大会常务委员会审议通过的地方

性法规，应当在十日内报请省人民代表大会常务委员会批准。

第三十八条　向省人民代表大会常务委员会报请批准地方性法规，应当提交报请批准的书面报告、地方性法规文本及其说明。

第三十九条　报请批准地方性法规，由市人民代表大会常务委员会法制工作委员会负责办理。

第四十条　已经批准的地方性法规，应当在常务委员会主任签署公告后五日内公布公告和法规标准文本，并在市人民代表大会常务委员会公报和大同日报等媒体上刊播。

地方性法规被修改的，应当公布修改决定和修改后的法规文本。地方性法规被废止的应当公布废止决定。

第六章　地方性法规解释

第四十一条　市人民代表大会和市人民代表大会常务委员会制定的地方性法规，有以下情况之一的，由市人民代表大会常务委员会解释：

（一）地方性法规的规定需要进一步明确具体含义的；

（二）地方性法规制定后出现新的情况，需要明确适用地方性法规依据的。

第四十二条　市人民政府、市中级人民法院、市人民检察院和市人民代表大会各专门委员会以及县、区的人民代表大会常务委员会可以向市人民代表大会常务委员会提出地方性法规解释要求。

第四十三条　市人民代表大会常务委员会法制工作委员会研究拟订地方性法规解释草案，由主任会议决定是否提请常务委员会会议审议。

第四十四条　地方性法规解释草案经市人民代表大会常务委员会会议审议后，由法制委员会根据常务委员会组成人员的审议意见进行审议、修改、提出地方性法规解释草案表决稿。

第四十五条　地方性法规解释草案表决稿由市人民代表大会常务委员会全体组成人员的过半数通过，并由常务委员会发布公告，予以公布。

市人民代表大会常务委员会对地方性法规作出的解释，在十日内报省人民代表大会常务委员会备案。

第四十六条　市人民代表大会常务委员会对地方性法规的解释同地方性法规具有同等效力。

第四十七条　市人民代表大会及其常务委员会制定的属于行政管理方面的地

方性法规，在实施过程中遇到的具体应用中的问题，由地方性法规授权的机关进行解释，并报市人民代表大会常务委员会备案。

市人民代表大会常务委员会认为具体应用问题的解释不适当的，可以责令纠正或者依法予以撤销。

第七章　其他规定

第四十八条　市人民代表大会常务委员会应当在每届常务委员会任期第一年的六个月内制定本届五年立法规划，在每年的第四季度制定下年度立法计划。

第四十九条　列入立法规划和计划的地方性法规项目，应当按照法规的性质和内容，由市人民代表大会有关专门委员会、常务委员会有关工作机构督促起草机关认真起草，如期提请审议。

市人大有关的专门委员会、常委会有关工作机构应当提前参与地方性法规案的起草工作；综合性、全面性、基础性的重要地方性法规案，可以由有关的专门委员会或者委托常委会有关工作机构组织起草；专业性较强的地方性法规案，可以吸收相关领域的专家参与起草工作，或者委托有关教学科研单位、社会组织起草。

第五十条　提出地方性法规案，应当同时提出地方性法规草案文本及其说明，并提供必要的资料。地方性法规草案的说明应当包括制定该地方性法规的必要性和主要内容。

第五十一条　向市人民代表大会及其常务委员会提出的地方性法规案，在列入会议议程前，提案人有的权撤回。

第五十二条　交付市人民代表大会或其常务委员会全体会议表决人未获得通过的地方性法规案，如果提案人认为必须制定该地方性法规，可以按照本条例规定的程序重新提出，由主席团或主任会议决定是否列入会议议程。

未获得市人民代表大会通过又重新提出的地方性法规案，应当继续提请市人民代表大会审议决定。

第五十三条　地方性法规应当明确规定施行日期。

第五十四条　地方性法规的修改和废止程序，适用本条例的有关规定。

第五十五条　地方性法规可以采用条例、规定、办法等名称。

地方性法规应当载明制定机关、通过日期和批准机关、批准日期。

第五十六条　市人民代表大会有关的专门委员会、常委会有关工作机构，可以组织对有关地方性法规案或者法规案中有关规定进行立法评估。评估情况应当向常务委员会报告。

第八章　市人民政府规章

第五十七条　市人民政府制定规章的权限，按照《中华人民共和国立法法》的规定执行。

应当制定地方性法规但条件尚不成熟的，因行政管理迫切需要，市人民政府可以先行制定政府规章。规章已满两年需要继续实施规章所规定的行政措施的，应当提请市人民代表大会或者其常务委员会制定地方性法规。

没有法律、行政法规、地方性法规的依据，市人民政府规章不得设定减损公民、法人和其他组织权利或者增加其义务的规范。

第五十八条　市人民政府规章的制定程序，按照国务院的规定执行。

第五十九条　市人民政府制定的规章，应当在公布后的三十日内报市人民代表大会常务委员会备案。

报送备案内容包括：备案报告、规章文本及其说明或审查报告。

第六十条　报送市人民代表大会常务委员会备案的规章，由市人民代表大会各专门委员会和常务委员会各工作机构按照职责分工进行审查。

第六十一条　市中级人民法院、市人民检察院和县、区人民代表大会常务委员会认为市人民政府规章同法律、行政法规和本省、市地方性法规相抵触的，可以向市人民代表大会常务委员会书面提出进行审查的要求，由市人民代表大会法制委员会进行审查、提出意见。

前款规定以外的其他国家机关和社会团体、企业事业组织以及公民认为市人民政府规章同法律、行政法规和本省、市地方性法规相抵触的，也可以向市人民代表大会常务委员会书面提出进行审查的建议。市人民代表大会法制委员会认为需要进行审查的，提出审查意见。

第六十二条　市人民代表大会法制委员会应在收到审查要求的三个月内，提出书面审查意见。

第六十三条　市人民代表大会法制委员会在审查中认为市人民政府规章同法律、行政法规和本省、市地方性法规相抵触的，经主任会议同意，可以向市人民政府提出书面审查意见。市人民政府应当在两个月内提出处理意见。

市人民代表大会法制委员会审查认为市人民政府规章同法律、行政法规和本省、市地方性法规相抵触而市人民政府不予修改的，可以提出予以撤销的议案。

第九章　附　则

第六十四条　本条例自公布之日起施行。1998 年 12 月 24 日大同市第十一届
人民代表大会常务委员会第三次会议通过的《大同市人民代表大会常务委员会关
于制定地方性法规的规定》同时废止。

淮南市人民代表大会及其常务委员会立法条例

（2001年1月10日淮南市第十二届人民代表大会第四次会议通过，根据2016年6月22日淮南市第十五届人民代表大会常务委员会第三十次会议《关于修改〈淮南市人民代表大会及其常务委员会立法条例的决定〉》第一次修正）

目　录

第一章　总　则

第一条　为了规范地方立法活动，提高地方立法质量，发挥立法的引领和推动作用，根据《中华人民共和国立法法》和《中华人民共和国地方各级人民代表大会和地方各级人民政府组织法》，结合本市实际，制定本条例。

第二条　市人民代表大会及其常务委员会制定、修改、废止和解释法规，适用本条例。

第三条　地方立法应当遵循《中华人民共和国立法法》规定的各项基本原则，从本市的具体情况和实际需要出发，注重地方特色。

法规规范应当明确、具体，具有针对性和可执行性；对上位法已经明确规定的内容，一般不作重复性规定。

第二章 立法权限

第四条 市人民代表大会依照法律规定的权限，可以就下列事项制定法规：

（一）法律规定由市人民代表大会制定法规的事项；

（二）属于本市的需要制定法规的特别重大事项。

常务委员会依照法律规定的权限，可以就下列事项制定法规：

（一）法律规定由常务委员会制定法规的事项；

（二）市人民代表大会按照法定程序，授权常务委员会制定法规的事项；

（三）其他应当由常务委员会制定法规的事项。

第五条 在市人民代表大会闭会期间，市人民代表大会常务委员会可以对市人民代表大会制定的法规进行部分补充和修改，但是不得同该法规的基本原则相抵触。

第三章 立法计划和法规起草

第六条 地方立法工作应当按照下列程序制定年度立法计划：

（一）市人民政府和市人民代表大会专门委员会、常务委员会各工作机构，各县、区人民代表大会常务委员会，根据实际情况和需要，在每年第三季度向市人民代表大会常务委员会提出下一年制定法规的建议。

本市其他国家机关、人民团体、社会组织和公民个人，可以向市人民代表大会常务委员会提出立法建议项目。

（二）市人民代表大会常务委员会法制工作委员会拟订年度立法计划草案，经法制委员会审议后，由常务委员会主任会议决定，报省人民代表大会常务委员会。

第七条 制定立法计划应当按照法规的性质、内容和有关部门的工作职责确定法规的起草单位。

起草法规，应当根据涉及范围和内容需要成立起草小组。起草小组应当进行调查研究，广泛征求意见。对于涉及其他部门工作职责的内容，应当事先进行协商。

第八条 在法规起草过程中，市人民代表大会有关专门委员会和常务委员会有关工作机构应当提前参与有关问题的讨论、论证，提出意见和建议。

综合性、全局性、基础性的重要法规草案，可以由市人民代表大会有关专门委员会或者常务委员会有关工作机构组织起草。

第九条 立法计划由常务委员会主任会议组织实施。计划实施过程中，因情况变化需要调整的，有关专门委员会可以提出调整意见，由常务委员会主任会议决定。

第四章 市人民代表大会立法程序

第十条 市人民代表大会主席团可以向市人民代表大会提出法规案，由市人民代表大会会议审议。

市人民代表大会常务委员会、市人民政府、市人民代表大会专门委员会，可以向市人民代表大会提出法规案，由主席团决定列入会议议程。

第十一条 一个代表团或者十名以上的代表联名，可以向市人民代表大会提出法规案，由主席团先交有关专门委员会审议，提出是否列入会议议程的意见，再决定是否列入会议议程。

有关专门委员会审议法规案时，可以邀请提案人列席会议，发表意见。

第十二条 向市人民代表大会提出法规案，应当同时提交法规草案文本及其说明，并提供必要的资料。法规草案的说明应当包括制定该法规的必要性和主要内容。

第十三条 向市人民代表大会提出的法规案，在市人民代表大会闭会期间，可以先向常务委员会提出，经常务委员会审议后，决定提请市人民代表大会审议，由常务委员会或者提案人向大会全体会议作说明。

第十四条 列入市人民代表大会会议议程的法规案，大会全体会议听取提案人的说明后，由各代表团进行审议。

各代表团审议法规案时，提案人应当派人听取意见，回答询问；有关机关、组织应当根据代表团的要求，派人介绍有关情况。

第十五条 列入市人民代表大会会议议程的法规案，由有关专门委员会根据各代表团的审议意见，对法规案进行统一审议，向主席团提出审议结果的报告和法规草案修改稿。对重要的不同意见应当在审议结果报告中予以说明，经主席团会议审议通过后，印发会议。

第十六条 列入市人民代表大会会议议程的法规案，必要时，主席团常务主席可以召开各代表团团长会议，也可以召开各代表团推荐的有关代表会议，就法规草案中的重大问题或者重大的专门性问题进行讨论，并将讨论的情况和意见向主席团报告。

第十七条 列入市人民代表大会会议议程的法规案，在交付表决前，提案人要求撤回的，应当说明理由，经主席团同意，并向大会报告，对该法规案的审议即行终止。

第十八条 法规案在审议中有重大问题需要进一步研究的，经主席团提出，由大会全体会议决定，可以授权常务委员会根据代表的意见进一步审议，作出决定，并将决定情况向市人民代表大会下次会议报告；也可以授权常务委员会根据代表的意见进一步审议，提出修改方案，提请市人民代表大会下次会议审议决定。

第十九条 法规草案修改稿经各代表团审议后，由有关专门委员会根据各代表团的审议意见进行修改，提出法规草案表决稿，由主席团提请大会全体会议表决，由全体代表的过半数通过。

第二十条 法规经市人民代表大会通过后，常务委员会法制工作委员会应在通过后十五日内按照规定报请省人民代表大会常务委员会批准。

第二十一条 法规经省人民代表大会常务委员会批准后，由市人民代表大会常务委员会发布公告，于批准之日起二十日内在《淮南日报》和淮南人大网全文公布，并在《淮南市人民代表大会常务委员会公报》上全文刊登。

在《淮南市人民代表大会常务委员会公报》上刊登的法规文本为标准文本。

第五章　市人民代表大会常务委员会立法程序

第二十二条 主任会议可以向常务委员会提出法规案，由常务委员会会议审议。

市人民政府、市人民代表大会专门委员会，可以向常务委员会提出法规案，由主任会议决定列入常务委员会会议议程，或者先交有关专门委员会审议、常务委员会有关工作机构研究，提出意见，再决定列入常务委员会会议议程。主任会议认为法规案有重大问题需要进一步研究的，可以建议提案人修改完善后再向常务委员会提出。

第二十三条 常务委员会组成人员五人以上联名，可以向常务委员会提出法规案，由主任会议决定是否列入常务委员会会议议程，或者先交有关专门委员会审议、常务委员会有关工作机构研究，提出是否列入会议议程的意见，再决定是否列入常务委员会会议议程。不列入常务委员会会议议程的，应当向常务委员会会议报告或者向提案人说明。

第二十四条　提出法规案，应当按照本条例第四章第十二条的规定提交相应文件和资料。

第二十五条　拟提请常务委员会会议第一次审议的法规案，一般应当在常务委员会会议召开的二十日前报送常务委员会办公室。

列入常务委员会会议议程的法规案，一般应当在会议举行的七日前将法规草案发给常务委员会组成人员。

第二十六条　列入常务委员会会议议程的法规案，由法制委员会根据常务委员会组成人员的审议意见和有关专门委员会或者常务委员会有关工作机构的审查意见以及各方面提出的意见，对法规案进行统一审议，提出修改情况的说明和法规草案修改稿，或者审议结果的报告和法规草案表决稿，对重要的不同意见应当在修改情况的说明或者审议结果的报告中予以汇报。对有关专门委员会或者常务委员会有关工作机构的重要的审查意见没有采纳的，应当向有关专门委员会或者常务委员会有关工作机构反馈。

法制委员会审议法规案时，可以邀请有关专门委员会或者常务委员会有关工作机构的负责人参加会议，发表意见。

第二十七条　列入常务委员会会议议程的法规案，一般应当经常务委员会两次会议审议后再交付表决。

常务委员会会议第一次审议法规案，在全体会议上听取提案人的说明，听取或者印发有关专门委员会或者常务委员会有关工作机构对法规案审查意见的报告，由分组会议进行初步审议。

常务委员会会议第二次审议法规案，在全体会议上听取法制委员会关于法规草案修改情况的说明，由分组会议对法规草案修改稿进行审议。法制委员会根据分组会议的审议意见对法规草案修改稿进行修改，提出审议结果的报告和法规草案表决稿，由主任会议提请常务委员会全体会议表决，由常务委员会全体组成人员的过半数通过。

第二十八条　在法规案提交常务委员会全体会议表决前，对个别争议较大的重要条款，经主任会议决定，可以提请常务委员会会议先对该条款单独表决，再对法规案进行表决。

单独表决的条款经常务委员会会议表决后，主任会议根据单独表决的情况，可以将法规草案表决稿交付表决，也可以决定暂不交付表决，交法制委员会进一步审议。

第二十九条　法规案经常务委员会两次会议审议后，仍有重大问题需要进一步研究的，可以经常务委员会三次会议审议后再交付表决；部分修改的法规案和废止法规案，审议意见比较一致的，由有关专门委员会提请主任会议决定，可以经常务委员会一次会议审议后交付表决。

第三十条　常务委员会分组审议法规案时，应全文宣读法规草案或法规草案修改文本；提交常务委员会表决的法规草案表决稿，在表决前应在全体会议上全文宣读。

第三十一条　常务委员会分组会议审议法规案时，提案人应当派人听取审议意见，回答询问；有关机关、组织应根据小组的要求，派人介绍情况。

第三十二条　列入常务委员会会议议程的法规案，市人民代表大会有关专门委员会和常务委员会有关工作机构应当听取市人民代表大会代表和县、区人民代表大会常务委员会等方面的意见。听取意见可以采取座谈会、论证会、听证会等多种形式。

法规案有关问题专业性较强，需要进行可行性评价的，应当召开论证会，听取有关专家、部门和市人民代表大会代表等方面的意见。

法规案有关问题存在重大意见分歧或者涉及利益关系重大调整，需要进行听证的，应当召开听证会，听取有关基层和群体代表、专家、部门、人民团体、市人民代表大会代表和社会有关方面的意见。

法规草案应当在淮南人大网和《淮南日报》等媒体上公布，征求意见。

第三十三条　对涉及利益关系重大调整或者社会普遍关注的重要法规草案，应当开展立法协商，充分听取政协委员、民主党派、工商联、无党派人士、人民团体、社会组织的意见和建议，并将有关情况予以反馈。

第三十四条　列入常务委员会会议议程的法规案，在交付表决前，提案人要求撤回的，应当说明理由，经主任会议同意，并向常务委员会报告，对该法规案的审议即行终止，报省人民代表大会常务委员会备案。

第三十五条　列入常务委员会会议审议的法规案，因对制定该法规的必要性、可行性等重大问题存在较大意见分歧搁置满两年的，或者因暂不付表决经过两年没有再次列入常务委员会会议议程审议的，由主任会议向常务委员会报告，该法规案终止审议，并报省人民代表大会常务委员会备案。

第三十六条　法规案经市人民代表大会常务委员会审议通过后，按照本条例第四章第二十条、第二十一条的规定予以报批和公布。

第六章　法规的解释

第三十七条　市人民代表大会及其常务委员会制定的法规，由市人民代表大会常务委员会解释。

第三十八条　市人民代表大会及其常务委员会制定的法规有以下情况之一的，市人民政府、市中级人民法院、市人民检察院和市人民代表大会有关专门委员会以及县、区人民代表大会常务委员会可以向市人民代表大会常务委员会提出解释法规的要求：

（一）需要进一步明确具体含义的；

（二）实施后出现新的情况，需要明确适用依据的。

第三十九条　常务委员会法制工作委员会研究拟订法规解释草案，由主任会议决定列入常务委员会会议议程。

第四十条　法规解释草案经常务委员会会议审议，由有关专门委员会根据常务委员会组成人员的意见进行审议、修改，提出法规解释草案表决稿。

第四十一条　法规解释草案表决稿由常务委员会全体组成人员的过半数通过，报省人民代表大会常务委员会批准后，由市人民代表大会常务委员会发布公告予以公布。法规解释与法规具有同等效力。

第四十二条　市人民代表大会常务委员会法制工作委员会可以对有关法规具体问题的询问给予答复，并报常务委员会备案。

第四十三条　对市人民代表大会及其常务委员会制定的法规作出的具体应用问题的解释，应当报常务委员会备案。

第七章　附　则

第四十四条　地方立法经费列入财政预算。

第四十五条　本条例自公布之日起施行。《淮南市人民代表大会常务委员会制定地方性法规程序的规定》同时废止。

附录一　中国现行地方立法条例目录

一、省、自治区、直辖市（31 个）

1. 北京市制定地方性法规条例（2017 年）

2. 天津市地方性法规制定条例（2016 年）

3. 河北省地方立法条例（2001 年）

4. 山西省地方立法条例（2015 年）

5. 内蒙古自治区人民代表大会及其常务委员会立法条例（2016 年）

6. 辽宁省人民代表大会及其常务委员会立法条例（2016 年）

7. 吉林省地方立法条例（2017 年）

8. 黑龙江省人民代表大会及其常务委员会立法条例（2016 年）

9. 上海市制定地方性法规条例（2015 年）

10. 江苏省制定和批准地方性法规条例（2016 年）

11. 浙江省地方立法条例（2016 年）

12. 安徽省人民代表大会及其常务委员会立法条例（2015 年）

13. 福建省人民代表大会及其常务委员会立法条例（2016 年）

14. 江西省立法条例（2016 年）

15. 山东省地方立法条例（2017 年）

16. 河南省地方立法条例（2016 年）

17. 湖北省人民代表大会及其常务委员会立法条例（2015 年）

18. 湖南省地方立法条例（2001 年）

19. 广东省地方立法条例（2016 年）

20. 广西壮族自治区立法条例（2016 年）

21. 海南省制定与批准地方性法规条例（2016 年）

22. 重庆市地方立法条例（2017 年）

23. 四川省人民代表大会及其常务委员会立法条例（2016 年）

24. 贵州省地方立法条例（2016 年）

25. 云南省人民代表大会及其常务委员会立法条例（2007 年）

26. 西藏自治区立法条例（2017 年）

27. 陕西省地方立法条例（2016 年）

28. 甘肃省地方立法条例（2017 年）

29. 青海省人民代表大会及其常务委员会立法程序规定（2016 年）

30. 宁夏回族自治区人民代表大会及其常务委员会立法程序规定（2017 年）

31. 新疆维吾尔自治区人民代表大会及其常务委员会立法条例（2016 年）

二、副省级城市和计划单列市（15 个）

1. 广州市地方性法规制定办法（2016 年）

2. 深圳市制定法规条例（2016 年）

3. 南京市制定地方性法规条例（2001 年）

4. 武汉市人民代表大会及其常务委员会制定地方性法规办法（2001 年）

5. 西安市制定地方性法规条例（2016 年）

6. 成都市地方立法条例（2016 年）

7. 济南市制定地方性法规条例（2001 年）

8. 青岛市制定地方性法规条例（2001 年）

9. 杭州市立法条例（2016 年）

10. 厦门市人民代表大会及其常务委员会立法条例（2016 年）

11. 宁波市制定地方性法规程序规定（2001 年）

12. 沈阳市制定地方性法规条例（2017 年）

13. 大连市制定地方性法规条例（2001 年）

14. 长春市制定地方性法规的规定（2003 年）

15. 哈尔滨市制定地方性法规程序的规定（2001 年）

三、省会城市（17 个）

1. 呼和浩特市人民代表大会及其常务委员会制定地方性法规条例（2001 年）

2. 石家庄市制定地方性法规条例（2001 年）

3. 乌鲁木齐市制定地方性法规条例（2015 年）

4. 兰州市地方立法条例（2015 年）

5. 西宁市人民代表大会及其常务委员会立法程序规定（2001 年）

6. 银川市人民代表大会及其常务委员会立法程序规定（2016 年）

7. 郑州市地方立法条例（2001 年）

8. 太原市立法条例（2016 年）

9. 合肥市人民代表大会及其常务委员会立法条例（2016 年）

10. 长沙市人民代表大会及其常务委员会制定地方性法规条例（2015 年）

11. 贵阳市地方立法条例（2016 年）

12. 昆明市人民代表大会及其常务委员会制定地方性法规条例（2002 年）

13. 南宁市地方性法规制定条例（2016 年）

14. 拉萨市制定地方性法规条例（2001 年）

15. 南昌市制定地方性法规条例（2001 年）

16. 福州市人民代表大会及其常务委员会立法条例（2016 年）

17. 海口市制定地方性法规条例（2017 年）

四、经济特区市与较大市（17 个）

1. 汕头市立法条例（2001 年）

2. 珠海市制定法规条例（2016 年）

3. 唐山市地方立法条例（2002 年）

4. 大同市地方立法条例（2015 年）

5. 包头市人民代表大会及其常务委员会制定地方性法规条例（2001 年）

6. 鞍山市制定地方性法规条例（2010 年）

7. 抚顺市制定地方性法规条例（2002 年）

8. 吉林市人民代表大会及其常务委员会立法条例（2001 年）

9. 齐齐哈尔市制定地方性法规的规定（1995 年）

10. 无锡市制定地方性法规条例（2017 年）

11. 淮南市人民代表大会及其常务委员会立法条例（2016 年）

12. 洛阳市人民代表大会及其常务委员会地方立法程序规定（2001 年）

13. 邯郸市制定地方性法规条例（2001 年）

14. 本溪市制定地方性法规程序规定（2001 年）

15. 淄博市制定地方性法规条例（2017 年）

16. 苏州市制定地方性法规条例（2017 年）

17. 徐州市制定地方性法规条例（2001 年）

附录二 2015 年至 2017 年 4 月 30 日地方立法条例修改情况

一、修正修订的地方立法条例（40 个）

（一）修正（27 个）

1. 省、自治区和直辖市

山西（2015）、安徽（2015）、上海（2015）、湖北（2015）、内蒙古（2016）、江苏（2016）、浙江（2016）、福建（2016）、广东（2016）、广西（2016）、海南（2016）、贵州（2016）、新疆（2016）、江西（2016）、天津（2016）、宁夏（2017）。

2. 副省级城市和计划单列市

广州（2016）、厦门（2016）。

3. 省会城市

兰州（2015）、长沙（2015）、贵阳（2016）、福州（2016）、太原（2016）、合肥（2016）。

4. 经济特区市和较大市

大同（2015）、珠海（2016）、淮南（2016）。

（二）修订（13 个）

1. 省、自治区和直辖市

黑龙江（2016）、陕西（2016）、青海（2016）、西藏（2017）、重庆（2017）、北京（2017）。

2. 副省级城市和经济特区市

深圳（2016）、西安（2016）、沈阳（2017）。

3. 省会城市

乌鲁木齐（2015）、银川（2016）。

4. 经济特区市和较大市

无锡（2017）、苏州（2017）。

二、重新制定的地方立法条例（11 个）

1. 省、自治区和直辖市

河南（2016）、辽宁（2016）、四川（2016）、山东（2017）、吉林（2017）、甘肃（2017）。

2. 副省级城市

成都（2016）、杭州（2016）。

3. 省会城市

南宁（2016）、海口（2017）。

4. 经济特区市和较大市

淄博（2017）。